天然气净化厂HSE监督技术手册

监督技术篇

中国石油天然气股份有限公司西南油气田分公司天然气净化总厂 | 编

石油工业出版社

内容提要

本书介绍了天然气净化厂生产过程 HSE 监督、天然气净化厂 HSE 综合管理监督、天然气净化厂施工作业 HSE 监督等内容，并附以生产过程所需的各种检查表，基本上涵盖了天然气净化厂 HSE 监督工作人员所需的安全生产理念、知识与技能。

本书可供天然气净化厂 HSE 监督工作人员和相关行业员工根据岗位需求参考使用。

图书在版编目（CIP）数据

天然气净化厂 HSE 监督技术手册 . 监督技术篇 / 中国石油天然气股份有限公司西南油气田分公司天然气净化总厂编 . -- 北京：石油工业出版社，2024.6. -- ISBN 978-7-5183-6728-3

Ⅰ . F426.22-62

中国国家版本馆 CIP 数据核字第 2024WX4684 号

出版发行：石油工业出版社

（北京安定门外安华里 2 区 1 号楼　100011）

网　址：www.petropub.com

编辑部：（010）64523553　　图书营销中心：（010）64523633

经　销：全国新华书店

印　刷：北京中石油彩色印刷有限责任公司

2024 年 6 月第 1 版　2024 年 6 月第 1 次印刷

787×1092 毫米　开本：1/16　印张：23

字数：503 千字

定价：90.00 元

（如出现印装质量问题，我社图书营销中心负责调换）

《天然气净化厂 HSE 监督技术手册　监督技术篇》
编 写 组

组　　长：王　军

副 组 长：岑　嶺

成　　员：熊　勇　张　伟　王志功　李　健　陈代双

李　进　胡治州　高健文　李煜东　李晓伟

刘　琴　吴　寒

前言

天然气净化厂具有高温高压、易燃易爆、有毒有害的特点。为进一步总结、提炼天然气净化厂 HSE 监督经验和方法，加强 HSE 管理，保证天然气净化厂生产安全、平稳运行，中国石油西南油气田公司天然气净化总厂（以下简称“净化总厂”）组织人员编写了本书。

净化总厂始终坚持以习近平新时代中国特色社会主义思想为指导，在中国石油西南油气田公司坚强领导下，坚持稳健发展方针，用付出践行初心，用担当履行使命，实现处理量年年攀升。净化总厂坚持走高水平的安全发展之路，始终把安全放在第一位，统筹高质量发展和高水平安全，扎实推进安全环保管控能力提升，有效防范化解各类风险挑战，构筑更加安全、更加稳定、更加和谐的发展环境，巩固高效可控新态势，满足安全上产新要求。

本书重点介绍了天然气净化厂 HSE 监督技术，共分三章，第一章为天然气净化厂生产过程 HSE 监督，包括生产运行管理监督、工艺技术管理监督、设备管理监督和天然气净化装置工艺流程及装置监督等内容；第二章为天然气净化厂 HSE 综合管理监督，包括 HSE 基础管理监督、生态环境保护管理监督、质量管理监督、职业健康管理监督、交通安全管理监督、消防安全管理监督、承包商 HSE 管理监督、危险化学品管理监督、预防硫化氢中毒安全管理监督、应急管理监督和三项工具审核等内容；第三章为天然气净化厂施工作业 HSE 监督，包括装置检维修作业 HSE 管理监督和基建工程项目管理监督等内容。每一部分监督内容从概述、监督依据和监督要点进行介绍，并附以监督检查表。本书内容丰富，实用性强，基本上涵盖了天然气净化厂 HSE 监督具体内容，供广大员工根据岗位需求参考、学习。

本书编写过程中得到了有关部门和所属企业的支持和配合，在此表示衷心的感谢。本书虽力求全面系统，但由于编写人员水平有限，难免存在疏漏或不足之处，敬请读者批评指正。

目录

第一章　天然气净化厂生产过程HSE监督

第一节　生产运行管理监督

一、概述

天然气净化厂装置生产运行管理是指充分利用现有管理技术和资源，合理组织生产，确保净化装置安全平稳长周期运行。它主要包括：生产活动管理、装置计划检修管理、值班调度管理、生产运行汇报、自然灾害管理、综合材料管理等。生产运行实行程序化逐级管理，各级人员对所上报信息的准确性和下达指令的结果负责。

各级生产管理人员应把责任心和组织纪律性放在首要位置，加强各部门、各专业之间的沟通、协调和配合。

二、监督依据

监督依据为以下企业规章：

——天然气净化厂生产运行管理制度；

——天然气净化厂备用生产装置维护管理制度；

——天然气净化厂启动前安全检查制度；

——天然气净化厂工作前安全分析制度；

——天然气净化厂能量隔离管理制度。

三、监督要点

（一）生产计划管理

（1）净化厂应根据原料气处理量，产品气和硫磺产量编制年度生产计划任务，报上级部门审批。

（2）根据净化装置运行情况编制年度检修计划，并报上级部门审批。

（3）生产运行部门应结合全年检修计划，编制月度检修计划报上级部门审批后统一安排下达执行。

（4）每月生产运行部门收集汇编生产单位次月检修计划，包括项目名称、材料规格型号及数量、施工单位、施工项目所需工种、人数及项目负责人等，经生产单位分管领导审核后下达月度检修计划。

（5）生产运行部门填写日动态表、日报表、周报表和月度报表。

（6）检查生产任务完成情况，填写生产任务进度分析表。

（7）生产运行部门对生产任务完成情况、装置异常情况、检修进度进行统计分析，编制月度生产运行情况分析。

（二）生产调度管理

（1）明确专（兼）职调度人员，调度人员坚持24h在岗值班。

（2）值班交接应由交班人和接班人在值班现场交接，对存在影响安全生产的重大隐患，要提出并强调。

① 电话记录真实可靠、准确无误、字迹工整、言简意赅。

② 记录格式：一个完整的记录应包括两部分：来电（去电）和处理。来电（去电）应包括来电（去电）时间、来电（去电）人、单位、来电（去电）事由、接电话人员的询问情况及其他记录人认为有必要记录的内容。处理应包括接电话人根据情况所做的请示、通知等反应，必要时还包括将处理结果反馈到有关部门的联络情况。

③ 对简单的情况可在来电时直接处理并做记录。

（3）交接班记录要求：

① 交接班记录必须要反映该值班期间各生产装置的运行情况、已处理的重大问题、正在处理的生产问题的进度情况、值班室清洁及办公设备等。

② 对存在影响安全生产的重大问题要向接班人提出警示。

③ 接班人应认真查验交接班记录，对不明确的问题要向交班人了解清楚并签名。

（4）数据收集统计上报应符合所需填报的日动态报表、日报表的内容和格式要求，同时归口逐级上报，严禁以越级的形式进行数据汇报。

（5）动态数据的收集、上报：

① 动态数据包括原料气气量、产品气气量、进出厂压力等。

② 动态数据由生产班组中控室岗点操作人员4h读取一次，经当班班长审核后报生产单位值班调度人员；生产单位值班调度应于数据采样后的15min内，填写日动态报表，完成动态数据的收集、上报工作。

（6）日报数据的收集、上报：

① 生产日报数据包括原料气处理量、硫磺产量、气质分析报告等。

② 数据由统计员向生产单位值班调度提供；气质分析数据以前一日上午取样数据为准。

③ 生产单位应在当日9：00前完成日报中各项数据的收集、统计，填写日报表并上报，净化厂生产运行部门于9：30前完成生产运行系统数据录入工作。

④ 对因故空缺的数据内容，值班人员应在汇报时说明原因，生产运行管理部门值班人员应做好相应记录。

（7）对于原料气、产品气数据有争议、分析化验仪表故障等原因造成数据未能按时完成收集的，生产单位应将其他数据按时汇报，并在汇报过程中说明情况、约定补充汇报的时间（原因的认定需经过生产办负责人的确认），生产运行部门值班调度人员应做好相应的记录。

（8）数据的处理、修改要求：

① 各种记录表格、记录本均编号管理，确保真实、完整，未经许可不得销毁。

② 值班人员在收到数据汇报后，应对汇总栏、完成率等项进行核对，对所有数据是否明显超出常规进行校对，对有疑问的数据应及时询问并做好记录。

③ 对已形成的数据表格，发现错误的，严禁直接或用涂改液等涂改，应从表格左下角到右上角用单直线划掉错误数据（宽窄以不影响识别错误数据为准），在表格旁空白处写明正确数据，注明修改原因、修改人及时间。

（三）生产事件处理程序

1. 气量、气质的调整和波动

（1）净化厂生产运行部门值班调度人员在接到上下游单位通知时，应询问清楚波动（调整）的原因、影响范围、变化幅度、持续时间等，并根据装置生产能力和现状对其操作提出要求。而后应立即通知有关受影响的单位，并进行记录，必要时向部门负责人汇报。

（2）生产班组发现气量（气质）异常波动后，应立即向生产单位值班调度汇报。生产单位值班调度问清情况后立即向上级生产运行管理部门值班调度人员汇报，包括：开始时间、波动情况、装置现状、已采取的措施等，同时做好记录。生产运行管理部门值班调度员获知情况后及时按汇报程序汇报，并在职责范围内做出处理。

2. 装置生产（设备）异常

生产单位值班调度人员在得到生产（设备）异常的报告后，应立即向生产单位负责人汇报，并根据指示进行处理并记录。事态严重或需要外部配合的应同时通知上级值班调度人员，上级值班调度人员根据汇报程序进行汇报或根据生产单位要求配合处理，并做好记录。

3. 其他生产信息处理

对于接到诸如停电、停水或通信故障等通知后，值班调度人员应根据影响范围、可能造成的后果进行处理，一般性问题可直接通知受影响的单位，对威胁生产安全、装置平稳运行和生产管理正常开展的，应及时通知部门负责人处理。

4. 生产事件持续跟踪和关闭

各级生产运行部门应持续跟踪生产事件的发展动态及处理结果，及时将相关信息向部门负责人及上级部门汇报，直至事件结束。

（四）生产运行汇报程序

1. 日常生产活动的汇报程序

（1）汇报人直接向有关部门、领导汇报，并做好记录。

（2）汇报完成后需及时将领导了解的内容、所做的具体要求向部门负责人汇报。

2. 影响安全生产的重大生产事件

（1）生产装置出现较大故障，影响（或可能影响）正常生产的情况。

（2）出现重大的质量、安全、环保隐患或事故。

（3）停电、停气、停水等对生产、生活造成重大影响的情况。

（4）发生自然灾害造成较大的损失的情况。

（5）其他严重影响安全生产的情况。

3. 重大生产事件汇报程序及要求

（1）各生产工段、班、岗点，在应急处置同时，应在 5min 内将情况电话汇报生产单位值班调度。

（2）生产单位值班调度应在接到事故报告后 10min 内向本级生产运行部门负责人及领导汇报，生产单位应立即组织应急处置，同时向上级生产运行部门值班调度及相关部门汇报。

（3）净化厂生产运行部门值班调度在接到汇报后，应在 10min 内把事故情况向负责人汇报，生产运行部门负责人应及时向有关领导汇报。

（4）发生重大生产事件后，生产单位在 1h 内把书面报告传真到净化厂生产运行部门。

（5）生产运行部门在接到报告后，应及时把书面报告报送有关领导和相关部门。

（五）天然气调度管理

（1）天然气调度指令包括电话通知、书面通知等形式，对电话通知必须做好记录。

（2）上下游原料气生产单位应根据净化厂装置处置能力进行气质气量调配，当超出净化厂设计处理能力时，要及时调整。

（3）下游产品气接受单位应根据净化厂净化气输出量进行生产安排，一旦出现变化，及时通知净化厂及上游原料气单位进行调整。

（4）上游单位和下游单位进行管线清洗作业时，应及时将作业时间、可能影响程度提前通知净化厂。

（5）上游单位及净化厂装置出现故障，如管线穿孔、爆裂、堵塞等紧急事故需要停产进行处理，影响天然气正常生产和供给时，应及时通知相关单位。

（6）净化厂与上下游建立必要协调会议制度，定期召开协调会议通报生产情况，以加强衔接和协调。

（六）值班和应急留守管理

（1）生产单位生产运行部门在每周五 16：00 前将应急留守人员姓名、联系电话告知上级生产运行值班室，节假日值班干部和留守人员需上报上级单位厂长（党委）办公室，同时抄送生产运行管理部门。

（2）净化厂领导、厂长（党委）办公室、生产运行部门、HSE 管理部门、工艺技术部门和设备管理部门节假日期间应安排值班人员。

（3）各生产单位必须保证生产厂区每天 24h 有干部值班。

（4）净化厂应急留守人员安排。

① 厂领导安排一人应急留守。

② 净化厂生产运行部门、HSE 管理部门、工艺技术部门和设备管理部门各安排二人应急留守，其余各部门安排一人应急留守，以满足应急抢险需要。

③ 厂长（党委）办公室安排至少一名驾驶人员应急留守。

④ 除驾驶人员外，应急留守人员应为科级或中级以上职称人员。

（5）生产单位每天应急留守人员安排。

各单位每天安排足够的管理人员、技术人员和操作服务人员作为应急留守人员，应急留守人员中必须有一名单位领导。

（6）如确有原因需对值班及应急留守人员安排进行调整，应及时电话汇报生产运行管理部门，值班调度应做好相应记录。

（7）生产单位值班人员除在装置区等不允许手机开机的场所外，其余时间应保持手机处于开机状态，确保信息联络畅通；值班期间应坚守岗位，不能睡觉，不能离开生产区；值班期间发现事故隐患时，应立即组织解决，如在值班期间不能及时解决的，做好交班记录，并按程序汇报。

（8）留守人员在应急留守期间不饮酒；除到装置区参加抢险等不允许手机开机的场所外，其余时间应保持手机处于开机状态，确保信息联络畅通；净化厂各部门应急留守人员在接到生产运行部门值班调度通知后，应在 15min 内到达生产调度指挥中心，各生产单位应急留守人员应服从值班干部、值班调度的安排，需抢险时应在 15min 内赶到集合地点。

（9）不能安排未转正定级的员工进行值班或应急留守。

（10）净化厂人事组织部门不定期组织相关部门对生产单位值班干部履职情况进行督促检查，每季度将值班情况进行评价通报。

（七）自然灾害管理

（1）与当地防汛、气象、水文、水利、国土等部门的联系，及时获取并发布重要预报预警信息，做好灾害防范、应对工作。

（2）开展灾害隐患排查工作，对于检查出的问题隐患要尽快整改，暂不能整改的要制订严密的防控措施，影响生产、安全的重大隐患必须制订专项应急预案，严格实行动态跟踪和闭环管理。

（3）加强自然灾害重要时段领导干部值班值守，强化生产调度 24h 值班制度。

（4）灾情发生后，生产运行科要第一时间组织现场办公，赶赴现场调查核实灾情，制订治理或恢复的初步方案。

（5）各单位应根据事件响应级别及时启动相应应急预案，积极组织抢险救灾工作，必要时果断采取关停生产设备措施，进行人员、设备转移，确保员工生命安全和重要设备安全，尽量减小灾害损失，同时做好灾害损失资料收集、上报，包括灾害发生地点、损失情况、现场图片、恢复整改方案及费用估算等。

（八）生产期间能量隔离管理

1. 生产期间能量隔离部位

1）生产隔离

（1）原料气预处理单元：原料气重力分离器、原料气过滤分离器、原料气高效过滤器、原料气旋风分离器等设备。

① 进入设备及附属管线的氮气、锅炉水、蒸汽等公用介质阀门。

② 设备及附属管线高点排空甩头阀门、低点排污甩头阀门。

（2）脱硫单元。

① 原料气分离罐、脱硫塔及其附属管线溶液回收阀、排污阀。

② 酸水分离罐排污甩头阀门。

③ 进入吸收塔的氮气、蒸汽、锅炉水阀门。

（3）脱水单元。

① 脱水塔、干净化气分离器等附属管线溶液回收阀、排污阀。

② 进入脱水塔的氮气、锅炉水阀门。

（4）硫磺回收单元。

① 酸水压送罐、酸水分离器底部排污甩头阀门。

② 酸气管线低点排液甩头阀门。

（5）火炬及放空装置。

① 放空管线低点排液阀。

② 放空分离器排污阀。

（6）燃料气系统。

① 返输气管线阀门。

② 燃料气罐排污阀。

2）故障隔离

（1）动设备检维修包括：动设备维护、检维修作业。

① 动设备电气隔离。

② 动设备及附属管线打开作业前，应对进、出口工艺介质进行有效能量隔离。

（2）静设备检维修包括：静设备及其附属管线打开作业前，应对进、出口工艺介质进行有效能量隔离。

（3）管线及阀门检维修。

① 调节阀检维修：打开旁通，关闭并隔离进、出口截止阀。

② 其他阀门、管线检维修：关闭阀门、管线的前、后端阀门。

2. 生产期间能量隔离方法

1）工艺系统能量隔离方法

包括盲板封堵、丝堵、阀门切断加上锁挂牌，以及双阀关闭，中间甩头开启等方式。天然气净化装置在正常生产或者检维修情况下，应根据工艺介质的危害性正确选择能量隔离方法，遵循以下要求。

（1）生产隔离方法。

① 盲板封堵：有毒有害危险介质（如天然气、燃料气、脱硫富液、酸水、酸气、过程气、液硫等）设备及管线低点排液排污、高点排空等甩头阀门用盲板隔断；公用工程介质与有毒有害危险介质或者高压介质之间连接阀门用盲板隔断；燃料气返输气管线阀门用盲板隔断。

② 丝堵：有毒有害危险介质（如天然气、燃料气、脱硫富液、酸水、酸气、过程气、液硫等）设备及管线低点排液排污、高点排空等小尺寸焊接甩头阀门用丝堵隔断。

③ 阀门切断上锁挂牌：脱硫、脱水溶剂储罐与泵或低位罐之间阀门上锁挂牌，其他低压非危险介质的隔离采用关闭阀门并上锁挂牌。

④ 导淋：进袋式过滤器公用工程管线阀门采用双阀关闭，中间甩头开启方式隔离。

（2）故障隔离方法。

① 动静设备故障隔离，与故障设备相连的管线用盲板封堵，并对连接阀门切断上锁挂牌。

② 管线及阀门检维修，对上下游介质隔断阀用盲板封堵，并对隔断阀门切断上锁挂牌。

2）电气隔离方法

对进线隔离开关和接地刀闸上锁挂牌。

第二节　工艺技术管理监督

一、概述

天然气净化工艺技术管理是指通过规范操作，使生产过程中工艺指标受到控制，并不断保持工艺指标的先进性，确保产品质量稳定。主要包括操作规程及操作卡管理、工艺安全管理、工艺记录管理、员工巡检等。

二、监督依据

监督依据为以下企业规章：

——天然气净化厂操作规程管理制度；

——天然气净化厂工艺卡片管理制度；
——天然气净化厂工艺安全信息管理制度；
——天然气净化厂工艺记录管理制度；
——天然气净化厂工艺纪律检查管理制度；
——天然气净化厂生产技术总结管理制度；
——天然气净化厂员工巡检管理制度；
——天然气净化厂交接班管理制度；
——天然气净化厂工作循环分析管理制度；
——天然气净化厂轮班培训管理制度。

三、监督要点

（一）操作规程管理

（1）日常生产中，除在固定位置摆放操作规程合订本以外，必须以活页形式存放岗位操作卡，并且岗位操作卡按岗位分工分别装订。

（2）操作卡按下列要求分别以活页形式放置在中控室的资料柜中，须注明名称，并以不同颜色的文件夹加以区分。

① 事故处理卡、异常情况处理卡保存在红色文件夹内。

② 开工操作卡、停工操作卡、日常操作卡等单项操作卡分别放在不同的蓝色文件夹内。

（3）操作卡的使用。

① 技术人员下达操作指令并监督操作卡的执行。

② 操作由生产班组执行。操作人员执行操作前，应仔细阅读该项操作的操作卡。

③ 操作过程中，操作人员每完成一步操作，需在操作卡上做出标记，标记符号为“√”或签字。

④ 使用后的操作卡由单位收回，按生产记录进行管理。

（4）操作规程严格按照受控文件管理，妥善保管，不得遗失。各单位在发放新版操作规程时，建立发放记录，并报净化厂工艺技术部门存档。同时，收回旧版操作规程，交工艺技术部门集中销毁，并填写销毁记录。

（5）各单位员工离开本岗位时需收回操作规程，并报工艺技术部门登记。严禁任何单位或个人未经批准向外提供操作规程。

（6）对于操作规程未包括的特殊情况，各单位可根据装置实际情况编制临时操作卡。临时操作卡由单位分管领导签字生效，班组执行。使用后的临时操作卡由单位收回，按操作规程报废程序管理。

（7）操作规程每年至少评审一次，确认操作规程的修改和补充完善的内容。

（8）操作规程每五年全面修订一次，重新审批、出版和发放。

（二）工艺记录管理

（1）DCS 控制记录、现场巡检记录必须在规定时间内填写（前后不超过 10min）。

（2）交接班记录由正班长填写（正班长不在时，交由副班长填写）。各岗点操作卡、巡检记录由本岗位操作员工填写。

（3）记录必须采用蓝黑墨水或碳素墨水使用仿宋体书写，并保持记录纸整洁。

（4）记录应规范，若出现笔误，应用一条横线在笔误字的中间位置标记，并正确记录。

（5）巡检记录、操作卡、交接班记录必须记录生产实际情况，不得故意隐瞒实情，并向接班班组交代清楚，记录人员必须签名。

（6）交接班时，接班人员在巡检记录、交接班记录上签名后，交班人员方可离开。

（7）若遇停产或停车情况，记录表格中不填，但须在备注栏中注明“空格表示停产或停车”。若发现中控或现场表坏，此项不填，在备注中注明“表坏”。

（8）“现场设备运转记录表”中停运设备一律打“/”，对“运转设备振动情况、机械密封、运转声音、冷却水、油位是否正常”栏，若正常一律打“√”，否则打“×”。

（9）任何动设备、重要静设备启停、切换需做好操作记录。

（10）现场参数异常情况必须在“现场操作记录表”备注中记录说明。转动设备异常故障必须在“现场设备运转记录表”备注中记录说明。其他电气仪表故障、跑冒滴漏必须在“现场巡检记录表”备注中记录说明。

（11）修改 / 增减记录样表，需要使用单位提出申请，经工艺技术部门组织相关部门审核，由净化厂分管领导审批后方可执行。

（12）控制室 DCS 数据记录纸质版和电子版保存期限为五年，电子版刻录为光盘。交接班记录、设备运转记录保存期限为五年，其他生产记录保存期限为三年。

（三）工艺安全信息管理

（1）按专业收集工艺安全信息，建立工艺安全信息四类资料索引表，便于员工取用。索引表每一条目内容包括资料名称、保存地点、修订日期及保管责任人等相关信息，且与规定内容一一对应。

（2）文件储存要满足快速和方便地查找及防止丢失、被盗和损坏的要求。

（3）设备基础资料：主要包括设备台账、设备安装信息资料及设备动态管理资料。

① 设备台账应根据设备类型进行分类管理，内容主要包括：设备名称、位号、数量，设备规格，设计条件、操作条件，设备制造材质，生产厂家及出厂日期，腐蚀余量。

② 设备安装信息资料主要包括：设备技术规格书（包括设备设计依据、设备制造标准、设备计算）和设备蓝图，设备随机资料包括设备合格证书、焊接及热处理资料、说明书、操作手册、检验报告，材料质量证明书及报审资料，设备试验报告，设备安装竣工图。

③ 设备动态管理资料主要包括：设备分类统计表，设备更换（新增）统计表，设备操作规程、检维修规程，备品备件资料，设备检维修记录，设备定期维护资料，一类设备清单。

（4）工艺基础资料：包括装置设计建设资料和装置运行资料。

① 装置设计建设资料主要包括：可行性研究报告、初步设计、施工图、竣工图、试运行报告、性能考核资料。

② 装置运行资料主要包括：操作规程、操作卡、工艺卡片、工艺流程图（P&ID图），各年度工作循环分析评审资料，生产操作记录，工艺与设备变更记录，工艺危害分析报告，节能监测报告。

（5）生产运行资料：主要包括启动前安全检查资料、装置隔离资料（隔离方案上锁挂牌清单、盲板清单）、大修总结报告、监护运行记录、事故事件资料。

（四）员工巡检管理

（1）各生产单位生产技术办公室负责按照操作规程、工艺卡片，以及安全规定的要求，围绕关键、重点部位提出巡检路线和巡检点，形成巡检内容，经单位分管领导初审，报工艺技术部门组织审批。各单位管理、技术人员负责对本单位员工巡检执行情况进行监督检查。

（2）执行巡检的员工根据岗位需要，应携带巡检牌（或电子巡检仪）、防爆对讲机、硫化氢报警仪等相应工具。净化操作工和生产供水工需携带扳手、设备听诊器、记录本等必要工具；钳工等机修员工需携带测振仪、测温仪等必要工具；电气仪表维修员工需携带专用仪表、工具包等必要工具；变电站值班员工需携带测温仪、记录本等必要工具。

（3）巡检员工每到达一个巡检点，对设备状态、运行参数、生产状态等内容进行检查，发现问题及时汇报、处理，并按规定做好巡检记录。

（4）现场巡检至少两人一起进行，且夜间巡检时必须佩戴方位灯，根据巡检点的视线范围和环境条件，巡检员工之间保持一定的安全距离。

（5）现场操作员工必须每小时正点（前后10min）开始对装置现场生产情况进行巡回检查，并按规定翻巡检牌（打卡）和记录。检查主要内容：

① 动、静设备的“声音、振动、变形”情况。

② 温度、压力、流量、液位、组分等参数情况，并与工艺卡片参数及中控制室DCS数据进行对照。

③ 装置“跑、冒、滴、漏”情况。

（6）中控室操作员工巡回检查，重点是DCS跟踪监控。检查内容：翻动浏览DCS流程画面，跟踪监控生产参数，调节控制阀位，检查报警系统、趋势记录、测点总貌变化情况等，发现参数报警等异常情况及时消除。

（7）班长（包括副班长）巡回检查，侧重点在中控室（内容同中控室操作员工），其次在现场（内容同现场操作员工）。班长巡检频率为每班两次，对现场各单元记录签字认可，发现异常及时纠正；当班长不在时，副班长签字。

（8）隐患监护点的巡检按该隐患监护方案执行。

（五）交接班管理

1. 交接班程序及流程

交接班程序及流程包括召开班前会、班前检查、交接班、召开班后会。

（1）召开班前会：接班班长组织召开班前会，交班班长介绍上一班生产情况，接班班长对当班操作进行风险提示及工作安排。

（2）班前检查：接班班组进入现场检查装置生产运行情况：包括关键液位、压力、温度等参数是否在规定范围；设备运行情况包括现场动设备、静设备是否存在异常，是否有设备设施正在进行检修等；现场属地监督工作情况、操作记录是否完整、岗点及场地卫生是否整洁、工器具是否齐全等。

（3）交接班：接班班组对检查内容确认无误后，和交班班组共同完成交接班，完善交接班记录。

（4）召开班后会：交班班长组织召开班后会，结合交接班记录内容，对当天工作任务的完成情况、生产运行情况、操作规程的执行情况、制度执行情况、劳动纪律执行情况等内容进行总结评价。

2. 交接班内容

1）交班应做到“十交”

“十交”即指交任务和指令，交操作，交指标，交质量，交设备，交安全、环保和卫生，交经验，交问题，交工具，交记录。具体如下：

（1）交任务和指令：将上级下达的工作任务和工作指令向接班班组传达。

（2）交操作：将当班的参数调整、阀门动作情况、设备切换、运行现状等向接班班组传达。

（3）交指标：生产参数控制在工艺卡片、操作规程范围内。

（4）交质量：产品气达标外输。

（5）交设备：动设备声音、振动、温度正常，油位正常；静设备无泄漏变形；仪器仪表显示正常，无破损无泄漏。

（6）交安全、环保和卫生：硫化氢报警仪完好有电、空气呼吸器完好备用、防爆对讲机、电筒完好、洗眼器完好且清洁；废气废水达标排放；中控室、现场值班室、工具房无杂物，台面干净整洁，文件夹、记录本、工具包等物品摆放整齐。

（7）交经验：将当班的异常情况处理经验、参数调整经验、装置现场操作经验等向接班班组分享。

（8）交问题：将当班出现的生产异常、设备仪表故障、安全环保隐患等向接班班组传达。

（9）交工具：听针、测温仪、巡检包、对讲机、电子巡检仪、逃生呼吸器等工具齐全完好。

（10）交记录：按要求填写中控室记录与现场记录，记录应做到“齐全、准确、清晰、及时、规范、严谨”。

2）接班要做到“五不接”

“五不接”即指设备不好不接，工具不全不接，操作情况不清不接，记录不全不接，卫生不好不接。具体如下：

（1）设备不好不接：通过班组的操作处理，能使故障设备恢复正常，而当班班组却未及时处理，接班班组可拒绝接班。

（2）工具不全不接：听针、测温仪、巡检包、安全器材、电子巡检仪、逃生呼吸器等不齐全时，接班班组可拒绝接班。

（3）操作情况不清不接：参数偏离范围未调整、生产异常处理不及时、非常规操作不能给出正当理由的，接班班组可拒绝接班。

（4）记录不全不接：交班记录出现错填、漏填、字迹潦草、纸面破损的情况时，接班班组可拒绝接班。

（5）卫生不好不接：中控室、现场值班室、文件夹、记录本、电子巡检仪、工具包等卫生未做好、物品摆放不整齐，接班班组可拒绝接班。

3. 交接班要求

（1）交班班长应在下班前1h对装置进行全面检查，发现问题及时解决，不得拖延至下一班次。

（2）交班前，当班员工应做好各项记录，检查工器具、防护用品、消防器材、电子巡检仪等设施，做好交班准备工作。

（3）接班人员按时到工作岗位，认真听取交班班长对生产情况的介绍，并对装置进行全面检查。

（4）交接班双方必须认真填写交接班记录，共同确认交接班内容，并在交接班记录上签字确认，交接完成后，交班人方可离开现场。

（5）对交接班过程中存在异议的事项，应及时报告值班干部进行协调解决。在此期间由交班人员正常操作直到问题解决。交班期间发生问题由交班者负责，接班后发生问题由接班者负责。

（6）对本班发现问题而不交者，由交班者负责。

（7）对交班后出现的问题，由接班者负责。

（六）操作人员替岗管理

（1）替岗人员必须持有本岗位的上岗操作证，是特殊工种的必须有特殊工种资质证，不得无证替岗。

（2）替岗前需填写天然气净化厂替岗申请表。

（3）不得安排初级工到关键岗位替岗。关键岗位指：生产班班长、副班长、中控室主副操。

（4）同一班组不能同时两人及以上替岗，若出现多人替岗，需向生产单位汇报协调解决。

（5）不得安排人员连班替岗。

（七）轮岗培训管理

（1）轮班休息人员上岗前必须参加轮班岗前培训，缺席人员必须安排补充培训。

（2）培训方案由生产单位编制，包括培训目的、主要内容和课程安排，并报生产单位分管领导审核。

（3）培训主要内容应包括轮休期间装置生产运行状况、工艺变更、装置存在隐患、近期有关文件等。

（4）培训完成后应采取理论、实际考试等措施对效果进行评价，参培人员必须考核合格后才能上岗。

（5）要将培训方案、记录、教材、签到表收集整理并保存。

第三节　设备管理监督

一、设备管理监督

（一）概述

天然气净化厂设备管理的目的是提高设备及其管理的现代化水平，保证设备本质安全和经济、可靠运行。设备管理贯彻“依靠技术进步、促进生产发展、保障生产安全”的方针，做到全面规划、合理配备、择优选购、正确使用、精心维护、科学检修并适时更新改造，以提高设备性能和利用率、达到设备全生命周期费用最经济和综合效能最高的目的。

天然气净化厂设备管理实行“归口管理、业务主导、专业协同、分类分级、谁使用谁负责”的原则。

（二）监督依据

监督依据为以下企业规章：

——天然气净化厂设备管理制度；

——天然气净化厂特种设备管理制度；

——天然气净化厂 DCS、SIS 系统管理制度；

——天然气净化厂电力管理制度；

——天然气净化厂净化装置检修管理制度；

——天然气净化厂净化装置防腐保温管理制度。

（三）监督要点

1. 设备选型购置管理

（1）设备选型主要遵循技术先进、经济效益高、生产适用、维修方便等原则，具体应当考虑以下几个方面：

① 技术先进性，不能选取正淘汰或即将淘汰的设备。

② 设备的生产效率。

③ 生产的产品质量。

④ 耗能水平。

⑤ 安全环保性，易于进行设备清洁。

⑥ 设备的适用性。

⑦ 满足生产工艺程度，工艺布局与生产条件。

⑧ 设备的可靠性。

⑨ 设备的维修性。

⑩ 人机匹配操作方便。

（2）国外引进的设备到达后在索赔期内，生产单位组织供货单位、安装单位、物资采购部门共同开箱验收，检查设备数量、质量、型号、规格等是否齐全无误，并尽快完成安装、调试、投入使用，发现问题及时向有关部门提出索赔意见。其他设备到达后，生产单位生产技术办公室（设备管理办公室）组织使用单位、安装单位、物资采购部门共同开箱验收，检查设备数量、质量、型号、规格等是否齐全无误。验收合格后的设备由物资管理部门办理入库手续，妥善保管。验收不合格的设备做退回处理。

（3）新设备开箱验收时，按设备装箱单逐一清点主机、辅机、随机附件、工具和各种技术文件（包括出厂合格证，精度检验单，使用说明书），观察设备表面有无划痕、损伤、裂纹等，并填写设备开箱验收单。

（4）物资入库应在现场验收交接，交接人员要当面检查。经验收入库的设备必须完整无缺，符合质量标准，技术资料齐全，并填写设备到货记录、质量验收记录。

2. 设备安装、调校、试运管理

（1）大型设备安装前，设备安装单位应先组织施工技术人员及安装工人等共同研究，熟悉掌握制造厂家提供的使用说明书、总安装图及各部件安装图，确定设备安装方案。

（2）安装单位按库房管理规定办理设备出库手续，进行开箱检查，开箱检查主要内容如下：

① 检查箱号、箱数及外包装情况，做好记录。

② 按照装箱单清点核对设备型号、规格、零件、部件、工具、附件、备件，以及说明书等技术条件。

③ 检查设备在运输保管过程中有无锈蚀，如有锈蚀及时处理。

④ 凡属未清洗过的滑动面严禁移动，以防研损。

⑤ 不需要安装的附件、工具、备件等应妥善装箱保管，待设备安装完工后一并移交使用单位。

⑥ 核对设备基础图和电气线路图与设备实际情况是否相符，检查地脚螺栓孔等有关尺寸及地脚螺栓、垫铁是否符合要求，核对电源接线口的位置及有关参数是否与说明书相符。

⑦ 检查后做出详细检查记录，填写设备开箱检查验收单。

⑧ 安装单位按库房管理规定办理设备出库手续，进行开箱检查，检查后做出详细检查记录，填写设备开箱检查验收单。

（3）新安装设备应按照规定进行试运转，设备的负荷试验合格后，生产单位设备管理办公室、使用单位、安装单位应在设备的试运转记录上签字验收。

（4）设备安装后，安装单位应将设备随机使用说明书、总安装图、安装竣工资料、试运转记录、附件清单等技术资料、附件、工具清点造册，移交使用单位建立完整的技术档案。

（5）设备安装完毕后必须由生产单位生产技术办公室（设备管理办公室）组织安装单位、使用单位共同进行验收。大型重要设备机组由净化厂设备管理部门组织生产运行部门、质量安全环保部门、工艺技术部门、生产单位设备管理办公室、安装单位、使用单位和供货单位共同进行验收。

（6）设备验收合格后，由生产单位生产技术办公室（设备管理办公室）或使用单位编制操作规程和办理设备启用申请，经主管部门批准后，使用单位建立设备技术档案，投入生产使用。

3. 设备巡回检查管理

1）设备巡回检查职责

（1）各单位巡回检查职责。

① 生产技术办（设备办）是本单位设备巡回检查的管理部门，负责制订设备巡回检查路线和巡检记录表格。

② 检查督促本单位设备巡回检查的落实执行情况。

③ 对巡回检查发现的问题进行统计、确认，并及时处理和上报。

（2）巡回检查人员职责。

① 严格按巡回检查路线、内容和频次巡检。

② 巡回检查中发现的设备异常应及时汇报和处理并详细记录。

③ 认真填写巡回检查记录表，并及时交技术人员确认。

2）设备专业负责巡回检查的范围

（1）机械专业人员负责装置区工艺管线、工艺设备及其附属设施。

（2）仪表专业人员负责中控室（包括现场机柜间）及装置区仪表。

（3）电气专业人员负责装置现场电气设备及其附属设施、电站（含配电间）设备设施和电力架空线路。

3）机械专业巡回检查项目和内容（含目视化标识）

（1）静设备及工艺管线巡检内容包括：

① 设备及其附属设施，管线，阀门有无泄漏、异常振动、可见变形等。

② 保温设备及管线的保温层是否良好。

③ 设备基础是否有可见的下陷、歪斜、裂缝等异常情况。

（2）动设备巡检内容包括：

① 动设备及其附属设施各连接部位是否可靠。

② 各密封部位是否泄漏。

③ 运转声音、温度及振动是否正常。

④ 现场参数是否正常。

⑤ 润滑是否良好，冷却系统是否正常。

⑥ 设备基础是否有可见的下陷、歪斜、裂缝等异常情况。

4）机械设备巡回检查频次

（1）动设备实行分类巡回检查：一类设备每周一、三、五巡回检查；二类设备每周一、五巡回检查；三类设备每周三巡回检查。

（2）工艺管线和静设备每周至少巡回检查一次。

5）仪表专业巡回检查项目和内容（含目视化标识）

仪表巡回检查包括现场仪表和控制室仪表。

（1）现场仪表检查项目和内容包括：

① 向当班操作人员了解仪表运行情况。

② 液位计、压力表、双金属温度计、热电偶、热电阻、流量计、在线分析仪、控制阀及其附件、仪表取样阀、仪表风管路、电缆保护管、防小动物设施等是否正常，是否有跑、冒、滴、漏现象。

（2）控制室仪表检查项目和内容包括：

① 系统服务器、操作员站、工程师站、数据交换机、控制器、I/O模板、空开、UPS（蓄电池）、电源模板、安全栅、浪涌保护器、机柜间空调、防小动物设施等是否正常。

② 向中控室操作人员询问系统运行情况，并调阅趋势、日志记录了解系统运行状态。

6）仪表设备巡回检查频次

每个工作日上午、下午各巡检一次。

7）电气专业巡回检查项目和内容（含目视化标识）

（1）装置现场设备及其附属设施。

① 声音、振动及温度是否正常。

② 外观是否完好，各连接部位是否可靠。

③ 现场运行参数及显示是否正常。

④ 润滑是否良好。

⑤ 防小动物设施是否完好。

（2）电站（包括配电间）设备设施："声音、气味、放电、振动、外观"是否正常；电压、电流、温度、油位、压力等参数是否正常，并与控制室后台数据进行比对；监控综合自动化系统画面，跟踪运行参数、报警系统、趋势记录、参数变化等；防小动物设施是否完好。

（3）架空线路：杆塔、金具及绝缘子、导线及拉线、防雷设施、接地装置。

8）电气设备设施巡回检查频次

（1）电动机及配套设备设施巡回检查频次：

① 一类设备：每周一、三、五各巡回检查一次。

② 二类设备：每周一、五各巡回检查一次。

③ 三类设备：每周至少巡回检查一次。

（2）电站设备设施：每两小时巡回检查一次。

（3）变电站以外的变压器和单元配电间巡回检查频次：

① 装置区：每日至少巡回检查一次。

② 生活区：每周至少巡回检查一次。

（4）配电箱（屏）：每周一次。

（5）照明系统、电缆桥架、电缆沟、接地系统：每月一次。

（6）无人值守电站：每日至少一次。

（7）架空线路：每季度至少开展一次，4～9 月期间每两月开展一次；接地电阻半年测试一次。

4. 设备维护保养、检修管理

（1）设备维护保养。

① 日常维护：对设备进行检查、清洁、润滑、防腐保温，以及巡检中发现问题的处理。

② 定期维护：根据设备维护保养相关标准、规范及使用说明书的要求，定期对设备进行维护保养，并纳入设备检修作业计划。

（2）设备检修。

① 设备日常检修：对设备进行部分拆卸、检查、更换或修复失效的零部件，恢复设备正常性能。

② 设备大修：对设备进行整机拆卸，更换或修复所有磨损件，调校仪表及电气系统，恢复设备正常性能。

（3）设备使用单位应确保设备设施完整受控，根据生产安排和设备技术状况，编制在用设备检修计划报总厂设备管理部门审核，每月底将当月检修计划完成情况报总厂设备管理部门。

（4）设备计划性委外维护检修，必须先签订设备维护检修合同，明确修理内容、质量标准、价格、维修完成时间和质保期等内容，便于对承包商的履约情况进行考核。

（5）设备检修后必须实行现场检验或试运验收交接。试运不合格时，应由检修方无条件返修，直至达到质量标准。

（6）承修单位必须提供检修记录、检测记录等检修资料。

（7）高温设备在开车投运时对各连接部位进行热拧紧，每次拧紧应至少分三遍进行，每遍的起点应相互错开 120°。

① 工作温度低于或等于 200℃的高温设备只在操作温度下热拧紧一次。

② 工作温度高于 200℃的高温设备在 200℃时第一次预拧紧，在操作温度下第二次热拧紧。

（8）根据天然气净化厂设备维护检修规程和设备维护使用说明书，并结合设备全生命周期档案信息和运行状态监测数据，编制设备预防性维修计划。

（9）动设备实行月度切换，备用设备每周进行定期盘车并建立相关记录。

（10）设备、管线及配套设施实行每月带压检漏，各单位将检查情况纳入月度重要设备、DCS 及电力设施安全运行评述。

（11）设备检修质量必须符合现行国家标准、现行行业标准，以及天然气净化厂设备维护检修规程的相关要求。

（12）设备设施的目视化管理执行《中国石油天然气股份有限公司油气田站场目视化设计规定》（2018 版）。

（13）设备设施问题及隐患管理。

① 设备设施发现问题后做好记录，并进行汇报，及时进行处理，暂时不能处理的问题制订监护措施。

② 设备设施监护运行点分级：

——总厂级：涉及高温、高压、易燃、易爆、有毒有害介质泄漏，以及直接影响装置安全生产的设备设施监护运行点。

——分厂级：除总厂级以外的其他监护运行点。

③ 总厂级设备设施监护运行方案由分厂编制审核后报总厂审批实施；分厂级监护运行方案由分厂审核后实施。

④ 各单位应每周更新设备设施监护运行点台账，同时将总厂级设备设施监护运行点台账上报设备管理科。

⑤ 设备设施隐患管理执行天然气净化总厂安全环保事故隐患管理制度。

（14）每周开展手动检测与在线监测数据比对，对异常情况进行分析、处理，并做好记录。

5. 设备润滑管理

1）设备使用单位负责润滑技术管理及实施

（1）制订设备润滑管理规定，编制设备润滑一览表。

（2）按时提出年度用油计划，实时统计消耗数量，组织废油回收。

（3）油品储存间及加油器具进行目视化管理：润滑油（脂）分类、分牌号设置明显标牌，分类放置；油桶排放整齐、分类存放，注明油品牌号、入库时间、厂家。

（4）润滑油（脂）严禁水、尘土及其他杂质渗入；油壶、油杯、油枪等加油用具做到专具专用，不得混用。

（5）设备润滑油品变更执行天然气净化总厂工艺与设备变更管理制度。

（6）使用单位无法确认油品质量，应当进行油质检验。

2）加（换）油人员工作职责

（1）按照设备润滑“六定”（定点、定质、定量、定时、定法、定岗），“三过滤一沉淀”要求和有关规定，认真做好设备润滑工作。

（2）严禁混用润滑油（脂），保持润滑器具及润滑油（脂）清洁。

（3）检查设备油箱的油质及消耗情况，及时换油或补充。

（4）发现设备润滑有异常情况应及时处理并汇报。

（5）做好加换润滑油（脂）记录。

6. 设备备件管理

1）备件管理基本要求

（1）使用单位定期检查备件库存的品种和数量，及时将备件需求、消耗情况上报物资采购管理部。

（2）一类设备备件库存至少满足同型号一台设备大修所需数量。

（3）使用单位备件管理和维修人员要收集备件使用中的质量信息，及时反馈物资采购管理部。

（4）使用单位要做好修旧利旧工作，对尚有修复价值的零部件加以修复利用。

（5）推行物联网技术对设备备件进行智能化管理。

2）备件计划编制与执行

（1）使用单位通过对备件需求量的预测，结合总厂的设备维修能力及市场备件供应情况，编制备件储备需求计划。

（2）对于采购周期长的备件应提前上报采购计划，常用且采购周期短的备件按规定提报采购计划。

（3）使用单位每季度末将下季度备件储备需求计划上报物资采购管理部；若遇突发设备故障，上报急料采购计划。

3）备件测绘与加工

（1）备件测绘与加工主要针对易于测绘加工的设备易损件，如：简单机泵泵轴、轴套、衬套、叶轮密封环、平衡套件等。

（2）使用单位组织设备备件测绘，绘制标准图纸。

（3）加工备件使用后，使用单位及时跟踪设备运行情况，逐步完善备件技术性能。

7. 设备更新管理

设备更新要尽可能采用技术先进的设备。属于下列情况的设备，应优先予以更新：

（1）国家有关部门规定淘汰的设备。

（2）已超过使用役龄、技术性能落后、经济效益差的设备。

（3）安全、环保达不到要求的设备。

8. 设备停用及报废管理

（1）使用单位建立停用设备台账和管理记录，做好设备保养工作，使设备处于备用状态。

（2）设备停用时间较长、又不能调剂的，使用单位可申请报废。

（3）设备报废按天然气净化厂固定资产报废与处置管理制度执行，特种设备报废后必须进行破坏处理。

9. 设备基础管理

（1）各单位应建立健全设备管理基础资料。

① 设备台账：工艺设备台账、仪表设备台账、电气设备台账、特种设备台账、车辆台账、设备事故台账等。

② 月度重要设备、DCS 及电力设施安全运行评述。

③ 季度设备管理主要经济技术考核报表。

④ 设备管理主要经济技术指标检查记录表。

⑤ 主要设备运行时间统计表（推广使用运行时间自动统计）。

⑥ 月度检修计划表及月度检修计划完成情况统计表。

⑦ 设备故障监护点记录表。

⑧ 设备事故、事件处理分析报告。

⑨ 装置停产大修批复下达计划、大修实施作业项目表、大修施工组织设计、大修项目验收单、大修施工质量评价。

⑩ 重要静设备内部检查记录表。

⑪ 设备、管道超声波测厚检查记录、超声波探伤检查报告；管道检修焊缝 X 射线探伤报告、焊缝热处理报告。

⑫ 设备防雷接地检查、维修、校验记录。

⑬ 设备润滑台账，加油、换油记录。

⑭ 设备巡检、检修记录（推广数字化巡检和检修记录）。

（2）各单位应建立设备技术档案，并逐台录入设备全生命周期档案中，其中设备技术档案是指从设备规划、设计、制造（购置）、安装、使用、维修改造、更新直至报废等全过程中形成并经整理归档保存的图纸、图表、文字说明等技术文件，至少包括如下内容：

① 设计资料、质量证明书、技术说明书等。

② 设备检修施工记录，验收记录及重要视频资料。

③ 校验及检验记录。

④ 设备更新技术资料。

⑤ 设备缺陷记录及事故、事件报告。

⑥ 其他相关资料。

（3）及时更新 ERP 系统、设备综合管理系统，以及设备全生命周期档案数据，做好数据维护工作。

二、特种设备管理监督

（一）概述

净化厂特种设备主要有锅炉、压力容器、压力管道、起重机械、厂内机动车、电梯等。

（1）锅炉：符合特种设备安全监察条例规定的，为全装置提供蒸汽的锅炉。

（2）压力容器：符合特种设备安全监察条例规定的各类过滤器、吸收塔、脱水塔、分离器等。

（3）压力管道：符合特种设备安全监察条例规定的各类原料气管线、产品气管线、蒸汽管线等。

（4）起重机械：用于垂直升降或者垂直升降和水平移动重物的机电设备，其范围规定为额定起重量大于或等于 0.5t 的升降机；额定起重量大于或等于 1t，且提升高度大于或等于 2m 的各类起重机、行车、电动葫芦等。

（5）厂内机动车：限于天然气净化厂厂区范围内（生产作业区域和施工现场）行驶及作业的机动车辆，主要是指叉车。

（6）电梯：天然气净化厂办公楼、倒班公寓用于载人的电梯。

特种设备安全管理主要包括注册登记、日常使用管理、人员资质、维护保养、目视化要求、注销、台账管理等内容。

（二）危害识别

1. 设计制造缺陷

（1）设备的材质不符合要求，没有按规定和技术要求进行加工。

（2）焊接质量低劣：如未熔合、未焊透、夹渣、气孔、裂纹等，或焊接工艺不正确、焊缝不打坡口、焊缝不均匀、焊缝过宽时加垫其他金属等。

（3）没有严格按照设计图纸加工。

2. 操作人员违章操作

（1）操作人员未严格按照操作规程操作造成安全事故。

（2）操作人员精神状态不佳，或酒后上岗导致误操作。

（3）未取得特种作业资质人员进行操作导致安全事故发生。

3. 维修人员违章作业

（1）维修单位未取得相应资质，导致维修质量出现问题。

（2）在设备维修时未对设备进行清洗、置换、隔离、断电等，导致在维修过程中发生安全事故。

4. 管理缺陷

（1）对设备入场检验关口把关不严，导致不合格设备进入工厂。

（2）未按照设备维护的规定进行定期维护，导致设备在运行过程中出现腐蚀、缺陷、超温、超压、断裂等。

（三）监督依据

1. 法律法规

——《中华人民共和国特种设备安全法》（中华人民共和国主席令 2013 年第 4 号）；

——《特种设备安全监察条例》（中华人民共和国国务院令 2009 年第 549 号）。

2. 标准规范

——TSG 08《特种设备使用管理规则》；

——TSG 11《锅炉安全技术规程》；

——TSG 21《固定式压力容器安全技术监察规程》；

——TSG 23《气瓶安全技术规程》；

——TSG 51《起重机械安全技术规程》；

——TSG 81《场（厂）内专用机动车辆安全技术规程》；

——TSG D0001《压力管道安全技术监察规程——工业管道》；

——TSG R0005《移动式压力容器安全技术监察规程》；

——TSG ZF001《安全阀安全技术监察规程》。

3. 企业规章

——天然气净化厂设备管理制度；

——天然气净化厂特种设备管理制度。

4. 其他文件

——特种设备设计文件；

——产品使用说明书。

（四）监督要点

1. 特种设备管理机构与人员资质

（1）明确特种设备安全管理机构，管理职责明确。

（2）设置特种设备安全管理负责人、特种设备安全管理员，岗位职责明确。

（3）设备安全管理负责人、特种设备安全管理员应取得特种设备安全管理人员资格证书（A）。

（4）按照特种设备作业人员资格认定分类与项目，应取得特种设备作业人员资格证书的岗位人员应持证上岗。持证人员数量应满足使用特种设备时每班至少有 1 名持证作业人员。

2. 特种设备使用管理

（1）使用单位应在特种设备（特种设备安全监督管理部门明确不需要办理的除外）投入使用前或者投入使用后 30d 内按规定办理使用登记，取得使用登记证书；投入使用 30d 后仍未办理注册登记的，不得继续投入使用。

（2）锅炉、压力容器（气瓶除外）、电梯、起重机械和场（厂）内专用机动车辆应按台（套）向登记机关办理使用登记，工业管道应以使用单位为对象向登记机关办理使用登记。

（3）对超过设计使用年限或超 20 年继续使用的压力容器，使用单位认为可以继续使用的，应按照安全技术规范及相关产品标准的要求，经检验或者安全评估合格，由使用单位安全管理负责人同意、主要负责人批准，到登记机关申请变更登记，登记机关在原使用登记证右上方标注“超设计使用年限”字样。办理使用登记变更后，方可继续使用。

（4）使用单位应完善生产场所特种设备目视化管理，特种设备使用标志应置于特种设备显著位置，安全警示标识齐全，介质流向标识清楚，涂装符合规范，安全附件整齐完备；使用单位应将固定式压力容器、锅炉、起重机械、电梯的特种设备使用标志固定在特种设备显著位置，当无法在现场固定时，可存放在安全技术档案中；场内机动车辆的特种设备使用标志张贴在驾驶室的挡风玻璃的右前方。

（5）使用单位应当根据所使用特种设备运行特点等，制定操作规程。操作规程至少应包括设备运行参数、操作程序和方法、维护保养要求、安全注意事项、巡回检查和异常情况处置规定，以及相应记录等。

（6）使用单位应开展月度和年度自行检查，月度检查和年度检查时间重合时可不再进行月度检查，年度检查至少每年进行一次，检查应有记录，发现问题及时进行整改，形成闭环；特种设备年度自查按照相关标准和规范执行，至少包括安全管理情况检查、设备本体及运行状况检查和安全附件检查等，并按规定格式出具检查报告。

（7）特种设备出现故障或者发生异常情况，使用单位应当对其进行全面检查，消除事故隐患后，方可继续使用，严禁特种设备带病运行。

（8）使用单位应根据实际情况制订特种设备突发事件应急处置方案并纳入本单位专项突发事件应急处置方案，并定期组织开展应急培训和演练。

（9）使用单位应按照法律法规、安全技术规范的要求，逐台建立健全安全与节能技术档案，安全技术档案至少包括以下内容：

① 使用登记证。

② 特种设备使用登记表。

③ 特种设备设计、制造技术资料和文件，包括设计文件、产品质量合格证明（含合格证及其数据表、质量证明书）、安装及使用维护保养说明、监督检验证书、型式试验证书等。

④ 特种设备安装、改造和修理的方案、图样，材料质量证明书和施工质量证明文件，以及安装改造修理监督检验报告、验收报告等技术资料。

⑤ 特种设备定期自行检查记录（报告）和定期检验报告。

⑥ 特种设备日常使用状况记录。

⑦ 特种设备及其附属仪器仪表维护保养记录。

⑧ 特种设备安全附件和安全保护装置校验、检修、更换记录和有关报告。

⑨ 特种设备运行故障和事故记录及事故处理报告。特种设备节能技术档案包括锅炉能效测试报告、高耗能特种设备节能改造技术资料等。

3. 蒸汽锅炉

1）锅炉房检查

（1）通向室外的门向外开，且未挂锁或闩住，锅炉房的出入口和通道应畅通无阻。

（2）照明灯具使用防爆灯具且有效，亮度能满足对操作位置和水位计、压力表的观察需要。

（3）锅炉房顶烟囱和房顶交接处已进行隔热和防漏处理，地面平整无积水。

（4）在显著位置张贴岗位操作规程、水处理操作规程、岗位责任制、登记使用证复印件。

（5）燃气锅炉房内应装设可燃气体报警仪，可燃气体报警仪的设置应符合 GB/T 50493《石油化工可燃气体和有毒气体检测报警设计标准》和 SY/T 6503《石油天然气工程可燃气体和有毒气体检测报警系统安全规范》等相关规定。

2）锅炉本体检查

（1）在锅炉明显部位设置金属铭牌。

（2）锅炉在限定的工况参数下运行。

（3）各部保温层完整无损，无脱落、无严重变形。

（4）锅炉受压部件的可见部分无鼓包、变形、裂纹、渗漏、腐蚀、磨损等。

（5）承受锅炉重量的支撑件无过热、变形，支撑基础无沉降。

（6）各人孔、手孔、观察孔严密，若存在漏水、漏汽（气）现象，应及时进行停炉整改。

（7）梯子、平台、栏杆设置合理、牢固、安全；人员立足点距离地面超过 2m 的锅炉应装设栏杆。

（8）锅炉取样、加药设备及附件完整良好。

3）锅炉安全阀检查

（1）每台锅炉应至少装设两个安全阀（包括锅筒和过热器安全阀），符合 TSG 11—2020《锅炉安全技术规程》5.1.2.1 所规定条件的，可以只装设一只安全阀。

（2）蒸汽锅炉的安全阀应当采用全启式弹簧安全阀、杠杆式安全阀或控制式安全阀，选用的安全阀应当符合 TSG ZF001《安全阀安全技术监察规程》及相关技术标准规定。

（3）蒸汽锅炉安全阀流道直径应大于或等于 20mm。

（4）安全阀铅直安装，并装在锅筒（锅壳）、集箱的最高位置。在安全阀和锅筒（锅壳）之间或安全阀和集箱之间，无取用蒸汽的出汽管和阀门。

（5）安全阀的规格、型号及整定压力等参数应与锅炉工艺参数相适应。

（6）锅炉安全阀的整定压力应满足以下要求：

蒸汽锅炉额定工作压力 $p\leqslant0.8$MPa 时，安全阀整定压力为锅炉额定工作压力（p）加 0.03～0.05MPa；当 0.8MPa$<p\leqslant$5.3MPa 时，安全阀整定压力为 1.04～1.06 倍锅炉额定工作压力（p）；当 $p>$5.3MPa 时，安全阀整定压力为 1.05～1.08 倍锅炉额定工作压力（p）。

（7）蒸汽锅炉安全阀排汽管应该直通安全地点，并且有足够的流通截面积，保证排汽通畅。安全阀排汽管底部应装有接到安全地点的疏水管。疏水管不允许装阀门。

（8）两个独立安全阀的排气管不应当相连。

（9）安全阀的检验应当符合以下要求：

① 在用锅炉的安全阀每年至少检验一次。

② 新安装的锅炉或安全阀检修、更换后，应检验其整定压力和密封性。

③ 安全阀检验后应加锁或者铅封。

（10）锅炉运行中安全阀应定期进行排放试验。

4）锅炉压力表检查

（1）压力表的选用应符合以下规定：

① 压力表应符合相关技术标准的要求。

② A 级锅炉压力表精确度应不低于 1.6 级，其他锅炉压力表精确度应不低于 2.5 级。

③ 压力表的量程应根据工作压力确定，一般为工作压力的 1.5～3 倍，最好选用 2 倍。

④ 压力表表盘大小应保证锅炉作业人员能清楚地看到压力指示值。

（2）压力表应定期进行校验，刻度盘上应划出指示工作压力的红线，并且注明下次校验日期。压力表校验后应加装铅封。

（3）压力表安装应满足以下规定：

① 压力表装设在便于观察和吹洗的位置，并且防止受到高温、冰冻和震动的影响。

② 锅炉蒸汽空间设置的压力表应有存水弯管或者其他冷却蒸汽的措施。

③ 压力表与弯管之间应装设三通阀，以便吹洗管路、卸换、校验压力表。

（4）有以下情况之一时，压力表应停止使用：

① 有限止钉的压力表在无压力时，指针不能回到限止钉处；没有限止钉的压力表在

无压力时，指针离零位的数值超过压力表规定的允许误差。

② 表面玻璃破碎或者表盘刻度模糊不清。

③ 封印损坏或者超过校验期。

④ 表内泄漏或者指针跳动。

⑤ 其他影响压力表准确指示的缺陷。

5）水位测量与示控装置

（1）每台蒸汽锅炉锅筒（壳）应装设至少两个彼此独立的直读式水位计。符合 TSG 11—2020《锅炉安全技术规程》5.3.1.1 所规定条件的，可以只装设一只直读式水位表。

（2）水位表应当有指示最高、最低安全水位和正常水位的明显标志。

（3）玻璃管式水位表应有安全防护装置，并且不妨碍观察真实水位，玻璃管的内径应不小于 8mm。

（4）锅炉运行中能够吹洗和更换玻璃板（管）、云母片。

（5）用两个以上（含两个）玻璃板或云母片组成的一组水位表，能够连续指示水位。

（6）水位表或水表柱和锅筒（壳）之间阀门的流道直径应不小于 8mm，汽水连接管内径应不小于 18mm，连接管长度大于 500mm 或者有弯曲时，内径应适当放大，以保证水位表灵敏可靠。

（7）水位表应有放水阀门和接到安全地点的放水管。

（8）水位表或者水表柱和锅筒（壳）之间的汽水连接管上应装设阀门，锅炉运行时，阀门应处于全开位置。

（9）水位表应安装在便于观察的地方。水位表距离操作地面高处 6000mm 时，应当加装远程水测量装置或者水位视频监控系统。

（10）用远程水位测量装置监视锅炉水位时，信号应当各自独立取出；在锅炉控制室内至少有两个可靠的远程水位测量装置，同时运行中应保证有一个直读式水位表正常工作。

6）排污和放水装置

（1）蒸汽锅炉锅筒（壳）、立式锅炉的下脚圈和水循环系统的最低处都需要装设排污阀；B 级及以下锅炉采用快开式排污阀门；排污阀的公称通径为 20～65mm；卧式锅壳锅炉锅壳上排污阀的公称通径不小于 40mm。

（2）额定蒸发量大于 1t/h 的蒸汽锅炉，排污管线上装设两个串联的阀门，其中至少有一个排污阀，并且安装在靠近排污管线一侧。

（3）每台锅炉装设独立的排污管，排污管尽量减少弯头，保证排污通畅并且接到安全地点或者排污膨胀箱（扩容器）。

（4）多台锅炉合用 1 根排污总管时，要避免两台以上的锅炉同时排污。

（5）锅炉的排污阀、排污管不宜采用螺纹连接。

7）安全保护装置

（1）蒸汽锅炉应当装设高、低水位报警和低水位联锁保护装置，保护装置最迟应当在最低安全水位时动作。

（2）额定蒸发量大于或等于 2t/h 的锅炉，应装设蒸汽超压报警和联锁保护装置，超压联锁保护装置动作整定值应低于安全阀较低整定压力值。

（3）全部引风机跳闸时，自动切断全部送风和燃料供应；全部送风机跳闸时，应自动切断全部燃料供应。

（4）锅炉应装设可靠的点火程序控制和熄火保护装置，联锁装置应齐全完好。

（5）锅炉运行中联锁保护装置不应随意退出运行，联锁保护装置的备用电源或气源应可靠，不应当随意退出备用，并且定期进行备用电源或气源自投试验。

8）锅炉燃烧设备及辅助系统

（1）燃气锅炉炉前燃料气主管上应当设置放散阀，其排空管出口必须直接通向室外。

（2）锅炉的给水系统应当保证对锅炉可靠供水，给水系统的布置、给水设备的容量和台数按照设计规范确定。

（3）额定蒸发量大于 4t/h 的蒸汽锅炉应装设自动给水调节装置，并且在锅炉作业人员便于操作的地点装设手动控制给水的装置。

（4）给水泵的出口应设置止回阀和切断阀，应在给水泵和给水切断阀之间装设给水止回阀，并与给水切断阀紧接相连。

（5）两台以上（含两台）锅炉共用一个总烟道的，在每台锅炉的支烟道内应当装设可靠限位装置的烟道挡板。

（6）锅炉管道上的阀门和烟风系统挡板均应有明显标志，标明阀门和挡板的名称、编号、开关方向和介质流动方向，主要调节阀门还应有开度指示。阀门、挡板的操作机构均应装设在便于操作的地点。

（7）锅炉燃烧器应设有自动控制器、安全切断阀、火焰监测装置、空气压力监测装置、燃料压力监测装置和气体燃料燃烧器的阀门检漏装置。

（8）燃烧器在启动和运行过程中，出现以下情况，应在安全时间内实现系统联锁保护：

① 火焰故障信号。

② 燃气高压保护信号。

③ 空气流量故障信号。

④ 设有位置验证的燃烧器，位置验证异常。

⑤ 燃气阀门检漏报警信号。

⑥ 本规程规定的与锅炉有关的控制，入压力、水位、温度等参数超限。

9）锅炉使用管理

（1）锅炉使用单位每月对使用的锅炉至少进行一次月度检查，并且记录检查情况；锅炉使用单位每年应对燃烧器进行检查。

（2）锅炉作业人员应严格执行操作规程和有关安全规则制度。

（3）使用单位应当逐台建立锅炉安全技术档案，安全技术档案至少应该包括 TSG

11—2020《锅炉安全技术规程》8.3 所要求的内容。

（4）锅炉使用单位应建立岗位责任制、巡回检查制度、交接班制度、锅炉及辅助设备的操作规程、设备维修保养制度、水质管理制度、安全管理制度、节能管理制度。

（5）使用单位应做好锅炉水质处理工作，保证水汽质量符合标准要求。水处理系统运行应当符合以下要求：

① 保证水处理设备和加药装置正常运行。

② 采用必要的检测手段监测水汽质量，每班至少化验一次水汽质量，当水汽质量不符合标准要求时，应及时查找原因并处理至合格。

③ 严格控制疏水、蒸汽冷凝回水的水质，不合格时不得回收进入锅炉。锅炉水质应当符合 GB/T 1576《工业锅炉水质》的规定。

10）锅炉检验

（1）锅炉使用单位应当安排锅炉的定期检验工作，并且在锅炉下次检验日期前一个月向具有相应资质的检验机构提出定期检验要求。

（2）定期检验周期：

① 外部检验，每年进行一次。

② 内部检验，一般每两年进行一次。

4. 压力容器（塔、罐、分离器）

1）特种设备本体检查

（1）压力容器在投入使用前或者投入使用后 30d 内，使用单位应向直辖市或者设区市的特种设备安全监督管理部门登记。登记标志应置于或者附着于该特种设备的显著位置。

（2）金属压力容器一般于投用后三年内进行首次定期检验，以后的检验周期由检验机构根据压力容器的安全状况等级确定。

（3）设备有铭牌，字迹清晰。

（4）设备外观无裂纹、过热、变形、泄漏、损伤等情况。

（5）本体着色满足 SY/T 0043—2020《石油天然气工程管道和设备涂色规范》的相关要求，介质流向标识清楚。

（6）接口部位、焊接接头无裂纹、泄漏、损伤情况。

（7）容器与相邻管道、构件间无异常振动、响声、摩擦等。

（8）支撑、支座、基础、紧固螺栓等数量齐全完好、支撑牢固，基础无下沉、倾斜、开裂；螺栓定期进行保养，无严重锈蚀。

（9）操作台高度位置合适、护栏完好，超过 2m 高度的平台应有扶手或栏杆。

（10）疏水、排放、排污装置着色、介质流向正确，无严重腐蚀及泄漏情况，阀门开关位置状态标识正确。

2）安全阀检查

（1）安全阀铅封完好，检定在有校期内。

（2）安全阀无泄漏。

（3）安全阀铅直安装，靠近保护设备。

（4）如果安全阀和排放口之间装设了截止阀，压力容器正常运行期间截止阀必须保证全开（加铅封或者锁定）。

（5）安全阀整定压力应为压力容器工作压力的 1.05～1.1 倍，安全阀整定压力应小于或等于压力容器的设计压力。

3）压力表检查

（1）压力表的检定和维护应符合国家计量部门的有关规定，压力表检定后应加铅封。压力表安装前应进行检定。

（2）在压力表刻度盘上应划出指示工作压力的红线。

（3）选用的压力表，应与压力容器内的介质相适应。

（4）设计压力小于 1.6MPa 压力容器使用的压力表的精度不得低于 2.5 级，设计压力大于或等于 1.6MPa 压力容器使用的压力表的精度不得低于 1.6 级。

（5）压力表表盘刻度极限值应为工作压力的 1.5～3.0 倍。

（6）压力表的安装：

① 压力表的装设位置应便于操作人员观察和清洗，并且应避免受到辐射热、冻结或振动等不利影响。

② 压力表与压力容器之间，应装设三通旋塞或针形阀（三通旋塞或针形阀上应有开启标记和锁紧装置），并且不得连接其他用途的任何配件或者接管。

③ 用于水蒸气介质的压力表，在压力表与压力容器之间应装有存水弯管。

④ 用于具有腐蚀性或则高黏度介质的压力表，在压力表与压力容器之间应装设隔离介质的缓冲装置。

4）液位计检查

（1）根据压力容器的介质、设计压力（或最高允许工作压力）和设计温度选用。

（2）在安装使用前，设计压力小于 10MPa 的压力容器用液位计，以 1.5 倍的液位计公称压力进行液压试验；设计压力大于或等于 10MPa 的压力容器用液位计，以 1.25 倍的液位计公称压力进行液压试验。

（3）储存 0℃以下介质的压力容器，选用防霜液位计。

（4）寒冷地区室外使用的液位计，选用夹套型或者保温型结构的液位计。

（5）用于易爆、毒性危害程度为极度或者高度危害介质，以及液化气体压力容器上的液位计，有防止泄漏的保护装置。

（6）要求液面指示平稳的，不允许采用浮子（标）式液位计。

（7）液位计应安装在便于观察的位置，否则应增加其他辅助设施。液位计上最高和最低安全液位，应做出明显的标志。

5. 压力管道

（1）压力管道使用单位，应当按照 TSG 08《特种设备使用管理规则》的规定，到省级质量技术监督部门或其授权的市（地级）级质量技术监督部门办理压力管道使用登记。压力管道使用登记分为登记注册和登记发证两种形式，使用登记证有效期为 6 年。

（2）压力管道检修、安装单位必须持有质量技术监督行政部门颁发的压力管道安装许可证。从事压力管道焊接和无损检测的人员，必须按有关规定取得质量技术监督部门颁发的特种作业人员资格证书。

（3）在用压力管道在定期检验完成后 30 个工作日内，由使用单位按照工程或者装置填写压力管道使用注册登记汇总表，连同下列资料向安全监察机构申请办理使用登记。

① 压力管道使用安全管理制度，事故预防方案（包括应急措施和救援方案），管理人员和操作人员名单。

② 在用压力管道定期检验报告。

③ 安全保护装置（安全阀、压力表等）校验报告。

④ 重要压力管道使用注册登记表。

（4）使用单位在使用登记证有效期到期前 90d，向办理使用登记的安全监察机构提交换证申请，重要压力管道应每年定期到办理使用登记的安全监察机构，办理重要压力管道使用登记复核。

（5）使用单位应对压力管道进行标识，标识方法为：在各巡检通道醒目处，对压力管道外表面用红色喷漆标注“压力管道”及介质流向。

（6）使用单位应建立压力管道技术档案，其内容应包括：

① 压力管道使用注册登记汇总表。

② 重要压力管道使用注册登记表。

③ 压力管道无损探伤检测报告。

④ 超声波测厚记录。

⑤ 压力管道更换、检修记录。

⑥ 压力管道防腐记录。

⑦ 压力管道试压记录。

⑧ 有关压力管道设计技术资料、图纸。

⑨ 管道安全保护装置和附属设施有关资料。

（7）使用单位应对压力管道易腐蚀部位进行定点测厚，每年至少检测一次，并将检测数据及时录入计算机管理系统。

（8）正常运行期间安全阀截止阀必须保证全开，并加铅封或锁定，截止阀的结构和通径应不妨碍安全阀的安全泄放。对易燃介质或有毒介质的压力容器，应在安全阀的排出口装设导管，将排放介质引至安全地点并进行妥善处理。

（9）压力管道的安全阀每年至少校验一次，安全阀经校验后应加铅封，安全阀的校验记录（报告）由使用单位归入压力管道技术档案。

（10）用于水蒸气介质的压力表应有存水弯管，用于具有腐蚀性介质的压力表，应装设能隔离介质的缓冲装置。

（11）压力表装用前应进行校验，并注明下次的校验日期，刻度盘上应划红线指示出工作压力，压力表校验周期不得超过六个月。压力表校验后应加铅封。

6. 起重机械

（1）使用单位必须购置有安全技术监督检验合格证书的起重机械产品，起重机械出厂时，必须附有起重机械安全技术监督检验合格证书。需要安装起重机械的单位，应先到其所在地区的地、市级质量技术监督部门或授权的质量技术监督部门登记。

（2）使用单位应建立起重机械安全技术档案，其内容包括：

① 设备出厂技术文件。

② 安装、修理记录和验收资料。

③ 使用、维护、保养、检查和试验记录。

④ 安全技术监督检验报告。

⑤ 设备及人身事故记录。

⑥ 设备的问题及评价。

（3）使用单位必须取得起重机械准用证、起重机械作业人员持有质量技术监督部门考核后签发的安全操作证后，方可使用起重机械。

（4）操作人员应经常检查起重机械的技术状况，包括年度检查、每月检查和每日检查：

① 年度检查。

每年对在用的起重机械至少进行一次全面检查。其中载荷试验可以结合吊运相当于额定起重量的重物进行，并按额定速度进行起升、运行、回转、变幅等机械安全性能检查。停用一年以上的起重机械，使用前也应做全面检查。起重机械遇四级以上地震或发生重大设备事故，露天作业的起重机械经受九级以上的风力后，使用前都应做全面检查。

② 每月检查。

每月至少应检查下列项目：

——安全装置、制动器、离合器等有无异常情况；

——吊钩、抓斗等吊具有无损伤；

——钢丝绳、滑轮组、索道、吊链等有无损伤；

——配电线路、集电装置、配电盘、开关、控制器等有无异常情况；

——液压保护装置、管道连接是否正常。

停用 1 月以上的起重机械使用前也应做上列检查。

③ 每日检查。

每天作业前应检查下列项目：

——各类极限位置限制器、制动器、离合器、控制器，以及电梯厅门联锁开关、紧急报警装置、升降机的安全钩或其他防断绳装置的安全性能等；

——轨道的安全状况；

——纲丝绳的安全状况。

（5）使用单位必须按期向起重机械质量技术监督行政部门，申请在用起重机械安全技术检验，更换起重机械准用证。

（6）安装修理起重机械的单位，必须取得起重机械质量技术监督行政部门的安全认可证书，并在安全认可证书有效期内。

（7）安装、修理起重机械的技术文件和施工质量资料，在竣工验收后，交由使用单位存入起重机械安全技术档案。

7. 厂（场）内机动车辆

（1）在厂（场）车使用单位进行经常性维护保养和自行检查合格的基础上，特种设备检验机构对纳入使用登记的在用场车按照规定周期（每年一次）进行检验。

① 车容整洁，各零部件完好，连接紧固，无缺损。

② 后视镜、雨刮器、灭火器和安全带完好有效。

③ 车辆发动机、转向系统、制动系统、液压系统、灯光、仪表和电气系统完好。

（2）作业道路设置有限速警示标志；道路平整，净空符合标准；通道在狭窄坡道或平台边缘的，应设置警示线或警示标志。

8. 电梯

1）电梯使用管理

（1）电梯使用注册登记情况。

（2）安全管理制度建立及执行情况。

（3）安全管理人员持证及履职情况。

（4）电梯安装检验和定期检验依法报检情况。

（5）隐患排查整改情况。

（6）安全检验合格标志、警示说明及标识张贴情况。

（7）落实电梯使用的安全责任情况。

（8）电梯运行巡检记录情况。

（9）电梯签订维保合同情况。

（10）电梯维保工作落实的监督情况。

2）电梯维护保养

（1）是否将维保业务分包或者转包。

（2）是否按规定要求进行维护保养。

（3）日常维保记录是否完整。

（4）维保人员是否持有效证件上岗。

（5）维保单位、施救电话标注是否符合要求。

（6）对超期未检电梯是否报告业主单位和特种设备安全监察部门。

（7）电梯故障紧急召修是否及时、到位。

3）电梯安全状况

（1）电梯定检、维保和巡检过程中发现的安全隐患是否及时整改合格。

（2）钢丝绳、制动器和其他转动部件是否完好；限速器、缓冲器、夹绳器是否符合要求。

（3）控制系统功能（特别是门机控制系统）是否正常，有无不明软故障。

（4）主要受力构件是否完好。

（5）电梯应急报警和紧急呼救装置是否有效应答和报警。

（6）机械制动器制动能力是否符合要求。

（7）各种安全保护装置是否齐全有效。

三、仪表管理监督

（一）概述

天然气净化厂主要使用的仪表有变送器、液位计、高级孔板、温度计、压力表、在线分析仪、热电偶、热电阻、调节阀等。自控系统主要包括 DCS/ESD 控制系统和 F&GS 系统（火灾及烟气报警系统）。

仪表自控系统管理主要包括基础台账管理、设备巡检维护检定等，净化厂设备管理部门是仪表自控系统的归口管理部分，各生产单位生产技术办公室负责本单位的仪表自控系统管理工作。

（二）危害识别

1. 仪表故障、线路损坏

现场检测仪表因选型不合理、维护不正确、保养不及时，造成仪表误指示，可能导致生产介质超温超压，设备损坏、引发火灾。仪表线路绝缘损坏产生火花，遇到易燃易爆物质易发生火灾爆炸。

2. 固定式有毒有害、可燃气体检测仪失灵

生产装置安装的有毒有害、可燃气体检测仪失灵，可能导致泄漏的危害气体聚集而不被发现，延误气体泄漏处理时机，造成人员中毒或火灾爆炸事故。

3. UPS 故障，自控系统断电

仪表自动控制系统多采用 UPS 电源供电，以保证在供电电源失电后，仍可确保重要的控制和监控系统、仪表在一段时间内处于安全状态。若不对仪表控制系统供电电源和 UPS 的工作状态、容量定期进行检查，就很可能造成仪表失电，控制系统瘫痪，以致不能正常生产，甚至引发生产安全事故。

（三）监督依据

1. 标准规范

——GB 50093《自动化仪表工程施工及质量验收规范》；

——GB 50116《火灾自动报警系统设计规范》；

——GB 50493《石油化工可燃气体和有毒气体检测报警设计标准》；

——GB/T 50770《石油化工安全仪表系统设计规范》；

——GB/T 50892《油气田及管道工程仪表控制系统设计规范》；

——SH/T 3020《石油化工仪表供气设计规范》；

——SH/T 3164《石油化工仪表系统防雷工程设计规范》。

2. 企业规章

——天然气净化厂设备管理制度；

——天然气净化厂 DCS、SIS 系统管理制度；

——天然气净化厂计量管理制度。

（四）监督要点

1. 基础资料

（1）仪表设备台账：包括仪表设备汇总表、中控室仪表（温度变送器、避雷器、DCS/ESD 系统硬件等）、调节阀及其附件（阀门定位器、电磁阀等）、联锁阀及其附件、在线分析仪、变送器、流量显示仪表、双金属温度计、热电偶、热电阻、压力表、液位计、报警仪、计量标准表等，表格必须有编号，不能出现黑表格。

（2）仪表月（季度）自控鉴定、统计：包括仪表重要回路、设备异常情况记录表、净化厂重要仪表或回路检查记录表、× 季度设备管理经济技术考核表等，重点是对问题的闭环管理。

（3）仪表停用记录管理：需包括仪表位号、停用故障原因及起止时间记录等。

（4）仪表月检修计划：包括计划申请和完成情况。重点是计划、完成情况有无领导审批签字再上报；未完成的计划是否有原因说明。

（5）仪表检修记录单：应完整记录检修过程，所有原始记录资料都应认真填写，字迹工整、清晰，不准任意涂改或损毁。

（6）仪表设备操作规程：每种设备都必须有具体的操作规程，且在投产前编写好。设备操作规程的内容必须包括以下部分：设备性能参数，操作前准备工作，操作顺序和安全确认，紧急状态处理，以及在使用过程中设备与人身安全注意事项。

2. 现场仪表

1）压力测量仪表

（1）压力测量仪表的检定。

① 压力测量仪表的检定周期按照检定规程、参照行业标准规定或校准规范执行。

② 压力表及压力变送器应在明显位置贴有合格证，合格证里应包含有效期、检定证书号、检定人员等信息。

③ 压力表及压力变送器应有详细台账，由专人负责更新台账及保管检定证书。

④ 参与检定人员必须取得相应资格证书。

（2）压力测量仪表的选用。

① 应根据被测压力的大小来确定压力表量程：在测量稳定压力时，最大压力应不超过压力表满量程的 3/4；在测量波动压力时，最大压力值应不超过压力表满量程的 2/3；最低测量压力值应不低于全量程的 1/3。

② 应根据使用场合选择相应的仪表，如耐震压力表、耐硫压力表、隔膜压力表等。

2）液位测量仪表

（1）现场直读式液位计应有明显刻度指示；玻板液位计与玻璃管液位计应保持玻璃板和玻璃管清洁、方便读数；磁翻板液位计应保持翻板灵活。

（2）远传液位计变送器应有规范接地。

（3）液位变送器应在明显位置贴有合格证，合格证应包含有效期、检定证书号、检定人员等信息。液位变送器的检定周期按照检定规程、参照行业标准规定或校准规范执行。

（4）液位测量仪表应有详细台账，由专人负责更新台账及保管相应的检定证书。

（5）参与检定人员必须取得相应资格证书。

3）温度测量仪表

（1）温度测量仪表必须经有资质单位检定合格才能使用，且在用温度测量仪表必须在检定有效期内。

（2）温度测量仪表应在明显位置贴有合格证，合格证应包含有效期、检定证书号、检定人员等信息。温度测量仪表的检定周期按照检定规程、参照行业标准规定或校准规范执行。

（3）温度测量仪表应有详细台账，由专人负责更新台账及保管相应的检定证书。

（4）参与检定人员必须取得相应资格证书。

4）流量测量仪表

（1）用于流量计量的温度、压力、差压仪表必须经过检定，且检定合格才能使用，在用仪表不能超过其检定有效期使用。

（2）用于天然气计量的高级孔板阀必须定期清洗检查孔板，并定期进行计量回路联校，在操作过程中应严格遵守操作规程。

（3）流量变送器应在明显位置贴有合格证，合格证应包含有效期、检定证书号、检定人员等信息。流量变送器的检定周期按照检定规程、参照行业标准规定或校准规范执行。

（4）流量测量仪表应有详细台账，由专人负责更新台账及保管相应的检定证书。

（5）参与检定人员必须取得相应资格证书。

5）控制阀

（1）控制阀的安装位置应便于观察、操作和维护。

（2）控制阀应定期进行检查保养，开产时需对各控制阀进行调校。

6）F&GS 系统（火灾及烟气报警系统）或者 GDS 系统（可燃气体和有毒气体检测报警系统）现场仪表

（1）检测比空气重的可燃气体或有毒气体时，检测器安装高度应高出地坪（或楼地板）0.3～0.6m。

（2）检测比空气轻的可燃气体（如甲烷）或有毒气体时，检测器高出释放源所在高度0.5～2m。

（3）F&GS 系统应采用不间断电源（UPS）供电。

（4）F&GS 系统应定期检查控制室内各设备运行情况和外观，每年用标准气体对固定式报警仪进行检定并保管好检定记录，及时更新台账。

（5）固定式报警仪的管理、日常检查和维护应由接受过专门培训的人员负责，检定工作由有资质的人员承担。

（6）报警器应安装在中心控制室内，应具有相对独立、互不影响的报警功能，并能区分和识别报警场所位号。

（7）F&GS 系统中的报警仪应保持良好运行状况，若有报警仪故障需停用，必须有相应的措施，保证故障报警仪区域能有效做到气体监测，并应尽快检修或更换故障报警仪。

7）在线分析仪

（1）在线分析仪应由专人负责巡检维护。

（2）在线分析仪应定期调校或标定。

（3）在线分析故障检修应有相应记录。

（4）在线分析仪接地应满足相应规范，必须用专用地线，不得将几台仪器串联接地；防爆区域内的在线分析仪应满足防爆要求。

（5）应使用 UPS 电源，预防因市电波动对仪器造成损害。

（6）每月定期清洗各种过滤器，易脏的应提高清洗频率。

（7）每月至少一次对气路、进入在线分析仪的仪表风管路进行试漏。

（8）每月对仪器除尘除锈清洁，紧固接线端子。参数变化较大时，清洗电极、光路、镜片。

（9）在线分析仪的数据每月应与化验室的分析数据进行对照分析，归纳出在线分析仪的相对值，以便指导工艺操作。

（10）带有标气或载气（标液）的分析仪还需检查气瓶压力、容量，不足应及时更换。标准气应为国家质检部门认可合格的标气，液体标样用基准或标准的试剂精确称量配制。

（11）定期校核在线分析仪的各种定量校正因子和标准曲线。校核时，须穿戴好劳保用品、佩戴便携式硫化氢报警仪、工器具及检漏液，站在上风向进行操作，一人操作，一人监护。

（12）校验用的氮气、硫化氢、甲烷、二氧化硫、氧气标气瓶要编号并建立台账，做好目视化标识，分类存放。

（13）巡检方面：每周一至周五两人巡检，周六、周日由值班仪表工巡检。进入装置巡检时必须与其他工种配合进行，保证巡检人数不少于 2 人 / 次，并带好维护工具，每天上午、下午各巡检一次。

8）DCS/ESD 控制系统

（1）DCS 系统。

① DCS 系统应有专人负责巡检及维护，保持机房内温度为 20℃ ±2℃。

② 进入机房作业人员，要消除身体静电。

③ 每月定期清洗机柜通风口和主控单元冷却风道中的过滤网，同时用吸尘器清除控制柜间地板上的灰尘，严禁使用含水抹布。控制柜间和操作间的通道门应随时关闭。控制系统所有自控元件、仪表外观及柜体内外整洁无锈蚀。

④ DCS 系统应定期检查各设备接线端子，系统接地线和信号屏蔽线的接线端子每月检查一次，将松动的端子进行紧固并做好记录。

⑤ 大修时应对 DCS 系统进行电阻测试、各通道测试、冗余板卡或冗余设备切换测试。

⑥ 严禁在操作员站和工程师站上使用无关软件，不得进行与控制系统软件组态或生产无关的操作。

⑦ DCS 的工艺操作人员、仪表维护人员、工艺及仪表技术人员必须严格执行各级密码管理要求，严禁非法登录工程师站。

⑧ DCS 系统维护人员对系统进行检查和维护时，每次对系统进行改动后，都必须有准确记录，同时将异常情况和修改记录汇报给技术人员和分管领导。

⑨ 不允许将食物带入 DCS 操作间和控制柜间，不得在机房内堆放杂物，机柜上禁放物品。

⑩ 机房内消防设施配备齐全。

⑪ 机房电缆通道有防止小动物进入设施。

⑫ 在装置运行期间，控制系统机房内不得使用手机、对讲机，机柜门必须关闭，机柜顶部风扇随时保持运行状态。

⑬ 控制室安装可燃气体或有毒有害气体报警器，控制室设置火灾报警装置。

⑭ 每周一至周五巡检，周六、周日由值班仪表工巡检，每天上午、下午各巡检一次，可一人巡检。

（2）ESD 系统。

① ESD 系统大部分监督要点与 DCS 系统一致。

② 联锁保护系统正常生产期间必须投入自动，若需要变更（包括设定值、联锁程序、联锁方式等）、解除或取消时，要办理相应手续，并经过严格审批。

③ 联锁回路作业时，应监护操作，处理后，应详细做好记录并签字确认。

④ 紧急停车按钮，应设可靠护罩。

9）其他

（1）防爆仪表引入电缆采用防爆密封圈挤紧或用密封填料封固，外壳上多余的孔做防爆密封，弹性密封圈的一个孔密封一根电缆。

（2）仪表本体和连接件无损坏、腐蚀，设备接地良好。

（3）仪表状况完好，设备及附属系统内外无杂物、灰尘、油垢，设备符合工作要求。

（4）校验用的标准仪器，必须检定合格证。

（5）定期对仪表接地装置或接地电阻进行检查。

（6）仪表设备用的风扇护罩完整齐全。

（7）巡检方面：

① 仪表是否完好，指示是否清晰可见，灵敏、可靠、符合精度等级要求。

② 阀门润滑是否良好，仪表是否有腐蚀现象，风管、电缆管是否有腐蚀和损坏现象。

③ 仪表及管路是否发出异常响声。

④ 检查仪表及管路（含取样管、仪表风管）是否有跑、冒、滴、漏现象。

⑤ 每周一至周五两人巡检，周六、周日由值班仪表工巡检，进入装置巡检时必须与其他工种配合进行，保证巡检人数不少于 2 人 / 次，每天上午、下午各巡检一次。

四、电气安全管理监督

（一）电气安全管理概述

净化厂供电系统由降压变电所（站）、高压配电线、低压配电间、低压配电线路及用电设备组成。净化厂供电系统由降压变电所（站）供电，一般采用双电源，供电电压等级有 110kV、35kV、10kV、6kV，净化厂主要用电设备包含电机及照明用电设备。

净化厂电气安全管理主要包括电气设备选型购置、变电站运行管理、设备维护巡检工作等。

（二）危害识别

1. 电气设备存在质量问题引发火灾爆炸

存在缺陷或假冒伪劣的电气设备，其导电部分（如接触器、断路器的触头、电线电缆的导电截面等）的容量达不到使用要求，易引起导电部分发热而成为火灾隐患；电气设备绝缘部分的耐压程度不够，容易引起导体绝缘击穿造成短路引发火灾。

有些成套电气设备内元器件装配过于密集，安全距离达不到要求，不能满足元器件散热条件，造成部分元器件发热着火。

2. 使用不当或缺乏维护

（1）接触电阻增大。在安装过程中，线路与线路、线路与设备端子、插头与插座等的连接，其接触部位存在接触电阻；在金属导体的表面存在一定程度的氧化膜，氧化膜的电阻率远大于导体的电阻率；在油气、粉尘浓度大的环境中，电气元件接触面上易积油污、积灰尘；在机械振动大的环境中，接点的紧固螺栓因振动而松动甚至脱落。这些均会引起接触电阻增大。当工作电流通过时，会在接触电阻上产生较大的热量，使连接处温度升高，产生危险高温。

（2）过负荷。电动机及其拖动设备如果出现轴承卡死、磨损严重等情况，不但会使电动机过负荷烧毁，而且会使电动机供电线路和控制元件因过负荷发热、绝缘受损，甚至短路起火。

（3）设备长时间缺乏维护，巡检不到位，有故障未及时发现处理；有害物质的腐蚀，造成的导体绝缘老化、破损等；电动机接线盒部位的电线或电缆绝缘损坏，造成短路，引起火灾。

（4）私拉、乱接电线造成过负荷或短路。

3. 电气设备设计和选型不当

电气设备容量选择过小或电线、电缆截面积选择过小，长时间处于过负荷状态；保护电器保护整定值选择过大，被保护设备在故障时不能及时动作并切断电源；开关电器选型不当，应选用防爆电器而未选等。

4. 违规操作

带负荷操作隔离开关；带电维修时，使用工具不当或姿势不正确造成触电、火灾。

5. 过电压

变配电系统在运行过程中，可能因故障而导致工频电压异常升高，使用电设备的温度达到危险温度，或者使导电设备绝缘损坏，击穿放电，引发火灾。

6. 自然因素

雷击放电的电弧、雷电反击、感应过电压；风雨造成架空线混线、断线或导线与其他物体相碰引起短路、接地故障；老鼠、蛇等动物咬坏电线、电缆或爬入电气室内，造成相间短路、单相接地等引发火灾。

（三）监督依据

1. 法律法规

——《中华人民共和国电力法》（中华人民共和国主席令 2018 年第 23 号）；

——《电力设施保护条例》（中华人民共和国国务院令 2011 年第 588 号）；

——《电力供应与使用条例》（中华人民共和国国务院令 2019 年第 709 号）。

2. 标准规范

——GB/T 1094.11《电力变压器　第 11 部分：干式变压器》；

——GB 26859《电力安全工作规程　电力线路部分》；

——GB 26860《电力安全工作规程　发电厂和变电站电气部分》；

——GB 50058《爆炸危险环境电力装置设计规范》；

——GB 50147《电气装置安装工程　高压电器施工及验收规范》；

——GB 50148《电气装置安装工程　电力变压器、油浸电抗器、互感器施工及验收规范》；

——GB 50149《电气装置安装工程　母线装置施工及验收规范》；

——GB 50168《电气装置安装工程　电缆线路施工及验收规范》；

——GB 50169《电气装置安装工程　接地装置施工及验收规范》；

——GB 50171《电气装置安装工程　盘、柜及二次回路接线施工及验收规范》；

——GB 50172《电气装置安装工程 蓄电池施工及验收规范》；

——GB 50173《电气装置安装工程 66kV 及以下架空电力线路施工及验收规范》；

——GB 50254《电气装置安装工程 低压电器施工及验收规范》；

——GB 50257《电气装置安装工程 爆炸和火灾危险环境电气装置施工及验收规范》。

3. 企业规章

——《国家电网公司十八项电网重大反事故措施》；

——天然气净化厂设备管理制度；

——天然气净化厂电力管理制度。

（四）监督要点

1. 基础资料工作票管理

1）工作票分类

在电力设备上的工作，应严格执行工作票，其方式有第一种工作票和第二种工作票。

（1）填用第一种工作票的工作为：

① 高压设备上工作需要全部停电或部分停电者。

② 二次系统和照明等回路上的工作，需要将高压设备停电者或做安全措施者。

③ 高压电力电缆需停电的工作。

④ 其他工作需要将高压设备停电或要做安全措施者。

（2）填用第二种工作票的工作为：

① 控制盘和低压配电盘、配电箱、电源干线上的工作。

② 二次系统和照明等回路上的工作，无需将高压设备停电者或做安全措施者。

③ 转动中的高压电动机转子电阻回路上的工作。

④ 非运行人员用绝缘棒、核相器和电压互感器定相或用钳型电流表测量高压回路的电流。

⑤ 大于安全距离的相关场所和带电设备外壳上的工作，以及无可能触及带电设备导电部分的工作。

⑥ 高压电力电缆不需停电的工作。

⑦ 其他工作无需将高压设备停电或要做安全措施者。

2）工作票的填写

（1）工作票应使用黑色或蓝色的钢（水）笔或圆珠笔填写与签发，一式两份，内容应完整、正确，字迹应工整，不得任意涂改。如有个别错、漏字需要修改，应使用规范的符号，字迹应清楚。

（2）工作票应使用统一的票面格式，由工作票签发人审核无误，签字后方可执行。一张工作票中，工作票签发人、工作负责人和工作许可人三者不得互相兼任。

（3）工作票一份应保存在工作地点，由工作负责人收执；另一份由工作许可人收执，按值移交。工作许可人应将工作票的编号、工作任务、许可及终结时间记入登记簿。

3）工作票的使用

（1）一个工作负责人不能同时执行多张工作票，工作票上所列的工作地点，以一个电气连接部分为限。所谓一个电气连接部分是指电气装置中，可以用隔离开关同其他电气装置分开的部分。

（2）一张工作票上所列的检修设备应同时停、送电，开工前工作票内的全部安全措施应一次完成。若至预定时间，一部分工作尚未完成，需继续工作而不妨碍送电者，在送电前，应按照送电后现场设备带电情况，办理新的工作票，布置好安全措施后方可继续工作。

（3）若以下设备同时停、送电，可使用同一张工作票。

① 属于同一电压、位于同一平面场所，工作中不会触及带电导体的几个电气连接部分。

② 一台变压器停电检修，其断路器也配合检修。

③ 全站停电。

（4）同一变电站内在几个电气连接部分上依次进行不停电的同一类型的工作，可以使用一张第二种工作票。

（5）持线路或电缆工作票进入变电站进行架空线路、电缆等工作，应增填工作票份数，由变电站工作许可人许可并留存。

（6）需要变更工作班成员时，应经工作负责人同意，在对新的作业人员进行安全交底手续后，方可进行工作。非特殊情况不得变更工作负责人，如确需变更工作负责人应由工作票签发人同意并通知工作许可人，工作许可人将变动情况记录在工作票上。工作负责人允许变更一次。原、现工作负责人应对工作任务和安全措施进行交接。

（7）在原工作票的停电及安全措施范围内增加工作任务时，应由工作负责人征得工作票签发人和工作许可人同意，并在工作票上增填工作项目。若需变更或增设安全措施者应填用新的工作票，并重新履行签发许可手续。

（8）变更工作负责人或增加工作任务，如工作票签发人无法当面办理，应通过电话联系，并在工作票登记簿和工作票上注明。

（9）工作票有破损不能继续使用时，应补填新的工作票，并重新履行签发许可手续。

（10）第一、二种工作票的有效时间以批准的检修期为限。第一、二种工作票需办理延期手续，应在工期结束前由工作负责人向运行值班负责人提出申请，由运行值班负责人通知工作许可人给予办理。第一、二种工作票只能延期一次。

4）工作票所列人员的基本条件

（1）工作票的签发人应是熟悉技术水平、熟悉设备情况、熟悉电力安全工作规程，并具有相关工作经验的生产领导人、技术人员或经主管生产领导授权的人员担任。

（2）工作负责人（监护人）应是具有相关工作经验，熟悉设备情况和电力安全工作规程，经本单位生产技术办（或设备办）审核批准的人员。工作负责人还应熟悉工作班成员的工作能力。

（3）工作许可人应是具有一定工作经验的电气管理人员、运行人员或检修操作人员。

（4）专责监护人应是具有相关工作经验、熟悉设备情况和电力安全工作规程的人员。

2. 操作票管理

1）操作票的填写

（1）操作人和监护人应按照交代的操作预告，依据工作任务、系统运行方式、现场设备运行情况，确定操作方案，由操作人逐项准确填写操作票。

（2）每张操作票只能填写一个操作任务。“一个操作任务”是指根据同一操作命令为了相同的操作目的而进行的一系列相关联并依次进行的不间断倒闸操作过程。

（3）操作票应用黑色或蓝色的钢（水）笔或圆珠笔逐项填写。票面应清楚整洁，字迹工整，内容要完整、正确，符合调度术语和操作术语，不得任意涂改。

（4）操作票应填写设备的双重名称，即设备名称和编号。操作人和监护人应根据模拟图或接线图核对所填写的操作项目，签字确认，然后经运行值班负责人审核签字。

（5）严禁并项（如“拉开断路器”和“检查断路器确已拉开”不得合在一起填写），不得添项、倒项、漏项。

（6）当一份操作票的内容超过一页时，应接入下页填写，审核无误后，应在正确票的备注栏左端填写下续 ×× 号或上接 ×× 号。

（7）操作票按倒闸操作顺序依次填写完毕后，在最后一项操作内容的下一空格中间位置处填画终止号“ㄣ”。

（8）作废的操作票（包括填写错误的和已填写而未执行的操作票），应在操作任务栏内盖“作废”章。

（9）操作结束后在操作票的操作步骤最后一步的序号下侧盖“已执行”章；当操作票超过一页时，“已执行”章应盖在最后一页操作票上。

2）应填入操作票内的项目

（1）应拉合的设备［断路器（开关）、隔离开关（刀闸）、接地刀闸（装置）等］，验电，装拆接地线，合上（安装）或断开（拆除）控制回路或电压互感器回路的空气开关、熔断器，切换保护回路和自动化装置及检验是否确无电压等。

（2）拉合设备［断路器（开关）、隔离开关（刀闸）、接地刀闸（装置）等］后检查设备的位置。

（3）进行停、送电操作时，在拉合隔离开关（刀闸）、手车式开关拉出、推入前，检查断路器（开关）确在分闸位置。

（4）在进行倒负荷或解、并列操作前后，检查相关电源运行及负荷分配情况。

（5）设备检修后合闸送电前，检查送电范围内接地刀闸（装置）已拉开，接地线已拆除。

3）倒闸操作的基本条件

（1）有与现场一次设备和实际运行方式相符的一次系统模拟图（包括各种电子接

线图）。

（2）操作设备应具有明显的标志，包括命名、编号、分合指示，旋转方向、切换位置的指示及设备相色等。

（3）高压电力设备都应安装完善的防误操作闭锁装置。防误操作闭锁装置不得随意退出运行，停用防误操作闭锁装置应经本单位分管生产的领导批准；短时间退出防误操作闭锁装置时，应经电站班长或当班值长批准，并应按程序尽快投入。

（4）有值班调度员、运行值班负责人正式发布的指令，并使用经事先审核合格的操作票。

（5）下列三种情况应加挂机械锁：

① 未装防误操作闭锁装置或闭锁装置失灵的刀闸手柄、阀厅大门和网门。

② 当电力设备处于冷备用时，网门闭锁失去作用时的有电间隔网门。

③ 设备检修时，回路中的各来电侧刀闸操作手柄和电动操作刀闸机构箱的箱门。机械锁要一把钥匙开一把锁，钥匙要编号并妥善保管。

（6）停电拉闸操作应按照断路器（开关）—负荷侧隔离开关（刀闸）—电源侧隔离开关（刀闸）的顺序依次进行，送电合闸操作应按与上述相反的顺序进行。禁止带负荷拉合隔离开关（刀闸）。

（7）开始操作前，应先在模拟图（或微机防误装置、微机监控装置）上进行核对性模拟预演，无误后再进行操作。操作前应先核对系统方式、设备名称、编号和位置，操作中应认真执行监护复诵制度。操作过程中应按操作票填写的顺序逐项操作。每操作完一步，应检查无误后做一个“√”记号（应规范书写，不能出格），全部操作完毕后进行复查。

（8）监护操作时，操作人在操作过程中不准有任何未经监护人同意的操作行为。

（9）操作中发生疑问时，应立即停止操作并向发令人报告。待发令人再行许可后，方可进行操作。不准擅自更改操作票，不准随意解除闭锁装置。解锁工具（钥匙）应封存保管，所有操作人员和检修人员禁止擅自使用解锁工具（钥匙）。若遇特殊情况需解锁操作，应经电气管理负责人到现场核实无误并签字后，方能使用解锁工具（钥匙）。检修人员在倒闸操作过程中禁止解锁。如需解锁，应待增派运行人员到现场，履行上述手续后处理。解锁工具（钥匙）使用后应及时封存。

（10）电力设备操作后的位置检查应以设备实际位置为准，无法看到实际位置时，可通过设备机械位置指示、电气指示、带电显示装置、仪表及各种遥测、遥信等信号的变化来判断。判断时，应有两个及以上的指示，且所有指示均已同时发生对应变化，才能确认该设备已操作到位。以上检查项目应填写在操作票中作为检查项。

（11）用绝缘棒拉合隔离开关（刀闸）、高压熔断器或经传动机构拉合断路器（开关）和隔离开关（刀闸），均应戴绝缘手套。雨天操作室外高压设备时，绝缘棒应有防雨罩，还应穿绝缘靴。雷电时，一般不进行倒闸操作，禁止在就地进行倒闸操作。

（12）装卸高压熔断器，应戴护目眼镜和绝缘手套，必要时使用绝缘夹钳，并站在绝缘垫或绝缘台上。

（13）断路器（开关）遮断容量应满足电网要求。如遮断容量不够，应将操动机构（操作机构）用墙或金属板与该断路器（开关）隔开，应进行远方操作，重合闸装置应停用。

（14）电力设备停电后（包括事故停电），在未拉开有关隔离开关（刀闸）和做好安全措施前，不得触及设备或进入遮栏，以防突然来电。

（15）在发生人身触电事故时，可以不经许可，即行断开有关设备的电源，但事后应立即报告调度（或设备运行管理单位）和上级部门。

（16）手动切除并联电容器前，应检查系统有足够的备用数量，保证满足当前输送功率无功需求。

（17）并联电容器退出运行后再次投入运行前，应满足电容器放电时间要求。

3. 巡检基本要求

（1）巡检人员必须按规定的时间、路线、范围和内容进行巡回检查。检查时要根据设备特点，采用眼看、耳听、手摸、鼻嗅等手段，真正掌握设备的运行情况。

（2）巡回检查时应随身携带便携式 H_2S 报警仪，且每次巡检不得少于 2 人，可根据需要携带必要的检查工具（如听诊器、测温仪、测振仪、手电筒、听音棒、验电笔、抹布等），以保证检查质量。检查时，巡检人员要对设备参数、运行情况做好详细记录。巡检结束后，巡检人员应向班长报告巡检情况，如有异常，班长应立即组织分析解决。

（3）如遇雷雨天气，站外电力设备应待雷雨过后再巡视，若必须巡检应做好安全措施方可进行；电站值班人员要求在轮岗上班第一周内进行一次夜间熄灯巡视。

（4）巡检人员在危险区或接近危险部位（如高温、高压、有毒气体、易燃易爆物、高电压设备等）检查时应严格执行规定的安全事项。

（5）设备或系统停运检修时，巡检人员应了解检修的进度，如现场作业锁定或安全措施有擅自变动、安全标示牌不齐全、与运行部分有关的隔绝不可靠时，应立即通知停止检修作业，并汇报上级主管领导。

（6）设备使用单位和维修单位应根据设备布置和设备分类管理内容，分区域合理安排巡回检查路线。

（7）设备巡回检查单位应制作设备巡回检查提示牌，安放在适当部位，提示牌应明确设备的具体位号或名称、检查标准、巡回检查时间、应记录的数据等内容，使设备巡回检查真正起到及时发现事故隐患，保证设备安全运行的作用。

（8）巡回检查的范围：电动机及配套设备设施、电站（包括配电间）设备设施、变压器、配电箱（屏）、照明系统、电缆桥架、电缆沟与接地系统等。

4. 变压器

（1）变压器室或露天变压器安装地点附近，应设置表明变压器编号或名称、电压等级的标牌，并挂有国家电力统一标准的、明显醒目的安全标志。

（2）变压器各种温度计应在检定周期内，超温信号应正确可靠；外壳及箱沿无异常发热。

（3）变压器油枕内和充油套管内的油色是否正常，油面高度是否合适，有无渗漏油现象。

（4）变压器套管是否清洁，有无裂纹、放电痕迹和其他异常现象。

（5）变压器的运行声音是否正常，有无异声。

（6）变压器的接地是否完好。

（7）电缆和母线有无异常现象。

（8）冷却装置的运行是否正常。

（9）变压器的油温高低是否正常。

（10）防爆管的隔膜是否完整，吸湿器内的干燥剂是否吸潮至饱和状态。

（11）瓦斯继电器的油面高低和油门是否打开。

（12）如果变压器装于室内，则应检查房屋是否漏雨，照明亮度是否足够，室温是否适宜，是否有通风设施。

5. 配电间

（1）变（配）电所、变（配）电间的室内地坪应高出室外地坪 0.6m。

（2）变压器室、配电室、电容器室的防火门应向外开启，并安装弹簧锁，严禁采用门闩；相邻配电室之间的门应能双向开启。

（3）变压器室、配电室、电容器室等应设置防止雨、雪和蛇、鼠等措施。

（4）应有防止动物从采光窗、通风窗、门、电缆沟进入室内的措施。门口应设置门槛；与室外相通的洞、通风孔应设置网孔防护等级不小于 IP3X 级的网罩（直径 2.5mm）。

（5）配电装置长度大于 6m 时，应设两个出口；低压配电装置两个出口间的距离大于 15m 时，应增加出口。

（6）变配电站内设有防止可燃气体积聚及防止含可燃液体的污水进入电缆沟内的措施；电缆沟通入变（配）电室、控制室的墙洞处应填实、密封。

（7）长度大于 7m 的配电室，应设两个出口，并布置在配电室的两端；长度大于 60m 时，应增加一个出口；配电装置室有楼层时，一个出口应设在通往屋外楼梯的平台或通道处。

（8）10kV 及以下配电装置的长度大于 6m 时，其柜（屏）后通道应设两个出口，低压配电装置两个出口间的距离超过 15m 时，应增加出口。

（9）配电室内除本室需用的管道外，不应有其他的管道通过，室内管道上不应设置阀门和中间接头，水汽管道与散热器的连接应采用焊接，配电屏的上方不应敷设管道。

（10）配电装置上电气元件的名称、标志、编号等是否清楚、正确，盘上所有的操作把手、按钮和按键等的位置与现场实际情况是否相符，固定是否牢靠，操作是否灵活。

（11）配电装置上的信号指示灯指示是否正确，是否损坏。

（12）指示仪表或表盘玻璃是否松动，运行指示是否超过规定值，仪表和电器是否清洁卫生。

（13）充油设备的油位是否正常，有无假油面；避雷器、瓷瓶、套管等有无闪络放电痕迹。

（14）各开关的接点是否牢靠，有无过热变色现象。

（15）检查保护系统是否正常，是否误动作。接地装置是否可靠。

（16）配电室内照明灯具是否完好，照度是否均匀，观察仪表时是否清楚。

6. 动力配电箱

1）设备选用

（1）遇爆炸性气体环境，旋转电机、低压开关和控制器类、灯具类、信号、报警装置等防爆结构的选型按 GB 50058《爆炸危险环境电力装置设计规范》，且不应选用携带式用电设备。

（2）遇火灾危险环境，用电设备的选用按 GB 50058《爆炸危险环境电力装置设计规范》，且不宜使用电热器。

（3）触电危险性小的生产场所，采用开启式配电板；触电危险性大或作业环境差的生产场所，应采用封闭式配电箱（柜）；易燃易爆气体危险场所，应采用密闭式或防爆型配电箱（柜）。

（4）在爆炸性气体环境的 1 区和 2 区，配电箱应选用隔爆型或正压型。

（5）露天使用的配电箱（柜、板）应采取防雨、防雪、防雾和防尘措施。

（6）在火灾危险环境内必须使用电热器时，应将其布设在非燃材料的底板上，并应装设防护罩。

（7）在火灾危险环境内，移动式和携带式照明灯具的玻璃罩应采用金属网保护。

2）设备安装

（1）落地安装的箱、柜周围应采取封闭措施。

（2）室内配电箱应高出地面 50mm 以上，室外配电箱应高出地面 200mm 以上；配电柜底面应高出抹平的混凝土表面 10mm。操作手柄中心距地面应为 1200～1500mm。

（3）箱、柜、板前方 1.2m 范围内应无障碍物（遇工艺布置、设备安装确有困难，可减少至 0.8m，但不得影响箱门开启和操作）。

（4）安装在金属支架上的防爆用电设备，其支架应牢固，有振动的电气设备的固定螺栓应有防松装置。

（5）防爆电气设备的进线口与电缆、导线应连接可靠并密封，多余的进线口其弹性密封垫和金属垫片应齐全，并拧紧压紧螺母以密封进线口。金属垫片的厚度不得小于 2mm。

（6）事故排风机的按钮应单独安装在便于操作的位置，且有特殊标志。

（7）固定安装的防爆灯具应完好，灯具应有透明保护罩，其外罩保护网网孔不得大于 50mm × 50mm。

（8）防爆用电设备外壳、透光部分无裂纹、无损伤。

（9）隔爆型电气设备隔爆结构及间隙符合要求；接合面的紧固螺栓齐全，弹簧垫圈等防松设施齐全完好，弹簧垫圈压平；密封衬垫齐全完好，无老化变形；透明件光洁无损伤；运动部件无碰撞和摩擦；接线板及绝缘件无碎裂，接线盒盖紧固；接地标志及接地螺钉完好。

（10）隔爆型电机的轴与轴孔、风扇与端罩之间应无碰擦。

（11）正常运行时产生火花或电弧的隔爆型电气设备，其电气联锁装置应可靠；电源接通时壳盖应无法打开，壳盖打开后电源应无法接通；用螺栓紧固的外壳，其“断电后开盖”警告牌完好。

（12）增安型、无火花型、正压型用电设备的紧固螺栓应有防松措施，无松动、无锈蚀，接线盒盖应紧固。正压型用电设备密封衬垫应齐全、完好，无老化变形。

（13）正压型用电设备进入通风、充气系统及电气设备内的空气或气体应清洁，不得含有爆炸性混合物及其他有害物质；通风过程排出的气体，不得排入爆炸危险环境（当排入 2 区时，应采取防止火花和炽热颗粒吹出的有效措施）。通风、充气系统的电气联锁装置，应按先通风后供电、先停电后停风的程序正常动作；通风管道密封应良好。

（14）正压型用电设备微压继电器应装设在风压、气压最低点的出口处。运行中的电气设备及通风、充气系统内的风压、气压值不得低于规定的最低所需压力值。当低于规定值时，微压继电器应可靠动作。

（15）充油型电气设备油箱、油标不应有裂纹及渗油、漏油缺陷，油面应在油标线范围内；排油孔、排气孔通畅，不得有杂物；充油型电气设备应垂直，其倾斜度不得大于 5°；油面最高温升符合要求（T6 组别的油面最高温升为 40℃；其他温度组别的油面最高温升为 60℃）。

（16）在火灾危险环境，装有电气设备的箱、盒等应采用金属制品；电气开关和正常运行产生火花或外壳表面温度较高的电气设备，应远离可燃物质的存放地点，其最小距离不得小于 3m。

3）标记

（1）箱、柜、板应有其本身的编号。

（2）箱、柜、板上的开关、熔断器，均应标明控制对象的名称、标记及对应图示，并与实际相符。

（3）箱、柜、板上的指示灯铭牌应正确、清晰，指示应正确。

（4）防爆用电设备的铭牌及防爆标志应正确、清晰。

7. 接地系统

1）资质

（1）国务院气象主管机构认定的资质承担甲级防雷工程专业设计或者施工；省级气象主管机构认定的资质承担乙级和丙级防雷工程专业设计或者施工；检测检验单位应取得省级气象主管机构认定的资质。

（2）从事防雷装置检测、防雷工程专业设计或者施工的专业技术人员，应取得省级气象主管部门或其他有关部门核发的资格证书。

（3）禁止无证或者超出资质等级承担防雷工程专业设计或者施工。

2）布设和安装

（1）接地装置采用金属材料的截面规格符合要求。

（2）避雷针应采用圆钢或焊接钢管。针长 1m 以下的，圆钢为 ϕ12mm，钢管为 ϕ20mm；针长 1～2m 的，圆钢为 ϕ16mm，钢管为 ϕ25mm；烟囱顶上的避雷针，圆钢为 ϕ20mm，钢管为 ϕ40mm。

（3）避雷网和避雷带应采用圆钢或扁钢，优先采用圆钢。圆钢直径不小于 8mm；扁钢截面不小于 48mm^2，厚度不小于 4mm。非金属储罐避雷网应采用直径不小于 12mm 的热镀锌圆钢或截面不小于 25mm×4mm 的热镀锌扁钢制成，网格不大于 5m×5m 或 6m×4m；甲乙类厂房、泵房（棚）的避雷网网格不大于 10m×10m 或 12m×8m。

（4）避雷线采用不小于 35mm^2 的镀锌钢绞线。

（5）遇利用建筑物的金属屋面作接闪器，金属板下无易燃物品时，其厚度不小于 0.5mm；金属板下有易燃物品时，钢板厚度不小于 4mm，铜板厚度不小于 5mm，铝板厚度不小于 7mm，且金属板之间的搭接长度不小于 100mm，金属板无绝缘被覆层。

（6）遇利用屋顶上的永久性金属物作接闪器时，各部件间应连成电气通路。

（7）引下线应采用圆钢或扁钢，优先采用圆钢。圆钢直径不小于 8mm；扁钢截面不小于 48mm^2，厚度不小于 4mm。烟囱的引下线，应采用直径不小于 12mm 的圆钢，截面不小于 100mm^2，厚度不小于 4mm 的扁钢。

（8）油气田固定容器、设备、管道的防雷引下线，应选用厚度不小于 4mm，宽度不小于 40mm 的镀锌扁钢或直径不小于 10mm 的镀锌圆钢；油气田固定容器、设备、管道的防静电引下线，应选用厚度不小于 4mm，宽度不小于 25mm 的镀锌扁钢或直径不小于 10mm 的镀锌圆钢。

（9）埋于土壤中的人工垂直接地体宜采用角钢、钢管或圆钢；埋于土壤中的人工水平接地体采用扁钢或圆钢。圆钢直径不小于 10mm；扁钢截面不小于 100mm^2，厚度不小于 4mm；角钢厚度不小于 4mm；钢管壁厚不小于 3.5 mm；长度应为 2.5m。遇腐蚀性较强的土壤，应采取热镀锌等防腐措施或加大截面；接地线应与水平接地体的截面相同。

（10）接地引下线应沿建筑物、构筑物外墙明敷，以最短路径接地。遇以建筑物的消防梯、钢柱等金属构件作引下线时，所有部件均应连成电气通路。

（11）遇易受机械损坏和防人身接触处，地面上 1.7m 至地面下 0.3m 的一段引下线应采用保护性措施。

（12）遇接地体（线）连接采用焊接方式，焊接牢固，无虚焊，扁钢搭接长度为其宽度的 2 倍，至少三个棱边焊接；圆钢搭接长度为其直径的 6 倍，双面施焊；圆钢与扁钢焊接，搭接长度为圆钢直径的 6 倍。扁钢与钢管，扁钢与角钢、起重机轨道、伸缩缝（沉降缝）等处焊接时，应有弧形（或直角形）连接结构。

（13）遇 PE 线（或 PEN 线）支线与主干线采用镀锌螺栓连接，应有防松帽或防松垫片。

（14）遇用钢绞线、铜绞线作为接地引下线，应采用压接端子与接地体连接。

（15）接地体引出线的垂直部分和接地装置连接（焊接）部位外侧 100mm 范围内应作防腐处理。

（16）遇设备多点接地时，引下线与接地体之间应设有水平安装的断接卡子。断接卡子与上下两端采取搭接焊连接，搭接长度应为扁钢宽度的两倍，焊接处无焊渣、气孔、咬边及未焊透现象；如断接卡子采用螺栓紧固，应配有锁紧螺母或弹簧垫片，搭接长度不小于扁钢宽度的两倍，连接金属面应除锈、无油污。

（17）遇爆炸危险环境，接地干线应在不同方向与接地体相连，连接处不得少于两处；接地干线通过与其他环境共用的隔墙或楼板时，应采用钢管保护，并应做好隔离密封。

（18）遇爆炸危险环境，电气设备及灯具的专用接地线或接零保护线，应单独与接地干线（网）相连，电气线路中的工作零线不得作为保护接地线用。

（19）遇爆炸危险环境，电气设备与接地线的连接，应采用多股软绞线，其铜线最小截面面积不得小于 $4mm^2$，易受机械损伤的部位应装设保护管。

（20）遇爆炸危险环境，铠装电缆引入电气设备时，其接地或接零芯线应与设备内接地螺栓连接；钢带及金属外壳应与设备外接地螺栓连接。

（21）遇爆炸危险环境，接地或接零用的螺栓应有防松装置；接地线紧固前，其接地端子及紧固件均应涂电力复合脂。

（22）遇爆炸危险环境，电气设备的接地装置与防直雷的独立避雷针的接地装置应分开设置；与装设在建筑物上防直雷的避雷针的接地装置可合并设置；与防雷电感应的接地装置可合并设置。接地电阻值应取其中最低值。

（23）箱、柜、板装的可开启门，门和框架的接地端子应用裸编织铜线连接。

（24）配电箱（盘）内应分别设置中性线和保护地线汇流排，中性线和保护地线经汇流排配出。

（25）禁止用可燃液体或气体管道作保护接地体。

（26）不得用蛇皮管、管道保护层的金属外皮或金属网、低压照明网络的导线铅皮，以及电缆金属护层作接地线。

3）接地装置监测

（1）每年在雷雨季节前，检查防雷接地装置的外观形貌、连接状况，检测接地电阻；腐蚀较严重地区的接地装置应开挖检查。

（2）一般防雷装置应每年检测一次，爆炸危险环境的防雷装置应每半年检测一次；监测机构出具的检测报告真实、有效。

（3）新建、扩建、改建的防雷装置投入使用前，应经监测验收合格

（4）罐组的接地电阻应逐罐分别测试，单罐的接地电阻应在断接卡子断开前整体测试，断接点的接地电阻应逐个断开测试；单个断开接地点的电阻值测试后，应立即恢复断接过渡连接。

（5）查看检测报告：油气场所内防雷冲击接地电阻不应大于 10Ω；仅作防感应雷接地的钢罐的冲击接地电阻不应大于 30Ω；独立避雷针的冲击接地电阻不大于 10Ω。

（6）查看检测报告：与管道连接的泵、过滤器、缓冲器，以及专设的防静接地电阻不大于 100Ω；油气集输生产装置中的立式和卧式金属容器、覆土油罐、栈桥钢轨的防静电接地电阻不大于 10Ω；在土壤电阻率较大的地区的防静电接地电阻不大于 1000Ω。

4）接地装置编号、标识和日常维护

（1）接地装置编号和标识明晰。

（2）明敷接地线的表面应涂以 15～100mm 宽度相等的绿色和黄色相间条纹。在每个导体的全部长度上或只在每个区间或每个可接触到的部位宜做出标志。当使用胶带时，应使用双色胶带。

（3）接地线引向建筑物的入口处、检修用临时接地点处，应刷白色底漆并标以黑色标识，图形符号清晰。同一接地体不应出现两种不同的标识。

（4）生产单位应建立接地装置检查档案，且资料完整，数据准确，接地电阻符合标准要求。

（5）接地装置损伤、锈蚀深度大于 30% 或发现折断，应督促生产单位立即更换。

（6）引下线周围不应有干扰其使用效果的电气线路。

（7）接地装置断接卡子应连接牢固。

（8）接地装置周围土壤无下沉现象。

5）重复接地和等电位联结

（1）架空线路干线和分支线的终端，以及沿线每 1km 处，PE 线或 PEN 线应重复接地。

（2）电缆线路和架空线路在每个建筑物进线处，应重复接地。

（3）高低压同杆架设的电力线路段的低压主干 PE 线或 PEN 线重复接地。

（4）以金属外皮等作主干 PE 线（或 PEN 线）的低压电缆重复接地。

（5）遇使用公用变压器时，应在进户处、线路末端和重点部位布设重复接地。

（6）等电位联结主母线的最小截面不应小于装置最大保护线截面的一半，并不小于 $6mm^2$。当采用铜线时，其截面不应大于 $25mm^2$。

（7）连接两个外露导电部分的辅助等电位联结线，其截面不小于接至外露导电部分的较小保护线的截面。连接外露导电部分与装置外导电部分的辅助等电位联结线，其截面不小于相应保护线截面的一半。

（8）遇低压电气线路采用接地故障保护时，建筑物内下列导电体应等电位联结：

① PE、PEN 干线。

② 电气装置接地极的接地干线。

③ 建筑物内的水管、采暖和空调管道等金属管道。

④ 条件许可的建筑物金属构建等导体。

⑤ 在 TN-C 系统中，PEN 线严禁接入开关设备，严禁断开，并不得装设可断开 PEN 线的任何电器；在 TT 或 TN-S 系统中，中性线上不应装设可断开将中性线的电器。

8. 高压架空线路巡检

1）巡检要求

（1）按规定频次对架空线路进行巡检。

（2）巡线工作应由有电力线路工作经验的人员担任，每次巡检不得少于两人，巡检时按架空线路巡检记录表的内容要求做好记录。

（3）雷雨、大风天气或事故巡线，巡视人员应穿绝缘鞋或绝缘靴；暑天、山区巡线应配备必要的防护工具和药品；夜间巡线应携带足够的照明工具。

（4）夜间巡线应沿线路外侧进行；大风巡线应沿线路上风侧前进，以免触及断落的导线；特殊巡视应注意选择路线，防止洪水、塌方、恶劣天气等对人造成的伤害。事故巡视应始终认为线路带电。即使明知该线路已停电，亦应认为线路随时有恢复送电的可能。

（5）巡线人员发现导线、电缆断落地面或悬吊空中，应设法防止行人靠近断线地点 8m 以内，以免跨步电压伤人，并迅速报告调度和上级，等候处理。

2）巡检内容

（1）杆塔。

① 杆塔是否倾斜。杆塔位移与倾斜的允许范围为：杆塔偏离线路中心线不应大于 0.1m；混凝土杆倾斜度（包括挠度），转角杆、直线杆不应大于 15/1000，转角杆不应向内角倾斜，终端杆不应向导线侧倾斜，向拉线侧倾斜应小于 200mm；铁塔倾斜度，50m 以下倾斜度应不大于 10/1000。

② 混凝土杆有无裂纹、疏松、钢筋外露，焊接处有无开裂、锈蚀情况，不宜有纵向裂纹，横向裂纹不宜超过 1/3 周长，且裂纹宽度不宜大于 0.5mm；铁塔构件有无弯曲、变形、锈蚀，螺栓有无松动，主材弯曲度不得超过 5/1000，混凝土基础不应有裂纹、疏松、钢筋外露现象。

③ 基础有无损坏、下沉或上拔，周围土壤有无挖掘或沉陷，寒冷地区电杆有无冻裂现象。

④ 杆塔位置是否合适，有无被车撞的可能，保护设施是否完好，标识是否清晰。

⑤ 杆塔有无被水淹、水冲的可能，防洪设施有无损坏、坍塌。

⑥ 杆塔标识（杆号、相位警告牌等）是否齐全、明显。

⑦ 杆塔周围有无杂草和蔓藤类植物附生。有无危及安全的鸟巢、风筝及杂物。

（2）横担及金具。

① 铁横担有无锈蚀、歪斜、变形。

② 金具有无锈蚀、变形；螺栓是否坚固，是否缺帽；开口销有无锈蚀、断裂、脱落。

③ 铁横担、金具锈蚀不应出现严重麻点，锈蚀表面积不宜超过 1/2。

④ 横担上下倾斜、左右偏歪不应大于横担长度的 2%。

（3）绝缘子。

① 瓷件有无脏污、损伤、裂纹和闪络痕迹，釉面剥落面积不应大于 $100mm^2$。

② 铁脚、铁帽有无锈蚀、松动、弯曲。

（4）导线。

① 有无断股、损伤、烧伤痕迹，七股导（地）线中的任一股导线损伤深度不得超过该股导线直径的 1/2，十九股及以上导（地）线，某一处的损伤不得超过三股。环境恶劣地区的导线有无腐蚀现象。

② 三相弛度是否平衡，有无过紧、过松现象。三相导线弛度应力求一致，弛度误差应在设计值的 −5%～+10%；一般挡距导线弛度相差不应超过 50mm。

③ 接头是否良好，有无过热现象（如接头变色、腐蚀等），连接线夹弹簧垫是否齐全，螺帽是否坚固。

④ 过（跳）引线有无损伤、断股、歪扭。导线过引线、引下线对电杆构件、拉线、电杆间的净空距离，每相导线过引线、引下线对邻相导体、过引线、引下线的净空距离应符合规范 GB 50061—2010《66kV 及以下架空电力线路设计规范》的要求。

⑤ 导线上有无抛扔物。

⑥ 固定导线用绝缘子上的绑线有无松弛或开断现象。导线通过的最大负荷电流不应超过其允许电流。

⑦ 接户线的绝缘层应完整，无剥落、开裂等现象；导线不应松弛；每根导线接头不应多于一个，且应用同一型号导线相连接；支持构架应牢固，无严重锈蚀、腐朽。

（5）防雷设施。

① 避雷器瓷套有无裂纹、损伤、闪络痕迹，表面是否脏污。

② 避雷器的固定是否牢固。

③ 引线连接是否良好，与邻相和杆塔构件的距离是否符合规定。

④ 各部附件是否锈蚀，接地端焊接处有无开裂、脱落。

⑤ 保护间隙有无烧损、锈蚀或被外物短接，间隙距离是否符合规定。

（6）接地装置。

① 接地引下线有无丢失、断股、损伤。

② 接头接触是否良好，线夹螺栓有无松动、锈蚀。

③ 接地引下线的保护管有无破损、丢失，固定是否牢靠。

④ 接地体有无外露、严重腐蚀，在埋设范围内有无土方工程。

（7）拉线、顶（撑）杆、拉线柱。

① 拉线有无锈蚀、松弛、断股和张力分配不均等现象。

② 水平拉线对地距离是否符合要求，水平拉线对通车路面中心的垂直距离不应小于 6m。

③ 拉线绝缘子是否损坏或缺少。

④ 拉线是否妨碍交通或被车碰撞。

⑤ 拉线棒（下把）、抱箍等金具有无变形、锈蚀、损伤等，拉线棒有无上拔现象。

⑥ 拉线固定是否牢固、拉线基础周围土壤有无突起、沉陷、缺土等现象。

⑦ 顶（撑）杆、拉线柱、保护桩等有无损坏、开裂腐朽等现象。

（8）线路沿线情况巡检要求。

① 沿线有无易燃、易爆物品和腐蚀性液、气体。

② 导线对地、对道路、公路、铁路、管道、索道、河流、建筑物等距离是否符合规定，有无可能触及导线的铁烟囱、天线等。

③ 周围有无被风刮起危及线路安全的金属薄膜、杂物等。

④ 有无威胁线路安全的工程设施（机械、脚手架等）。

⑤ 查明线路附近的爆破工程有无爆破申请手续，其安全措施是否妥当。

⑥ 查明防护区内的植树、种竹情况及导线与树、竹间距离是否符合规定。

⑦ 线路附近有无射击、放风筝、抛扔外物、飘洒金属和在杆塔、拉线上拴牲畜等危及线路安全的行为。

⑧ 查明沿线污秽情况。

⑨ 查明沿线江河泛滥、山洪和泥石流等异常现象。

⑩ 沿线有无违反《电力设施保护条例》（中华人民共和国国务院令 2011 年第 588 号）的建筑。

第四节　天然气净化装置工艺流程及装置监督

一、原料气处理单元

（一）概述

原料气处理单元是除去从井口开采出的原料天然气中的化学药剂、液态烃、游离水、固体杂质、硫化物、二氧化碳、饱和水蒸气，以达到管输商品天然气质量标准要求的系统。

（二）危害识别

1. 易燃易爆

天然气、闪蒸气、燃料气、汽提气中的主要成分是 CH_4，属于易燃易爆介质，CH_4 的爆炸极限为 5%～15%（体积分数）。原料天然气、未脱硫的闪蒸气、酸气中含有 H_2S，H_2S 也属于易燃易爆介质，H_2S 的爆炸极限为 4.5%～45%（体积分数）。若管道或设备腐蚀穿孔、系统超压等泄漏，遇明火或静电可导致燃烧、爆炸，造成设备损坏或人员伤亡。

2. H_2S 中毒

原料天然气、未脱硫的闪蒸气、酸气、脱硫富液及半贫液中含有 H_2S，属于剧毒介质，一旦吸入高浓度 H_2S，会导致中毒事故。由于管道或设备腐蚀穿孔、系统超压等泄漏，H_2S 释放到大气环境中，可能会导致人员中毒事故发生。

3. 系统超压爆炸

原料气处理单元的部分设备和管线的压力等级较高，由于产品气压力调节阀故障、安全阀故障等原因，系统压力超过设备和管道的承受能力，发生设备和管线超压爆炸，造成设备损坏或人员伤亡。

4. 系统窜压爆炸

原料气预处理单元相对可分为高压、中压和低压系统。在操作连接高、低压系统阀门过程中，由于开度过大、塔罐假液位、液位调节阀失灵等原因，导致高压气体窜入低压设备或管线中，压力超过低压设备和管道的承受能力，低压设备和管线超压爆炸，造成设备损坏或人员伤亡。

5. 三甘醇加热炉、废气灼烧炉炉膛爆炸

三甘醇加热炉、废气灼烧炉在点火过程中，由于吹扫不彻底，炉膛积聚了燃料气，在点火瞬间造成炉膛闪爆或爆炸事故，从而造成三甘醇加热炉、废气灼烧炉设备损坏，或者人员伤亡。

6. 重沸器水击事故

在重沸器初次投运时，如果重沸器进蒸汽速度过快，或设备及凝结水管道未充分预热、疏水，可能造成水击，损坏设备及管道。

7. 人员烫伤

脱硫脱水溶液再生系统的温度较高，在生产中，可能因设备及管线保温缺陷，高温介质泄漏，操作人员的劳保用品穿戴不规范等造成人员烫伤事故。

8. 转动设备伤人

原料气处理单元内的转动设备可能因护罩不完整、人员的误操作、劳保用品穿戴不规范造成转动设备伤人事故。

9. 噪声污染

原料气处理单元内的转动设备运转产生的声音，气相和液相介质流动产生的声音，在生产现场局部范围之内的声音过大，超过人能承受的范围，从而引起人员心情烦躁，造成听力损伤。

10. 高处坠落、滑倒

原料气处理单元内的设备在日常巡检、正常操作或检维修中，在上下平台梯子、攀爬竖梯、高处作业时，未严格执行高处作业规范，从而发生高处坠落或滑倒伤人事故。

11. 触电

在转动设备启停操作时，由于操作柱、电机漏电或接地系统失效，可能造成人员触电事故。

在电气设备检修过程中，未严格执行用电管理规定，可能因误操作造成正在检修的人员触电事故。

12. 窒息

人员若进入低位坑池、设备裙座人孔等通风不良的地方，可能造成人员窒息事故。

（三）监督依据

1. 标准规范

——GB 17820《天然气》。

2. 企业规章

——天然气净化厂安全环保事故隐患管理制度；

——天然气净化厂生产作业场所安全管理制度；

——天然气净化厂节能节水管理制度；

——天然气净化厂质量管理制度；

——天然气净化厂安全目视化管理制度。

3. 其他文件

——天然气净化工艺技术手册；

——天然气净化装置操作规程；

——原料气处理单元工艺卡片；

——原料气处理单元日常操作卡。

（四）监督检查要点

1. 原料气重力分离器

（1）检查原料气双金属温度计的量程、上下限标识、有效期。

（2）检查原料气双金属温度计的读数，并与中控室进行比较。

（3）检查现场压力表的量程、上下限标识、有效期。

（4）检查现场压力表的读数，并与中控室进行比较。

（5）检查原料气压力变送器的有效期。

（6）检查玻板液位计的上下限标识、清晰度。

（7）检查玻板液位计的读数，并与中控室进行比较。

（8）检查液位变送器的有效期。

（9）检查安全阀的铅封、有效期。

（10）检查设备本体外观，以及附属的平台、爬梯、栏杆。

（11）检查设备的接地系统。

（12）检查原料气重力分离器排油水操作及操作卡记录。

2. 原料气过滤分离器

（1）检查现场压力表的量程、上下限标识、有效期。

（2）检查压差变送器的有效期。

（3）检查玻板液位计的上下限标识、清晰度。

（4）检查玻板液位计的读数，并与中控室进行比较。

（5）检查液位变送器的有效期。

（6）检查安全阀的铅封、有效期。

（7）检查设备本体外观，以及附属的平台、爬梯、栏杆。

（8）检查设备的接地系统。

（9）检查原料气过滤分离器排油水操作及操作卡记录。

（10）检查原料气过滤分离器更换过滤元件操作及操作卡记录。

3. 进料分离罐

（1）检查现场压力表的量程、上下限标识、有效期。

（2）检查现场压力表的读数，并与中控室进行比较。

（3）检查压力变送器的有效期。

（4）检查玻板液位计的上下限标识、清晰度。

（5）检查玻板液位计的读数，并与中控室进行比较。

（6）检查液位变送器的有效期。

（7）检查安全阀的铅封、有效期。

（8）检查设备本体外观，以及附属的平台、爬梯、栏杆。

（9）检查设备的接地系统。

（10）检查进料分离罐排油水操作及操作卡记录。

4. 凝析油闪蒸罐

（1）检查现场压力表的量程、上下限标识、有效期。

（2）检查现场压力表的读数，并与中控室进行比较。

（3）检查压力变送器的有效期。

（4）检查玻板液位计的上下限标识、清晰度。

（5）检查玻板液位计的读数，并与中控室进行比较。

（6）检查液位变送器的有效期。

（7）检查安全阀的铅封、有效期。

（8）检查设备本体外观，以及附属的平台、爬梯、栏杆。

（9）检查设备的接地系统。

（10）检查凝析油闪蒸罐压送油水操作及操作卡记录。

5. 凝析油储罐

（1）检查现场压力表的量程、上下限标识、有效期。

（2）检查现场压力表的读数，并与中控室进行比较。

（3）检查压力变送器的有效期。

（4）检查玻板液位计的上下限标识、清晰度。
（5）检查玻板液位计的读数，并与中控室进行比较。
（6）检查液位变送器的有效期。
（7）检查安全阀的铅封、有效期。
（8）检查设备本体外观，以及附属的平台、爬梯、栏杆。
（9）检查设备的接地系统。
（10）检查凝析油储罐周围的消防设施。
（11）检查凝析油储罐的围堰。

6. 脱硫吸收塔

（1）检查现场压力表的量程、上下限标识、有效期。
（2）检查压差变送器的有效期。
（3）检查玻板液位计的上下限标识、清晰度。
（4）检查玻板液位计的读数，并与中控室进行比较。
（5）检查液位变送器的有效期。
（6）检查贫液流量变送器的有效期。
（7）检查设备本体外观，以及附属的平台、爬梯、栏杆。
（8）检查设备的接地系统。

7. 湿净化气分离罐

（1）检查现场压力表的量程、上下限标识、有效期。
（2）检查现场压力表的读数，并与中控室进行比较。
（3）检查压力变送器的有效期。
（4）检查玻板液位计的上下限标识、清晰度。
（5）检查玻板液位计的读数，并与中控室进行比较。
（6）检查液位变送器的有效期。
（7）检查安全阀的铅封、有效期。
（8）检查设备本体外观，以及附属的平台、爬梯、栏杆。
（9）检查设备的接地系统。
（10）检查湿净化气分离罐回收溶液操作及操作卡记录。

8. 富液闪蒸罐

（1）检查现场压力表的量程、上下限标识、有效期。
（2）检查现场压力表的读数，并与中控室进行比较。
（3）检查压力、压差变送器的有效期。
（4）检查玻板液位计的上下限标识、清晰度。
（5）检查玻板液位计的读数，并与中控室进行比较。
（6）检查液位变送器的有效期。

（7）检查小股贫液流量变送器的有效期。

（8）检查闪蒸气流量变送器的有效期。

（9）检查安全阀的铅封、有效期。

（10）检查设备本体外观，以及附属的平台、爬梯、栏杆。

（11）检查设备的接地系统。

9. 富液袋式过滤器、活性炭过滤器

（1）检查现场压力表的量程、上下限标识、有效期。

（2）检查现场压力表的读数。

（3）检查压差变送器的有效期。

（4）检查安全阀的铅封、有效期。

（5）检查设备本体外观，以及附属的平台、爬梯、栏杆。

（6）检查设备的接地系统。

（7）检查富液过滤器差压、清洗操作及操作卡记录。

10. 贫富液换热器

（1）检查进出口压力表的量程、上下限标识、有效期。

（2）检查进出口压力表的读数。

（3）检查进出口双金属温度计的量程、上下限标识、有效期。

（4）检查进出口双金属温度计的读数，并与中控室进行比较。

（5）检查设备本体外观、保温，以及附属的平台、爬梯、栏杆。

（6）检查设备的接地系统。

11. 再生塔

（1）检查现场压力表的量程、上下限标识、有效期。

（2）检查现场压力表的读数，并与中控室进行比较。

（3）检查压力、差压变送器的有效期。

（4）检查再生塔双金属温度计的量程、上下限标识、有效期。

（5）检查再生塔双金属温度计的读数，并与中控室进行比较。

（6）检查玻板液位计的上下限标识、清晰度。

（7）检查玻板液位计的读数，并与中控室进行比较。

（8）检查液位变送器的有效期。

（9）检查酸水回流量变送器的有效期。

（10）检查安全阀的铅封、有效期。

（11）检查设备本体外观、保温，以及附属的平台、爬梯、栏杆。

（12）检查设备的接地系统。

（13）检查脱硫系统补充溶液操作及操作卡记录。

（14）检查脱硫系统补充水操作及操作卡记录。

12. 重沸器

（1）检查蒸汽压力表的量程、上下限标识、有效期。

（2）检查现场压力表的读数。

（3）检查进出口双金属温度计的量程、上下限标识、有效期。

（4）检查进出口双金属温度计的读数，并与中控室进行比较。

（5）检查蒸汽流量变送器的有效期。

（6）检查设备本体外观、保温，以及附属的平台、爬梯、栏杆。

（7）检查设备的接地系统。

13. 酸气空冷器、贫液空冷器

（1）检查风筒无变形，扇叶与风筒之间的间隙均匀、无摩擦。

（2）检查扇叶应牢固安装在轮毂上，扇叶应能平稳转动。

（3）检查皮带松紧程度应合适，护罩设施应完好。

（4）检查电机的润滑油（脂）应符合规范。

（5）检查电机风扇端护罩安装应完好。

（6）检查电机电力电缆外观无破损，电机外壳无腐蚀。

（7）检查电机启停操作柱应完好无损。

（8）检查贫液空冷器、酸气空冷器启停操作及操作卡记录。

14. 酸气后冷器、贫液后冷器

（1）检查进出口压力表的量程、上下限标识、有效期。

（2）检查进出口压力表的读数。

（3）检查进出口双金属温度计的量程、上下限标识、有效期。

（4）检查进出口双金属温度计的读数，并与中控室进行比较。

（5）检查设备本体外观，以及附属的平台、爬梯、栏杆。

（6）检查设备的接地系统。

15. 酸水分离罐

（1）检查现场压力表的量程、上下限标识、有效期。

（2）检查现场压力表的读数，并与中控室进行比较。

（3）检查压力变送器的有效期。

（4）检查玻板液位计的上下限标识、清晰度。

（5）检查玻板液位计的读数，并与中控室进行比较。

（6）检查液位变送器的有效期。

（7）检查酸气流量变送器的有效期。

（8）检查安全阀的铅封、有效期。

（9）检查设备本体外观，以及附属的平台、爬梯、栏杆。

（10）检查设备的接地系统。

16. 贫液循环泵、酸水回流泵、溶液补充泵

（1）检查进出口压力表的量程、上下限标识、有效期。

（2）检查进出口压力表的读数。

（3）检查泵及电机的润滑油（脂）应符合规范。

（4）检查电机风扇端护罩安装应完好。

（5）检查联轴器护罩安装应牢固、完好。

（6）检查电机电力电缆外观无破损，电机外壳无腐蚀。

（7）检查电机启停操作柱应完好无损。

（8）检查泵和电机应可靠接地。

（9）检查贫液循环泵、酸水回流泵、溶液补充泵启停、切换操作及操作卡记录。

（10）检查脱硫系统加阻泡剂操作及操作卡记录。

17. 脱水塔

（1）检查现场压力表的量程、上下限标识、有效期。

（2）检查现场压力表的读数。

（3）检查压差变送器的有效期。

（4）检查玻板液位计的上下限标识、清晰度。

（5）检查玻板液位计的读数，并与中控室进行比较。

（6）检查液位变送器的有效期。

（7）检查贫液流量变送器的有效期。

（8）检查安全阀的铅封、有效期。

（9）检查设备本体外观，以及附属的平台、爬梯、栏杆。

（10）检查设备的接地系统。

（11）检查脱水塔底捕集段回收溶液操作及操作卡记录。

18. 干净化气分离罐

（1）检查产品气压力表的量程、上下限标识、有效期。

（2）检查产品气压力表的读数，并与中控室进行比较。

（3）检查压力变送器的有效期。

（4）检查玻板液位计的上下限标识、清晰度。

（5）检查玻板液位计的读数，并与中控室进行比较。

（6）检查液位变送器的有效期。

（7）检查安全阀的铅封、有效期。

（8）检查设备本体外观，以及附属的平台、爬梯、栏杆。

（9）检查设备的接地系统。

（10）检查干净化气分离罐回收溶液操作及操作卡记录。

19. 三甘醇闪蒸罐

（1）检查现场压力表的量程、上下限标识、有效期。

（2）检查现场压力表的读数，并与中控室进行比较。

（3）检查压力变送器的有效期。

（4）检查玻板液位计的上下限标识、清晰度。

（5）检查玻板液位计的读数，并与中控室进行比较。

（6）检查液位变送器的有效期。

（7）检查闪蒸气流量变送器的有效期。

（8）检查安全阀的铅封、有效期。

（9）检查设备本体外观，以及附属的平台、爬梯、栏杆。

（10）检查设备的接地系统。

20. 三甘醇机械过滤器、活性炭过滤器

（1）检查现场压力表的量程、上下限标识、有效期。

（2）检查现场压力表的读数。

（3）检查压差变送器的有效期。

（4）检查设备本体外观，以及附属的平台、爬梯、栏杆。

（5）检查设备的接地系统。

（6）检查三甘醇过滤器更换过滤元件操作及操作卡记录。

21. 三甘醇缓冲罐

（1）检查玻板液位计的上下限标识、清晰度。

（2）检查玻板液位计的读数，并与中控室进行比较。

（3）检查液位变送器的有效期。

（4）检查双金属温度计的量程、上下限标识、有效期。

（5）检查双金属温度计的读数。

（6）检查设备本体外观，以及附属的平台、爬梯、栏杆。

（7）检查设备外表面的保温层或防烫隔离钢丝网。

（8）检查设备的接地系统。

22. 三甘醇再生罐

（1）检查玻板液位计的上下限标识、清晰度。

（2）检查玻板液位计的读数。

（3）检查双金属温度计的量程、上下限标识、有效期。

（4）检查双金属温度计的读数，并与中控室进行比较。

（5）检查燃料气流量、汽提气流量变送器的有效期。

（6）检查炉膛燃烧火焰情况、烟气排放情况、排烟温度。

（7）检查设备本体外观、保温，以及附属的平台、爬梯、栏杆。

（8）检查设备的接地系统。

（9）检查三甘醇再生罐点火操作及操作卡记录。

23. 废气分离罐

（1）检查玻板液位计的上下限标识、清晰度。

（2）检查玻板液位计的读数。

（3）检查设备本体外观，以及附属的平台、爬梯、栏杆。

（4）检查设备的接地系统。

24. 废气灼烧炉

（1）检查燃料气流量变送器的有效期。

（2）检查炉膛燃烧火焰情况、烟气排放情况、排烟温度。

（3）检查设备本体外观，以及附属的平台、爬梯、栏杆。

（4）检查设备的接地系统。

（5）检查废气灼烧炉点火操作及操作卡记录。

25. 三甘醇冷却器

（1）检查进出口压力表的量程、上下限标识、有效期。

（2）检查进出口压力表的读数。

（3）检查进出口双金属温度计的量程、上下限标识、有效期。

（4）检查进出口双金属温度计的读数，并与中控室进行比较。

（5）检查设备本体外观，以及附属的平台、爬梯、栏杆。

（6）检查设备的接地系统。

26. 三甘醇循环泵、溶液补充泵

（1）检查进出口压力表的量程、上下限标识、有效期。

（2）检查进出口压力表的读数。

（3）检查泵及电机的润滑油（脂）应符合规范。

（4）检查电机风扇端护罩安装应完好。

（5）检查联轴器护罩安装应牢固、完好。

（6）检查电机电力电缆外观无破损，电机外壳无腐蚀。

（7）检查电机启停操作柱应完好无损。

（8）检查泵和电机应可靠接地。

（9）检查三甘醇循环泵、溶液补充泵启停、切换操作及操作卡记录。

（10）检查往复泵出口安全阀的铅封、有效期。

（11）检查脱水系统补充溶液操作及操作卡记录。

27. 溶液储罐、溶液低位罐

（1）检查现场压力表的量程、上下限标识、有效期。

（2）检查现场压力表的读数。

（3）检查玻板液位计的上下限标识、清晰度。

（4）检查玻板液位计的读数，并与中控室进行比较。

（5）检查液位变送器的有效期。

（6）检查设备本体外观，以及附属的平台、爬梯、栏杆。

（7）检查设备的接地系统。

（8）检查氮气水封装置。

28. 低位坑池

（1）检查低位坑池不应积水。

（2）检查工厂风吹扫管线。

（3）检查爬梯、栏杆及防坠落措施。

（4）检查低位坑池内安装的固定式 H_2S 报警仪的有效期。

29. 原料气预处理单元管道

（1）检查管道上压力表的量程、上下限标识、有效期。

（2）检查管道上压力表的读数，并与中控室进行比较。

（3）检查管道上压力、流量变送器的有效期。

（4）检查管道上双金属温度计的量程、上下限标识、有效期。

（5）检查管道上双金属温度计的读数，并与中控室进行比较。

（6）检查管道外观、保温、支撑情况。

（7）检查管道上安全阀的铅封、有效期。

30. 中控室

（1）检查原料气分离单元工艺卡片、脱硫单元工艺卡片与脱水单元工艺卡片执行情况，重要工艺操作参数是否控制在规定范围之内。

（2）检查中控室生产记录表，并与现场参数记录表的数据进行比对。

（3）检查产品气质量及其他分析数据。

（4）检查交接班记录。

（5）检查操作卡填写情况。

（6）检查原料气处理单元联锁系统设置情况。

二、硫磺回收及成型单元

（一）概述

硫磺回收单元主要对脱硫、尾气处理单元产生的酸气进行处理，回收硫磺。目前工业上普遍采用的是各种形式的克劳斯工艺。其中，冷床吸附（CBA）工艺是近三十年来国外发展的克劳斯延伸先进工艺之一，它由一个常规克劳斯反应器和后续的三个低温克劳斯反应器组成。低温克劳斯反应段是过程气在硫露点温度下进行反应，使实际转化率能接近理论计算值。

硫磺成型装置是将硫磺回收装置来的液体硫磺冷却、成型，并称量、装袋、封口和暂时储存。主要采用转鼓和钢带冷却成型。

（二）危害识别

1. H_2S 中毒

酸气、过程气及尾气中含有 H_2S，属于剧毒介质，一旦吸入高浓度 H_2S，会导致中毒事故。由于管道或设备腐蚀穿孔、系统超压等泄漏，H_2S 释放到大气环境中，可能会导致人员中毒事故发生。

2. SO_2 中毒

酸气、过程气及尾气中含有 SO_2，属于有毒介质，有强烈辛辣刺激性气味，装置现场空气中最高容许浓度为 15mg/m^3。人一旦吸入高浓度 SO_2，会导致中毒事故。由于管道或设备腐蚀穿孔、系统超压等泄漏，SO_2 释放到大气环境中，可能会导致人员中毒事故发生。

3. 易燃易爆

燃料气中的主要成分是 CH_4，属于易燃易爆介质，CH_4 的爆炸极限为 5%～15%（体积分数）。酸气中含有 H_2S，H_2S 也属于易燃易爆介质，H_2S 的爆炸极限为 4.5%～45%（体积分数）。由于管道或设备腐蚀穿孔、系统超压等泄漏，若遇明火或静电导致燃烧、爆炸，造成设备损坏或人员伤亡。

4. 主燃烧炉、尾气灼烧炉炉膛爆炸

主燃烧炉、尾气灼烧炉在点火过程中，由于吹扫不彻底，炉膛积聚的燃料气，在点火瞬间造成炉膛闪爆或爆炸事故，从而造成主燃烧炉、尾气灼烧炉设备损坏，或者人员伤亡。

5. 废热锅炉、硫冷凝器爆炸

废热锅炉、硫冷凝器在生产运行过程中，因超压、超温、腐蚀、裂纹等引起爆炸，引起设备损坏，造成装置停产，或者人员伤亡。

6. 废热锅炉、硫冷凝器严重缺水

废热锅炉、硫冷凝器在生产运行过程中，由于给水设备、给水调节阀、锅炉液位计等失灵，造成严重缺水。由于操作人员对缺水的判断不准，处理不当，引起设备损坏，造成装置停产，或者人员伤亡。

7. 废热锅炉、硫冷凝器满水

废热锅炉、硫冷凝器在生产运行过程中，由于给水设备、给水调节阀、锅炉液位计等失灵，造成满水，引起蒸汽系统水击。由于操作人员对满水的判断不准、处理不当，引起管线、管廊、管架、支撑等设备损坏，造成装置停产或者人员伤亡。

8. 液体硫磺烫伤

由于管道或设备腐蚀穿孔、系统回压超高等原因发生液体硫磺泄漏，溅在皮肤上，可

能造成烫伤事故。

9. 蒸汽系统水击事故

在酸气 / 空气预热器、再热器初次投运时，在废热锅炉、各级硫冷凝器开产暖锅时，或在硫磺回收单元开产系统保温时，如果进蒸汽的速度过快，或设备及凝结水管道未充分预热，可能造成水击事故，损坏设备及管道。

10. 人员烫伤

硫磺回收单元的设备及管道温度较高，在生产中，可能因设备及管线保温缺陷，高温介质泄漏，以及操作人员的劳保用品穿戴不规范等造成人员烫伤事故。

11. 转动设备伤人

硫磺回收单元内的转动设备可能因护罩不完整、人员的误操作、劳保用品穿戴不规范造成转动设备伤人事故。

12. 噪声污染

硫磺回收单元内的转动设备运转产生的声音，以及气相介质流动产生的声音，导致在生产现场局部范围内的声音过大，超过人能承受的范围，从而引起人员心情烦躁，造成听力损伤。

13. 高处坠落、滑倒

硫磺回收单元内的设备在日常巡检、正常操作或检维修中，在上下平台梯子、攀爬竖梯、高处作业时，末严格执行高处作业规范要求，从而发生高处坠落或滑倒伤人事故。

14. 触电

在转动设备启停操作时，由于操作柱、电机漏电或接地系统失效，可能造成人员触电事故。

在电气设备检修过程中，末严格执行用电管理规范，可能因误操作造成正在检修的人员触电事故。

（三）监督依据

1. 标准规范

——GB/T 2449.1《工业硫磺　第 1 部分：固体产品》；

——GB/T 2449.2《工业硫磺　第 2 部分：液体产品》。

2. 企业规章

——天然气净化厂安全环保事故隐患管理制度；

——天然气净化厂生产作业场所安全管理制度；

——天然气净化厂节能节水管理制度；

——天然气净化厂质量管理制度；

——天然气净化厂安全目视化管理制度。

3. 其他文件

——天然气净化工艺技术手册；

——天然气净化装置操作规程；

——硫磺回收及成型单元工艺卡片；

——硫磺回收及成型单元日常操作卡。

（四）监督检查要点

1. 酸气分离器

（1）检查现场压力表的量程、上下限标识、有效期。

（2）检查现场压力表的读数。

（3）检查玻板液位计的上下限标识、清晰度。

（4）检查玻板液位计的读数，并与中控室进行比较。

（5）检查液位变送器的有效期。

（6）检查安全阀的铅封、有效期。

（7）检查设备本体外观，以及附属的平台、爬梯、栏杆。

（8）检查设备的接地系统。

（9）检查酸气分离器排酸水操作及操作卡记录。

2. 酸水压送罐

（1）检查现场压力表的量程、上下限标识、有效期。

（2）检查现场压力表的读数。

（3）检查玻板液位计的上下限标识、清晰度。

（4）检查玻板液位计的读数。

（5）检查设备本体外观，以及附属的平台、爬梯、栏杆。

（6）检查设备的接地系统。

（7）检查酸水压送罐排酸水操作及操作卡记录。

3. 酸气预热器

（1）检查出口压力表的量程、上下限标识、有效期。

（2）检查出口压力表的读数，并与中控室进行比较。

（3）检查出口双金属温度计的量程、上下限标识、有效期。

（4）检查出口双金属温度计的读数，并与中控室进行比较。

（5）检查蒸汽流量变送器的有效期。

（6）检查设备本体外观、保温，以及附属的平台、爬梯、栏杆。

（7）检查设备的接地系统。

4. 主风机、尾气灼烧炉风机

（1）检查进出口压力表的量程、上下限标识、有效期。

（2）检查进出口压力表的读数。
（3）检查风机出口、润滑油双金属温度计的量程、上下限标识、有效期。
（4）检查风机出口、润滑油双金属温度计的读数。
（5）检查风机及电机的润滑油（脂）应符合规范。
（6）检查电机风扇端护罩安装应完好。
（7）检查联轴器护罩安装应牢固、完好。
（8）检查电机电力电缆外观无破损，电机外壳无腐蚀。
（9）检查电机启停操作柱应完好无损。
（10）检查风机和电机应可靠接地。
（11）检查主风机、尾气灼烧炉风机启停、切换操作及操作卡记录。

5. 空气预热器

（1）检查出口压力表的量程、上下限标识、有效期。
（2）检查出口压力表的读数，并与中控室进行比较。
（3）检查出口双金属温度计的量程、上下限标识、有效期。
（4）检查出口双金属温度计的读数，并与中控室进行比较。
（5）检查蒸汽流量变送器的有效期。
（6）检查设备本体外观、保温，以及附属的平台、爬梯、栏杆。
（7）检查设备的接地系统。

6. 主燃烧炉

（1）检查进入炉膛空气压力表的量程、上下限标识、有效期。
（2）检查进入炉膛空气压力表的读数，并与中控室进行比较。
（3）检查炉膛燃烧火焰情况。
（4）检查设备本体外观、保温，以及附属的平台、爬梯、栏杆。
（5）检查设备的接地系统。
（6）检查主燃烧炉点火操作及操作卡记录。

7. 废热锅炉

（1）检查蒸汽压力表的量程、上下限标识、有效期。
（2）检查蒸汽压力表的读数，并与中控室进行比较。
（3）检查蒸汽压力变送器的有效期。
（4）检查蒸汽流量变送器的有效期。
（5）检查蒸汽双金属温度计的量程、上下限标识、有效期。
（6）检查出口过程气双金属温度计的量程、上下限标识、有效期。
（7）检查出口过程气双金属温度计的读数，并与中控室进行比较。
（8）检查玻板液位计的上下限标识、清晰度。
（9）检查玻板液位计的读数，并与中控室进行比较。

（10）检查液位变送器的有效期。

（11）检查安全阀的铅封、有效期。

（12）检查废热锅炉定时排污操作及操作卡记录。

（13）检查设备本体外观、保温，以及附属的平台、爬梯、栏杆。

（14）检查设备的接地系统。

8. 一级冷凝器

（1）检查蒸汽压力表的量程、上下限标识、有效期。

（2）检查蒸汽压力表的读数，并与中控室进行比较。

（3）检查蒸汽压力变送器的有效期。

（4）检查蒸汽流量变送器的有效期。

（5）检查进出口过程气双金属温度计的量程、上下限标识、有效期。

（6）检查进出口过程气双金属温度计的读数，并与中控室进行比较。

（7）检查玻板液位计的上下限标识、清晰度。

（8）检查玻板液位计的读数，并与中控室进行比较。

（9）检查液位变送器的有效期。

（10）检查安全阀的铅封、有效期。

（11）检查一级冷凝器定时排污操作及操作卡记录。

（12）检查设备本体外观、保温，以及附属的平台、爬梯、栏杆。

（13）检查设备的接地系统。

9. 再热器

（1）检查进出口双金属温度计的量程、上下限标识、有效期。

（2）检查进出口双金属温度计的读数，并与中控室进行比较。

（3）检查蒸汽流量变送器的有效期。

（4）检查设备本体外观、保温，以及附属的平台、爬梯、栏杆。

（5）检查设备的接地系统。

10. 克劳斯反应器、CBA 反应器

（1）检查进出口双金属温度计的量程、上下限标识、有效期。

（2）检查进出口双金属温度计的读数，并与中控室进行比较。

（3）检查设备本体外观、保温，以及附属的平台、爬梯、栏杆。

（4）检查设备的接地系统。

11. 克劳斯冷凝器、CBA 冷凝器

（1）检查蒸汽压力表的量程、上下限标识、有效期。

（2）检查蒸汽压力表的读数，并与中控室进行比较。

（3）检查蒸汽压力变送器的有效期。

（4）检查蒸汽流量变送器的有效期。

（5）检查进出口过程气双金属温度计的量程、上下限标识、有效期。
（6）检查进出口过程气双金属温度计的读数，并与中控室进行比较。
（7）检查玻板液位计的上下限标识、清晰度。
（8）检查玻板液位计的读数，并与中控室进行比较。
（9）检查液位变送器的有效期。
（10）检查安全阀的铅封、有效期。
（11）检查冷凝器定时排污操作及操作卡记录。
（12）检查设备本体外观、保温，以及附属的平台、爬梯、栏杆。
（13）检查设备的接地系统。

12. 尾气捕集器

（1）检查设备本体外观、保温，以及附属的平台、爬梯、栏杆。
（2）检查设备的接地系统。
（3）检查对应液硫封的采样包处液硫情况。

13. 尾气灼烧炉

（1）检查燃料气、空气压力表的量程、上下限标识、有效期。
（2）检查燃料气、空气的读数。
（3）检查燃料气、空气流量变送器的有效期。
（4）检查炉膛燃烧火焰情况、烟气排放情况、排烟温度。
（5）检查尾气灼烧炉点火操作及操作卡记录。
（6）检查设备本体外观，以及附属的平台、爬梯、栏杆。
（7）检查设备的接地系统。

14. 液硫封

（1）检查设备本体外观、保温，以及附属的平台、爬梯、栏杆。
（2）检查设备的接地系统。
（3）检查各级液硫封的采样包处液硫情况。

15. 液硫池、液流罐

（1）检查液硫池内部情况。
（2）检查液位变送器的有效期。
（3）检查液硫池排放伞帽处情况。
（4）检查设备本体外观，以及附属的平台、爬梯、栏杆。
（5）检查液流池、液流罐保温情况。

16. 凝结水泵、液硫泵

（1）检查出口压力表的量程、上下限标识、有效期。
（2）检查出口压力表的读数。
（3）检查泵及电机的润滑油（脂）应符合规范。

（4）检查电机风扇端护罩安装应完好。
（5）检查联轴器护罩安装应牢固、完好。
（6）检查电机电力电缆外观无破损，电机外壳无腐蚀。
（7）检查电机启停操作柱应完好无损。
（8）检查泵和电机应可靠接地。
（9）检查凝结水泵、液硫泵启停、切换操作及操作卡记录。

17. 蒸汽空冷器

（1）检查风筒无变形，扇叶与风筒之间的间隙均匀、无摩擦。
（2）检查扇叶应牢固安装在轮毂上，扇叶应平稳转动。
（3）检查皮带松紧程度应合适，护罩设施应完好。
（4）检查电机的润滑油（脂）应符合规范。
（5）检查电机风扇端护罩安装应完好。
（6）检查电机电力电缆外观无破损，电机外壳无腐蚀。
（7）检查电机启停操作柱应完好无损。
（8）检查蒸汽空冷器启停操作及操作卡记录。

18. 凝结水罐、排污罐

（1）检查玻板液位计的上下限标识、清晰度。
（2）检查玻板液位计的读数，并与中控室进行比较。
（3）检查液位变送器的有效期。
（4）检查设备本体外观、保温，以及附属的平台、爬梯、栏杆。
（5）检查设备的接地系统。

19. 硫磺回收、成型单元管道

（1）检查管道上压力表的量程、上下限标识、有效期。
（2）检查管道上压力表的读数，并与中控室进行比较。
（3）检查管道上压力、流量变送器的有效期。
（4）检查管道上双金属温度计的量程、上下限标识、有效期。
（5）检查管道上双金属温度计的读数，并与中控室进行比较。
（6）检查管道外观、保温、支撑情况。
（7）检查管道上安全阀的铅封、有效期。

20. 造粒机、结片机

（1）检查造粒机、结片机冷却效果良好。
（2）检查造粒机、结片机转动部位防护到位。
（3）检查造粒机、结片机启停操作盘完好无损，可靠接地。
（4）检查造粒机、结片机电力电缆外观无破损，电动机应可靠接地。
（5）检查造粒机、结片机启停、切换操作及操作卡记录。

21. 中控室

（1）检查硫磺回收及成型单元工艺卡片执行情况，重要工艺操作参数是否控制在规定范围之内。

（2）检查中控室生产记录表，并与现场参数记录表的数据进行比对。

（3）检查化验分析数据。

（4）检查交接班记录。

（5）检查操作卡填写情况。

（6）检查硫磺回收单元联锁系统设置情况。

三、尾气处理单元

（一）概述

尾气处理装置主要处理上游硫磺回收装置的克劳斯尾气，同时也处理硫磺回收装置的液硫池废气和脱水装置 TEG 废气，装置的设计处理能力与硫磺回收装置及脱水装置匹配。尾气处理装置主要采用斯科特（SCOT）和康索夫（CANSOLV）尾气处理工艺。

（二）危害识别

1. H_2S 中毒

酸气、过程气及尾气中含有 H_2S，属于剧毒介质，一旦吸入高浓度 H_2S，会导致中毒事故。由于管道或设备腐蚀穿孔、系统超压等泄漏，H_2S 释放到大气环境中，可能会导致人员中毒事故发生。

2. SO_2 中毒

酸气、过程气及尾气中含有 SO_2，属于有毒介质，有强烈辛辣刺激性气味，装置现场空气中最高容许浓度 15mg/m^3。人一旦吸入高浓度 SO_2，会导致中毒事故。由于管道或设备腐蚀穿孔、系统超压等泄漏，SO_2 释放到大气环境中，可能会导致人员中毒事故发生。

3. 易燃易爆

燃料气中的主要成分是 CH_4，属于易燃易爆介质，CH_4 的爆炸极限为 5%～15%（体积分数）。酸气中含有 H_2S，H_2S 也属于易燃易爆介质，H_2S 的爆炸极限为 4.5%～45%（体积分数）。由于管道或设备腐蚀穿孔、系统超压等泄漏，若遇明火或静电导致燃烧、爆炸，造成设备损坏或人员伤亡。

4. 主燃烧炉、尾气灼烧炉炉膛爆炸

主燃烧炉、尾气灼烧炉在点火过程中，由于吹扫不彻底，炉膛积聚的燃料气，在点火瞬间造成炉膛闪爆或爆炸事故，从而造成主燃烧炉、尾气灼烧炉设备损坏，或者人员伤亡。

5. 废热锅炉、硫冷凝器爆炸

废热锅炉、硫冷凝器在生产运行过程中，因超压、超温、腐蚀、裂纹等引起爆炸，引起设备损坏，造成装置停产，或者人员伤亡。

6. 废热锅炉、硫冷凝器严重缺水

废热锅炉、硫冷凝器在生产运行过程中，由于给水设备、给水调节阀、锅炉液位计等失灵，造成严重缺水。由于操作人员对缺水的判断不准，处理不当，引起设备损坏，造成装置停产，或者人员伤亡。

7. 废热锅炉、硫冷凝器满水

废热锅炉、硫冷凝器在生产运行过程中，由于给水设备、给水调节阀、锅炉液位计等失灵，造成满水，引起蒸汽系统水击。由于操作人员对满水的判断不准，处理不当，引起管线、管廊、管架、支撑等设备损坏，造成装置停产，或者人员伤亡。

8. 液体硫磺烫伤

由于管道或设备腐蚀穿孔、系统回压超高等原因发生液体硫磺泄漏，溅在皮肤上，可能造成烫伤事故。

9. 蒸汽系统水击事故

在酸气 / 空气预热器、再热器初次投运时，在废热锅炉、各级硫冷凝器开产暖锅时，或在硫磺回收单元开产系统保温时，如果进蒸汽的速度过快，或设备及凝结水管道未充分预热，可能造成水击事故，损坏设备及管道。

10. 人员烫伤

硫磺回收单元的设备及管道温度较高，在生产中，可能因设备及管线保温缺陷，高温介质泄漏，以及操作人员的劳保用品穿戴不规范等造成人员烫伤事故。

11. 转动设备伤人

硫磺回收单元内的转动设备可能因护罩不完整、人员的误操作、劳保用品穿戴不规范造成转动设备伤人事故。

12. 噪声污染

硫磺回收单元内的转动设备运转产生的声音，以及气相介质流动产生的声音，导致在生产现场局部范围内的声音过大，超过人能承受的范围，从而引起人员心情烦躁，造成听力损伤。

13. 高处坠落、滑倒

硫磺回收单元内的设备在日常巡检、正常操作或检维修中，在上下平台梯子、攀爬竖梯、高处作业时，未严格执行高处作业规范，从而发生高处坠落或滑倒伤人事故。

14. 触电

在转动设备启停操作时，由于操作柱、电机漏电或接地系统失效，可能造成人员触电事故。

在电气设备检修过程中，未严格执行用电管理规范，可能因误操作造成正在检修的人员触电事故。

（三）监督依据

1. 标准规范

——GB 39728《陆上石油天然气开采工业大气污染物排放标准》。

2. 企业规章

——天然气净化厂安全环保事故隐患管理制度；

——天然气净化厂生产作业场所安全管理制度；

——天然气净化厂节能节水管理制度；

——天然气净化厂质量管理制度；

——天然气净化厂安全目视化管理制度。

3. 其他文件

——天然气净化工艺技术手册；

——天然气净化装置操作规程；

——尾气处理单元工艺卡片；

——尾气处理单元日常操作卡。

（四）监督检查要点

1. 再生塔回流分液罐、重沸器凝结水罐、溶液收集罐、中和储罐、贫胺罐、碱液储罐

（1）检查现场压力表的量程、上下限标识、有效期。

（2）检查现场压力表的读数，并与中控室进行比较。

（3）检查压力变送器的有效期。

（4）检查现场液位计的上下限标识、清晰度。

（5）检查现场液位计的读数，并与中控室进行比较。

（6）检查液位变送器的有效期。

（7）检查流量变送器的有效期。

（8）检查安全阀的铅封、有效期。

（9）检查设备本体外观，以及附属的平台、爬梯、栏杆。

（10）检查设备的接地系统。

2. 文丘里组合塔、SO_2 吸收塔、再生塔

（1）检查现场压力表的量程、上下限标识、有效期。

（2）检查现场压力表的读数。

（3）检查压差变送器的有效期。

（4）检查现场液位计的上下限标识、清晰度。

（5）检查现场液位计的读数，并与中控室进行比较。

（6）检查液位变送器的有效期。

（7）检查贫液流量变送器的有效期。

（8）检查安全阀的铅封、有效期。

（9）检查设备本体外观，以及附属的平台、爬梯、栏杆。

（10）检查设备的接地系统。

3. 烟气加热器、再生塔空冷器、再生塔重沸器、取样冷却器

（1）检查进出口双金属温度计的量程、上下限标识、有效期。

（2）检查进出口双金属温度计的读数，并与中控室进行比较。

（3）检查流量变送器的有效期。

（4）检查设备本体外观、保温，以及附属的平台、爬梯、栏杆。

（5）检查设备的接地系统。

4. 溶液过滤器

（1）检查现场压力表的量程、上下限标识、有效期。

（2）检查压差变送器的有效期。

（3）检查现场液位计的上下限标识、清晰度。

（4）检查现场液位计的读数，并与中控室进行比较。

（5）检查液位变送器的有效期。

（6）检查安全阀的铅封、有效期。

（7）检查设备本体外观，以及附属的平台、爬梯、栏杆。

（8）检查设备的接地系统。

（9）检查溶液过滤分离器排油水操作及操作卡记录。

（10）检查溶液气过滤分离器更换过滤元件操作及操作卡记录。

5. 溶剂排污泵、文丘里泵、过冷泵、贫胺泵、再生塔回流泵、溶液过滤进料泵

（1）检查进出口压力表的量程、上下限标识、有效期。

（2）检查进出口压力表的读数。

（3）检查泵及电机的润滑油（脂）应符合规范。

（4）检查电机风扇端护罩安装应完好。

（5）检查联轴器护罩安装应牢固、完好。

（6）检查电机电力电缆外观无破损，电机外壳无腐蚀。

（7）检查电机启停操作柱应完好无损。

（8）检查泵和电机应可靠接地。

（9）检查溶剂排污泵、文丘里泵、过冷泵、贫胺泵、再生塔回流泵、溶液过滤进料泵启停、切换操作及操作卡记录。

（10）检查系统加注阻泡剂操作及操作卡记录。

6. 尾气焚烧炉风机

（1）检查进出口压力表的量程、上下限标识、有效期。

（2）检查进出口压力表的读数。

（3）检查风机出口、润滑油双金属温度计的量程、上下限标识、有效期。

（4）检查风机出口、润滑油双金属温度计的读数。

（5）检查风机及电机的润滑油（脂）应符合规范。

（6）检查电机风扇端护罩安装应完好。

（7）检查联轴器护罩安装应牢固、完好。

（8）检查电机电力电缆外观无破损，电机外壳无腐蚀。

（9）检查电机启停操作柱应完好无损。

（10）检查风机和电机应可靠接地。

（11）检查尾气焚烧炉风机启停、切换操作及操作卡记录。

四、放空系统

（一）概述

放空系统主要包括火炬及放空装置，是保障天然气净化工艺装置安全生产的辅助生产设施，是在工艺装置故障或检维修开停产时，以一种安全、可控、有效的方式将可燃或有毒气体通过火炬燃烧排放的装置，以满足环保要求。根据排放气体的排放压力不同，天然气净化厂火炬及放空装置一般设有高压放空系统和低压放空系统，高、低压火炬各 1 座。

（二）危害识别

1. H_2S 中毒

原料气、酸气中含有 H_2S，属于剧毒介质，一旦吸入高浓度 H_2S，会导致中毒事故。如果管道或设备腐蚀穿孔，以及放空时火炬熄灭等状况发生，使 H_2S 释放到大气环境中，可能会导致人员中毒事故发生。

2. 易燃易爆

原料气、净化气、燃料气中的主要成分是 CH_4，属于易燃易爆介质，CH_4 的爆炸极限为 5%～15%（体积分数）。酸气中含有的 H_2S 也属于易燃易爆介质，H_2S 的爆炸极限为 4.5%～45%（体积分数）。如果管道或设备发生腐蚀穿孔引起气体泄漏，遇明火或静电可导致燃烧、爆炸，造成设备损坏或人员伤亡。

3. 放空系统积液

在放空管道布置中，存在低点位置，如果放空管道低点位置中积存的液体未及时排放，会导致放空不畅，发生水击，严重时损坏放空管道，泄漏的放空介质可能发生燃烧、爆炸、人员伤亡事故。

4. 高处坠落、滑倒

火炬及放空装置等设备在日常巡检、正常操作或检维修过程中，在上下平台梯子、攀爬竖梯、高处作业时，如未严格执行高处作业规范，可能发生高处坠落或滑倒伤人事故。

5. 触电

在点火操作时，由于操作柱漏电或接地系统失效，可能造成人员触电事故。在电气设备检修过程中，如未严格执行用电管理规范，也可能因误操作造成正在检修的人员触电事故。

（三）监督依据

1. 企业规章

——天然气净化厂安全环保事故隐患管理制度；

——天然气净化厂生产作业场所安全管理制度；

——天然气净化厂节能节水管理制度；

——天然气净化厂质量管理制度；

——天然气净化厂安全目视化管理制度。

2. 其他文件

——天然气净化工艺技术手册；

——天然气净化装置操作规程；

——放空系统工艺卡片；

——放空系统日常操作卡。

（四）监督检查要点

1. 原料气放空分液罐、酸气放空分液罐

（1）检查现场压力表的量程、上下限标识、有效期。

（2）检查现场压力表的读数。

（3）检查玻板液位计的上下限标识、清晰度。

（4）检查玻板液位计的读数。

（5）检查设备本体外观，以及附属的平台、爬梯、栏杆。

（6）检查设备的接地系统。

（7）检查原料气、酸气放空火炬点火操作及操作卡记录。

（8）检查放空系统低点排污操作及操作卡记录。

2. 放空火炬及塔架

（1）检查火炬长明火燃烧火焰情况。

（2）检查点火系统情况。

（3）检查水封运行情况。

（4）检查设备本体外观，以及附属的平台、爬梯、栏杆。

（5）检查设备的接地系统。

3. 其他

（1）检查固体废物堆放棚内情况。

（2）检查污泥干化池内情况。

（3）检查废水池内情况。

（4）检查污水提升泵的情况。

五、新鲜水及消防水系统

（一）概述

新鲜水系统就是将从地表或地下水取出的含有较高杂质或矿物质的原水，经过一定处理，或者直接地方市政自来水供水，为天然气净化装置提供合格的生产、生活用水装置。

消防水系统由消防水池、消防水泵、消防给水管网（与生产给水管网分建）、消防水炮和消火栓组成。

（二）危害识别

新鲜水及消防水系统主要设备为泵和水池，工艺操作、日常操作简单，风险相对较小，但若不重视，也容易引起事故，为确保操作人员、设备设施的安全，对此系统进行风险分析如下：

1. 淹溺

在日常巡检、正常操作中、可能因操作人员忽视，水池防护措施不完善，使操作人员掉入池子，发生淹溺事故。

2. 转动设备伤人

新鲜水处理系统可能因转动设备护罩不完善、人员的误操作、劳保用品穿戴不规范造成人员的伤亡。

3. 触电

在转动设备启停操作、检维修中，未严格执行用电管理规范，因误操作造成人员触电事故。

4. 中毒

在二氧化氯加药过程中，因加药间排风扇故障，操作人员操作不当，引起二氧化氯聚积，导致人员中毒事件。

5. 皮肤灼伤

二氧化氯加药操作中，因操作人员劳保用品穿戴不全、防护措施不当，造成皮肤灼伤事故。

（三）监督依据

1. 标准规范

——GB 5749《生活饮用水卫生标准》。

2. 企业规章

——天然气净化厂安全环保事故隐患管理制度；

——天然气净化厂生产作业场所安全管理制度；

——天然气净化厂节能节水管理制度；

——天然气净化厂质量管理制度；

——天然气净化厂安全目视化管理制度。

3. 其他文件

——天然气净化工艺技术手册；

——天然气净化装置操作规程；

——新鲜水及消防水系统工艺卡片；

——新鲜水及消防水系统日常操作卡。

（四）监督检查要点

1. 深井泵房、水源地

（1）检查水源地水质情况（外观清澈、表面无腐臭的漂浮物等）。

（2）检查水源地水位。

（3）检查水源地吸水口（吸水口无杂物堵塞）。

（4）检查深井泵进、出口压力表有效期、上下限标识。

（5）检查深井泵电机接地情况。

（6）检查深井泵、电机护罩。

（7）检查深井泵转向标识。

（8）检查深井泵启停记录。

（9）检查深井泵运行记录。

（10）检查深井泵房换气设施情况。

（11）检查深井泵真空泵压力表有效期、上下限标识。

（12）检查安全提示。

2. 反应沉淀池

（1）检查混凝剂加药情况（加药量、加药浓度）。

（2）检查反应池矾花形成情况。
（3）检查沉淀池水质情况。
（4）检查沉淀池水表面无藻类物质、无动植物腐臭物质。
（5）检查沉淀池、反应池排泥情况。
（6）检查反应池、沉淀池防护标杆情况。
（7）检查反应池、沉淀池防护防溺措施（救生圈）。

3. 过滤器

（1）检查过滤器压力表有效期、上下限标识。
（2）检查泵、电机防护罩。
（3）检查泵、电机地脚螺栓。
（4）检查电机接地措施。
（5）检查泵运转方向标识。
（6）检查过滤器进出口压力值，检查过滤器压差。
（7）检查过滤器清洗情况及记录（频率、填料是否冲出等）。

4. 清水池

（1）检查二氧化氯加药情况（二氧化氯加药管深入水中）。
（2）检查清水池液位。
（3）检查防护措施。
（4）检查安全提示。

5. 加药间

（1）检查二氧化氯加药间换气设备是否完好。
（2）检查二氧化氯配药箱排气管（排气口不正对操作位置、室内必须接出室外）。
（3）检查配药箱液位。
（4）检查二氧化氯存放情况（主剂、副剂分开存在）。
（5）检查加药措施落实情况（加药时防化服、防护手套、防护眼镜、防毒面具穿戴情况）。
（6）检查二氧化氯加药操作记录、操作卡。
（7）检查二氧氯加药泵出口压力表、有效期、上下限标识。
（8）检查二氧化氯加药泵接地情况。
（9）检查二氧化氯加药操作风险分析、加药操作提示。

6. 值班室

（1）检查原水分析数据。
（2）检查净化水分析数据。
（3）检查二氧化氯加药记录。
（4）检查混凝剂加药记录。

（5）检查转动设备运转记录。

（6）检查现场参数记录。

（7）检查巡检记录。

（8）检查各参数并做比对，检查参数是否在操作记录规定的范围内。

7. 其他

（1）检查设备启停记录卡。

（2）检查日常处理卡记录。

（3）检查故障处理卡记录。

六、循环水系统

（一）概述

循环水系统主要用于净化生产工艺装置的冷凝和冷却，它是由机泵、空压机等动静设备提供冷却水，并将换热后的高温水进行冷却后再次循环使用的系统。

（二）危害识别

循环水系统工艺及设备简单，操作不复杂，往往造成操作人员和管理人员对此单元的忽视大意，从而造成设备损坏和人员伤亡。针对此单元的特点，结合实际生产操作，对本单元设备及操作做如下危害识别：

1. 转动设备伤人

在操作和检修过程中，因操作不当造成设备设施的损坏和转动设备伤人事故。

2. 高处坠落

循环水系统的高处作业主要有凉水塔、风机，旁滤器的检维修作业。在检维修过程中，因安全保护措施不到位，操作人员未遵守高处作业规范而造成高处坠落，引起人员伤亡事故。

3. 淹溺

在循环水系统的日常加药操作中，因防护不到位，操作不当，造成加药人员坠入循环水池，造成淹溺。

4. 中毒

在二氧化氯加药过程中，因加药间排风扇故障，操作人员操作不当，引起二氧化氯聚积，导致人员中毒。

5. 皮肤灼伤

二氧化氯、CT4-42、CT4-36 加药操作中，因操作人员劳保用品穿戴不全、防护措施不当，造成皮肤灼伤。

（三）监督依据

1. 企业规章

——天然气净化厂安全环保事故隐患管理制度。

2. 其他文件

——天然气净化工艺技术手册；

——天然气净化装置操作规程；

——循环水系统工艺卡片；

——循环水系统日常操作卡。

（四）监督检查要点

1. 凉水塔、循环水池

（1）检查凉水塔填料情况（无垮塌、表面无杂物）。

（2）检查凉水塔布水盘或布水装置布水均匀。

（3）检查凉水塔循环水进出口温差，计算温差，确认凉水塔运行情况。

（4）检查凉水塔循环水进出口现场压力表上下限标识、有效期。

（5）检查凉水塔循环水进出口温度计上下限标识、有效期。

（6）检查凉水塔、循环水池防护措施（防淹溺的安全提示、救生圈）。

（7）检查凉水塔目视化情况。

（8）检查循环水池液位并与中控室参数做对比，并检查是否在工艺记录规定的范围内。

（9）检查凉水塔风机声音（无杂音）。

（10）检查凉水塔风机电流。

（11）检查循环水 CT4−36、CT4−42、二氧化氯加药量、加药频率、加药操作卡。

2. 循环水泵

（1）检查泵出口压力表上下限标识、有效期，以及压力表是否防震。

（2）检查泵、电机运行声音（无杂音）。

（3）检查泵电流。

（4）检查泵、电机防护罩完善情况。

（5）检查电机接地情况。

（6）检查泵的出口压力并与记录做对比，读数在记录规定的范围内。

（7）检查泵的目视化情况。

（8）检查泵的油位。

（9）检查泵、电机轴承温度。

3. 旁滤器

（1）检查旁滤器运行情况。

（2）检查旁滤器目视化情况。

（3）检查旁滤器外观情况。

（4）检查旁滤流量。

4. 值班室

（1）检查循环水流量、压力、温度参数与现场记录做对比。

（2）检查循环水 CT4-36、CT4-42、二氧化氯加药记录。

（3）检查循环水系统工艺卡片执行情况。

（4）检查循环水补充水水质。

（5）检查循环水水质分析数据。

（6）检查循环水交接班记录。

（7）检查循环水目视化牌记录。

（8）检查循环水系统转动设备运行记录。

（9）检查循环水系统现场参数记录。

（10）检查循环水系统中控参数记录。

5. 其他

（1）检查 CT4-36、CT4-42、二氧化氯加药时防化用品的穿戴（手套、防化服等）。

（2）检查设备启停记录卡。

（3）检查日常处理卡记录。

（4）检查故障处理卡记录。

七、蒸汽及凝结水系统

（一）概述

天然气净化厂的蒸汽及凝结水系统的作用是给脱硫装置再生重沸器提供能量，给硫磺回收、尾气处理、硫磺成型装置提供保温和开停产期间的暖锅（管）蒸汽。

（二）危害识别

锅炉是承压的特种设备。外部受高温烟气的冲刷，内部受锅炉水中有害杂质的侵蚀，极易引起腐蚀和磨损。如果管理不严，使用不当，就可能因仪器仪表、安全附件失灵，以及操作人员误判断、误操作造成锅炉及蒸汽系统的压力、液位等异常，从而发生事故。

结合锅炉及附属设备性能及结构、操作人员的日常操作，对本单元设备及操作做如下危害识别：

1. 锅炉爆炸

锅炉在使用中，因锅炉超压、超温、磨损、腐蚀、裂纹等原因引起锅炉爆炸，爆炸时，产生巨大的气浪和冲击波，可造成设备损坏、人员伤亡。

2. 锅炉炉膛爆炸

锅炉在点火或者停电处理过程中，因炉膛积聚大量的可燃气体，在点火瞬间造成炉膛爆炸事故，可造成锅炉损坏、人员伤亡。

3. 锅炉缺水

蒸汽及凝结水系统在生产过程中，因给水设备、给水调节阀、锅炉液位计等失灵，造成锅炉缺水。如操作人员对缺水处理不当，判断不准，可引起锅炉设备损坏、人员伤亡。

4. 锅炉满水

蒸汽及凝结水系统在生产过程中，因给水设备、给水调节阀、锅炉液位计等失灵，造成锅炉满水，引起蒸汽系统水击，可造成管线、管廊、管架、支撑等损坏或者人员伤亡。

5. 人员烫伤

蒸汽及凝结水系统处于较高温度运行状态，在生产中因设备管线保温缺陷、操作人员误操作，以及操作人员的劳保用品穿戴不规范而引起人员烫伤。

6. 噪声污染

蒸汽及凝结水系统的转动设备较多，特别是泵房内泵积聚，噪声大。因消音设备或者空间密闭而造成噪声过大，超过人能承受的范围，引起人员心情烦躁，造成听力损伤。

7. 转动设备伤人

蒸汽及凝结水系统转动设备因护罩不完善、人员的误操作、劳保用品穿戴不规范造成人员伤亡。

8. 高处坠落

在高处作业时，未严格执行高处作业规范，从而发生高处坠落伤人。

9. 触电

在转动设备启停操作、检维修中，未严格执行用电管理规范，因误操作造成人员触电。

（三）监督依据

1. 法律法规

——《特种设备安全监察条例》（中华人民共和国国务院令 2009 年第 549 号）。

2. 标准规范

——GB/T 1576《工业锅炉水质》。

3. 企业规章

——天然气净化厂安全环保事故隐患管理制度。

4. 其他文件

——天然气净化工艺技术手册；

——天然气净化装置操作规程；
——蒸汽及凝结水系统工艺卡片；
——蒸汽及凝结水系统日常操作卡。

（四）监督检查要点

1. 锅炉

（1）检查锅炉蒸汽现场压力表量程、上下限标识、有效期。

（2）检查压力变送器有效期。

（3）检查现场压力表读数并与控制室压力读数比较。

（4）检查蒸汽出口温度计量程、上下限标识、有效期。

（5）检查蒸汽出口温度变送器有效期。

（6）检查现场水位计的冲洗操作及频率、上下限标识、清晰度，以及照明是否符合要求，两只液位计相差是否在允许范围内，玻管液位计保护措施应完好。

（7）检查液位变送器有效期。

（8）检查锅炉安全阀汽包铅封是否完好、安全阀是否在有效期内。

（9）检查汽包安全阀手动排汽试验、试验频率及排汽记录是否符合规范。

（10）检查锅炉安全阀自动排污试验及记录。

（11）检查安全阀排汽口设置（不正对人行通道）、安全阀的排放管、泄水管是否接至安全地点。

（12）检查锅炉炉膛燃烧情况、火焰情况。

（13）检查排烟温度计量程、上下限标识、有效期。

（14）检查排烟温度并与控制室进行比较。

（15）检查锅炉本体外观检查，各连接处是否存在泄漏。

（16）检查防护栏杆是否完善，间距是否符合规范。

（17）检查锅炉安全提示（防爆、防烫伤、噪声等）。

（18）检查本体及管线保温是否完好，有无破损。

2. 排污系统

（1）检查连续排污扩容器压力表量程、上下限标识、有效期。

（2）检查连续排污扩容器水位计清晰度。

（3）检查锅炉定期排污操作及记录（排污操作卡）。

（4）检查定期、连续排污扩容器外观应完好。

（5）检查连续排污扩容器保温应完好。

（6）检查排污池防护标杆间距是否符合要求，基座无腐蚀。

（7）检查排污池有无防烫伤、防淹溺安全提示。

（8）检查排污池水位应在溢流口下，不得满液位。

（9）检查定期排污扩容器防烫措施是否完好。

（10）检查排污泵压力表量程、上下限标识、有效期。

（11）检查排污泵防护罩完好程度。

（12）检查排污管线保温、排污阀及管线是否存在泄漏。

3. 燃料系统

（1）检查燃料气罐压力表量程、上下限标识、有效期。

（2）检查燃料气罐安全阀有效期、铅封应完整。

（3）检查燃料气罐燃料气排放地点、高度应符合要求。

（4）检查燃料气罐、管线外观情况（外表面是否存在坑洼状腐蚀）。

（5）检查风机护罩、消音设施完好。

4. 除氧器

（1）检查现场压力表有无上下限标识、标识是否清晰、量程、有效期是否在规定要求和范围内。

（2）检查变送器是否在有效期内。

（3）检查水位计清晰度、上下限标识应清晰。

（4）检查现场压力表、水位计与中心控制室是否一致，误差是否在规定要求内。

（5）检查温度计量程、有效期。

（6）检查安全阀是否在有效期、铅封应完好。

（7）检查管线保温应完好，无破损。

（8）检查溶解氧分析数据，确认除氧器的运行效果。

（9）检查管线连接处有无泄漏。

（10）检查液位，应在上下限标识内。

（11）检查废气排汽口不正对人行通道。

5. 凝结水箱（凝结水罐）

（1）检查现场压力表有无上下限标识、标识是否清晰、量程是否在压力表要求的范围内、有效期是否过期。

（2）检查变送器是否在有效期。

（3）检查水位计清晰度、上下限标识应明显。

（4）检查现场压力表、水位计与中心控制室是否一致。

（5）检查温度计量程、有效期。

（6）检查液位应在液位计标识范围内。

6. 泵

（1）检查泵的压力、温度及运行情况。

（2）检查泵现场压力表量程、上下限标识、有效期。

（3）检查压力表是否为防震压力表。

（4）检查电机、护罩是否完善。
（5）检查泵机械密封无泄漏。
（6）检查泵、电机轴承温度。
（7）检查泵、电机运行声音（无杂音）。
（8）检查泵冷却水应正常。
（9）检查给水管线保温。

7. 给水处理

（1）检查压力表量程、上下限标识、有效期。
（2）检查泵的压力、温度及运行情况。
（3）检查再生液液位，浓度是否在要求的范围内（盐酸或氢氧化钠或氯化钠）。
（4）检查过滤器、水处理设备外观无腐蚀。
（5）检查树脂再生记录。
（6）检查氯化钠、盐酸、氢氧化钠投加记录。
（7）检查磷酸三钠加药记录。
（8）检查磷酸三钠加药泵压力表、有效期、上下限标识是否规范。
（9）检查磷酸三钠加药操作卡填写是否规范。
（10）检查磷酸三钠加药防护措施（防护手套、安全提示，风险提示）。

8. 蒸汽凝结水管网

（1）检查蒸汽系统压力表量程、上下限标识、有效期。
（2）检查蒸汽系统安全阀铅封应完好、应在有效期范围内。
（3）检查蒸汽系统疏水阀运行是否正常，有无泄漏。
（4）检查蒸汽、凝结水管线保温应完好。
（5）检查蒸汽凝结水系统支撑、管廊架无腐蚀，无破损。
（6）检查蒸汽、凝结水应无水击。

9. 中控室

（1）检查锅炉蒸汽系统工艺卡片执行情况。
（2）检查炉水水质分析数据。
（3）检查中控室记录并与现场检查的记录做比对，各参数是否在规定的范围内。
（4）检查锅炉高压联锁设置情况。
（5）检查锅炉高压联锁保护试验及记录。
（6）检查锅炉极低液位联锁设置情况。
（7）检查锅炉极低液位联锁保护试验及记录。
（8）检查锅炉燃料气压力低联锁保护试验及记录。
（9）检查锅炉中控室记录。
（10）检查现场操作卡记录。

（11）检查现场操作参数记录。
（12）检查转动设备运转记录。
（13）检查现场巡检记录。

10. 其他

（1）检查锅炉使用有效期。
（2）检查锅炉操作人员特种设备操作证。
（3）检查锅炉各项规章制度落实情况。
（4）检查锅炉特检中心内、外检查、水质检查情况及记录。

八、空气氮气系统

（一）概述

空气、氮气系统为各装置提供正常生产用的仪表风、工厂风和氮气。净化空气为仪表风，为生产装置各调节阀提供动力气源，而非净化空气和氮气为装置开停车时吹扫用空气及其他用途气。仪表风用于仪表设备使用，要求其露点温度不超过 −15℃（常压下）；而氮气作为惰性气体主要用于装置的开停产期间气体置换与工艺装置保护气等。

（二）危害识别

空氮系统最主要的设备为空气压缩机、冷干机、变压吸附制氮装置，其工艺简单，设备单一，相对于主体装置和其他辅助装置而言，风险相对较小。对此系统进行风险分析如下：

1. 转动设备伤人

在日常操作中，因设备护罩不完善，操作人员不按照动设备启运操作规程误操作（如手触摸转动部件等）引起的伤人事故。

2. 低温冻伤

冷干机内氟里昂压缩机及相应的管线温度低，在操作人员日常操作和巡检中，因设备管线保温措施不当，造成操作人员低温冻伤事故。

3. 高温烫伤

在空气压缩运转过程中，压缩机本体及部分压缩空气管线温度高达 100℃以上，在日常操作和巡检中，因操作人员对设备结构的不了解引起烫伤事故。

4. 氮气窒息

变压吸附制氮装置排气时造成氮气聚集，引起人员窒息。

5. 噪声污染

压缩机、变压吸附装置、仪表风干燥器，运行时噪声大，局部噪声可能超过国家工厂噪声标准，对长期在此工作的操作人员造成听力的伤害。

（三）监督依据

1. 企业规章制度

——天然气净化厂安全环保事故隐患管理制度。

2. 其他文件

——天然气净化工艺技术手册；

——天然气净化装置操作规程；

——空气氮气系统工艺卡片；

——空气氮气系统日常操作卡。

（四）监督检查要点

1. 空气压缩机及空气稳压罐

（1）检查压缩机轴承护罩设置是否完好。

（2）检查压缩机油位是否在油位线内，油位线是否清晰，油窗是否清晰洁净透明。

（3）检查压缩机本体安全阀铅封是否完好、是否在有效期内。

（4）检查运行压缩机机柜门处于关闭状态。

（5）检查压缩机运行声音应无杂音。

（6）检查压缩机轴承振动情况、轴承温度。

（7）检查压缩机电机声音、振动、温度。

（8）检查压缩机冷却水压力、温度。

（9）检查压缩机冷却风扇。

（10）检查压缩机排气压力、排气温度、电流应在工艺卡片要求的范围内。

（11）检查压缩机压力表、压力变送器是否在有效期内。

（12）检查稳压罐现场压力表，压力变送器是否在有效期内。

（13）检查压力表有无上下限标识，标识是否清晰。

（14）检查稳压罐安全阀铅封是否完好，是否在有效期内。

2. 仪表风干燥器

（1）检查干燥器是否按规程切换。

（2）检查干燥器压力表有无上下限标识、标识是否清晰。

（3）检查现场压力表、变送器是否在有效期内。

（4）检查干燥器再生气压力是否满足干燥器再生要求。

（5）检查消音器是否完好。

3. 变压吸附装置

（1）检查变压吸附装置是否按规程切换。

（2）检查变压吸附装置压力表有无上下限标识，标识是否清晰。

（3）检查现场压力表、变送器是否在有效期。

（4）检查消音器是否完好。

（5）检查冷干机运行声音、冷却水、露点是否达到要求。

（6）检查氧分析仪，氧分析仪显示数据（体积分数）小于 5000×10^{-6}（5000ppm）。

4. 罐（厂风、仪表风、氮气罐）

（1）检查罐的压力表有无上下限标识，标识是否清晰。

（2）检查罐的压力表、变送器是否在有效期内。

（3）检查罐安全阀铅封应完好、并在有效期内。

（4）检查罐外观无腐蚀。

（5）检查人孔是否按要求密封，基座无腐蚀。

5. 中控室

（1）检查仪表风、工厂风压力高低报警设置是否符合要求。

（2）检查仪表风、工厂风压力并与现场做比较。

（3）检查现场参数记录。

（4）检查转动设备记录。

（5）检查巡检记录。

（6）检查设备启停记录。

（7）检查交接班记录。

九、燃料气系统

（一）概述

燃料气系统主要为脱水装置、硫磺回收装置、尾气处理装置、放空火炬、锅炉房等提供生产用燃料气。

（二）危害识别

1. 易燃易爆

燃料气中的主要成分是 CH_4，属于易燃易爆介质，CH_4 的爆炸极限为 5%～15%（体积分数）。如果管道或设备腐蚀穿孔泄漏，遇明火或静电可导致燃烧、爆炸，造成设备损坏或人员伤亡。

2. 燃料气系统带液

净化气、闪蒸气带液，燃料气罐排液不及时都能使燃料气系统的带液。可能造成燃料气罐液位上升或各燃烧炉燃烧异常。

3. 高处坠落、滑倒

燃料气系统内的设备在日常巡检、正常操作或检维修中，当上下平台梯子、攀爬竖梯、高处作业时，如未严格执行高处作业规范，可能发生高处坠落或滑倒伤人事故。

（三）监督依据

1. 企业规章

——天然气净化总厂安全环保事故隐患管理制度。

2. 其他文件

——天然气净化工艺技术手册；

——天然气净化装置操作规程；

——燃料气系统工艺卡片；

——燃料气系统日常操作卡。

（四）监督检查要点

1. 原料气放空分液罐、酸气放空分液罐

（1）检查现场压力表的量程、上下限标识、有效期。

（2）检查现场压力表的读数。

（3）检查玻板液位计的上下限标识、清晰度。

（4）检查玻板液位计的读数。

（5）检查设备本体外观，以及附属的平台、爬梯、栏杆。

（6）检查设备的接地系统。

（7）检查原料气、酸气放空火炬点火操作及操作卡记录。

（8）检查放空系统低点排污操作及操作卡记录。

2. 放空火炬及塔架

（1）检查火炬长明火燃烧火焰情况。

（2）检查点火系统情况。

（3）检查水封运行情况。

（4）检查设备本体外观，以及附属的平台、爬梯、栏杆。

（5）检查设备的接地系统。

3. 其他

（1）检查固体废物堆放棚内情况。

（2）检查污泥干化池内情况。

（3）检查废水池内情况。

（4）检查污水提升泵的情况。

十、污水处理系统

（一）概述

污水处理系统是将天然气净化厂生产装置在生产、生活、检修期间产生的污水处理达到外排指标，并将合格污水排放的系统。

（二）危害识别

污水处理系统工艺设备设施简单，主要设备为泵和污水池，日常生产操作，风险相对较小，往往造成人员对此系统的忽视，从而引起事故。为确保人员、设备设施的安全，对此系统进行风险分析如下：

1. 淹溺

在日常巡检、正常操作中、可能因操作人员忽视，水池防护措施不完善，巡检不规范等原因造成操作人员坠入水池，发生淹溺事故。

2. 转动设备伤人

污水处理系统可能因转动设备护罩不完善、人员的误操作、劳保用品穿戴不规范造成人员的伤亡。

3. 中毒

清洗污水池时，因硫化氢气体从水中解析或微生物的代谢产物造成人员中毒事故。

4. 环境污染

因污水处理系统微生物异常、人员误操作等原因造成污水处理不合格而外排，引起环境污染。

（三）监督依据

1. 标准规范

——GB 18918《城镇污水处理厂污染物排放标准》；

——GB/T 18920《城市污水再生利用　城市杂用水水质》。

2. 企业规章

——天然气净化厂安全环保事故隐患管理制度。

3. 其他文件

——天然气净化工艺技术手册；

——天然气净化装置操作规程；

——污水处理系统工艺卡片；

——污水处理系统日常操作卡。

（四）监督检查要点

1. 原水池、配水池

（1）检查原水池液位不超过溢流口。

（2）检查原水池防护栏杆应完好，基座无腐蚀，栏杆间距符合规范。

（3）检查原水池防溺措施救生圈是否规范配置、表面有无破损。

（4）检查原水池应有防淹溺的安全提示。

2. 微生物处理

（1）检查生物处理池或罐防护栏杆应完好，基座无腐蚀，栏杆间距符合规范。

（2）检查生物池或罐曝气应均匀，生物球和生物膜无破损。

（3）检查防护措施救生圈的设置是否规范。

（4）检查防淹溺，防中毒的安全提示。

（5）检查水池或罐不应超过溢流口或满池、罐水位。

3. 泵

（1）检查压力表有效期、上下限标识，是否防震。

（2）检查泵、电机防护罩应完好。

（3）检查泵、电机地脚螺栓应完好，无松动。

（4）检查电机接地措施。

（5）检查泵运转方向标识应清晰。

（6）检查泵、电机铭牌应清晰。

4. 空气压缩机

（1）检查压力表有效期、上下限标识。

（2）检查泵、电机防护罩应完好。

（3）检查泵、电机地脚螺栓。

（4）检查电机接地措施是否符合要求。

（5）检查压缩机排气压力、排气温度、电流。

（6）检查压缩机油位是否在油位线之间，油位线是否清晰，油窗是否透明洁净。

（7）检查压缩机冷却水压力、温度。

（8）检查压缩机冷却风扇。

（9）检查压缩机空气、油冷却器运行情况。

（10）检查运行压缩机的机柜门是否处于关闭状态。

5. 应急水池

（1）检查应急水池液位不应超过应急水池的 1/3。

（2）检查防护措施。

（3）检查安全提示。

（4）检查应急水池阀门开关位置是否正确。

6. 过滤区外排水池

（1）检查过滤器运行情况，进出口压力压差。

（2）检查过滤器外观无腐蚀穿孔。

（3）检查有无防淹溺的安全提示。

（4）检查水池防护栏杆应完好，基座无腐蚀，栏杆间距符合规范。

（5）检查排放水水质，肉眼观察应清澈。

（6）检查防护措施，救生圈的设置是否规范，有无破损。

（7）检查有无防淹溺的安全提示。

（8）检查外排水排放标识牌有效期，排放标准是否符合规范。

7. 中控室

（1）检查外排水量。

（2）检查外排水分析数据，是否在国家排放标准范围内。

（3）检查原水分析数据。

（4）检查生物菌检数据。

（5）检查中控室记录并与现场记录比较。

（6）检查转动设备运转记录。

（7）检查现场参数记录。

（8）检查巡检记录。

第二章　天然气净化厂 HSE 综合管理监督

第一节　HSE 基础管理监督

一、概述

天然气净化厂基础安全管理分为基本管理要求、风险管理、HSE 责任制建设、HSE 培训管理、安全技术措施、安全防护器材管理和班组安全管理。

（一）基本管理要求

基本管理要求指生产经营单位为保证企业安全生产需要，确保员工健康及生命安全，按照国家法律法规要求，针对生产作业场所，对人员、工艺、设备制定的最基本的要求，包括人员应遵守的国家法律法规，企业规章制度、工艺安全要求、设备安全要求、目视化管理等。

（二）风险管理

风险管理包括风险分级防控管理和隐患管理。风险分级防控管理是指在危害因素辨识和风险评估的基础上，预先采取措施消除或控制生产安全风险的过程。隐患包括生产安全事故隐患和环境安全隐患。生产安全事故隐患，是指不符合安全生产法律、法规、规章、标准、规程和安全生产管理制度的规定，或者因其他因素在生产经营活动中存在可能导致事故发生或者导致事故后果扩大的物的危险状态、人的不安全行为和管理上的缺陷；环境安全隐患，是指不符合环境保护法律、法规、标准、管理制度等规定，或者因其他因素可能直接或者间接导致环境污染和生态破坏事件发生的违法违规行为、管理上的缺陷或者危险状态。安全环保事故隐患按照整改难易及可能造成后果的严重性，分为一般事故隐患和重大事故隐患。

（三）HSE 责任制建设

天然气净化厂负责组织 HSE 职责的编制、评审、修订和发布。天然气净化厂厂长应负责建立健全并落实本厂全员安全生产责任制，加强安全生产标准化建设。各办公室主任、班长负责建立健全并落实本办公室、本班组全员安全生产责任制。

（四）HSE 培训管理

HSE 培训管理是指净化厂加强对从业人员（主要负责人、安全生产管理人员、其他管理技术人员、从业人员与特种作业人员）的安全培训，提高从业人员安全素质和技能，按照国家相关法律法规及企业规章要求开展的系统培训工作，它不包括企业日常的岗位技能培训。

（五）安全技术措施

安全技术措施是生产经营单位生产财务计划的组成部分，是改善净化厂安全生产条件，有效防止事故和职业病的重要保证制度。净化厂为了保证安全资金的有效投入，应编制安全技术措施计划。HSE 管理部门负责本单位的安全技术措施及安全装备计划的编制，并定期对计划完成情况进行监督检查。

（六）安全防护器材管理

安全防护器材管理包括配置要求、管理职责、采购管理、使用规定、校验检定等。天然气净化厂配置安全防护器材主要包括：

（1）气体防护器材：如空气呼吸器类及其配套器材。

（2）气体检测器材：如可燃气体检测仪、硫化氢气体检测仪、二氧化硫检测仪、氧气检测仪、复合式气体检测仪等。

（3）其他安全防护器材：如防爆照明灯具、防爆工具、防爆轴流风机、防爆通信器材、安全带、安全帽、洗眼器等。

（七）班组安全管理

本书中班组安全管理主要是指生产班组安全管理，包括员工行为管理、员工交接班管理、巡检管理、日常生产操作管理、班组安全学习、班组应急管理、外来人员管理及记录控制等。

二、监督依据

（一）法律法规

——《中华人民共和国安全生产法》（中华人民共和国主席令 2021 年第 88 号）；

——《中华人民共和国特种设备安全法》（中华人民共和国主席令 2013 年第 4 号）；

——《生产经营单位安全培训规定》（国家安全生产监督管理总局令 2015 年第 80 号）；

——《安全生产事故隐患排查治理暂行规定》（国家安全生产监督管理总局令 2007 年第 16 号）。

（二）标准规范

——GB/T 2893《图形符号安全色和安全标志》；

——GB 2894《安全标志及其使用导则》；

——GB 7231《工业管道的基本识别色、识别符号和安全标识》；

——GB/T 33000《企业安全生产标准化基本规范》；

——GB/T 38144.1《眼面部防护　应急喷淋和洗眼设备　第 1 部分：技术要求》；
——GB/T 38144.2《眼面部防护　应急喷淋和洗眼设备　第 2 部分：使用指南》；
——GB/T 50493《石油化工可燃气体和有毒气体检测报警设计标准》；
——HG 20571《化工企业安全卫生设计规范》；
——QB/T 2613.1《防爆工具　防爆用扳手》；
——QB/T 2613.2《防爆工具　防爆用錾子》；
——QB/T 2613.3《防爆工具　防爆用检查锤》；
——QB/T 2613.4《防爆工具　防爆用桶盖扳手》；
——QB/T 2613.5《防爆工具　防爆用梅花扳手》；
——QB/T 2613.6《防爆工具　防爆用八角锤》；
——QB/T 2613.7《防爆工具　防爆用圆头锤》；
——QB/T 2613.8《防爆工具　防爆用活扳手》；
——QB/T 2613.9《防爆工具　防爆用 F 扳手》；
——QB/T 2613.10《防爆工具　防爆用管子钳》；
——QB/T 2613.12《防爆工具　防爆用一字槽螺钉旋具》；
——QB/T 2613.13《防爆工具　防爆用钢丝钳》；
——QB/T 2613.14《防爆工具　防爆用两用扳手》；
——SY/T 6355《石油天然气生产专用安全标志》；
——SY/T 6503《石油天然气工程可燃气体和有毒气体检测报警系统安全规范》；
——XF 124《正压式消防空气呼吸器》；
——Q/SY 1129《安全帽生产与使用管理规范》。

（三）企业规章

——《中国石油天然气股份有限公司油气田站场目视化设计规定》；
——天然气净化厂安全目视化管理制度；
——天然气净化厂安全防护器材管理制度；
——天然气净化厂生产作业场所安全管理制度；
——天然气净化厂安全技术措施管理制度；
——天然气净化厂安全防护器材管理制度；
——天然气净化厂生产安全风险防控管理制度；
——天然气净化厂安全环保事故隐患管理制度。

三、监督要点

（一）基本管理要求监督要点

1. 外来人员、车辆管理

（1）外来人员须经相关安全知识培训，清楚基本安全要求并登记，并佩戴出入证，在属地责任人监护下方可进入。

（2）所有人员进入防爆区域须佩戴安全防护器材，并有属地责任人监护。

（3）外来车辆进入需经检查、登记许可，并在指定区域停放，进入防爆区域必须采取防爆措施。

2. 员工基本安全要求

（1）员工上岗前必须正确穿戴劳动保护用品；不得脱岗、睡岗和酒后上岗；不得在生产作业场所吸烟。

（2）特种作业人员必须持证上岗。

（3）员工从事危险作业必须办理作业许可；不得违章指挥，强令他人违章作业；未经授权不得拆除锁具、禁止标识。

（4）员工必须参与岗位危害识别与风险控制，必须对属地范围内的质量与 HSE 工作负责，必须及时报告隐患、事故事件。

3. 工艺安全要求

（1）严格执行工艺压力参数，压力检测仪器仪表、超压报警、联锁保护、安全附件、防爆装置定期检测、检查和维护，确保可靠有效。

（2）严格执行工艺温度参数，温度监测仪器仪表、温控点超温报警及联锁保护系统定期检测、检查和维护，确保可靠有效。

（3）严格执行工艺流量参数，流量检查仪器仪表定期检测、检查和维护，确保可靠有效。

4. 设备安全要求

（1）设备不能超温、超压、超速、超负荷使用；各种报警装置、安全阀、液位计、仪器仪表、呼吸阀、阻火器等附件必须齐全可靠，并定期检查、校验。

（2）按时巡检，注意检查设备、管线的完好性，及时进行清洁、润滑、调整、紧固、防腐，处理不了的及时上报。

（3）设备的密闭性应满足工艺和安全操作的要求；带压设备的紧急泄压设施应完好有效。

（4）所有塔设备、分离设备、加热设备、压缩机、机泵、储罐、管道、现场电子仪表等必须采用有效的防雷接地保护措施，并定期检测。

（5）转动、传动、高低温的设备或部件应设有防护设施，且不得随便拆除，保证安全防护设施设备完好。

（6）对装置做好静密封点的检测与统计，并将资料归档保存。

5. 目视化管理

（1）各种安全色、标牌、标签的使用应符合国家和行业有关规定和标准的要求，安全色、标签、标牌的使用应考虑夜间环境，应保证有充足的照明光源，以满足需要。

（2）安全色、标签、标牌等应定期检查，以保持整洁、清晰、完整，如有变色、褪色、脱落、残缺等情况时，须及时重涂或更换。

（3）特种作业人员应持有效的特种作业资格证书，经所在单位岗位安全培训合格，并在安全帽上粘贴特种作业资格合格目视标签或上岗证上注明特种作业类别。

（4）压缩气瓶的外表面涂色及有关警示标签应符合国家或行业有关标准的要求。各单位应采用明显的标识，标明气瓶是否处于满瓶、空瓶、使用中、故障等状态。

（5）各单位应在设备设施的明显部位标注名称及编号，对有危险的设备设施应有警示信息。对因误操作可能造成严重危害的设备设施，应在其旁设置有安全操作注意事项的标牌。

（6）设备、管线、阀门的着色应严格执行 GB 7231《工业管道的基本识别色、识别符号和安全标识》《中国石油天然气股份有限公司油气田站场目视化设计规定》等国家或企业的有关标准、制度。同时，应在管线上标明介质名称和流向，在控制阀门明显位置标明自编号，以便操作控制。

（7）应按国家和行业标准的有关要求，对生产作业区域内的消防通道、逃生通道、紧急集合点设置明确的指示标识。

（8）应悬挂关闭手机、严禁烟火、有毒危险等安全警示标志。

（9）隐患未整改前应制订可靠的安全措施和应急预案，划定安全警戒区，设置明显醒目的安全警示标志，并重点进行监控。

（10）大门通道附近设置场内安全疏散示意图、职业危害（种类、理化性质、浓度或强度、危害性、防护措施等）及风险点源分布图、入场安全须知牌，在生产区域或敏感部位悬挂各类安全警示标志和职业危害警示标志，并符合国家、行业相关标准。

（二）风险管理监督要点

1. 风险分级防控管理

1）危害因素辨识

（1）选择适当的方法，对生产经营过程中的危害因素每年至少组织一次全面辨识，同时组织重大危险源辨识和安全环保事故隐患排查。在生产作业开始前应当进行动态危害因素辨识。

（2）危害因素辨识的范围应当涵盖项目设计、施工作业、生产运行、检维修、废弃处置等全过程，包括作业人员与活动、设备设施、物料、工艺技术、作业环境等。涉及环境影响时，应当按照国家环境保护法律法规要求开展环境因素辨识和风险评估。

（3）结合实际，选用现场观察、工作前安全分析（JSA）、安全检查表（SCL）、危险与可操作性分析（HAZOP）、故障树分析（FTA）、事件树分析（ETA）等方法，从“人、物、环、管”四个方面入手，进行危害因素辨识，辨识结果应当形成记录。

（4）根据工作任务，对岗位设置、设备设施、工艺流程和工作区域等进行梳理，确定危害因素辨识基本单元。按照基本单元，运用适当方法开展危害因素辨识。

（5）各级岗位员工应当参与危害因素辨识活动。班组各基层岗位应当根据作业活动细分操作步骤，针对操作行为和设备设施、作业环境等辨识危害因素。

（6）当作业环境、作业内容、作业人员发生改变，或者工艺技术、设备设施等发生变更时，应当重新进行危害因素辨识。

2）风险评估

（1）结合生产实际和作业条件，制定本单位风险等级划分标准，进行风险分级，明确本单位生产作业活动中可接受和不可接受的风险。

（2）结合实际，参照风险评估矩阵（RAM）进行风险评估，也可结合专业风险特点和管理要求使用对应的风险评估工具进行评估，如作业条件危险分析（LEC）等。风险分析与评估结果应当形成记录或报告。

（3）天然气净化厂应当根据辨识出的危害因素进行风险评估、分级，结合每项生产作业活动的生产组织、设备设施和关键作业等方面，确定车间（站队）防控的生产安全风险。

（4）基层岗位应当根据操作活动所涉及的危害因素，确定本岗位防控的生产安全风险。

（5）在采用新技术、新工艺、新设备、新材料前，应当组织开展专项风险评估。

3）风险控制

（1）根据风险评估结果，针对不同级别的风险采取相应的防控措施。对于确定为重点防控的生产安全风险，应当明确风险防控责任，确定分层防控责任部门和负责人，制订和落实风险控制措施，并对风险实施有效的动态监控。

（2）设备设施采购、安装、操作、检查、维护及保养等环节中，应当落实生产安全风险防控措施。应当按照国家和上级有关规定对关键设备设施进行监测和检验，及时发现并消除隐患。

（3）涉及重大危险源的所属单位，应当按照国家和中国石油天然气集团有限公司（以下简称“中国石油集团”）有关规定，落实重大危险源分级监控措施，登记建档，并报地方政府安全生产监督管理部门和上级主管部门备案。

（4）对生产作业现场存在的风险进行提示和告知，并设置安全警示标志。

（5）天然气净化厂应当根据基层岗位培训矩阵对员工进行培训，使其具备风险防控能力和应急处置救援能力。在风险失控且发生生产安全突发事件时，应当按规定及时报告，启动应急预案，进行现场应急处置，实施应急救援。

2. 隐患管理

1）隐患排查

（1）现场岗位人员及各级管理人员应按岗位职责规定时间进行巡检，发现问题或隐患应及时处置、汇报和记录。

（2）工段（两级管理单位为生产技术办公室）每周应组织一次属地区域内隐患排查，发现问题或隐患应及时处置、汇报和记录。

（3）基层单位每月应组织一次隐患排查，排查前应编制排查方案，发现问题或隐患应及时处置、汇报和记录。

（4）当出现以下情形时，应及时组织隐患排查：

① 颁布实施有关新的法律法规、标准规范或者原有适用法律法规、标准规范重新修订的。

② 组织机构和人员发生重大调整的。

③ 区域位置、物料介质、工艺技术、设备、电气、仪表、公用工程或者操作参数等发生重大改变的。

④ 国家、地方政府有明确要求或者外部环境发生重大变化的。

⑤ 发生安全环保事故或者获知同类企业发生安全环保事故的。

⑥ 气候条件发生重大变化或者预报可能发生重大自然灾害。

2）隐患评估

（1）工段（两级管理单位为生产技术办公室）每周应将班组、工段排查发现的所有问题或隐患进行评估分析，其中“不安全行为或状态”由工段（两级管理单位为生产技术办公室）负责填（录）入HSE信息系统；“事故事件”由工段（两级管理单位为生产技术办公室）负责整理上报HSE办公室，由HSE办公室负责填（录）入HSE信息系统；工段（两级管理单位为生产技术办公室）对不能及时完成整改或无能力完成整改的隐患，应建立工段级隐患动态管理台账上报HSE办公室并发放至班组，且列入班组轮班培训，让班组员工知晓隐患并熟练掌握监控措施和应急措施，该台账每周应更新一次。

（2）HSE办公室每月应将工段（两级管理单位为生产技术办公室）每周上报的隐患台账、分厂（三级单位）月排查及上级单位排查发现的问题或隐患进行评估分析，其中业务办公室排查发现的“不安全行为或状态”由业务办公室负责填（录）入HSE信息系统；“事故事件”由业务办公室负责整理反馈HSE办公室，由HSE办公室负责填（录）入HSE信息系统；分厂（三级单位）对不能及时完成整改或无能力完成整改的隐患，应建立分厂（三级单位）级隐患动态管理台账，工段（两级管理单位为生产技术办公室）负责发放至班组，该台账每月应更新一次。

（3）对评估为重大隐患或需上级立项治理的隐患项目，基层单位应及时编制隐患评估报告、隐患治理方案。

3）隐患监控与治理

（1）隐患在未完成治理整改之前，属地单位应制订落实监控措施和应急措施，让岗位人员和相关人员熟知，并根据实际情况组织应急演练，防止隐患失控导致事故发生。重大隐患现场应设置监护运行告知牌，标明隐患风险等级、危险程度、治理责任、完成期限及应急措施。

（2）隐患治理整改必须坚持“能立即整改的必须立即整改，不能立即整改的必须限期治理”的原则，同时还应遵循“下不推上”原则，能本级治理的不推到上一级。

（3）隐患治理应结合隐患的危害程度、紧急程度，以及治理的难易程度，分轻重缓急实施综合治理。对于严重威胁人员生命安全、生产安全和环境安全，随时可能发生事故的隐患，应立即治理整改。

（4）对于一般事故隐患，由生产经营单位（车间、分厂、区队等）负责人或者有关人员立即组织整改。

（5）对于重大事故隐患，由生产经营单位主要负责人组织制订并实施事故隐患治理方案。重大事故隐患治理方案内容应当包括：治理的目标和任务；采取的方法和措施；经费和物资的落实；负责治理的机构和人员；治理的时限和要求；安全措施和应急预案。

4）隐患跟踪与复查

隐患治理项目完成后，项目审批部门应当按照有关规定组织验收，验收合格后的隐患治理项目应当及时闭环销项。

（三）HSE 责任制建设监督要点

1. HSE 职责编写

天然气净化厂组织厂属各单位编写 HSE 职责及全员安全生产责任制清单，其基本要求为：

（1）天然气净化厂的全员安全生产责任制应当明确各岗位的责任人员、责任范围和考核标准等内容。

（2）全员安全生产责任制应当依据岗位职责，充分考虑岗位和业务活动中存在的风险，结合业务工作全过程中的具体任务，明确应承担的责任。

（3）管理、专业技术人员应当按照“一岗双责”的原则，编制岗位安全生产责任制清单。操作服务人员应将 HSE 职责融入岗位职责，明晰其岗位操作和属地区域的 HSE 职责。

（4）全员安全生产责任制应当做到上下配套、层层分解、逐级衔接，形成完整的 HSE 责任体系。

（5）全员安全生产责任制清单应根据岗位职责，明确写明负责、组织、协调、参与，以及监督检查等具体内容和要求；安全生产责任制清单内容应当简洁明了，可操作性强。

（6）依据分厂发布的全员安全生产责任制清单，分厂各办公室负责组织编制本办公室 HSE 职责。

2. HSE 职责落实

各办公室应组织岗位人员对本办公室 HSE 职责及全员安全生产责任制清单进行培训，强化员工 HSE 履职意识，使岗位人员能够清楚理解并熟练掌握其 HSE 职责。各级管理人员负责督促直线下属落实 HSE 职责，班长负责督促本班员工落实 HSE 职责，并按照 HSE 绩效考核要求定期开展考核。

3. 评审修订

天然气净化厂每三年组织一次 HSE 职责及全员安全生产责任制清单评审，当组织机构、业务领域、生产规模等发生变化，或发生生产安全事故和环境事件时，应当及时组织对 HSE 职责进行评审和完善。

（四）HSE 培训管理监督要点

1. 管理技术人员培训

（1）生产经营单位主要负责人、分管安全生产负责人、安全管理人员、必须培训取得相应安全资格证书，方可上岗。

（2）生产经营单位主要负责人和安全总监的初次安全培训时间不得少于 48 学时，每年再培训时间不得少于 16 学时；分管生产技术、工艺设备、工程技术、地面工程、物资采购等业务的领导，每年接受 HSE 培训的时间不得少于 12 学时。

（3）安全管理、安全监督、HSE 培训师等人员的初次安全培训时间不得少于 80 学时，每三年复训一次；HSE 管理体系审核员的培训时间为 56 学时，每三年复训一次。

（4）生产技术、工艺设备、工程技术、地面工程、物资采购等专业部门，应按业务风险管控需求识别本专业人员的 HSE 培训要求，相关职能部门负责人、管理和专业技术人员每年接受 HSE 培训的时间不得少于 12 学时。

（5）新提拔或调整到关键岗位的领导干部和管理人员，应接受相应的 HSE 培训和岗位 HSE 履职能力评价。其中各级主要负责人和安全管理人员，必须在任职六个月内取得培训合格证。

（6）新入职管理技术人员应经过厂、分厂和班组三级入厂安全生产教育，培训时间不得少于 72 学时。

2. 操作岗位人员培训

（1）新入职操作岗位人员应经过厂、分厂和班组三级入厂安全生产教育，培训时间不得少于 72 学时，每年再培训的时间不得少于 20 学时。除按照规定进行 HSE 培训外，还应在师傅带领下实习至少两个月，并经考核或鉴定合格后方可独立上岗作业。

（2）轮休员工在上岗前应由分厂等基层单位组织安全环保教育培训。

3. 特种（设备）作业人员培训

（1）建立特种（设备）作业人员档案。

（2）特种作业人员必须按照国家有关法律、法规的规定接受专门的安全培训，经考核合格，取得特种作业操作资格证书后，方可上岗作业，并按照规定进行复审。

（3）特种设备作业人员应当按照国家有关规定取得相应资格，方可从事相关工作，并按照规定进行复审。

4. 其他培训

（1）劳务派遣人员、实习人员、临时劳务用工及其他临时进入的外来人员，应根据需要进行入场前的 HSE 培训。

（2）赴国外长期工作人员：初次安全培训时间不得少于 40 学时，每三年复训一次。

（3）凡接触硫化氢介质的员工，必须接受与硫化氢相关知识的取证培训，并持证上岗。

（4）对于不涉及关键风险领域“四条红线”、《反违章十条禁令》的一般违章行为，员工一年内发生三次及以上的，或拒不服从整改管理要求的，需重新接受上岗前培训，经单位考核合格后方可上岗。

（5）员工转岗或离岗一年以上重新上岗前，应当重新接受基层单位、班组的安全培训，并进行入职前安全环保履职能力评估。离开特种作业岗位六个月以上的特种作业人员，应重新进行实际操作考试，合格后方可上岗。

（6）采用新工艺、新技术、新材料或者使用新设备时，相关员工应重新接受有针对性的 HSE 及相关技术、技能培训。

（五）安全技术措施监督要点

1. 安全技术措施范围

1）安全技术

安全技术主要包括各种机器设备的防护、保险、信号、报警装置，安全启动和紧急停车设施，生产区域内危险场所的指示及警告标志，采用安全新技术、推广安全新工艺、新成果及对繁重体力和人工操作有危险的作业所采取的辅助机械化措施等。

2）工业卫生

工业卫生主要包括生产厂房的通风换气和采光照明装置，生产有毒有害气体、粉尘或烟雾等生产过程的机械化、密闭化或空气净化设施，生产场所为防止热辐射危害的隔热防暑措施，为减轻或消除工作中的噪声、振动及辐射等的防护设施，以及工作厂房或辅助房屋内应增设或改善的防寒取暖设施。

3）辅助房屋及设施

辅助房屋及设施主要包括女工较集中车间的女工卫生室，车间或工作场所的休息室、用膳室、更衣室及其相应的设施。

4）安全装备

安全装备主要包括消防装备、器材（具），可燃气体监测、报警、排险装置和仪器，有毒有害气体监测、报警、排险装置和仪器，各种移动式防爆照明用具、防爆工具、防爆换气装置，各种防毒、防护器材（具），安全宣传教育设施、器材（具），事故调查、取证工具。

2. 编制内容

安全技术措施编制内容主要包括措施名称，措施目的和内容，经费预算及来源，负责施工的单位或负责人，开工日期和竣工日期，措施预期效果及检查验收。

（六）安全防护器材管理监督要点

1. 安全防护器材管理

1）安全防护器材配置

（1）天然气净化厂要根据岗位存在的危害因素和应急抢险的需要，配备足够数量的安全防护器材，员工在装置现场进行巡检或者其他操作时，必须佩戴合适的安全防护器材。

（2）天然气净化厂班组必须配备足够数量的正压式空气呼吸器、便携式气体报警仪，摆放在易于取用的位置，并指派专人进行集中管理。

（3）对在有静电的生产作业场所工作的员工，发放和使用防静电个人劳动防护用品。

（4）天然气净化厂应按照国家、行业等相关规定配备安全防护器材。

（5）新建、改建、扩建工程项目的安全防护器材配置必须符合国家和行业规定的标准，必须与主体工程同时设计、同时施工、同时投入生产和使用。

2）安全防护器材储存

安全防护器材应按说明书规定设置、储存和摆放，并方便取用。禁止将移动式安全防护器材置于露天、潮湿或烈日曝晒的地方。

3）安全防护器材使用

安全防护器材的具体使用应按照厂家提供的使用说明书或相关操作规程执行。各单位要检查安全防护器材维护使用、校验、检定管理情况，对不按规定维护使用、校验、检定安全防护器材，以及遗失、损坏或挪用安全防护器材的行为，要及时纠正和处罚。

4）安全防护器材维护

天然气净化厂应明确专人负责安全防护器材的保管和维护，确保安全防护器材完好，随时处于待用状态，禁止员工使用过期或功能失效的安全防护器材。

5）安全防护器材培训

天然气净化厂应组织对有关人员进行正确检查、维护、使用相关安防设备的技术培训，经考核合格后方可上岗。对临时工、外来施工人员，以及参观、学习、实习人员等要按规定进行培训，保证正确使用相关安全防护器材。

6）安全防护器材校验

（1）校验、检定机构必须严格按照有关标准和规范要求对安全防护器材性能进行校验、检定，并出具校验、检定报告。对检定合格的设备应发给检定证书和检定合格证，对检定不合格的设备发给检定结果通知书或注销原检定合格证。未按规定申请校验、检定或校验、检定不合格的安全防护器材，任何单位或个人不得使用。

（2）天然气净化厂应分批分期安排安全防护器材的送检，校验、检定期间必须确保送检生产作业场所的安全防护器材需求，校验、检定合格的安全防护器材应及时送回到各使用场所。

7）安全防护器材台账

天然气净化厂应建立安全防护器材管理台账。

2. 安全防护器材

1）气体检测（报警）仪

（1）硫化氢检测（报警）仪第 1 级报警值应设置为 15mg/m^3（10ppm），第 2 级报警值应设置为 30mg/m^3（20ppm）。固定式可燃气体检测（报警）仪的一级报警设定值应小于或等于 20%LEL，宜为 10%LEL；二级报警设定值应大于一级报警设定值且小于或等于 40%LEL；便携式可燃气体检测（报警）仪的一级报警设定值应小于或等于 10%LEL，二级报警设定值应小于或等于 20%LEL。氧气检测（报警）仪过氧报警设定值宜为 23.5%（体积分数），环境一级欠氧报警设定值宜为 19.5%（体积分数），二级欠氧报警设定值宜为 18%（体积分数）。二氧化硫检测（报警）第 1 级报警值应设置为≤5mg/m^3，第 2 级报警值应设置为≤10mg/m^3。

（2）当释放源处于露天或敞开式厂房布置的设备区域内，可燃气体检测（报警）仪距其所覆盖范围内的任一释放源的水平距离不宜大于 10m，有毒气体检测（报警）仪距其所覆盖范围内的任一释放源的水平距离不宜大于 4m；当释放源处于封闭式厂房或局部通风不良的半敞开厂房内，可燃气体检测（报警）仪距其所覆盖范围内的任一释放源的水平距离不宜大于 5m，有毒气体检测（报警）仪距其所覆盖范围内的任一释放源的水平距离不宜大于 2m。

（3）当泄漏的可燃（有毒）气体重于空气（泄漏介质的分子量与环境空气的分子量的比值不低于 1.2），固定式气体检测（报警）仪的安装高度宜距地坪（或楼地板）0.3～0.6m；当泄漏的可燃（有毒）气体略重于空气（1≤泄漏介质的分子量与环境空气的分子量的比值＜1.2），固定式气体检测（报警）仪的安装高度宜在释放源下方 0.5～1.0m；当泄漏的可燃（有毒）气体略轻于空气（0.8＜泄漏介质的分子量与环境空气的分子量的比值＜1.0），固定式气体检测（报警）仪的安装高度宜高出释放源 0.5～1.0m；当泄漏的可燃（有毒）气体轻于空气（泄漏介质的分子量与环境空气的分子量的比值≤0.8），固定式气体检测（报警）仪的安装高度宜在释放源上方 2.0m 内。

（4）固定式气体检测（报警）仪每年校验一次，便携气体检测（报警）仪每半年校验一次，硫化氢气体检测仪的检定应按 JJG 695《硫化氢气体检测仪检定规程》执行，可燃气体检测仪的检定应按 JJG 693《可燃气体检测报警器》执行。

（5）气体检测（报警）仪在超过满量程浓度使用后，应重新检定。气体检测（报警）仪非正常报警、更换了主要元件、超过满量程浓度的环境使用后，以及对报警器示值表示怀疑时，应重新校验、检定。

（6）在室外和室内易受到水冲刷处安装的检测器应装有防水罩。检测器连接电缆高于检测器的应采取防水密封措施。长期暴露在强烈日光下安装的检测器应安装遮阳罩。

（7）每周应对报警器自检系统实验一次，检查指示系统运行情况。每周进行一次外观检查，项目包括：连接部位、可动部件、显示部位和控制按钮，故障灯，检测器防爆密封和紧固件，检测器部件是否堵塞，检测器防水罩，现场报警器。

（8）维修和检定工作应由有资质的单位承担。

（9）新安装的气体检测（报警）仪应经检定合格，并出具检验合格证书，方予投入使用。

（10）有毒或可燃气体检测（报警）仪其他技术要求按 GB/T 50493《石油化工可燃气体和有毒气体检测报警设计标准》执行。

2）正压式空气呼吸器

（1）每次使用前后都应进行检查，备用空气呼吸器每周定期检查一次，并妥善保存检查记录。

（2）备用正压式空气呼吸器压力应保持在 25MPa 以上。

（3）每年进行一次技术检验，主要检验面罩系统、背板系统及压力表组件系统。技术检验可由取得生产厂家授权检验的单位自行开展，其检验人员应经厂家培训合格。

（4）自气瓶出厂之日起，铝合金碳纤维复合缠绕气瓶每三年不得少于一次安全检验，其安全使用年限不得超过 15 年。

3）空呼压缩机

（1）避免污染的空气进入供气系统，当毒性或易燃气体可能污染进气口的情况发生时，应对压缩机的进口空气进行监测。

（2）依照制造商的维护说明书定期更新吸附层和过滤器，压缩机上应保留有资质人员签字的检查标签。

（3）汽油机式空气压缩机使用过程中必须确保吸气口位于室外空气新鲜处，如果在室内进行充装，必须保持室内空气流动，以防止室内充装人员一氧化碳中毒及空呼气瓶中的一氧化碳值超过 $12.5mg/m^3$（10ppm）。

（4）气瓶充装人员应取得相应的资质。

4）全身式安全带

（1）安全带应高挂低用，注意避免摆动碰撞。不准将绳打结使用，也不准将钩直接挂在安全绳上使用，应挂在连接环上使用。

（2）安全带上的各种部件不得任意拆除，更换新绳时要注意加绳套。

（3）安全带使用两年后，要进行抽检，合格的才能继续使用，做过冲击试验的安全带不能再用。使用频繁的绳，要经常进行外观检查，发现异常时，应立即更换新绳；带子使用期为 3～5 年，发现异常应提前报废。

5）安全帽

（1）安全帽表面应光滑平整，无明显色差、杂质、气泡、飞边、烧焦痕等缺陷。其他零件无变形、断裂、飞边、毛刺等缺陷。

（2）为充分发挥保护力，安全帽佩戴时必须按头围的大小调整帽箍并系下颌带。

（3）安全帽经严重冲击后，即使没有严重损坏，也必须更换。

（4）塑料安全帽安全使用期为从产品制造完成之日计算，不超过 2.5 年。

（5）管理人员佩戴的安全帽为白色（标准白色），安全监督人员佩戴的安全帽为黄色，操作人员佩戴的安全帽为红色，中国石油集团以外的承包商所使用的安全帽颜色，应不同于中国石油集团员工安全帽颜色，具体颜色由各企业自定。

6）应急喷淋器和洗眼器

（1）在液体毒性危害严重的作业场所、具有化学灼伤危险的作业场所，应设计应急喷淋器、洗眼器等安全防护措施，应急喷淋器、洗眼器的服务半径应不大于 15m。

（2）应急喷淋器和洗眼器技术要求按 GB/T 38144.1《眼面部防护 应急喷淋和洗眼设备 第 1 部分：技术要求》执行。

（3）应急喷淋器和洗眼器使用要求按 GB/T 38144.2《眼面部防护 应急喷淋和洗眼设备 第 2 部分：使用指南》执行。

（4）至少每周一次对应急喷淋和洗眼设备进行操作检查与维护并记录，补充冲洗液，清洗、去除冲洗液中的沉淀物，以及减少设备因长时间存水所产生的细菌污染。

（5）在应急喷淋和洗眼设备安装完成并且投入使用前，对员工进行急救训练是至关重要的，之后宜每半年进行一次急救训练。

7）防爆照明灯具、防爆通信器材

（1）易燃易爆场所应使用防爆照明灯具和防爆通信器材。

（2）备用防爆照明灯具、防爆通信器材应保持电量充足。

（3）防爆照明灯具、防爆通信器材各零部件应完整，保持外观及使用功能完好，具有防爆功能。

8）防爆轴流风机

（1）受限空间作业应使用防爆轴流风机进行强制通风。

（2）防爆轴流风机安装及接线应由具有资质的专业电工进行。

（3）防爆轴流风机使用过程中应接地。

（4）备用防爆轴流风机应完好备用。

9）防爆工具

（1）易燃易爆场所应使用防爆工具。

（2）防爆工具相关技术要求按 QB/T 2613《防爆工具》系列标准执行。

（七）班组安全管理监督要点

1. 员工行为管理

（1）岗位员工劳动纪律正常，无迟到、早退、脱岗、串岗、睡岗、酒后上岗现象，上班期间不干与工作无关的事情。

（2）上班期间着装规范，能正确使用劳动保护用品，无违反安全规章制度、法律法规行为发生。

2. 员工交接班管理

基层生产班组应建立交接班制度，如实填写交接班记录。具体要求见第一章第一节。

3. 员工巡检管理

（1）基层生产班组应建立装置巡检管理方案，明确装置巡检周期、巡检线路、巡检内容等。

（2）基层生产班组现场岗位员工应按规定频率对生产装置进行巡检，并如实填写巡检记录。

（3）基层生产班组控制室岗位员工应翻动浏览DCS流程画面，跟踪监控生产参数，调节控制阀位，检查报警系统、趋势记录、测点总貌变化情况等，发现参数报警等异常情况及时消除。按规定周期记录下关键操作控制参数。

（4）具体要求见第一章第一节。

4. 日常生产操作管理

操作员工应熟练掌握操作规程与操作卡，依据生产调度指令，按照操作规程与操作卡规定的步骤完成各项操作。

5. 班组安全学习

（1）基层生产班组岗位员工应每周组织一次安全学习。

（2）基层生产班组应及时传达学习上级单位下发的文件通知、管理规章制度等。

（3）新员工、转岗员工在进入生产班组后，生产班长应组织进行安全培训教育。

（4）基层生产班长应定期对岗位员工组织操作培训学习。

6. 班组应急管理

（1）基层生产班组岗点应放置岗位相关的应急预案、岗位应急处置卡；岗位员工熟悉应急预案、岗位应急处置卡的相关内容。

（2）生产班组每月组织开展一次应急演练。

（3）基层生产班组应配备急救包，备用常见的急救药品，药品应建立清单并账实相符；定期对药品进行检查，确保其在使用有效期内。

（4）岗位配备所需的应急物资和器材并完好备用，有检定周期要求的，在检定有效期内。

（5）员工会正确使用岗位配置的空气呼吸器、便携式报警仪等应急物资和器材。

7. 外来人员管理

对进入属地范围内的外来人员进行风险提示和安全告知。

8. 记录控制

（1）按规定妥善保存各类基础资料，过期资料及时收回。

（2）各类记录应如实填写，确保其真实性、完整性、时效性和可追溯性。

第二节 生态环境保护管理监督

一、概述

环境，是指影响人类生存和发展的各种天然的和经过人工改造的自然因素的总体，包括大气、水、海洋、土地、矿藏、森林、草原、湿地、野生生物、自然遗迹、人文遗迹、自然保护区、风景名胜区、城市和乡村等。根据《中华人民共和国环境保护法》（中华人民共和国主席令2014年第9号），环境保护坚持保护优先、预防为主、综合治理、公众参与、损害担责的原则；一切单位和个人都有保护环境的义务；地方各级人民政府应当对本行政区域的环境质量负责；企业事业单位和其他生产经营者应当防止、减少环境污染和生态破坏，对所造成的损害依法承担责任；公民应当增强环境保护意识，采取低碳、节俭的生活方式，自觉履行环境保护义务。

天然气净化生产的原材料天然气中含有硫化氢、生产过程产生的二氧化硫具有有毒有害特性，同时生产过程中产生的废水、废气、固废、噪声对环境有影响。天然气净化厂应对“三废”进行综合治理，达标排放，符合国家（地方）法律法规要求。环境管理是各级 HSE 管理及监督检查的工作重点。

（一）环境管理概述

天然气净化厂环境保护工作坚持“保护优先、预防为主、综合治理、公众参与、损害担责”的原则，坚持资源在保护中开发、在开发中保护，构建环境保护长效机制，创造能源与环境的和谐；全面加强党对环境保护工作的领导，建立健全“党政同责、一岗双责、齐抓共管、失职追责”的环境保护责任体系；按照“管发展管环保、管业务管环保、管生产管环保”的原则，分工履行生态环境保护职责；严格遵守环境保护法律法规，追求“零事故、零污染、零损害”，履行社会责任，建设环境友好型企业。

天然气净化厂生态环境保护管理职责如下：

（1）宣传贯彻执行国家有关生态环境保护法律法规、标准及上级生态环境保护规章制度，落实天然气净化厂生态环境保护各项工作要求，根据需要制订生态环境保护管理工作要求。

（2）建立健全生态环境保护组织领导机构，确定各级生态环境保护职责，落实地方政府和上级下达的生态环境保护目标和指标，负责编制生态环境保护年度工作计划，并组织实施。

（3）落实建设项目环境保护、水土保持管理要求，开展建设项目环境影响评价、环境保护“三同时”、竣工环境保护验收和环境影响后评价工作。

（4）按要求开展环保隐患排查，提出并上报环境隐患治理项目，制订并落实环境隐患控制措施。

（5）开展环境因素识别，建立环境因素清单和重大环境因素台账，制订并落实环境因素管控措施，落实绿色企业创建要求，开展绿色矿山建设，推行清洁生产，配合开展清洁生产审核，落实清洁生产方案。

（6）负责污染物防治及污染物排放口环境保护合规性管理，实施污染防治与生态保护，落实国家和地方排污许可制度、重点污染物排放总量控制制度，缴纳环境保护税。

（7）开展突发环境事件风险评估和生态环境隐患排查治理；制订突发环境事件应急预案并演练；落实环境风险控制措施；开展环境事件应急处置；参与或配合环境污染和生态破坏事件调查、处理。

（8）开展环境监测、环境统计和 HSE 信息系统运行管理工作，建立完善环境保护基础资料、统计报表及技术档案。

（9）开展温室气体排放核算与报告，实施温室气体排放控制。

（10）开展环境保护宣传、培训。

（11）开展环境设备设施、在线监测系统巡检、维护保养，保证正常运行。

（二）主要风险分析

天然气净化厂生产经营过程中，可能存在的环境风险包括以下几个方面：

（1）原料气泄漏，可能导致人员中毒，发生火灾、爆炸，造成人员伤害、财产损失、环境污染。

（2）酸气、过程气、尾气泄漏，可能导致人员中毒。

（3）恶劣气候与环境、其他物理性危害和有害因素（放空管线低点积液、长明火熄灭）影响，原料气、酸气不能正常燃烧，可能导致人员中毒。

（4）新、改、扩建设项目未开展环境影响评价、竣工环境保护验收、环境影响后评价，以及环境保护“三同时”执行不到位等不合规。

（5）废水偷排、漏排、超标排放。

（6）废气超标排放。

（7）噪声超标排放。

（8）一般固体废物、危险废弃物临时堆放及转运、处置不合规。

（9）环境管理存在不合规行为，如未办理排污许可证、不缴纳排污费、排污口未设立明显排污标志、擅自停用环境治理设施、监测设备、篡改、伪造监测数据等。

（10）其他违反环境法律法规及标准等行为。

二、监督依据

（一）法律法规

——《中华人民共和国环境保护法》（中华人民共和国主席令 2014 年第 9 号）；

——《中华人民共和国大气污染防治法》（中华人民共和国主席令 2018 年第 16 号）；

——《中华人民共和国水污染防治法》（中华人民共和国主席令 2017 年第 70 号）；

——《中华人民共和国固体废物污染环境防治法》（中华人民共和国主席令 2020 年第 43 号）；

——《中华人民共和国噪声污染防治法》（中华人民共和国主席令 2021 年第 104 号）；

——《中华人民共和国清洁生产促进法》（中华人民共和国主席令 2012 年第 54 号）；

——《中华人民共和国环境影响评价法》（中华人民共和国主席令 2018 年第 24 号）；

——《排污许可管理条例》（中华人民共和国国务院令 2021 年第 736 号）；

——《建设项目环境保护管理条例》（中华人民共和国国务院令 2017 年第 682 号）；

——《建设项目竣工环境保护收验暂行办法》（国环规环评〔2017〕4 号）；

——《突发环境事件应急管理办法》（环境保护部令 2015 年第 34 号）；

——《危险废物转移联单管理办法》（国家环境保护总局令 1999 年第 5 号）。

（二）标准规范

——GB 3095《环境空气质量标准》；
——GB 3096《声环境质量标准》；
——GB 5085.7《危险废物鉴别标准　通则》；
——GB 8978《污水综合排放标准》；
——GB 12348《工业企业厂界环境噪声排放标准》；
——GB 13271《锅炉大气污染物排放标准》；
——GB 16297《大气污染物综合排放标准》；
——GB 18597《危险废物贮存污染控制标准》；
——GB 18599《一般工业固体废物贮存和填埋污染控制标准》；
——GB 39728《陆上石油天然气开采工业大气污染物排放标准》；
——HJ 19《环境影响评价技术导则　生态影响》；
——HJ 75《固定污染源烟气（SO_2、NO_x、颗粒物）排放连续监测技术规范》；
——HJ 76《固定污染源烟气（SO_2、NO_x、颗粒物）排放连续监测系统技术要求及检测方法》；
——HJ 298《危险废物鉴别技术规范》；
——HJ 355《水污染源在线监测系统（CODCr、NH_3-N 等）运行技术规范》；
——HJ 356《水污染源在线监测系统（CODCr、NH_3-N 等）数据有效性判别技术规范》；
——HJ 477《污染源在线自动监控（监测）数据采集传输仪技术要求》；
——HJ 589《突发环境事件应急监测技术规范》；
——HJ 941《企业突发环境事件风险分级方法》；
——HJ 2025《危险废物收集、贮存、运输技术规范》；
——Q/SY XN 0484《污染源在线监测系统运行管理指南》。

（三）规章制度

——《中国石油天然气集团公司环境保护管理规定》；
——《中国石油勘探与生产分公司环境保护管理规定》；
——天然气净化厂环境保护管理制度。

三、监督要点

（一）基础管理

（1）各单位党委每年至少召开一次专题会议，研究决定生态环境保护重大事项，协调解决重大生态环境保护问题，对研究讨论的重大事项以会议纪要等形式予以明确。

（2）按照《中华人民共和国安全生产法》（中华人民共和国主席令2021年第88号）、《中华人民共和国环境保护法》（中华人民共和国主席令2014年第9号）等法规规定，各单位应落实环境保护目标责任制和考核评价制度，明确各级领导、各部门、各岗位和每名员工的环境保护目标责任，并将环境保护目标完成情况纳入考核评价内容。

（3）各单位应将生态环境保护目标责任纳入决策、规划计划、项目建设、生产经营和服务的全过程。

（4）各单位应将绿色发展、低碳发展纳入企业发展战略，推进高质量发展；对产业结构和资源能源结构进行优化调整，符合清洁生产要求，制订、审批、执行清洁生产方案。

（5）各单位应建立健全环境保护监督管理机构，配备满足工作需要的专兼职环境保护监督管理人员，环境保护管理人员熟悉本单位的环境保护要求、环境风险及环境隐患、各污染源分布及排放情况。

（6）按照国家、地方和中国石油集团环保要求，制订环境保护规划和年度工作计划，落实环境保护任务和重点项目、目标和指标、投资和费用；将投资和费用纳入年度投资计划和财务预算管理。

（7）各单位签订合同涉及环境保护内容时，应明确环境保护要求，约定双方环境保护责任和义务。

（8）各单位应对承包商建立信用评价制度，将不能诚信履约的承包商纳入黑名单管理。

（9）各单位应把环境保护培训教育纳入干部和员工培训教育体系，开展全员环境保护培训教育，包括对习近平生态文明思想，以及国家、地方和中国石油集团相关环境保护法律法规、规章制度、标准、规划、计划及相关要求的宣贯。

（10）各级干部、各类员工是否按照中国石油集团有关规定接受环境保护培训，经培训考核合格上岗，并定期进行环境保护再培训。

（11）各单位从事环境保护工作的人员应按照中国石油集团有关规定，接受专业环境保护培训。

（12）是否根据环境保护工作需要设置环境监测机构；环境监测机构是否按监测计划开展年度环境监测，并接受同级环境保护管理部门的管理与考核。

（二）建设项目环境保护

（1）依法开展环境影响评价，不存在未批先建行为。

（2）建设项目发生重大变动的，应重新报批环境影响评价文件，不存在未批先建行为。

（3）建设项目符合生态保护红线和生态环境准入清单管控要求。

（4）对环境可能造成重大影响、应当编制环境影响报告书的建设项目，建设单位应在报批建设项目环境影响报告书前，举行了论证会、听证会，或者采取了其他形式，征求有关单位、专家和公众的意见；建设单位报批的环境影响报告书中应附具对有关单位、专家和公众的意见采纳或者不采纳的说明。

（5）建设项目需要配套建设的环境保护设施，应与主体工程同时设计、同时施工、同时投产使用。

（6）建设项目初步设计应落实环境影响评价文件要求，按照中国石油集团和专业公司要求与环境保护设计规范编制环境保护篇章，落实环境保护措施及环境保护投资概算。

（7）在项目施工建设中应落实环境影响评价文件及其审批决定要求。应将环境保护设施建设纳入施工合同，保证环境保护设施建设质量、进度和资金投入，并在项目施工建设过程中同时组织实施环境影响评价文件及其审批决定中提出的环境保护对策措施。

（8）在项目投产前应对其环境保护措施落实情况进行了检查，确保环境保护设施与主体工程同时具备投用条件、环境风险防控措施得到落实。

（9）建设项目应按照国家规定开展了竣工环境保护设施验收，不存在未验即投、久拖不验行为。

（10）是否按照国家和地方法律法规、建设项目环境影响评价文件审批决定要求，开展了建设项目环境影响后评价，并报环境影响评价文件审批部门备案。

（三）清洁生产

（1）依法落实清洁生产审核制度，按照国家和地方有关规定规范清洁生产审核行为，制订并实施清洁生产方案。

（2）实施强制性清洁生产审核的企业，应及时完成清洁生产审核并按规定报地方政府主管部门；清洁生产方案实施效果是否通过地方政府主管部门组织的评估验收。

（3）按照国家和地方相关产业政策、环境保护要求，淘汰落后产能，以及严重污染环境的工艺、设备、原材料和产品。

（四）污染防治

（1）环境保护设施应正常稳定运行。不存在擅自拆除、闲置或者不正常运行环境保护设施的行为；不应存在违法减少污染防治设施运行支出的行为。

（2）严禁通过渗井、渗坑、裂隙、溶洞、灌注，私设暗管等逃避监管的方式违法排放污染物。

（3）按照国家和地方的时限要求、管理要求和技术要求，取得（包括变更和延续）排污许可证；按排污许可证落实各项污染防治措施和环境管理要求，污染物排放种类、排放浓度和排放量符合许可要求；应如实向地方政府生态环境主管部门报告排污许可证执行情况。

（4）大气污染物有组织排放（有组织排放和无组织排放）应按照国家和地方排放标准等要求，全部进行了收集处理，污染治理设施是否存在旁路超标直排；应符合国家和地方排放标准要求。

（5）气污染防治重点区域燃气设施是否完成低氮改造。

（6）按照国家和地方规定淘汰环保不达标的老旧机动车辆。

（7）老旧柴油车应实施污染治理，具备条件的应安装了污染控制装置、配备实时排放监控终端。

（8）涉及油气田、工程技术服务和工程建设等企业特种作业车辆污染物排放应符合国家和地方要求。

（9）对排放不达标非道路移动机械应实施了清洁化改造或淘汰，应按照国家和地方要求完成属地备案并取得环保标识。

（10）按照国家和地方大气排放标准和技术规范要求开展了生产设备与管线组件VOCs 泄漏检测与修复工作。

（11）按照地方政府应急预案和相关要求，制订了重污染天气应急预案，并在重污染天气预警期间严控污染物排放。应按照国家和地方要求，在采暖季、特殊敏感时期安排了错峰生产、严控污染物排放。

（12）恶臭、VOCs 等大气污染物排放不存在扰民现象。

（13）废水应按照国家和地方排放标准的要求，全部进行了收集处理；污染物排放符合国家和地方排放标准的要求；不存在不达标废水由雨水口排放的情况。

（14）厂界噪声应达标排放，不存在生产噪声、施工作业等噪声扰民现象。

（15）应建立固体废物管理台账，如实记录固体废物（包括历史遗留废物）的种类、数量、流向、贮存、利用、处置等信息；应向所在地生态环境主管部门申报固体废物的种类、数量、流向、贮存、利用、处置等有关资料，以及减少工业固体废物产生、促进综合利用的具体措施。

（16）产生危险废物的企业应按照国家规定制订危险废物管理计划，并报地方政府生态环境主管部门备案。

（17）固体废物的运输、贮存、利用和处置，应符合国家标准要求。

（18）委托他人运输、利用、处置工业固体废物，应对受托方的主体资格和技术能力进行核实。

（19）外委收集、贮存、利用、处置危险废物的，受托方应具有危险废物经营许可证且具备相应能力；应依法取得转移批准；应按照国家规定填写、运行危险废物转移联单。

（20）严禁擅自倾倒、堆放、丢弃、遗撒固体废物。

（21）产生污染的生产装置和设施，其操作规程中是否明确正常工况、开停车与检维修等非正常工况及事故状态的过程控制、污染物排放控制和应急处置要求。

（22）生产装置与设施开停车和检维修等作业，应制订并实施了污染防治方案。

（23）应依法缴纳环境保护税。

（24）根据上级下达的污染物排放总量控制和减排指标进行分解下发，并督促落实。

（25）生产单位根据本单位污染物排放总量控制和减排指标，制订并落实污染物减排方案，实现污染物排放减排指标。

（26）做好清污分流、污水分类收集、分类处理，促进废水资源化、再利用，从源头减少废水产生，减轻末端处理压力。

（27）平稳运行硫磺回收装置，提高硫磺回收率，减少废气污染物排放量。

（28）污染治理设施应保持较好的完好率和运行率，不得擅自拆除和闲置。确保污染治理设施运行率和污染物处理率为 100%。

（29）建立环保治理设施、设备基础台账、实行动态更新管理。基础台账主要包括设施名称，制造商，投产日期，投资额、原设计处理能力、更新日期、新设计处理能力等信息。

（30）污染治理设施的运行效率每年进行一次考核，编写污染治理设施运行效率考核报告。

（五）生态保护

（1）从事生产经营活动，是否采取有效措施，防止、减少土壤和地下水污染。

（2）生产现场应采取措施防止废水地下注入污染土壤和地下水。

（3）拆除或关停设施、设备或者建筑物、构筑物，应按照国家规定制订并实施土壤和地下水污染防治工作方案，采取清除残存物料和污染物、封管和应急处置等措施，并按规定报地方政府相关主管部门备案。

（4）严禁将有毒有害物质含量超标的工业固体废物、生活垃圾或者污染土壤用于土地复垦的行为。

（5）是否存在土壤和地下水污染问题。

（六）环境监测

（1）按照国家和中国石油集团有关规定，制订并实施废水、废气、噪声等污染源，以及土壤和地下水环境监测计划，保存原始监测记录。

（2）按照国家有关环境监测技术规范要求，规范设置采样口。

（3）根据环境监测工作需要，配置了监测设备；安装或使用的监测设备应符合国家有关环境监测技术规范、计量认证要求。

（4）按照国家和地方有关规定，安装、运行污染物自动监测设备，并与地方政府生态环境主管部门和中国石油集团联网。

（5）对污染物自动监测设备定期进行维护和校验，确保设备处于完好状态。

（6）污染物自动监测设备发生故障后，应立即进行维修，及时恢复正常运行；不能按时恢复正常运行的，应报地方政府生态环境主管部门；自动监测设施未正常运行期间，应采取了手工监测的方式向地方政府生态环境主管部门报送数据，并且监测频次满足国家和中国石油集团要求。

（7）生产装置（设施）停工，应按要求先停生产装置（设施）再停污染物自动监测设备；企业生产装置（设施）开工，应按要求先开污染物自动监测设备再开生产装置（设施），并按规范报地方政府生态环境主管部门。

（8）手工环境监测应符合国家相关技术规范要求；外委开展手工环境监测的，应对监测机构的资质和能力进行了审查。

（9）严禁篡改、伪造监测数据，擅自修改自动监测设施参数，干扰自动监测设施采样和正常运行的行为。

（七）环境信息

（1）按照国家和中国石油集团有关管理规定及技术规范开展环境统计，向地方政府生态环境主管部门和中国石油集团上报环境统计信息。

（2）按照排污许可证要求及国家有关规定，建立并保存准确完整的环境保护台账记录。

（3）及时获取、更新国家、地方和中国石油集团相关环境保护法律法规、规章制度、标准、规划、计划及相关要求。

（4）重点排污单位是否按照国家规定向社会公开环境信息。

（5）建立了由基层单位层层上报的环境信息填报机制。

（6）各生产单位建立废水排放源档案信息，包括：废水排放点、排放方式、排水性质及类型、受纳水体、废水排放系统图和水平衡图等；废气排放源档案信息包括：废气排放源位置、排放方式、排放主要污染因子、废气排放流程图等（例如烟囱高度、直径、烟气流量、成分、温度、排放速率等）。

（7）根据《国家危险废物名录》（2021年版）或危险废物鉴别标准对固废分类管理，建立危险废物和一般废物管理台账。台账包括固废名称、数量、来源、主要成分、危害特性、防护要求、处置方法及去向等内容。

（八）环境隐患排查治理与环境风险防控

（1）按照国家和中国石油集团要求落实环境风险评估制度，定期开展环境风险评估。

（2）按照国家和中国石油集团要求落实环境隐患排查治理制度，实施隐患分级管理；应及时完成环境隐患和问题整改；应建立环境隐患排查治理档案。

（3）对拟采用的新工艺、新技术、新设备、新材料进行环境保护论证与评估，制订并落实有效的污染防治与环境风险防控措施。

（4）环境风险防控措施（防范与应急设施配备、物资储备和应急队伍建设等）应完善。

（5）按照国家有关规定制订突发环境事件应急预案体系，并按照国家有关规定报地方政府主管部门备案。

（6）对突发环境事件应急预案定期开展演练，评估预案有效性，持续完善预案。

（7）各生产操作岗位是否建立本岗位环境应急操作规程，并熟知应急操作程序。

（8）按规定将环境事件信息上报中国石油集团和有关部门。

第三节 质量管理监督

一、概述

天然气净化厂质量管理主要包括产品质量管理和工程质量管理。质量管理的好坏，一是直接影响天然气净化厂的企业形象，二是对天然气净化厂装置的安全平稳运行和后期维护保养难度起到至关重要的作用。

（一）产品质量管理

天然气净化厂产品质量管理包括自产产品质量管理和采购产品质量管理，自产产品主要包括天然气和硫磺，按照 GB 17820《天然气》和 GB/T 37124《进入天然气长输管道的气体质量要求》的规定，进入长输管道的天然气应符合一类气要求，硫磺产品质量应满足国家优等品质量要求。采购产品主要指净化厂采购的各类物资，如阀门、垫片、机泵、化工原材料等。

（二）工程质量管理

工程质量管理是指为保证和提高工程质量，运用一整套质量管理体系、手段和方法所进行的系统管理活动。工程质量好与坏是一个根本性的问题。工程建设项目投资大，建成及使用时期长，只有合乎质量标准，才能投入生产和交付使用，发挥投资效益。天然气净化厂建设工程指新建、扩建、改建、技术改造等项目，包括配套的辅助附属工程。

二、监督依据

（一）法律法规

——《中华人民共和国产品质量法》（中华人民共和国主席令 2018 年第 22 号）；
——《建设工程质量管理条例》（中华人民共和国国务院令 2019 年第 714 号）。

（二）标准规范

——GB/T 2449.1《工业硫磺　第一部分：固体产品》；
——GB/T 2449.2《工业硫磺　第二部分：液体产品》；
——GB 17820《天然气》；
——GB/T 37124《进入天然气长输管道的气体质量要求》。

（三）企业规章

——《中国石油天然气集团公司质量管理办法》；
——《中国石油天然气集团有限公司工程建设项目质量监督管理办法》；

——《中国石油天然气集团有限公司工程建设项目质量检查细则》；
——《中国石油天然气集团有限公司物资供应质量管理办法》；
——《中国石油天然气集团公司采购物资质量监督管理规定》；
——《中国石油天然气集团公司工程建设项目质量管理规定》；
——天然气净化厂质量管理制度；
——天然气净化厂产品质量监督管理制度；
——天然气净化厂产品不合格品管理制度；
——天然气净化厂建设工程质量监督管理制度。

三、监督要点

（一）产品质量管理

1. 自产产品质量管理

1）基础管理

（1）天然气净化厂应当建立健全内部产品质量管理制度，严格实施岗位质量规范、质量责任，以及相应的考核办法。

（2）禁止伪造或者冒用认证标志等质量标志；禁止伪造产品的产地，伪造或者冒用他人的厂名、厂址；禁止在生产、销售的产品中掺杂、掺假，以假充真，以次充好。产品质量应当检验合格，不得以不合格产品冒充合格产品。

（3）天然气净化厂负责保管“产品出厂专用章”，“产品出厂专用章”不得转借或作他用。

（4）产品质量检验人员必须持有相应检测能力资质证方可承担检验任务。

（5）天然气净化厂应建立和保存产品质量检验的原始记录。

（6）产品生产单位应按照产品质量要求制定生产工艺卡片和操作规程，确定质量控制点。生产工艺卡片和操作规程由本单位质量或技术负责人批准。岗位操作人员应严格执行生产工艺卡片和操作规程，对本道工序质量负责，本道工序不合格的不得转入下道工序。未经批准，不得擅自更改原材料和生产工艺。

2）天然气

（1）按照GB 17820《天然气》要求，进入长输管道的天然气应符合一类气要求，同时应满足GB/T 37124《进入天然气长输管道的气体质量要求》。

（2）天然气净化厂负责天然气产品质量的常规检测，依据本单位的化验分析频率和天然气净化分析操作规程所规定的检测方法进行化验分析，分析结果及时报送中控制室并做好原始记录。

（3）自产产品天然气不合格品的控制，由操作人员负责切断产品外输控制阀，对不合格品气进行放空处理，并启动应急预案，执行相关应急处置程序。

3）硫磺

（1）固体工业硫磺外观有块状、粉状、粒状和片状等，呈黄色或者淡黄色，无肉眼可见杂质。

（2）天然气净化厂固体工业硫磺产品质量应满足 GB/T 2449.1《工业硫磺　第一部分：固体产品》优等品质量要求。液体工业硫磺产品质量应满足 GB/T 2449.2《工业硫磺　第二部分：液体产品》优等品质量要求。

（3）工业硫磺的出厂检验由天然气净化厂负责实施，天然气净化厂依据上级下达的分析频率和 GB/T 2449《工业硫磺》系列现行标准，对生产的硫磺产品进行质量检验，并出具工业硫磺分析结果报告，此报告一式两份。

（4）当用户对工业硫磺质量提出异议时，天然气净化厂对留样或到用户现场重新取样检验。如仍有疑议时，送第三方检验机构确认。

（5）合格证由天然气净化厂签发。

（6）自产产品工业硫磺不合格品的控制，由库管员对不符合优等品指标的硫磺进行隔离存放，并做好相应的目视化标识。

2. 采购产品质量管理

（1）天然气净化厂按照到货必检物资目录及抽样比例、检验项目、检验标准、接收准则，以及常用物资质量验收要求清单等要求，组织本单位物资验收人员对到货物资进行质量验收。

（2）部分化工原材料的质量应进行检验，管材、板材及管配件材质应进行复验，阀门应进行强度试压和密封性试验。

（3）天然气净化厂物资供应组凭质量检验报告办理物资入库手续，对验收不合格品的产品按要求处置。

（4）采购产品不合格品的控制由库管人员对其进行隔离、标识和记录，并向物资采购管理部提交不合格品处置。

（二）工程质量管理

（1）建设单位应当将工程发包给具有相应资质等级的单位。建设单位不得将建设工程肢解发包。

（2）建设单位应当依法对工程建设项目的勘察、设计、施工、监理，以及与工程建设有关的重要设备、材料等的采购进行招标。

（3）建设单位必须向有关的勘察、设计、施工、工程监理等单位提供与建设工程有关的原始资料。原始资料必须真实、准确、齐全。

（4）建设工程发包单位不得迫使承包方以低于成本的价格竞标，不得任意压缩合理工期。

（5）建设单位不得明示或者暗示设计单位或者施工单位违反工程建设强制性标准，降低建设工程质量。

（6）施工图设计文件未经审查批准的，不得使用。

（7）实行监理的建设工程，建设单位应当委托具有相应资质等级的工程监理单位进行监理，也可以委托具有工程监理相应资质等级并与被监理工程的施工承包单位没有隶属关系或者其他利害关系的该工程的设计单位进行监理。

下列建设工程必须实行监理：

① 国家重点建设工程。

② 大中型公用事业工程。

③ 成片开发建设的住宅小区工程。

④ 利用外国政府或者国际组织贷款、援助资金的工程。

⑤ 国家规定必须实行监理的其他工程。

（8）建设单位在开工前，应当按照国家有关规定办理工程质量监督手续，工程质量监督手续可以与施工许可证或者开工报告合并办理。

（9）按照合同约定，由建设单位采购建筑材料、建筑构配件和设备的，建设单位应当保证建筑材料、建筑构配件和设备符合设计文件和合同要求。

（10）建设工程的设计、施工及其使用的材料、配件和设备等，应符合国家法律法规及相关标准、规范的要求。建设工程材料和设备，应按有关规定进行质量验收，未经验收或验收不合格的，不得用于建设工程。未经建设单位的设计变更认可，施工单位不得擅自替换工程材料和设备。

（11）建设单位收到建设工程竣工报告后，应当组织设计、施工、工程监理等有关单位进行竣工验收。

建设工程竣工验收应当具备下列条件：

① 完成建设工程设计和合同约定的各项内容。

② 有完整的技术档案和施工管理资料。

③ 有工程使用的主要建筑材料、建筑构配件和设备的进场试验报告。

④ 有勘察、设计、施工、工程监理等单位分别签署的质量合格文件。

⑤ 有施工单位签署的工程保修书。

建设工程经验收合格的，方可交付使用。

（12）建设单位在与施工单位签订合同时，应约定保证金、保证期等内容。建设工程在保修范围和保修期限内发生质量问题的，施工单位应履行保修义务，并对造成的损失承担责任。

第四节 职业健康管理监督

一、概述

（一）职业健康管理概述

天然气净化厂职业健康管理主要包括：职业卫生培训、职业危害申报、职业健康因素管理、作业场所管理、作业场所卫生检测管理、员工健康监护、劳动防护用品、应急管理、建设项目三同时管理等。

（二）职业危害因素识别

天然气净化厂可能存在的职业危害因素主要包括以下几方面：

（1）天然气净化生产过程中产生的粉尘。主要是硫磺粉尘，长期接触硫磺粉尘的人员易得尘肺病。

（2）由于泵、风机等转动设备、高压气体排放、机械加工等，会产生噪声并对听觉器官造成损害，噪声还可对神经系统、心血管系统及全身其他器官功能产生不同程度的危害。

（3）设备、管线泄漏的含有硫化氢或二氧化硫的有毒有害气体，可能引起人员中毒。硫化氢中毒可能损害中枢神经系统和呼吸系统，严重者导致人员中毒死亡。二氧化硫中毒可能引起人身伤害甚至死亡。

（4）使用电焊、氧气乙炔焊、氩弧焊、等离子焊接时产生的紫外线可对眼睛、皮肤造成损伤，产生电光眼、湿疹、毛囊炎、皮肤萎缩等疾病。

（5）利用射线照相原理进行管道焊缝探伤产生的急慢性放射性皮炎、放射性白内障、放射所致白血病等放射病。

（6）使用锤打工具、空气锤、电钻、砂轮机等产生的振动对手臂造成的伤害，产生振动病。

（7）高温条件下进行检维修作业时产生中暑。

二、监督依据

（一）法律法规

——《中华人民共和国职业病防治法》（中华人民共和国主席令 2018 年第 24 号）；

——《使用有毒物品作业场所劳动保护条例》（中华人民共和国国务院令 2002 年第 352 号）；

——《工作场所职业卫生管理规定》（中华人民共和国国家卫生健康委员会令 2020 年第 5 号）；

——《职业病危害项目申报办法》（国家安全生产监督管理总局令 2012 年第 48 号）；

——《职业健康检查管理办法》（中华人民共和国国家卫生健康委员会令 2019 年第 2 号）。

（二）标准规范

——GBZ 188《职业健康监护技术规范》；

——GBZ/T 230《职业性接触毒物危害程度分级》；

——SY/T 6284《石油企业职业病危害因素识别及防护规范》。

（三）企业规章

——《中国石油天然气集团有限公司职业卫生和员工健康管理规定》；
——《中国石油天然气集团有限公司职业卫生档案管理规定》；
——《中国石油天然气集团公司职业健康监护管理规定》；
——天然气净化厂健康管理制度；
——天然气净化厂劳动防护用品管理制度；
——天然气净化厂员工健康监护管理制度。

三、监督要点

（一）职业卫生培训

（1）天然气净化厂的主要负责人和职业健康管理人员应当具备与本单位所从事的生产经营活动相适应的职业健康知识和管理能力，并接受安全生产监督管理部门组织的职业健康培训。

（2）天然气净化厂应当对从业人员进行上岗前的职业健康培训和在岗期间的定期职业健康培训，普及职业健康知识，督促从业人员遵守职业危害防治的法律、法规、规章、国家标准、行业标准和操作规程。

（二）职业危害申报

（1）根据《作业场所职业危害申报管理办法》（国家安全生产监督管理总局令2009年第27号），要求存在和可能产生职业危害的企业必须向所在地安全生产监督管理部门如实申报职业危害。

（2）按照相关规定向安全生产监督管理部门申请办理职业卫生安全许可证。

（三）职业危害因素管理

（1）要对生产过程中的职业危害进行识别、评价，建立天然气净化厂职业危害因素识别评价表并有相应的控制措施。

（2）评价内容要涵盖易产生职业危害所有岗位，控制措施要有效。

（3）职业危害因素评价应每年进行一次。

（四）作业场所管理

（1）不得使用国家明令禁止使用的、可能产生职业危害的材料和设备。

（2）产生职业病危害的地方，应在醒目位置设立警示标示和警示说明，设置公告栏。

（3）根据《职业病分类和目录》（国卫疾控发〔2013〕48号），对可能产生职业病危害的化学品、放射性同位素和含有放射性物质的材料，应提供中文说明书。产品包装应有醒目的警示标识和中文警示说明。贮存上述材料的场所应在规定的部位设置危险物品标识或者放射性警示标识。

（4）提供可能产生职业病危害的设备的，应提供中文说明书，并在设备的醒目位置设置警示标识和中文警示说明。

（5）对产生职业危害的生产设备，必须配套符合国家工业卫生标准的防护设备或防护措施；对易散发有毒有害物质的工艺设备，要杜绝跑、冒、滴、漏；对噪声源采取隔音消音措施。

（6）对粉尘作业场所应采取有效的综合治理措施，对尘、毒、射线、噪声等职业卫生防护设备要进行经常性维护和检修，并定期检测防护效果，确保其正常使用，不得擅自拆除或停止使用。

（7）对可能发生急性职业损伤的有毒、有害工作场所，应当设置报警装置，配置现场急救用品、冲洗设备、应急撤离通道和必要的泄险区。

（五）作业场所卫生检测管理

（1）根据 SY/T 6284《石油企业职业病危害因素识别及防护规范》，划分有毒有害场所和设置检测点。

（2）每年至少进行一次作业场所职业危害因素检测。

（3）检测工作由有资质的检测单位对作业场所进行卫生检测和评价。

（4）在日常的职业危害监测或者定期检测、评价过程中，发现作业场所职业危害因素的强度或者浓度不符合国家标准、行业标准的，应当立即采取措施进行整改和治理，确保其符合职业健康环境和条件的要求。

（5）检测评价结果要及时进行公布。

（六）劳动合同

与从业人员订立劳动合同时，应当将工作过程中可能产生的职业危害及其后果、职业危害防护措施和待遇等如实告知从业人员，并在劳动合同中写明，不得隐瞒或者欺骗。

（七）员工健康监护

（1）对将要从事接触职业危害作业人员（包括转岗员工），应在其从业前针对可能接触的有害因素进行健康检查，经检查有职业禁忌证的员工不得从事所禁忌的作业。

（2）对从事接触职业危害作业人员，按一定间隔时间（周期）及规定的项目进行健康检查。对曾从事过粉尘作业或从事过已确定为人类致癌物作业的人员，虽然已脱离作业环境（包括离岗、离退休者），也应按一定周期进行健康检查。

（3）员工不再从事有害作业，应在其离岗时进行健康检查。

（4）职业性健康检查及评定由取得相应资格的卫生机构承担，对已诊断为职业病的患者或观察对象，应定期进行复查。

（5）职业性健康检查及评定由取得相应资格的卫生机构承担，对已诊断为职业病的患者或观察对象，应定期进行复查。

（6）各单位应将检查结果及处理意见及时反馈到员工本人。

（7）对健康检查中发现患有疾病的员工或者诊断为职业病的患者，以及职业禁忌证人员，要采取治疗、疗养、调换工种等措施并做动态观察。

（8）女员工在孕期及哺乳期间，不得从事接触职业危害的作业。

（9）建立动态的职业性健康监护档案及员工健康监护档案并永久保存。

（八）劳动防护用品

（1）根据岗位存在的职业危害配备相应的劳动保护用品。

（2）所有防护用品必须按有效防护功能最低指标和有效使用期限要求发放，到期进行强制检定或报废。

（3）劳动防护用品厂商必须取得国家或省级安全生产监督管理部门颁发的“劳动防护用品定点生产证”的厂商。特种劳动防护用品应有国家认可的安全标志，必须具备“特种劳动防护用品生产许可证”。

（4）建立健全员工个人劳动防护用品领用登记卡片。

（5）开展员工正确穿（佩）戴和使用劳动防护用品的培训与教育，员工上岗工作时必须正确穿（佩）戴和使用劳动防护用品。

（九）应急管理

（1）应建立天然气净化厂职业危害应急救援预案，明确应急领导机构、应急响应程序、应急处置程序等内容，应急预案应定期评审、演练。

（2）发生职业危害事故，应当及时向所在地安全生产监督管理部门和有关部门报告，并采取有效措施，减少或者消除职业危害因素，防止事故扩大。对遭受职业危害的从业人员，及时组织救治，并承担所需费用。

（3）生产经营单位及其从业人员不得迟报、漏报、谎报或者瞒报职业危害事故。

（十）建设项目三同时管理

（1）新建、改建、扩建工程建设项目和技术改造和技术引进项目可能产生职业危害的，应按照规定在可行性论证阶段委托具有相应资质的职业卫生技术服务机构进行职业病危害预评价。

（2）产生职业危害的建设项目应当在初步设计阶段编制职业危害防治专篇。职业危害防治专篇应当报送建设项目所在地安全生产监督管理部门备案。

（3）建设项目的职业危害防护设施与主体工程同时设计、同时施工、同时投入使用。

（4）项目竣工前，应当按照有关规定委托具有相应资质的职业健康技术服务机构进行职业危害控制效果评价。建设项目竣工验收时，其职业危害防护设施依法经验收合格，取得职业危害防护设施验收批复文件后，方可投入生产和使用。

第五节　交通安全管理监督

一、概述

（一）交通安全管理概述

天然气净化厂涉及车辆种类、数量繁多，安全风险较高，管理难度较大。天然气净化厂车辆主要包括各类生产用车、上下班交通车、特种车辆等。交通安全管理主要包括驾驶人员管理、车辆管理、运行管理、基础资料管理、车辆卫星定位监控管理等内容。

（二）危害识别

天然气净化厂交通方面危害因素主要包括以下几方面：

（1）车辆维护保养不到位，导致夜间照明不良、车辆故障转向失灵、车辆刹车失灵、轮胎严重磨损等车辆硬件故障，造成人员伤亡，财产损失。

（2）车辆驾驶员超速驾车、不系安全带或超载、不遵守交通规则发生交通事故。

（3）驾驶员心理素质、驾驶技能差、疲劳驾驶、对行驶线路不熟悉导致交通事故。

（4）大雾、大风等恶劣气候条件导致交通事故。

（5）驾驶员酒驾或醉驾导致交通事故。

二、监督依据

（一）法律法规

——《中华人民共和国道路交通安全法》（中华人民共和国主席令 2021 年第 81 号）。

（二）企业规章

——《中国石油天然气集团公司道路交通安全管理办法》；

——天然气净化厂道路交通安全管理制度。

三、监督要点

（一）驾驶人员管理

1. 内部准驾管理

（1）驾驶人员实行内部准驾制度。内部准驾是驾驶从业人员的上岗资质，未取得内部准驾证的人员不允许驾驶内部的各型机动车辆和租赁车辆。业务外包驾驶员经考核合格由其公司发放，我方认可备案，才能驾驶。

（2）驾驶员首次申领内部准驾证，除应持有与所驾驶车辆车型相符的有效驾驶证外，还应通过单位内部组织的身体状况检查，以及基础理论和实际技能考核。驾驶员变更准驾车型应重新申领相应类别车型的内部准驾证。

（3）内部准驾证的复审、换证周期为一年。驾驶员所持内部准驾证复审、换证应通过"良好的遵章守纪意识、良好的驾驶技能、良好的身体素质、良好的精神状态、良好的驾驶习惯和心态"为主要内容的"五个良好"驾驶员综合素质测评，以及理论知识和实际操作技能考核。

（4）驾驶人员必须严格按照内部准驾证规定的车型驾驶企业内部机动车辆，同时必须将内部准驾证随车携带。

（5）有下列情况之一的，不予办理或给予注销（回收）内部准驾证，并在备案资料中注明：

① 驾驶员综合素质测评和考核不合格的。

② 患有妨碍安全驾驶车辆疾病的。

③ 已离开现有工作岗位的。

④ 单位认定不适应驾驶企业车辆的。

⑤ 私自降低驾驶证准驾车型等级的。

⑥ 驾驶证未通过审验的。

⑦ 新入职驾驶员或初次申领更高类别车型内部准驾证，实习期满考核不合格的。

（6）各有车单位应对驾驶员进行动态管理，依据驾驶员身体状况、安全驾驶意识及技能，以及车辆类型、运行风险等，组织对车辆及驾驶员与所承担生产经营任务的适宜性进行评估，保证与相关安全要求相适应。

2. 驾驶人员安全管理

（1）各有车单位应对车辆实行定人、定车管理，未经批准不得将车辆交给其他人员驾驶。同时各有车单位应对驾驶员进行动态管理，依据驾驶员身体状况、安全驾驶意识及技能，以及车辆类型、运行风险等，组织对车辆及驾驶员与所承担生产经营任务的适宜性进行评估，保证与相关安全要求相适应。驾驶员必须严格执行《中华人民共和国道路交通安全法》（中华人民共和国主席令 2021 年第 81 号）和行车安全操作规程，遵守职业道德，文明礼貌行车，严禁酒后驾驶、疲劳驾驶、开绕道车、开带"病"车、超速超载行驶、违章超车等违法违章行为，树立良好的职业形象。

（2）各有车单位新增驾驶岗位人员（含初次取得机动车驾驶证的人员、部队转业驾驶员、转岗驾驶员），以及初次申领更高类别准驾车型驾驶员，应由人事部门、质量安全环保部门进行考核，符合条件后必须安排不少于六个月的跟车实习，实习期满、考核合格并符合地方管理部门相关要求后，方可核发内部准驾证。

（3）驾驶员必须按时参加地方政府车管部门组织的驾驶证复审、换证。驾驶员驾驶车辆时，必须携带有效的驾驶证、内部准驾证和行驶证等相关证件，所驾车辆必须与驾驶证、准驾证的准驾车型相符。

（4）各有车单位应每周组织驾驶员开展集中安全学习，并严格考勤。针对因休假、外出执行任务等未参加学习的驾驶员，应及时进行补学。教育培训的内容至少应包括：道路交通安全法律法规、企业规章、车辆技术条件、防御性驾驶技能、道路环境风险防范措施及道路交通事故应急处置等。各有车单位应将交通安全专项培训纳入本单位年度培训计划，所有驾驶员每年参加专项培训时间不得低于 16 学时。

（5）各有车单位车辆管理部门每季度应组织驾驶员开展一次交通安全应急演练。

（二）车辆管理

1. 车辆使用管理

（1）车辆必须符合 GB 7258《机动车运行安全技术条件》等国家和行业标准，并在公安交通管理部门审验合格的有效期内。车辆应经公安交通管理部门登记并取得相应准运资质后方准上路行驶。尚未登记的机动车需上路的，应取得临时通行牌证并按规定行驶。特种车辆及专项作业车辆的选用，还应符合国家相应技术标准的规定。

（2）车辆按照运行风险的大小分为一类车辆、二类车辆和三类车辆。一类车辆包括载运 GB 12268《危险货物品名表》中的危险货物及《危险化学品目录（2015 版）》中的危险化学品的车辆，20 座及以上大型载客汽车，用于员工通勤的 10 座及以上中型载客汽车；二类车辆包括其他中型载客汽车，重型载货汽车（总质量为 12t 及以上的普通货运车辆），通信仪器车、消防车等专项作业车，以及各类现场作业半挂车；三类车辆为除一类车辆、二类车辆以外的其他车辆。

（3）所有机动车辆必须按规定安装、使用卫星定位监控终端及系统，并配备行车记录仪。

（4）车辆必须按国家相关规定定期接受安全技术检验。未按规定检验或检验不合格的，禁止调派上路行驶。

（5）各有车单位应依据车辆的车型、定员与载荷、运行风险、功能转换及用户变更等，组织车辆与所承担生产经营任务的适宜性评估，保证车辆与所承担的生产经营任务的安全要求相适应。

（6）载货车辆不得超过核定的载荷运载货物，载客车辆不得超过核定的载人数量运载人员，载货车辆的车厢不得载客。车辆进入生产厂区及有防火防爆要求的道路，必须符合防火防爆等规定。

（7）各有车单位车辆实行定点停放。因生产、工作需要进入生产厂区的车辆，应停放在指定位置。外出执行任务时，需临时或长时间（含夜间）停车，应停放在有人值守的停车场（库）。

（8）各有车单位不得使用报废车辆执行任务。

2. 车辆维修、维护及回场检验

（1）车辆维修、维护应坚持“定期检测、强制维护、视情修理”原则，确保车辆经济性能、安全性能和操控性能良好。

（2）车辆维修、维护应选择具备相应资质的修理厂，签订定点修理协议及安全合同，定点维修、维护。

（3）有车单位应委托具备资质的单位进行车辆回场检验。车辆回场检验执行“长途趟检、短途周检”规定，具体应满足以下要求：

① 9 座以下载客车辆和整备质量 2800kg 以下的其他车辆，单趟任务运行里程达到或超过 500km，或 9 座以上载客车辆和整备质量 2800kg 以上车辆，单趟任务运行里程达到或超过 300km，必须执行趟检。

② 车辆执行短途任务每周检验一次。

③ 回场检验合格证有效期为自检验合格之日起一个星期。期间执行长途任务，合格证自长途任务结束立即失效。

④ 长期停放非报废车辆，必须经回场检验合格方可重新启用。启用后根据实际运行情况执行趟检、周检规定。

⑤ 车辆在本单位辖区外，以及在生产作业现场执行短途值班任务，回场检验可在值班任务结束后执行。

检验不合格的车辆一律不得出具回场检验合格证。

车辆回场检验时，驾驶员必须参加现场检查，掌握了解车辆技术状况，并在回场检验记录上签字。严禁回场检验弄虚作假。

回场检验时发现的可能影响安全行车的车辆安全隐患、故障等，必须立即落实隐患整改、故障维修事宜。整改及维修完成后必须进行复检，复检合格的方能出具合格证。

回场检验记录及合格证留底保管一年备查。

（三）运行管理

1. 车辆调派

（1）车辆运行应由车辆管理部门或人员调派，严格执行凭回场检验合格证、酒精检测合格记录派车等审批程序。执行本单位辖区以外的运行任务，或者虽在本单位辖区内但单趟运行里程达到或超过 500km 的任务，应经单位主管领导审批。出车前车辆调派人员必须对驾驶员进行执行任务、行车路线、主要风险与削减措施的“三交代”。

（2）严禁公车私用。任何车辆、不分长短途，必须经过合格的“申请—审批—调派”程序方可出行。严禁任何单位和个人在执行工作任务时私车公用。

（3）夜间 21：00 后、早上 7：00 前、雨雾天能见度在 30m 内及其他恶劣气候等特殊情况，车辆管理单位原则上不得调派车辆执行任务，确因工作需要执行任务时，车辆调派必须经过车辆管理单位主管领导批准。周六、周日期间车辆调派应经车辆管理单位主管领导批准。

（4）申请使用 9 座以上客车执行长途载客任务，以及其他车型执行本单位辖区之外的跨省长途运行任务时，车辆调派必须经过上级主管领导批准。同时，应明确随车安全监督人员，制订运行方案或应急预案，随用车申请一并进行审批。

（5）对接送员工上下班、轮休作业员工的通勤车辆，应指定随车安全监护人员。

（6）节假日期间，各有车单位应对非生产运行车辆和非值班车辆实行“三交一封”（交车辆钥匙、交行驶证、交内部准驾证、定点封存车辆）制度。担任生产、值班任务的车辆，以及节假日期间临时启封车辆，应经单位值班领导批准。

2. 车辆行驶

（1）驾驶员应执行出车前、行车中和收车后“三检制”，认真做好所驾车辆的清洁、补给和安全检视等日常维护工作，发现问题及时整改或上报，确保装备齐全、车况良好、车容整洁。

（2）严禁酒后驾车。驾驶员上班、出差期间严禁饮酒。各有车单位必须在驾驶员出车前对其进行酒精检测，检测不合格驾驶员不得执行任务。如有违反按“反违章禁令”处理。

（3）严禁疲劳驾车。驾驶员连续长途驾车超过 4h 应停车休息，休息时间不得少于 20min。每日驾车行驶时间累计不得超过 8h。因工作需要，执行紧急任务，需行驶超过 8h 的，应配备 2 名驾驶员轮换驾驶。

（4）严禁超速行驶。车辆在道路上行驶，不得超过下列最高行驶速度：

① 高速公路上 9 座（含）以下车辆为 120km/h，9 座以上载客车辆、普通货运车辆、钻采特车等车辆为 100km/h，危险化学品运输车辆、其他车辆为 80km/h。

② 非高速道路，不得超过限速标志、标线标明的速度。

③ 没有限速标志、标线的道路上，没有道路中心线的，城市道路为 30km/h，公路为 40km/h；同方向只有 1 条机动车道的道路，城市道路为 50km/h，公路为 70km/h。

各有车单位每年至少开展一次道路风险识别评价，并结合季节、气候变化等更新风险识别评价，对风险实行动态管理，驾驶员在行车过程中应严格执行相应安全行车措施。

各有车单位应不定期组织开展交通安全专项检查及路检路查，对车容车貌、驾驶行为、道路风险控制措施执行，以及疲劳驾驶、酒后驾驶等进行抽查。

乘车人负有行车安全监督的职责和义务。

（5）有下列情况之一者，车辆不得上路行驶：

① 装载的物品不符合装载规定或未采取相应安全措施，严重影响安全行车的。

② 车辆存在严重故障或隐患，影响安全行车的。

③ 驾驶员工作疲劳、身体不适或正在患妨碍安全驾驶的疾病的。

④ 行车路线和到达地点与路单不符合的。

⑤ 其他情况妨碍安全行车的。

（四）基础资料管理

1. 台账及记录

各有车单位应收集归档交通安全管理相关基础资料，应建立以下交通安全管理台账及记录：

（1）车辆技术档案及台账。

（2）驾驶员档案及管理台账。

（3）车辆回场检验记录及合格证。

（4）HSE 活动记录（含安全学习记录、培训统计、各项检查及隐患整改记录等）。

（5）车辆调派记录（含用车申请调派单及调派记录）。

（6）车辆运行记录（含运行路单及日常操作卡）。

（7）出车前酒精检测记录。

（8）节假日车辆管理记录（含节假日车辆“三交一封”等记录）。

（9）车辆卫星定位管理记录（含卫星定位监控记录及分析记录）。

（10）驾驶员综合素质测评相关记录。

（11）事故事件台账。

（12）其他相关交通安全记录。

2. 台账及记录更新

各有车单位应准确、如实填写交通安全管理台账及记录，根据实际情况及时更新。

（五）车辆卫星定位监控管理

1. 职责

各有车单位车辆管理部门负责本单位车辆卫星定位监控管理、监督和检查，保证车辆上线率、监控率，及时通报、处理违章违规行为。各有车单位必须落实专（兼）职人员进行车辆卫星定位监控管理。长途运行车辆日监控率必须达到 100%。

2. 技术要求

（1）车载卫星定位终端必须符合 JT/T 794《道路运输车辆卫星定位系统　车载终端技术要求》的技术要求。

（2）各有车单位必须按规定的速度，在监控系统中分车型、路段进行分段限速设置，或联系车载卫星定位终端提供商进行设置。监控系统统一设置为每间隔 30s 采集一次数据。

（3）车载卫星定位终端及监控系统提供商，必须取得国家相关部门颁发的资质文件。

第六节　消防安全管理监督

一、概述

消防，顾名思义，即消除隐患、预防灾患。根据《中华人民共和国消防法》（中华人民共和国主席令 2021 年第 81 号）：消防工作贯彻预防为主、防消结合的方针，按照政府统一领导、政府依法监管、单位全面负责、公民积极参与的原则，实行消防安全责任制，建立健全社会化的消防工作网络。

（一）消防管理概述

天然气净化生产介质具有高温高压、易燃易爆等特点，天然气净化厂属于消防安全重点防火单位，消防安全历来是各级 HSE 管理及监督的工作重点。

天然气净化厂消防工作坚持“预防为主，防消结合”的方针，实行分级管理。坚持“属地管理、直线责任”的原则，实行统一领导、职能部门分工负责、员工共同参与、火灾风险分级防控、应急救援资源共享的管理体制。

天然气净化厂所属单位应该履行以下消防管理职责：

（1）建立健全消防安全组织领导机构，确定各级消防安全职责，组织制订年度消防工作计划，制订灭火和应急疏散处置方案，建立健全本单位消防安全管理基础台账，消防安全重点单（部）位应建立完善消防档案。

（2）按照国家标准、行业标准配置消防设施、器材，设置消防安全标志，并定期组织检验、维修，确保完好有效。

（3）组织对消防设施每年至少进行一次全面功能测试，确保完好有效，检测记录应当完整准确，存档备查。

（4）保障疏散通道、安全出口、消防车通道畅通，保证防火防烟分区、防火间距符合消防技术标准。

（5）组织消防安全检查，及时消除火灾隐患。针对基层上报和上级部门检查出的火灾隐患，及时组织整改销项，形成闭环管理。

（6）组织对员工开展消防知识培训，有针对性地组织消防演练。

（7）结合本单位生产经营场所的火灾危险性，建立满足火灾预防和初期火灾处置实际需求的岗位志愿消防队。教育志愿消防队员熟悉本岗位的火灾危险性，明确危险点和控制点，维护本单位消防设施和消防器材，熟练掌握岗位消防设施、设备和器材的使用方法。

（8）与属地政府应急管理部门建立地企协调联动机制，确保消防应急处置时地企联动协作程序通畅。

（9）国家法律、法规规定和上级单位规定的其他消防安全职责。

根据天然气净化厂火灾危险特性，天然气净化厂设置专职消防队伍，其主要职责是：

（1）掌握辖区内各单位主要生产过程的火灾特点，开展消气防安全检查，督促落实消气防隐患的整改。

（2）负责责任区域各单位的火灾扑救、抢险救援、现场监护和本单位消气防工作，并根据上级安排参加其他事故应急救援工作。

（3）负责提供消防技术咨询服务，指导责任区域各单位开展消防知识培训、消防设施设备使用培训，参与测评考核各单位志愿消防队伍建设情况。

（4）抓好专职消防队伍的业务建设，对消防队伍实行准军事化管理与训练，提高战训能力。负责本单位消防装备的维护和保养，并保证随时处于完好状态。

（5）参与新、改、扩建工程等项目防火措施、消防设计的“三同时”审查和验收。

（6）参与辖区内火灾、爆炸事故的调查处理。

（二）主要风险分析

天然气净化厂生产经营过程中，可能存在的火灾风险包括以下几个方面：

（1）在装置运行过程中，由于违章作业、操作失误、腐蚀、机械磨损等原因，导致可燃介质外泄，在空气中形成爆炸混合物，一旦接触引火源即可引发火灾、爆炸事故。

（2）在进行空气吹扫作业过程中，由于吹扫速度过快，管道中高速气（液）流等可能积聚静电荷导致设备局部高温，设备产生火灾。

（3）违规使用手机、吸烟导致装置发生爆炸，硫磺库火灾。

（4）未按标准规范要求选择和安装相应防爆等级的电器、仪表设施，用电设施老化、超负荷、短路等导致火灾。

（5）扳手与阀门、管线、螺栓等的敲击，设备机体摩擦、金属碰撞都有可能产生火花引起火灾。

（6）岗位人员未穿戴符合规范要求的防静电服装产生火灾。

（7）设备、设施等未按规范要求进行可靠的防雷接地、防雷设施安装不符合要求或防雷设施失效，雷电释放产生火灾。

（8）因吸烟、雷击、电气起火造成档案室发生火灾。

（9）其他点火源：车辆产生的火花等。

二、监督依据

（一）法律法规

——《中华人民共和国消防法》（中华人民共和国主席令2021年第81号）；

——《机关、团体、企业、事业单位消防安全管理规定》（中华人民共和国公安部令2001年第61号）；

——《消防监督检查规定》（中华人民共和国公安部令2012年第120号）；

——《高层民用建筑消防安全管理规定》（中华人民共和国应急管理部令2021年第5号）。

（二）标准规范

——GB 3445《室内消火栓》；

——GB 4351.1《手提式灭火器　第1部分：性能和结构要求》；

——GB 4452《室外消火栓》；

——GB 8109《推车式灭火器》；

——GB 15630《消防安全标志设置要求》；
——GB 19156《消防炮》；
——GB 25201《建筑消防设施的维护管理》；
——GB 25506《消防控制室通用技术要求》；
——GB 50016《建筑设计防火规范》；
——GB 50116《火灾自动报警系统设计规范》；
——GB 50160《石油化工企业设计防火规范》；
——GB 50183《石油天然气工程设计防火规范》；
——GB 50370《气体灭火系统设计规范》；
——GB 50498《固定消防炮灭火系统施工与验收规范》；
——GB 50974《消防给水及消火栓系统设计规范》；
——GA 503《建筑消防设施检测技术规程》。

（三）规章制度

——《中国石油天然气集团有限公司消防安全管理办法》；
——天然气净化厂消防安全管理制度。

三、监督要点

（一）生产单位消防管理监督要点

1. 火灾预防

（1）各单位应按国家及有关行业消防法规、标准规范配置必要的灭火、防护、训练器材和检测仪器等，以满足防火、灭火的需要，并定期对消防设施进行维护保养。

（2）各单位易燃、易爆场所应符合防火防爆要求，应配置明显的安全标志，防雷、防静电设施应定期检测。

（3）任何单位、个人不得损坏、挪用或者擅自拆除、停用消防设施、器材，不得埋压、圈占、遮挡消火栓，不得占用防火间距，不得占用、堵塞、封闭疏散通道、安全出口、消防车通道；严禁使用不合格的消防产品、国家明令淘汰的消防产品，以及应依法取得而未取得国家强制性产品认证的消防产品。

（4）各单位应建立消防重点部位的消防档案，消防档案应当包括消防安全基本情况和消防安全管理情况。

（5）各单位、部门应加强办公场所及职工宿舍管理。办公场所、职工宿舍的装修、装饰、电器安装、紧急照明、紧急疏散及消防设施设计安装管理，必须严格执行《机关、团体、企业、事业单位消防安全管理规定》（中华人民共和国公安部令 2001 年第 61 号）。

（6）高层公共建筑内餐饮场所的经营单位应当及时对厨房灶具和排油烟罩设施进行清洗，排油烟管道每季度至少进行一次检查、清洗；高层住宅建筑的公共排油烟管道应当定期检查，并采取防火措施。

2. 消防日常检查

（1）各单位应建立常规消防安全检查、消防专项检查和防火巡查等消防安全检查制度，明确消防安全检查的责任人、内容、部位和频次等，及时发现并消除火灾隐患。

（2）各单位每月、班组每周至少进行一次常规消防安全检查。检查的内容应包括：

① 火灾隐患的整改情况及防范措施的落实情况。

② 安全疏散通道、应急照明、消防安全标志的设置、有效情况。

③ 消防车通道、消防水源情况。

④ 灭火器材配置及有效情况。

⑤ 用火、用电有无违章情况。

⑥ 员工消防安全知识学习情况，以及掌握灭火器、空气呼吸器等情况。

⑦ 消防安全重点部位的管理情况。

⑧ 易燃易爆危险物品和场所防火防爆措施的落实情况，以及其他重要物资的防火安全情况。

⑨ 班组防火巡查情况。

（3）消防安全重点部位每日防火巡查一次，防火巡查应当结合岗位巡回检查进行。防火巡查应填写巡查记录，巡查人员应在巡查记录上签名。检查后应填写检查问题隐患记录，落实整改责任人、整改期限、整改验证，实行闭环管理。巡查的内容应包括：

① 用火、用电有无违章情况。

② 安全出口、疏散通道是否畅通，安全标志、应急照明是否完好。

③ 消防设施、器材和消防安全标志是否完整。

④ 消防报警设施、气体灭火系统、消防水池液位是否正常。

⑤ 消防水泵房设施、消防炮、消火栓、应急广播等是否正常。

⑥ 其他消防检查要求。

3. 消防教育与培训

（1）员工必须熟悉本岗位的消防工作内容，正确掌握本岗位生产、生活场所的消防器材的使用。

（2）新入厂和调整岗位的员工必须进行有针对性的消防安全知识培训，经考核合格后方可上岗。

（3）消防设备操作人员应经过消防专项培训，学习掌握相应的操作技能，经考试合格后方能上岗。

（4）各单位应制订消防应急救援预案，消防安全重点单位应当按照灭火和应急疏散预案至少每半年开展一次演练，其他单位应当结合本单位实际，至少每年组织一次演练。

（5）基层单位每年至少对志愿消防队伍进行不少于一次的消防理论知识培训、消防设施设备操作、消防应急救援技能训练和应急演练。

（6）各单位结合员工轮班培训、岗位培训制订并落实消防安全教育培训计划，定期开展消防安全知识培训和消防应急演练，提高员工的消防安全意识和技能。

（7）单位消防安全责任人、专（兼）职消防管理人员、消防控制室值班与操作人员等应当结合岗位需要和本单位消防安全风险特点接受针对性的消防安全培训，消防控制室值班与操作人员还应当持证上岗。

（二）消防设备设施监督要点

1. 区域安全布置

（1）天然气净化厂的区域布置、总平面布置应符合 GB 50183《石油天然气工程设计防火规范》的相关规定。

（2）净化厂距离周围居住区、相邻厂矿企业、交通线等的防火间距应满足 GB 50183《石油天然气工程设计防火规范》的相关规定。

（3）天然气净化厂宜布置在城镇和居住区的全年最小频率风向的上风侧。

（4）可能散发可燃、有毒气体的生产、装卸、储运设施，宜布置在人员集中场所、明火或散发火花地点全年最小频率风向的上风侧。

（5）工艺装置区宜布置在人员集中场所、明火或散发火花地点全年最小频率风向的上风侧。

（6）火炬宜位于生产区、全厂性重要设施全年最小频率风向的上风侧。

（7）锅炉房、35kV 及以上的变（配）电所、加热炉、水套炉等有明火或散发火花的地点，宜布置在站场或油气生产区边缘。

（8）液体硫磺储罐区宜布置在地势较低处；液体硫磺储罐区应设置防火提。

（9）中心控制室布置应符合以下规定：

① 宜布置在爆炸危险区之外。

② 与主要货物运输道路的距离不宜小于 15m。

③ 宜位于工艺装置区、罐区、循环水场全年最小频率风向的下风侧。

（10）厂内消防站的布置应使消防车能迅速、方便地到达厂内各区域。

（11）消防站门前不应有管廊等障碍物。

（12）消防车库的大门应面向道路，且与道路的边缘不应小于 15m，门前地面应坡向道路。

（13）生产规模大于或等于 $100 \times 10^4 m^3/d$ 的天然气净化厂至少应有两个通向外部道路的出入口。生产规模小于 $100 \times 10^4 m^3/d$ 的天然气净化厂可设有回车场的尽头式消防车道，回车场的面积应按当地所配消防车辆车型确定，但不宜小于 15m × 15m。

（14）消防车道的净空高度不应小于 5m；生产规模大于或等于 $100 \times 10^4 m^3/d$ 的天然气净化厂消防车道转弯半径不应小于 12m，纵向坡度不宜大于 8%。

2. 建筑消防设施

（1）防火门的设置应该符合下列规定：

① 防火门表面应完整、均匀、平整、光滑、无破损，割角、拼缝应严实平整；钢板表面不应有凹痕或机械损伤，不应有假焊、漏焊、烧穿等现象。

② 防火门应能自动闭合，双扇防火门应按顺序关闭；关闭后应能从内、外两侧人为开启；常闭防火门开启后应能自动闭合，并处于常闭状态。

③ 电动常开防火门，应在火灾报警后自动关闭并向消防控制室反馈信号。

④ 设置在疏散通道上、并设有出入口控制系统的防火门，应能自动和手动解除出入口控制系统。

（2）防火卷帘的设置应该符合下列规定：

① 防火卷帘应有永久性标牌，标牌的内容应正确完整。

② 防火卷帘组件应齐全完好，紧固件不应有松动现象；运行时平稳顺畅、无卡涩现象。

③ 现场手动启动防火卷帘内、外两侧防火卷帘控制器或手动控制装置上的控制按钮，防火卷帘上升、停止、下降等动作应正常，并向控制室的消防控制设备反馈其动作信号。

④ 在控制室的消防控制设备上手动启动防火卷帘控制装置，防火卷帘停止、下降等动作应正常，并向消防控制设备反馈其动作信号。

⑤ 用于分隔防火分区的防火卷帘，当其火灾探测器组的感烟、感温火灾探测器分别发出火灾报警信号后，防火卷帘是否由上限位一次降至下限位全闭，并向控制室的消防控制设备反馈其动作信号。

⑥ 用于疏散通道、出口处的防火卷帘，当火灾探测器组的感烟探测器发出火灾报警信号后，防火卷帘应由上限位降至距地面 1.8m 处定位，并向控制室的消防控制设备反馈中位信号。当火灾探测器组的感温探测器发出火灾报警信号后，防火卷帘应由中位降至下限位全闭，并向控制室消防控制设备反馈全闭信号。

（3）消防应急照明系统的设置应符合下列规定：

① 消防应急灯具的设置应符合设计要求及竣工验收要求，运行状态正常。

② 正常交流电源供电切断后，消防应急灯具应顺利转入应急工作状态，其应急转换时间不应大于 5s。对自带电源型消防应急灯具，切断正常供电的交流电源后，消防应急灯具能迅速转入应急工作状态。

③ 消防应急灯具的应急工作时间不应小于 30min。

④ 疏散用的消防应急照明灯，其地面最低水平照度不应低于 0.5lx；消防控制室、消防水泵房、防烟排烟机房、配电室和自备发电机房、电话总机房，以及发生火灾时仍需坚持工作的其他房间的应急照明，应能保证正常照明的照度。

⑤ 对集中控制型的消防应急灯具，控制室消防控制设备应能以手动、自动方式启动消防应急灯具。当手动启动时，能使所有与其相连的消防应急灯具转入应急工作状态，能够接收和显示消防应急灯具的动作状态信号。

⑥ 控制室消防控制设备处于自动状态时，接收到火灾报警信号后应及时启动消防应急灯具，并向控制室消防控制设备反馈其动作信号。

（4）疏散通道和安全出口的设置应符合下列规定：

① 疏散通道的疏散距离、疏散通道宽度、疏散通道数量和安全出口的设置数量、宽度应符合规范的有关要求。

② 疏散通道和安全出口设置的疏散门应向疏散方向开启，不应使用旋转门、侧拉门作为疏散门。

③ 通往疏散楼梯间的门应为乙级防火门，常闭式防火门应经常保持关闭；需要经常保持开启状态的防火门，保证其火灾时能自动关闭；自动和手动关闭的装置应完好有效；平时需要控制人员出入或设有门禁系统的疏散门，应有保证火灾时人员疏散畅通的可靠措施。

④ 疏散通道、安全出口应保持畅通，在使用和营业期间疏散出口、安全出口的门不应锁闭。

⑤ 安全出口、疏散门不应设置门槛和其他影响疏散的障碍物，且在其 1.4m 范围内不应设置台阶。

⑥ 安全出口、疏散门应设置消防应急照明、安全疏散标志，消防应急照明、安全疏散标志完好、有效、不被遮挡。

（5）建筑消防设施应每年至少检测一次，检测对象包括全部系统设备、组件。

（6）建筑消防设施的巡查应明确各类设施的巡查部位、频次和内容，并按照 GB 25201《建筑消防设施的维护管理》要求填写建筑消防设施巡查记录表。消防安全重点单位每日巡查一次；其他非重点单位每周至少巡查一次。

（7）建筑消防设施维护保养应制订计划，列明消防设施名称、维护保养的内容和周期，并落实计划内容。

3. 消防水系统

（1）消防水的水质、水温应满足消防用水的要求；消防水池蓄水量应确保系统持续用水时间内的用水量。

（2）当消防水池（罐）和生产、生活用水池（罐）合并设置时，应采取确保消防用水不作他用的技术措施；在寒冷地区专用的消防水池（罐）应采取防冻措施。

（3）水池（罐）的总容量大于 1000m^3 时，应分隔成两个，并设带切断阀的连通管。

（4）消防水池应设有就地水位显示装置，消防水池（罐）应设有高低液位报警及自动补水设施。

（5）供消防车取水的消防水池应设有取水口或取水井，其水深应保证消防车的消防水泵吸水高度不超过 6m。

（6）消防水池至少每周检查一次，发现故障应及时进行处理。消防安全重点单位应对消防水池检查进行每日巡查。

（7）独立设置的消防水泵房，其耐火等级不应低于二级。附设在建筑内的水泵房，应采用耐火极限不低于 2h 的隔墙和 1.5h 的楼板与其他部位隔开，并设置甲级防火门。当设在地下或其他楼层时，其出口应直通安全出口。

（8）消防水泵房应设有不少于两条的供水管与环状管网连接。当其中一条出水管关闭时，其余的出水管应通过全部用水量。

（9）消防泵站或泵房应设有备用动力，消防水泵与动力机械应直接连接，并在最末一级配电箱处（消防水泵房）设置主、备电源自动切换装置，主、备电源切换试验应正常。配电箱应设有明显标志。以内燃机做备用动力源时，其储油量应满足运行时间要求。

（10）消防水泵应保证在火警 30s 内启动；设有稳高压消防给水系统的消防水泵应依靠管网压降信号自动启动。

（11）消防水泵房应设置与消防控制室直接联络的消防专用电话。石油石化企业消防泵房值班室应设置对外联络的电话。

（12）消防水泵房应设置消防应急照明灯具。应急照明灯具其最低照度应保证正常照明的照度。

（13）严寒、寒冷冬季结冰地区的消防水泵房采暖温度不应低于 10℃，但当无人值守时不应低于 5℃。

（14）消防水泵外观不应有缺陷。在设备的明显部位应设有耐久性铭牌标识，其内容应清晰、设置应牢固。

（15）备用泵的工作能力不应小于其中最大一台消防工作泵。

（16）消防水泵应采用自灌式吸水。当采用自灌式有困难时，应采用其他可靠迅速的引水措施。若采用天然水源时，水泵吸水口应采取防止杂物堵塞的措施。

（17）消防泵应有注明系统名称和编号的标志牌，进出口阀门应常开并设有标识等限位措施，管道流向标识应正确。

（18）泵出水管上应设置试验和检查用的压力表和 DN65 的放水阀。当存在超压可能时，出水管上应设防超压设施。

（19）消防泵应能正常启动和运行；设有消防控制室的泵房应有向消防控制设备反馈水泵状态的信号。

（20）消防水泵的控制柜应有注明所属系统及编号的标志。按钮、指示灯及仪表应无故障，并能正常启、停每台水泵。消防水泵控制柜设置在专用消防水泵控制室时，其防护等级不应低于 IP30；与消防水泵设置在同一空间时，其防护等级不应低于 IP55。

（21）具有消防联动功能的消防主泵不能正常投入运行时，应能自动切换启动备用泵；无人值守的消防泵房，消防泵控制柜应设定在自动启动状态。

（22）消防泵应每周至少检查一次，发现故障应及时进行处理。消防安全重点单位对消防泵进行每日巡查。

（23）采用临时高压的固定式消防水系统，应在启泵后 5min 内将冷却水送到任何一个着火点。

（24）稳压泵和消防气压给水设备外观不应有缺陷。在设备的明显部位应设有耐久性铭牌标识，有多个保护区域和系统时，应设置注明所属系统和区域的标志牌。铭牌和标志牌的内容应清晰、设置应牢固。

（25）稳压泵进出口阀门应常开。

（26）稳压泵和消防气压给水设备启动运行应正常；启泵与停泵压力应符合设定值，压力表显示正常。

（27）消防水泵接合器外观不应有缺陷。在设备的明显部位应设有耐久性铭牌标识，并应设注明所属系统和区域的标志牌。其内容应清晰、设置牢固。

（28）消防水泵接合器应安装在便于消防车接近的人行道或非机动车行驶地段，距室外消火栓或消防水池取水口的距离应在 15～40m。墙壁消防水泵接合器的与墙面上的门、窗、孔、洞的净距离应大于 2.0m，且未安装在玻璃幕墙下方；地下消防水泵接合器进水口与井盖底面的距离不应大于 0.4m。

（29）消防水泵接合器的阀门应常开，启闭应灵活，单向阀安装方向应正确，止回阀应严密关闭。

（30）室外消火栓上部外露部分应涂红色漆，其色泽光滑均匀、无龟裂、划伤和碰伤。外表面醒目处应清晰地铸出型号、规格、等永久性标志。

（31）阀门处于最大开启位置时或当水压大于或等于 0.1MPa 时，排放余水装置不应有渗漏现象。

（32）地下式消火栓应有明显标志，消火栓井内不应有积水，寒冷地区防冻措施应完好。

（33）室外消火栓采用高压消防供水时，消火栓的出口水压力应满足最不利点消防供水要求；采用低压消防供水时，消火栓的出口压力不应小于 0.1MPa。消火栓距路边不应大于 2m，距房屋外墙不宜小于 5m。

（34）设置地下的消火栓旁应设水带箱，箱内配备 2～6 盘直径 65mm 的带快速接口的水带、2 支 19mm 水枪，以及一把消火栓钥匙。

（35）地下消火栓的顶部出水口与消防井底盖的距离不应大于 0.4m，寒冷地区的地下消火栓应采取防冻措施。

（36）水枪应采用耐腐蚀材料制造或其材料经防腐蚀处理，并满足相应使用环境和介质的防腐要求。

（37）带有开关功能的水枪启闭装置应灵活。直流开关水枪在“开”“关”位置应有限位功能；球阀转换式直流喷雾水枪、球阀转换式多用水枪在“直流”和“喷雾”位置应有限位功能；带有弓形手柄的导流式直流喷雾水枪在“开”“关”位置应有限位功能。

（38）消防水带接口表面应有型号、规格、商标或厂名等永久性标志。接口表面应进行阳极氧化处理或静电喷塑防腐处理，不存在缺陷。

（39）消防水带与接口连接应牢固，使用时不应存在水带喷水情况。

（40）水带的织物层应编织均匀，无跳经、纬线和划伤。

（41）水带衬里的厚度应均匀，不应存在折皱和缺陷。

（42）水带的存放和盘卷应便于应急情况下快速展开。

（43）消防炮应采用耐腐蚀材料制造或其材料经防腐蚀处理。

（44）消防炮的俯仰回转机构、水平回转机构、各控制手柄（轮）应操作灵活；消防炮的传动机构应安全可靠；消防炮的俯仰回转机构应具有自锁功能或锁紧装置。

（45）消防阀井应有明显标志，井内无积水，阀门不应存在渗漏现象，寒冷地区防冻措施应完好。

（46）井内阀门启闭操作灵活。消火栓给水管道上的阀门应处于常开状态。

（47）消防给水及消火栓系统应有管理、检查检测、维护保养的操作规程；并应保证系统处于准工作状态。维护管理人员应掌握和熟悉消防给水系统的原理、性能和操作规程。

（48）水源的维护管理应符合下列规定：

① 每季度应监测市政给水管网的压力和供水能力。

② 每年应对天然河湖等地表水消防水源的常水位、枯水位、洪水位，以及枯水位流量或蓄水量等进行一次检测。

③ 每年应对水井等地下水消防水源的常水位、最低水位、最高水位和出水量等进行一次测定。

④ 每月应对消防水池、高位消防水池、高位消防水箱等消防水源设施的水位等进行一次检测；消防水池（箱）玻璃水位计两端的角阀在不进行水位观察时应关闭。

⑤ 在冬季每天应对消防储水设施进行室内温度和水温检测。

（49）消防水泵等供水设施的维护管理应符合下列规定：

① 每月应手动启动消防水泵运转一次，并应检查供电电源的情况。

② 设有自动控制系统的消防水泵，每周应模拟消防水泵自动控制的条件自动启动消防水泵运转一次，且应自动记录自动巡检情况。

③ 每日应对柴油机消防水泵的启动电池电量进行检测，每周应检查储油箱的储油量，每月应手动启动柴油机消防水泵运行一次。

④ 每季度应对消防水泵的出流量和压力进行一次试验。

（50）阀门的维护管理应符合下列规定：

① 每月应对电动阀和电磁阀的供电和启闭性能进行检测。

② 每季度应对室外阀门井中，进水管上的控制阀门进行一次检查，并应核实其处于全开启状态。

③ 每天应对水源控制阀组进行外观检查，并应保证系统处于无故障状态。

④ 对易污染、易腐蚀生锈的管道、阀门应定期清洁、除锈、注润滑剂。

（51）每季度应对消火栓进行一次外观和漏水检查，发现有不正常的消火栓应及时更换。

（52）每季度应对消防水泵接合器的接口及附件进行一次检查，并应保证接口完好、无渗漏、闷盖齐全。

（53）设有过滤器的消防水系统每年应对系统过滤器进行至少一次排渣，并应检查过滤器是否处于完好状态，当堵塞或损坏时应及时检修。

（54）每年应检查消防水池、消防水箱等蓄水设施的结构材料是否完好，发现问题时应及时处理。

（55）消防给水及消火栓系统发生故障，需停水进行修理前，应向主管部门报告，并应取得主管的同意，同时应临场监督，应在采取防范措施后再动工。

4. 气体灭火系统

贮存灭火剂的容器型号规格应符合设计要求；灭火剂贮存容器外观不应有缺陷。每个容器应设有耐久性标识，标明贮存容器编号、皮重、容积、灭火剂名称、充装量、充装日期及贮存压力等。

保护同一防护区的灭火剂贮存容器的规格应一致，充装量和充装压力应相同；存储容器宜涂刷红色油漆，正面应标明设计规定的灭火剂名称和贮存容器的编号。

二氧化碳灭火剂贮存容器应设置泄漏极限报警装置，当二氧化碳泄漏量达到充装重量的 10% 时，能可靠发出声、光报警信号。

七氟丙烷、惰性气体灭火剂贮存容器应设称重装置，称重装置应有泄漏上限报警功能，当灭火剂压力损失 10% 时，能可靠报警，且符合设计要求。

在灭火剂贮存容器上或容器阀上，应设安全泄压装置和压力表。其泄压装置的泄压方向不应朝向操作面。

备用灭火剂贮存容器的数量应符合设计要求。备用贮存容器与主贮存容器应连接于同一集流管上，并设置自动切换装置。

容器阀外观不应有缺陷。在容器阀明显部位应设有耐久性标识，其内容清晰，设置牢固。

容器阀应设有手动操作装置并设有加铅封的安全销或防护罩。

选择阀外观不应有缺陷。在选择阀明显部位应设有耐久性标识，其内容清晰，设置牢固，标注出介质流动的方向。

选择阀操作手柄处应设固定、耐久性铭牌，标明对应防护区的名称或编号。手动操作装置应设有加铅封的安全销或防护罩。

单向阀外观不应有缺陷。在单向阀明显部位应设有耐久性标识，其内容清晰，设置牢固。

在容器阀与集流管之间的管道上应设单向阀。单向阀与容器阀或单向阀与集流管之间应采用高压软管或金属管连接，其连接应牢固可靠。液体单向阀的安装方向应与灭火剂流动方向一致。

驱动气瓶应固定在支、框架或箱体上，且牢固可靠便于操作。

驱动气瓶正面应标明驱动介质名称和对应防护区名称的编号。

在喷嘴明显部位应设有耐久性标识，其内容清晰。设置在有粉尘的防护区内的喷嘴，应增设在喷射时能自行脱落的防尘罩。

防护区应设有疏散通道与出口，并使人员在 30s 内撤出防护区。

防护区的门应向疏散方向开启并能自行关闭，疏散出口的门应能从防护区内打开。

防护区内的疏散通道与出口处，应设置应急照明灯具和疏散指示标志。

防护区内应设置火灾和灭火剂施放的声、光警报装置，并在每个入口处设置光警报器、施放指示灯和采用气体灭火系统的防护标识。

防护区外附近墙壁上（或其他部位）应设置紧急启动、中断按钮。火灾状态下，手动操作紧急启动按钮，应启动气体灭火装置；在延时阶段，手动操作紧急中断按钮，应中止灭火指令。

在经常有人的防护区内设置的无管网卤代烷、七氟丙烷灭火装置应有切断自动控制系统的手动装置。

灭火后的防护区应能通风换气。地下防护区和无窗或固定窗扇的地上防护区，应设置机械排风装置，具体检查参照建筑设施检查标准。

设有二氧化碳气体灭火系统的建筑物内，应配置专用的空气呼吸器或氧气呼吸器，在入口处设置手动、自动转换控制装置，在有人工作时应置于手动状态。

气体灭火系统应具备自动启动功能。当防护区内感烟火灾探测器分别发出火灾报警信号后，控制室消防控制设备应能接收并发出声、光报警信号，显示火灾探测器部位。当防护区内火灾探测器发出火灾报警信号后，控制室消防控制设备能再次接收并发出声、光报警信号，显示火灾探测器部位，同时防护区内声、光报警器报警，延时 30s 后，气体灭火装置应自动启动喷气，防护区外气体释放灯点亮，控制室消防控制设备有气体释放的反馈信号显示。在延时阶段，相关的防火门、窗、卷帘、通风空调系统及防火阀等应自动关闭，控制室消防控制设备有各部位动作信号显示。

气体灭火系统应具备远程启动功能。在控制室消防控制设备上手动启动任一防护区气体灭火装置，该防护区内声、光报警器应报警，延时 30s 后，气体灭火装置启动，控制室消防控制设备应有气体喷放的反馈信号显示；在延时阶段，相关的防火门、窗、卷帘、通风空调系统及防火阀等应自动关闭，控制室消防控制设备有各部位动作信号显示。

气体灭火系统应具备现场启动功能。手动启动防护区外紧急启动按钮，防护区内声、光警报器应报警，控制室消防控制设备接收并发出声、光报警信号，且显示启动按钮的部位。延时 30s 后，气体灭火装置应启动，控制室消防控制设备有气体喷放的反馈信号显示。在延时阶段，相关的防火门、窗、卷帘、通风空调系统及防火阀应自动关闭，控制室消防控制设备有各部位动作信号显示。

气体灭火系统应具备机械应急启动功能。在贮瓶间手动启动贮存容器的气体驱动装置（或启动贮存容器阀上的操作手柄），贮存容器开启，气体通过管路喷向防护区。气体管路上的压力信号装置应将其动作信号反馈到控制室消防控制设备。

系统应具备紧急中断功能。当防护区内火灾探测器报警后（或防护区外紧急启动按钮启动后，或控制室消防控制设备紧急启动后），在延时的 30s 内，启动防护区外（或控制室消防控制设备上）的紧急中断按钮，中止灭火指令，控制室消防控制设备应有紧急中断动作的信号显示。

应按检查类别规定对气体灭火系统进行检查，检查中发现的问题应及时处理。

每日应对低压二氧化碳储存装置的运行情况、储存装置间的设备状态进行检查并记录。

每月检查应符合下列要求：

（1）低压二氧化碳灭火系统储存装置的液位计检查，灭火剂损失 10％时应及时补充。

（2）高压二氧化碳灭火系统、七氟丙烷管网灭火系统及 IG541 灭火系统等系统的检查内容及要求应符合：灭火剂储存容器及容器阀、单向阀、连接管、集流管、安全泄放装置、选择阀、阀驱动装置、喷嘴、信号反馈装置、检漏装置、减压装置等全部系统组件应无碰撞变形及其他机械性损伤，表面应无锈蚀，保护涂层应完好，铭牌和保护对象标志牌应清晰，手动操作装置的防护罩、铅封和安全标志应完整；灭火剂和驱动气体储存容器内的压力，不得小于设计储存压力的 90%。

（3）预制灭火系统的设备状态和运行状况应正常。

每季度应对气体灭火系统进行一次全面检查，并应符合：

（1）可燃物的种类、分布情况，防护区的开口情况应符合设计规定。

（2）储存装置间的设备、灭火剂输送管道和支、吊架的固定应无松动。

（3）连接管应无变形、裂纹及老化。

（4）各喷嘴孔口应无堵塞。

每年应对每个防护区进行一次模拟启动试验。

低压二氧化碳灭火剂储存容器的维护管理应按国家现行 TSG R0005《移动式压力容器安全技术监察规程》的规定执行；钢瓶的维护管理应按国家现行 TSG 23《气瓶安全技术规程》的规定执行。灭火剂输送管道耐压试验周期应按 TSG D7004《压力管道定期检验规则　公用管道》的规定执行。

5. 移动式灭火器

（1）灭火器的产品质量必须符合国家有关产品标准的要求。灭火器的类型、规格、灭火级别和配置数量应符合 GB 50140《建筑灭火器配置设计规范》等配置设计规范要求。灭火器配置应与场所危险性相适应；当场所使用性质发生变化时，应及时进行调整；在同一灭火器配置单元内，采用不同类型灭火器时，其灭火剂应能相容，选用灭火器时还应考虑灭火剂与当地消防车采用的灭火剂相容。

（2）灭火器的保护距离应符合 GB 50140《建筑灭火器配置设计规范》的规定，并应保证任一点都在灭火器的保护范围内。露天生产装置当设有固定式或半固定式消防系统时，按应配置数量的 30% 设置。手提灭火器的保护距离不宜大于 9m。

（3）生产区内扑救可燃气体、可燃液体火灾宜选用钠盐干粉灭火剂，扑救可燃固体表面火灾应采用磷酸铵盐干粉灭火剂。控制室、机柜间、计算机室、电信站、化验室等宜设置气体型灭火器。

（4）灭火器应按照设计提供的配置图表定置放置。

（5）灭火器应放置在便于取用的场所，且不得影响安全疏散。

——手提式灭火器应设置在灭火器箱内或挂钩、托架上，或放置在干燥、洁净的地面上。

——设置在室外的灭火器应采取防湿、防寒、防晒等相应保护措施。当设置在潮湿性或腐蚀性的场所时，应采取防湿或防腐蚀措施。

——在有视线障碍的设置点设置灭火器时，应在醒目的地方设置指示灭火器位置的发光标志；在灭火器箱的箱体正面和灭火器设置点附近的墙面上应设置指示灭火器位置的标志。

——推车式灭火器应设置在平坦场地。在没有外力作用下，推车式灭火器不得自行滑动。当设有防止自行滑动的固定措施时，不应影响其操作使用和正常行驶移动。

——灭火器箱不应被遮挡、上锁或栓系，箱内应干燥、清洁。箱门开启应方便灵活，开启后不得阻挡人员安全疏散。开门型灭火器箱的箱门开启角度应不小于 175°，翻盖型灭火器箱的翻盖开启角度应不小于 100°，不影响取用和疏散的场合除外。

（6）灭火器外观检查应符合下列规定：

——灭火器的器头应向上，铭牌应朝外。

——灭火器的铭牌应清晰明了，无残缺。铭牌上灭火剂、驱动气体的种类、充装压力、总质量、灭火级别、制造厂名和生产日期或维修日期等标志及操作说明应齐全。

——灭火器的铅封、销闩等保险装置不应损坏或遗失。

——灭火器的筒体无明显的损伤、缺陷、锈蚀及泄漏。

——灭火器喷射软管应完好，无明显龟裂，喷嘴不堵塞。

——灭火器的驱动气体压力应在工作压力范围内。

——灭火器的零部件应齐全，并且无松动、脱落或损伤。

——灭火器应未开启、喷射过。

（7）灭火器的检查周期应符合下列规定：

——灭火器的配置、外观等应按 GB 50444《建筑灭火器配置验收及检查规范》的要求每月进行一次检查。

——装置所配置的灭火器，应按本标准的要求每半月进行一次。

——水基型灭火器出厂期满三年应进行维修，首次维修后每满一年应进行维修；干粉、洁净气体、二氧化碳灭火器出厂期满五年应进行维修，首次维修后每满二年应进行维修。

——每次送修的灭火器数量不得超过计算单元配置灭火器总数量的 1/4。超出时，应选择相同类型和操作方法的灭火器替代，替代灭火器的灭火级别不应小于原配置灭火器的灭火级别。

（8）有下列情况之一的灭火器应进行强制报废：

——筒体严重锈蚀，锈蚀面积大于或等于筒体总面积的 1/3，表面有凹坑；

——筒体明显变形，机械损伤严重；

——器头存在裂纹，无泄压机构；

——筒体为平底等结构不合理；

——没有间歇喷射机构的手提式灭火器；

——没有生产厂名称和出厂年月，包括铭牌脱落，或虽有铭牌，但已看不清生产厂名称，或出厂年月钢印无法识别；

——筒体有锡焊、铜焊或补缀等修补痕迹；

——被火烧过。

——水基型灭火器出厂时间达到 6 年，干粉、洁净气体灭火器出厂时间达到 10 年，二氧化碳灭火器出厂日期达到 12 年应进行报废。

6. 火灾自动报警系统

（1）火灾自动报警系统应设有自动和手动两种触发装置。

（2）具有消防联动功能的火灾自动报警系统应设置消防控制室。具有两个及两个以上消防控制室时，应确定主控制室和分控制室。主控制室的消防设备应对系统内共用及分控制室的消防设备及进行控制，并显示其状态信息。各分消防控制室内的控制和显示装置之间可以相互传输、显示状态信息，但不应互相控制。

（3）每个报警区域内的模块应相对集中设置在本报警区域内的金属模块箱中，严禁设置在配电（控制）柜（箱）内。未集中设置的模块附近应有明显的标识。

（4）系统设备及组件应按规定周期委托具备资质的机构进行检测、标定，并留存检测、标定记录。

（5）火灾自动报警系统应设有交流电源和蓄电池备用电源；交流电源应采用消防电源；系统主电源不应设置剩余电流动作保护和过负荷保护装置；蓄电池组的容量应保证火灾自动报警及联动控制系统在火灾状态同时工作负荷条件下连续工作 3h 以上。主电源断电及恢复供电时，应能自动转换，并应分别显示主、备电源状态。

（6）消防控制室内应设置控制室图形显示装置、火灾报警控制器、消防联动控制器、消防电话总机、消防应急广播控制装置、消防应急照明和疏散指示系统控制装置、消防电源监控器等设备，或具有相应功能的组合设备。

（7）消防控制室送、回风管的穿墙处应设防火阀。

（8）消防控制室内严禁有与其无关的电气线路及管路穿过。

（9）消防控制室内设备的布置应符合下列规定：

——设备面盘前的操作距离单列布置时不应小于 1.5m，双列布置时不应小于 2m；

——在值班人员经常工作的一面，设备面盘至墙的距离不应小于 3m；

——设备面盘后的维修距离不宜小于 1m；

——设备面盘的排列长度大于 4m 时，其两端应设置宽度不小于 1m 的通道。

（10）与其他弱电系统合用的消防控制室内，消防设备应集中设置，并应与其他设备之间有明显间隔。

（11）消防控制室内应保存下列纸质和电子档案资料：

——建（构）筑物竣工后的总平面布局图、消防设施平面布置图、消防设施系统图及安全出口布置图、重点部位位置图等；

——包括消防设施的类型、数量、状态等内容的消防设施一览表；

——消防系统控制逻辑关系说明、设备使用说明书、系统操作规程、系统和设备维护保养制度等；

——消防安全管理规章制度、应急灭火预案、应急疏散预案等；

——包括消防安全责任人、管理人、专职、志愿消防人员等内容的消防安全组织结构图；

——消防安全培训记录、灭火和应急疏散预案的演练记录；

——值班情况、消防安全检查情况及巡查情况的记录；

——设备运行状况、接报警记录、火灾处理情况、设备检修检测报告等资料。

（12）消防控制室日常管理应符合下列要求：

——确保24h有不少于2名具备相应专业资质的人员值班；

——确保火灾自动报警系统、灭火系统和其他联动控制设备处于正常工作状态；

——确保高位消防水箱、消防水池、气压水罐等消防储水设施水量充足；

——确保消防泵出水管阀门、自动喷水灭火系统管道上的阀门常开；

——确保消防水泵、防排烟风机、防火卷帘等消防用电设备的配电柜开关处于自动（接通）位置。

（13）火灾报警控制器应设置在消防控制室或有人值班的场所。

（14）火灾报警控制器应能接收火灾探测器及其他火灾报警触发器件的火灾报警信号，在10s内发出火灾报警声、光信号，指示火灾发生部位，记录火灾报警时间，并予以保持，直至手动复位。

（15）火灾报警控制器在火灾报警状态下应发出火灾报警信号，3s内应启动相关的控制输出，并能控制火灾声光警报器的启动和停止。

（16）火灾报警控制器应能显示火灾探测器、火灾显示盘、手动火灾报警按钮的正常工作状态、火灾报警状态、屏蔽状态及故障状态等相关信息。

（17）火灾报警控制器的火灾报警、故障报警、自检、显示与计时功能应运行正常；触发自检键，应能够对面板上所有的指示灯、显示器和音响器件等进行功能自检。

（18）消防专用电话网络应为独立的消防通信系统，通话音质应清晰。

（19）消防控制室应设置消防专用电话总机，并符合下列规定：

——应能与各消防电话分机通话，并具有插入通话功能；

——应能接收来自消防电话插孔的呼叫，并能通话；

——应有消防电话通话录音功能；

——应能显示消防电话的故障状态，并能将故障状态信息传输给消防控制室。

（20）消防水泵房、发电机房、配变电室、计算机网络机房、主要通风和空调机房、防排烟机房、灭火控制系统操作装置处或控制室、企业消防站、消防值班室、总调度室、消防电梯机房，以及其他与消防联动控制有关的、且经常有人值班的机房应设置消防专用电话分机。消防专用电话分机应固定安装在明显且便于使用的部位，应有区别于普通电话的标识。

（21）消防控制室、消防值班室等处，应设置可直接报警的外线电话。

（22）集中报警系统和控制中心报警系统应设置消防应急广播。

（23）应急广播的数量及功率符合相关标准和消防应急的实际需要。在环境噪声大于60dB 的场所设置的扬声器，在其播放范围内最远点的播放声压级应高于背景噪声 15dB。

（24）火灾探测器的选择应符合 GB 50116《火灾自动报警系统设计规范》，并与保护场所火灾特性相适应。

（25）火灾探测器外观完好，处于正常工作状态。

（26）设置火灾自动报警系统的场所，每个防火分区应至少设置一只手动火灾报警按钮，从一个防火分区内的任何位置到最近的手动火灾报警按钮的步行距离不应大于 30m。手动火灾报警按钮应设置在疏散通道或出入口处。

（27）手动火灾报警按钮应设置在明显和便于操作的部位。当安装在墙上时，其底边距地高度宜为 1.3～1.5m，且应有明显的标志。

（28）手动火灾报警按钮被触发时，应向报警控制器输出火警信号；同时启动按钮的报警确认灯，应能手动复位。

（29）火灾自动报警系统应设置火灾警报器。火灾警报器接收信号后应发警报，并在确认火灾后启动建筑内的所有火灾警报器。

（30）当火灾声警报器设置带有语音提示功能时，应同时设置语音同步器。

（31）同一建筑内设置多个火灾声警报器时，火灾自动报警系统应能同时启动和停止所有火灾声警报器工作。

（32）火灾光警报器应设置在每个楼层的楼梯口、消防电梯前室、建筑内部拐角等处的明显部位，且不宜与安全出口指示标志灯具设置在同一面墙上。

（33）火灾警报器设置在墙上时，其底边距地面高度应大于 2.2m。

（34）火灾警报器声压级应大于 60dB；在环境噪声大于 60dB 的场所，其声压级应高于背景噪声 15dB。

（三）专职消防队管理监督要点

（1）制定专职消防队管理制度或相关要求，明确对消防员补充、战备执勤、消防车辆、消防装备、设施、药剂、队伍训练、交接班管理等要求，并按要求开展工作。

（2）消防设施、装备和器材按标准要求配置齐全。

第七节　承包商 HSE 管理监督

一、概述

承包商是指在中国石油集团范围内承担工程建设、工程技术服务、装置设备维修检修等建设（工程）项目的单位，分为内部承包商和外部承包商。

中国石油集团承包商安全监督管理工作遵循以下原则：

（1）安全第一、预防为主。

（2）统一领导、分级负责，直线责任、属地管理。

（3）谁发包、谁监管，谁用工、谁负责。

（4）建设单位安全生产责任不可替代。

建设单位也称业主或者甲方，是承包商的安全监管责任主体，应当严把承包商的单位资质关、HSE 业绩关、队伍素质关、施工监督关和现场管理关，做到统一制度、统一标准、文化融合，承包商相对固定。

二、监督依据

（一）法律法规

——《中华人民共和国建筑法》（中华人民共和国主席令 2019 年第 29 号）；

——《中华人民共和国安全生产法》（中华人民共和国主席令 2021 年第 88 号）；

——《中华人民共和国民法典》（中华人民共和国主席令 2020 年第 45 号）；

——《中华人民共和国劳动法》（中华人民共和国主席令 2018 年第 24 号）；

——《中华人民共和国劳动合同法》（中华人民共和国主席令 2012 年第 73 号）；

——《中华人民共和国招标投标法》（中华人民共和国主席令 2017 年第 86 号）。

（二）规章制度

——《中国石油天然气集团公司承包商安全监督管理办法》（中油安〔2013〕483 号）；

——天然气净化厂承包商 HSE 管理制度。

三、监督要点

（一）机构与职责

（1）组织与承包商签订 HSE 合同并督促履行。

（2）保障建设项目所需的安全投入、施工环境、安全监督人员配备。

（3）根据职责权限组织承包商相关资质、技术装备、人员资质能力等准入审查。

（4）负责组织承包商入场前 HSE 培训。

（5）负责组织设计、施工方案中风险识别及防范措施审查。组织或参与承包商“四新”HSE 风险评估。

（6）组织专业部门与安全环保部门对承包商开展现场 HSE 监督、检查，提供 HSE 咨询和指导，考核承包商 HSE 业绩。

（7）组织属地单位履行承包商属地管理责任，监督落实 HSE 管理措施，配合开展承包商考核。

（8）配合承包商、承租方安全环境事故事件的调查处理工作。

（二）承包商准入与选择监督管理

（1）对承包商实行准入管理，按照承包商资质、业务、风险等级建立量化、可操作的承包商准入与考核评价标准。

（2）对承包商准入的 HSE 资质进行审查，内容主要包括有关安全、环保认证或资质、HSE 监督管理机构设置、HSE 管理体系、HSE 资源保障和主要负责人、项目负责人、HSE 监督管理人员、特种作业人员资质证书，以及近三年 HSE 业绩证明等有关资料。

（3）有下列情形之一的外部承包商，所属企业不得办理企业市场准入：

① 已纳入“黑名单”尚未整改的外部承包商，所属企业应实行市场禁入管理。

② 外部承包商主要负责人、分管安全生产负责人、安全管理人员、施工项目负责人等关键管理岗位人员未按中国石油集团要求经过 HSE 培训或培训不合格的，所属企业不得给予办理市场准入。

（4）按照《中国石油天然气股份有限公司招标管理办法》规定选用承包商，满足招标条件的项目应通过招标方式选取、符合可不招标事由的可通过其他方式选取。

（5）招标文件中应包括承包商遵守的 HSE 标准与要求、执行的工作标准、人员的专业要求和行为规范、HSE 工作目标、项目可能存在的 HSE 风险，以及列出 HSE 费用项目清单，HSE 费用应满足有关标准规范及现场风险防范的要求。

（6）承包商投标文件中应包括施工作业过程中存在风险的初步评估、HSE 作业计划书、安全环保技术措施和应急预案，以及单独列支 HSE 费用使用计划等招标文件要求的相关内容。

（7）项目业主单位应根据项目的特点和风险，与承包商签订安全生产（HSE）合同或协议，约定相应的 HSE 条款。

（8）按照有关规定不需要单独签订安全生产（HSE）合同或协议的，在工程服务合同中应具有 HSE 条款要求。

（9）安全生产（HSE）合同或协议应与项目服务合同同时谈判、同时报审、同时签订、同时履行。

（10）安全生产（HSE）合同或协议中至少应当约定以下内容：

① 工程概况：对项目作业内容、要求及其危害进行基本描述。

② 项目业主单位安全环保权利和义务。

③ 承包商安全环保权利和义务。

④ 双方安全环保违约责任与处理。

⑤ HSE 设施和施工条件。

⑥ 隐患排查与治理。

⑦ HSE 教育与培训。

⑧ 事故应急救援。

⑨ HSE 检查与考评。

⑩ 合同争议的处理。

⑪ 合同的效力。

⑫ 特殊要求及项目特殊风险与其应采取的防控措施，以及其他有关安全生产方面的事宜。

⑬ 应明确 HSE 保护费用项目清单及金额或比例。承包方应明确为从业人员缴纳工伤保险等费用。

（11）实行总承包的项目，总承包商与分包商签订工程服务合同的同时，应签订安全生产（HSE）合同或协议，同时应约定双方在 HSE 方面的权利和义务，并报送项目业主单位备案。

（12）项目业主单位应当对同一时间、同一作业区域内的不同承包商作业队伍明确各方相对独立的作业区域范围。对高风险作业区域按规定建立安全生产“区长”挂牌制。

（13）两个及以上承包商在同一作业区域内进行交叉施工作业的，由项目业主单位组织作业项目区域内的承包商互相签订安全生产（HSE）合同或协议，明确作业界面和各自的 HSE 管理职责、采取的 HSE 措施。存在分包商交叉作业的项目，由总承包商组织签订安全生产（HSE）合同或协议，并报所属企业项目业主单位备案。

（三）承包商入场前监督管理

（1）承包商应根据项目安全施工的需要，入厂（场）前对参加项目的所有员工（包括分包商员工）进行 HSE 培训和考核。承包商应将培训和考试记录报送项目业主单位备案，项目业主单位对培训效果进行验证。对有下列情形之一的，还应及时进行 HSE 培训：① 员工新入职、离开工作区域六个月以上、调整工作岗位的。② 工艺、工具和设备变更。③ 作业环境变化。④ 采用新工艺、新技术、新材料、新设备的。

（2）对承包商关键岗位人员及参加项目的所有员工进行入厂（场）施工作业前的 HSE 教育，HSE 教育包括承包商 HSE 监督管理、项目主要风险、安全注意事项、划定的施工区域、应急联动、特定个人防护装备的使用、非常规与高风险作业、关键作业程序和关联工艺等内容。承包商人员考核合格后，方可入厂（场）施工作业，教育培训与考核资料应存档备查。作业条件、HSE 管理发生变化时，应及时组织再教育培训。

（3）在外部承包商入厂（场）前，组织工程、技术、设备、安全、合同、人事等相关业务部门，对施工方案、参与施工作业人员资格能力、设备设施安全性能及 HSE 组织架构、教育培训和管理制度等进行审核评估。内部承包商按照能力准入评估的标准，自行开展评估工作，并将评估结果报项目业主单位备案，项目业主单位对评估情况进行验证。

（4）承包商能力准入评估结束后，项目业主单位应出具评估意见。督促承包商对施工方案、人员资格能力、设备设施安全性能等存在的问题限期整改，整改合格后方可开工。

（5）是否按照制度流程规范开展了承包商人员资格能力准入评估；核查承包商人员是否与投标文件保持一致，人员变更是否履行变更程序；核查承包商所有人员的基本信息、健康体检证明和安全生产责任险，以及相关资格证书和接受项目业主单位、承包商施工作业前 HSE 教育培训记录；核查项目主要负责人、分管负责人、管理人员、技术人员的工作履历和社会保险证明。

（6）开展承包商设备设施安全性监督检查，监督重点内容为：① 项目业主单位是否按照制度流程规范开展了承包商设备设施安全性评估。② 核查主要工具设备设施是否与投标文件、HSE 作业计划书、施工组织设计保持一致，核查内容包括设备名称、型号规格、操作规程、检验检测合格证明、维护保养记录等。③ 检查设备完整性，安全附件是否完好，并在现场进行必要的试运行。④ 检查处于施工作业区域内的临时营地的卫生、消防、用电设施，危险物品、固体废弃物、生活污水存储设施，以及劳动防护用品、必要的医疗设施和相关药品等。

（7）开展承包商 HSE 组织架构和管理制度监督检查，监督重点内容为：① 项目业主单位是否按照制度要求开展了承包商 HSE 组织架构和管理制度准入能力评估。② 核查 HSE 组织架构是否与招投标文件保持一致。③ 核查承包商是否按规定和合同约定确定项目适用的 HSE 管理制度，并提供有效的文本。④ 核查是否签订安全生产（HSE）合同或协议、工程项目 HSE 承诺书。⑤ 核查施工组织设计（方案）、HSE 作业计划书、开工报告是否得到批复，承包商是否对其员工进行了 HSE 交底。⑥ 核查是否编制了 HSE 费用使用计划。⑦ 核查施工作业人员施工期间 HSE 培训计划。

（四）施工作业过程监督管理

（1）提供符合规定要求的安全生产条件，对承包商进行 HSE 交底或者生产与施工的界面交接，同时提供项目存在的危害和风险、地下工程资料、邻井资料、施工现场及毗邻区域内环境情况等有关资料，并保证资料的真实、准确、完整。

（2）总承包商应组织分包商、应急救援协作单位等项目相关方召开施工准备 HSE 交底会议，布置具体的 HSE 工作要求。对于存在多方协同作业、交叉作业，以及起重吊装、焊接切割、管道试压、管沟作业、电气检修等事故多发高风险作业的项目，总承包商应严格方案审查、安全交底及作业环节管控。

（3）对承包商施工作业项目进行公示，对施工作业过程进行 HSE 监管，利用承包商信息管理系统提供的承包商信息制订监管方案，明确 HSE 监管措施、监督方式等；利用视频监控、监督助手等工具对承包商实施现场数字化、智能化监督。

（4）根据风险等级向项目派驻监督人员，必要时可以聘用第三方 HSE 监督团队对项目进行监督。专业监督、监理应代表所属企业或项目业主单位负责对项目实施质量、技术、安全、环保“一体化”监督，突出对承包商现场作业环节进行监管。

（5）明确承包商项目施工作业的重要环节、关键工序与特殊时段，针对项目风险及控制措施要求等情况，匹配监督资源、部署监督力量。需要进行旁站监督的关键作业、高危作业，要安排监督（理）按照规定实施旁站监督（理）。

（6）定期检查监督机构及现场监督在承包商施工作业过程中的 HSE 职责履行情况，包括 HSE 交底、必要的安全生产条件、入厂（场）前 HSE 教育培训、日常 HSE 检查落实、严重违章行为处罚、重大隐患整改验证、应急管理、事故（事件）管理等情况。

（7）应对承包商施工作业过程开展日常监督检查，重点监督事项包括：① 承包商的入厂（场）施工作业人员与施工作业前能力准入评估结果是否一致、劳动防护用品使用、HSE 教育培训计划落实、资格证书有效性等情况。② 现场的设备设施与施工作业前能力准入评估结果是否一致、安全附件是否齐全、检验检测是否合格、运行状态是否完好等情况。③ 检查项目规章制度和操作规程执行、施工方案执行、开工证明和基本安全生产条件、安全技术交底、班前班后会、项目 HSE“两书一表”、作业许可办理、变更管理、应急预案培训与演练、应急资源配备、作业环境、清洁生产、污染防治设施等情况。④ 检查事故隐患整改、违章行为查处、HSE 费用使用、事故事件报告及处理等情况。⑤ 检维修服务项目生产交付检修和检修交付生产的界面验收与环境确认。⑥ 对工程监理、工程监督、安全监督的履职情况进行监督检查。⑦ 对承包商在所属企业生产区域内是否存在从事与施工任务无关或者非必须的作业事项进行监督检查。⑧ 其他需要监督的内容。

（8）施工作业现场应实行封闭管理，出入口设置门岗值班，凭证入场。固定作业场所和有条件的野外施工现场设置门禁，其他现场必须设置专人进行出入登记。

（9）发现承包商违反合同或协议约定的，偏离要求遵守的 HSE 规章制度和技术标准的，应当及时通知其采取措施予以改正；属于违章应现场告知，并纳入对承包商业绩评价中，在合同结算时兑现；发现存在事故隐患无法保证安全的，或者发现危及员工生命安全的紧急情况时，应当责令停止作业或者停工。责令停工期间，承包商应按照要求进行整改，经验收合格后方可复工。

（10）承包商发生生产安全事故和环境事件后，应采取防止事故扩大和应急处置措施，保护事故现场，并按照有关规定向项目业主单位和地方政府有关部门报告。内部承包商发生生产安全事故和环境事件的，内部承包商、项目业主单位应同时按照规定程序进行上报。

（五）HSE 绩效评估监督管理

（1）结合实际建立完善的承包商 HSE 绩效评估体系，按照专业属性及风险高低建立量化、可操作的考核评价标准，制定评估细则、评分标准，明确评估内容、方法和频次，按照施工能力或安全环保绩效及年度合同执行情况，对承包商进行综合评价与考核。

（2）对承包商进行 HSE 绩效年度及项目完成绩效评估，并将评估结果上报。评估内容主要包括：HSE 合同或协议及承诺履行、人员安全履职能力、设备设施本质安全性能、现场文明施工（现场标准化）、日常 HSE 管理、HSE 作业计划书执行、HSE 教育培训落实、

HSE 费用使用、“三违”查处和事故隐患整改、事故（事件）管理、奖惩等情况。

（3）承担多个项目的承包商年度 HSE 绩效评估结果为其承包的所有项目 HSE 绩效得分的加权平均值；对同一专业领域内跨多个二级单位使用的承包商，由各企业依据二级单位上报的 HSE 绩效评估结果进行综合评估。

（4）对内部承包商可结合 HSE 管理体系审核的方式进行 HSE 绩效评估。

（5）根据承包商年度 HSE 绩效评估得分情况，将承包商分为优秀、合格、观察使用和不合格四个等级，并公开评估结果。

（6）将承包商 HSE 绩效评估结果及时上传中国石油集团承包商信息管理平台。

（7）严格承包商 HSE 绩效评估结果应用，对承包商实施末位淘汰制度。应将承包商 HSE 绩效评估结果作为选择使用承包商的依据：① 对“优秀”级承包商给予有效激励，连续三年被评为优秀级的承包商队伍，可作为长期战略合作伙伴，同等条件下优先选择。② 应加强“合格”级承包商管理，指导“合格”级承包商开展管理提升与改进，推动承包商提升 HSE 管理水平。③ 对评级为“观察使用”的承包商应给予黄牌警示，外部承包商自黄牌警示公告日起一年内或在其整改合格后通过评估验收前不得允许其参与投标；内部承包商在整改合格并通过评估验收后方可参与企业项目投标。④ 应严格执行承包商“黑名单”制度。对评级为“不合格”的承包商及其主要负责人、项目主要负责人纳入“黑名单”管理，自“黑名单”公告日起两年内或在其整改合格并通过评估验收前不得允许其重新申请准入。

（8）外部承包商存在下列情形之一的，由承包商主管部门按照有关规定予以清退，并纳入“黑名单”：① 近两年来，发生一般 A 级及以上工业生产安全责任事故的，或发生较大环境污染事件和生态破坏事件的。② 被政府负有监督管理职责的部门认定纳入“黑名单”的。③ 没有组织机构或者组织机构不健全，或者队伍配置不符合中国石油集团标准的。④ 设备装置配置及其安全性能不符合技术要求的。⑤ 关键作业和管理人员资质不符合国家有关要求，或者人员能力无法满足专业需求及安全生产需要的。⑥ 提供虚假安全资质材料和信息，骗取准入资格的。⑦ 现场管理混乱、隐患不及时治理，不能保证生产安全的。⑧ 违反国家有关法律、法规、规章、标准及中国石油集团有关规定，拒不服从管理的。⑨ 一年以内，收到政府部门两次及以上行政处罚的。⑩ 存在发生事故隐瞒不报、谎报，或者伪造、故意破坏事故现场的，或者转移、隐匿、伪造、毁灭有关证据的，或者主要负责人逃逸等行为的。

第八节　危险化学品管理监督

一、概述

《危险化学品安全管理条例》（中华人民共和国国务院令 2013 年第 645 号）第三条所称危险化学品，是指具有毒害、腐蚀、爆炸、燃烧、助燃等性质，对人体、设施、环境具有危害的剧毒化学品和其他化学品。依据 GB 13690《化学品分类和危险性公示　通则》，按物理、健康或环境危险的性质共分三大类：理化危险、健康危险、环境危险。

（一）主要风险分析

危险化学品与工业生产和日常生活结合得越来越紧密，化工行业是我国国民经济的支柱之一，且几乎所有的工业生产均涉及危险化学品。对历史上的危险化学品生产安全事故分析发现，事故企业主要负责人、企业员工甚至当地政府有关行业主管部门缺乏对危险化学品安全风险的基本认知与防控常识，是事故发生的重要原因。

（二）天然气净化厂危险化学品管理概述

天然气净化厂危险化学品（简称“危化品”）管理包括两部分，一是作为危化品生产单位，生产副产品硫磺；二是作为危化品的使用单位，生产过程中化验分析、水处理需要使用危险化学品。天然气净化厂应严格遵守国家相关法律法规，对危化品的生产、储存、运输、使用等进行严格管理。天然气净化厂化验分析、水处理使用的危险化学品见表 2-1。

表 2-1　天然气净化厂常用危险化学品

序号	名称	序号	名称
1	硫酸	17	五氧化二磷
2	盐酸	18	氨基磺酸
3	硝酸	19	丙酮
4	重铬酸钾基准试剂	20	磷酸
5	重铬酸钾粉剂	21	过氧化氢
6	高锰酸钾	22	甲苯
7	硝酸银	23	无水乙醇
8	过硫酸铵	24	卡尔费休试剂
9	氢氧化钡	25	乙酸（冰醋酸）
10	偏钒酸铵	26	正丁醇
11	硝酸汞	27	甲醇
12	碘化汞	28	四氯化碳
13	硫酸汞	29	氨水
14	乙酸铅	30	异丙醇
15	氢氧化钠	31	石油醚
16	氢氧化钾	32	二氧化氯

二、监督依据

（一）法律法规

——《中华人民共和国安全生产法》（中华人民共和国主席令 2021 年第 88 号）；

——《危险化学品安全管理条例》（中华人民共和国国务院令 2013 年第 645 号）；

——《易制爆危险化学品治安管理办法》（中华人民共和国公安部令 2019 年第 154 号）；

——《危险化学品登记管理办法》（国家安全生产监督管理总局令 2012 年第 53 号）；

——《危险化学品安全使用许可证实施办法》（国家安全生产监督管理总局令 2017 年第 89 号）；

——《危险化学品生产企业安全生产许可证实施办法》（国家安全生产监督管理总局令 2011 年第 41 号）；

——《危险化学品建设项目安全监督管理办法》（国家安全生产监督管理总局令 2012 年第 45 号）；

——《危险化学品重大危险源监督管理暂行规定》（国家安全生产监督管理总局令 2011 年第 79 号）。

（二）标准规范

——GB 13690《危险化学品分类和危险性公示　通则》；

——GB 15258《化学品安全标签编写规定》；

——GB/T 16483《化学品安全技术说明书　内容和项目顺序》；

——GB 18218《危险化学品重大危险源辨识》；

——GB 18265《危险化学品安全技术基本要求》。

（三）规章制度

——《危险化学品企业安全风险隐患排查治理导则》（应急〔2019〕78 号）；

——《中国石油天然气集团公司危险化学品安全管理办法》；

——天然气净化厂危险化学品管理制度。

（四）其他文件

——天然气净化厂化验分析操作规程；

——天然气净化装置操作规程。

三、监督要点

（一）危险化学品基础管理

1. 危险化学品销售和采购

（1）应从具有危险化学品经营许可证的经营单位采购危险化学品。

（2）购买易制毒、剧毒化学品时，物资采购管理部门应向当地辖区公安局申请领取准购证。

（3）销售、采购的危险化学品必须具有标识、标签并有可追溯性。供货方应提供化学品安全技术说明书和化学品安全标签，外文应翻译成中文。

2. 危险化学品使用和储存

（1）危险化学品单位应向周围单位和居民宣传有关危险化学品的防护知识和发生事故的急救办法。

（2）使用、储存危险化学品的单位应分类建立危险化学品台账，账实相符。同时，应按其化学性质分类、分区存放，并有明显的标志。

（3）使用危险化学品的单位应根据实际编制相应的操作规程，设置工艺控制卡并严格执行。

（4）使用危险化学品的装置应有可靠的温度、压力、流量、液面等参数控制手段，参数在控制范围内。

（5）使用危险化学品的装置应有可靠的供电、供气（汽）、供水等公用工程系统，特别危险场所应设置紧急停车系统（ESD）、双电源或备用电源，重要的仪表应设置不间断电源（UPS）。

（6）生产装置正常排放和事故排放的可燃物或有毒物应经过回收、燃烧或中和处理，不应对大气、河流、地面直排。

（7）使用危险化学品的场所，应配备相应的消防设施、防护器材和应急处理的工具、装备。

（8）危险化学品的包装内应附化学品安全技术说明书，包装上有化学品安全标签。化学品安全技术说明书和化学品安全标签所载明的内容应当符合国家标准的要求。

（9）使用、储存危险化学品的单位，应当根据危险化学品的种类和危险特性，在作业场所设置相应的监测、监控、通风、防晒、调温、防火、灭火、防爆、泄压、防毒、中和、防潮、防雷、防静电、防腐、防泄漏，以及防护围堤或者隔离操作等安全设施、设备，并按照国家标准、行业标准或者国家有关规定对安全设施、设备进行经常性维护、保养，确保正常使用。

（10）储存、使用、经营危险化学品的单位应当具备法律、行政法规规定和国家标准、行业标准要求的安全条件，建立、健全安全管理规章制度和岗位安全责任制度，对从业人员进行安全教育和岗位技术培训。

（11）使用、储存危险化学品的单位，应当在其作业场所和安全设施、设备上设置明显的安全警示标志。

（12）使用、储存危险化学品的单位，应当在其作业场所设置通信、报警装置，并保证处于适用状态。

（13）危险化学品应当储存在专用仓库、专用场地或者专用储存室（以下统称专用仓库）内，并由专人负责管理；剧毒化学品及储存数量构成重大危险源的其他危险化学品，应当在专用仓库内单独存放，并实行双人收发、双人保管制度。

（14）相互接触能引起燃烧、爆炸或灭火方法不同的化学危险物品，不得同库储存，存储易爆品库房应有足够的泄压面积和良好的通风设施。对于禁止冻、晒的危险化学品，应有防冻、防晒设施；对储存温度要求较低的危险化学品，储存设施应有降温设施；对储存遇湿易溶解、燃烧、爆炸的物品，应有防潮、防雨措施。

（15）严格执行危险化学品出入库管理制度，建立危化品出入库记录，设专人管理，定期对库存危险化学品进行检查，做好检查记录。严格核对、检验进出库物品的规格、质量、数量，并登记和做好记录。对无产地、无安全标签、无安全技术说明书和检验合格证的物品不得入库。

（16）储存易燃和可燃化学品的仓库、露天堆垛附近，不准进行试验、分装、封焊、维修、动火等作业。

（17）氧化剂或具有氧化性的酸类物质不能与易燃物品储存于同一仓库。

（18）盛装性质相抵触气体的气瓶不可储存在同一仓库。

（19）危险化学品与普通物品储存在同一仓库时，应保持一定距离。

（20）易燃气体等危险化学品不可在低洼、潮湿仓库或露天场地堆放。

（21）危险化学品的包装容器应当牢固、密封，发现破损、残缺、变形和物质变质、分解等情况时，应及时处理。

（22）贮存易燃、易爆危险化学品的建筑，应安装避雷设备。

（23）储存危险化学品的建筑应安装通风设备，通风管应采用非燃烧材料制作。

（24）储存危险化学品的建筑通排风系统应设有导除静电的接地装置。

（25）遇火、遇热、遇潮能引起燃烧、爆炸或发生化学反应，产生有毒气体的危险化学品，不得在露天或在潮湿、积水的建筑物中储存。

（26）易燃气体不得与助燃气体、剧毒气体同储，氧气不得与油脂混合储存。

3. 危险化学品运输

（1）危险化学品道路运输企业的驾驶人员、装卸管理人员、押运人员应经主管部门考核合格，取得从业资格，车上应安装 GPS。

（2）禁止用叉车搬运易燃、易爆气体等危险化学品。

4. 危险化学品处置

（1）剧毒物品的包装废弃物，应由专人负责管理，统一销毁，销毁时应在安全、环保、公安等有关部门的监护下进行。

（2）凡拆除的容器、设备和管道内有危险化学品时，应清理干净并检查合格后方可报废。

（3）闲置不用的危险化学品应按规定处置。对失效过期，已经分解、理化性质改变的危险化学品，不得转移，应组织销毁。

（4）不准将废弃危险化学品倾倒入下水井、地面和江河，危险废物应集中存放并做好标识；批量销毁危险化学品、危险废液时，应委托有资质的单位完成，双方签订协议，明确各自的责任、义务和完成时限，不能将危险化学品私自转移、变卖。

5. 危险化学品应急管理

（1）从事经营、储存、使用危险化学品的单位应建立应急体系，制订应急预案，配备应急处置救援人员和必要的应急救援器材、设备，并定期组织演练。应急预案要报所在地的安全生产监督管理部门备案。

（2）各种危险化学品的应急、消防、急救等措施应与对应的化学品安全技术说明书一致。

（3）针对可能存在的危险化学品应急知识，对周边居民进行宣传。

（二）气瓶（含标气瓶）管理

（1）资质：空气呼吸器充装人员应当经省、自治区、直辖市的特种设备安全监督管理部门许可，方可从事充装活动。

（2）出入库：气瓶使用单位对气瓶入库与发放实行登记（气瓶类别、编号、外观检查、入库和出库时间及领用单位、管理负责人等）。

（3）外观：气瓶外观无机械性损伤、严重腐蚀、变形、裂纹等严重缺陷；气瓶的附件（防震圈、瓶帽、瓶阀）应齐全、完好；气瓶钢印完好，盛装气体一致，应定期检验。

（4）漆色及标志：气瓶表面漆色、字样和色环标记符合规定，有气瓶警示标签；乙炔（白色瓶身，大红字体）、氢气（淡绿，大红字体）、氧气（淡蓝，黑色字体）、氮气（黑色，淡黄字体）、甲烷（棕色，白色字体）、氩气和氦气（银灰，深绿字体）、硫化氢（银灰，大红字体）、二氧化硫（银灰，黑色字体）。

（5）储存：仓库内不应有地沟、暗道，不应有明火和其他热源，仓库应通风、干燥、避免阳光直射，库房门口有醒目的安全标志。盛装毒性气体或相互接触后能引起燃烧、爆炸，以及产生毒物的气瓶，要分库存放。空瓶与实瓶应分开放置，并有明显标志；瓶内气体相互接触能引起燃烧、爆炸、产生毒物的气瓶，应分室存放，并在附近设置防毒用具或消防器材。气瓶放置应整齐立放，安装好瓶帽，妥善固定，有可靠的防倾倒措施。存放易燃易爆气体的气瓶仓库的照明、通风机插座、开关等一切电气装置应采用防爆型元器件，可燃、爆炸性气体气瓶的库房内电气开关、熔断器都应设置在库房外，同时应设避雷装置。夏季应采取措施防止气瓶曝晒，不应敲击、碰撞气瓶。氧气瓶周围不得有可燃物品、油渍及其他杂物。乙炔气瓶与氧气瓶及易燃物品严禁同时存放。储存毒性气体或可燃气体气瓶的室内储存场所，必须监测储存点空气中毒性气体或可燃性气体的浓度；如果浓度超标，应强制换气或通风。

（6）管理和使用：气瓶内气体不得用尽，应留有剩余压力和重量，永久气体气瓶的剩余压力应不小于0.05MPa，液化气体气瓶应有不少于0.5%～1.0%规定充装量的剩余气体。不得更改气瓶颜色标记和钢印。气瓶应防止曝晒、雨淋、水浸，环境温度超过40℃时，应采取遮阳等措施降温。乙炔气瓶使用过程中，开关乙炔气瓶瓶阀的专用扳手应始终装在阀上。乙炔瓶严禁倒置。气瓶软管连接处用管卡固定。氧气瓶和乙炔瓶使用时分开放置，至少保持 5m 间距，且距明火 10m 以外。气瓶在储存、使用等各环节，应有介质名称，“满瓶、空瓶、使用中”状态醒目标识。

（三）硫磺仓储和营销管理

（1）资质：危险化学品生产企业进行生产前，应当依照《安全生产许可证条例》（中华人民共和国国务院令 2014 年第 653 号）的规定，取得危险化学品安全生产许可证。生产列入国家实行生产许可证制度的工业产品目录的危险化学品的企业，应当依照《中华人民共和国工业产品生产许可证管理条例》（中华人民共和国国务院令 2023 年第 764 号）的规定，取得工业产品生产许可证。

（2）技术管理人员、岗位员工熟悉硫磺成型、堆码、储存、装车、销售等标准规范和管理制度情况。技术管理人员、岗位员工要接受硫磺成型、堆码、储存、装车、销售等标准规范和规章制度等相关培训，有培训记录。相关人员要掌握标准规范、规章制度中的相关内容。

（3）技术管理人员、岗位员工掌握硫磺理化性质、主要风险、防控措施及应急处置等情况。技术管理人员、岗位员工要接受硫磺理化性质、主要风险、防控措施及应急处置等知识培训，有培训记录。技术管理人员、岗位员工掌握硫磺理化性质、主要风险、防控措施及应急处置措施。

（4）岗位员工熟练掌握个人安全防护器材和安全防护设备设施的使用方法。岗位员工接受相关培训。能正确使用岗位所需的个人安全防护器材和安全防护设备设施。

（5）承包商管理：承包商员工入场前接受安全教育，安全教育内容包括硫磺理化性质、主要风险、防控措施及应急处置措施，作业过程中存在的主要风险及防控措施。承包商员工掌握硫磺理化性质、主要风险、防控措施及应急处置，作业过程中存在的主要风险及防控措施等。

（6）岗位员工对运输车辆、载具、驾驶员、押运员、装车管理人员资质查验流程及查验标准掌握情况。检查硫磺装车管理人员是否掌握车辆、载具、驾驶员、押运员、装车员相关证件资质的管理要求，并按要求填写相关记录表格。

① 人员要求：从事道路危险货物运输的驾驶人员、装车管理人员、押运人员应当经所在地设区的市级人民政府交通运输主管部门考试合格，并取得相应的从业资格证。

从业人员应了解所运货物的特性、包装容器的使用特性、防护要求和发生事故的应急处理措施，熟悉消防器材的使用方法。

② 车辆要求：车辆应配置符合 GB 13392《道路运输危险货物车辆标志》的标志灯和标志牌，并清洁完好；车辆应配备运行状态记录仪；运输易燃易爆危险货物车辆的排气管应安装隔热和熄灭火星装置，以及配装导静电拖地带装置；车辆应有切断总电源和隔离电火花装置，切断总电源装置应安装在驾驶室内；车辆车厢底板应平整、完好，周围栏板应牢固；车辆应配备消防器材并定期检查、保养。

注：液体硫磺作为危险货物运输进行管理；固体硫磺作为一般货物运输进行管理。

（7）检查缝包挂带机、传送带、除尘系统等设备设施完好性。叉车、吊车等要定期检验和维护保养，确保良好使用状态。检查叉车、吊车作业人员资质。检查叉车、吊车在使用过程中，是否严格遵守相关规定。检查除尘设备运行、保养情况。

（8）检查配备的消防、安全防护器材及工器具管理。消防器材、安全防护器材按要求配置和维护保养。检查洗眼器设置：硫磺仓库出口 15m 范围内应设置洗眼器；包装厂房内应设置洗眼器；距装车设施 15m 范围内应设置洗眼器。岗位人员能正确使用岗位所需的消防、安全防护器材。

（9）硫磺装车风险管理：硫磺装车过程中，要采取有效措施消除或预防作业人员发生坠落的风险。

（10）应急物资储备、管理：应急物资储备的种类、数量满足现场应急需要。应急物资定期进行检查和维护保养。

（11）储存、装车现场安全管理要求。

硫磺储存区域：① 避免阳光直射，远离火源、热源、电源，无产生火花的条件。② 注意通风、确保通风设施完好。③ 库房周围无杂草和可燃物，不得与禁配物品同库存放。④ 库房内无漏撒硫磺，保持地面与堆垛清洁。⑤ 查照明设施满足防爆要求，照度满足夜间巡检要求。⑥ 火灾报警系统、消防设施保持完好，定期检查。⑦ 硫磺入库按批号依次堆码，已检品和待检品应有明显标识，堆码整齐、稳固，垛高一般不超过 3m。⑧ 安全通道畅通，无堆积物。⑨ 定期对硫磺库巡检，并填写巡检记录。⑩ 块状、粒状硫磺可贮存于露天或仓库内；粉状、片状硫磺贮存于有顶盖的场所或仓库内。⑪ 硫磺不允许直接落地存放，应根据地势高低，一般应垫 15cm 以上。袋装硫磺要防止日晒、雨淋，露天存放要加盖防护帆布层和防水垫层。

装车现场：① 必须有允许出库的相关单据。② 现场安排专人对装车过程进行监督。③ 装载数量不得超过车辆运输许可的范围。④ 装车人员正确穿戴劳保用品。⑤ 不得在装车现场吸烟、进食、饮水等。

（12）硫磺储存区域与外部敏感环境相关要求：安全防火距离满足相关要求。向应急区域内相关方进行安全告知。

（13）检查各单位落实硫磺成型、堆码、储存、装车、销售等标准规范和管理制度落实情况，HSE 合同签订及对客户（或承包商）的监管情况：客户台账与销售合同一致。检查销售合同签订过程中对用户资质的审查情况及符合情况。检查 HSE 合同的签订情况。检查属地单位对危险化学品运输单位、驾驶员、押运员、载具、装车人员的审查情况及符合情况。检查运输、装车承包商培训情况、现场监督检查情况。

（14）硫磺成型、堆码、储存、装车、销售等环节管理职责划分情况：硫磺成型、堆码、储存、装车、销售等环节管理界面清晰，职责明确。相关方按照管理职责的要求开展相关工作。

（15）落实操作规程、应急救援预案等情况：针对本单位或岗位应急预案，现场询问了解员工对应急处置、救援流程的熟知程度。按照操作规程的要求制订相应操作卡。作业中应使用操作卡，并按照操作卡的要求确认执行。检查员工对操作规程和操作卡的熟知程度。

（16）相关方安全告知情况：编制危险化学品安全技术说明书（液体硫磺、固体硫磺），并向用户提供。

第九节 预防硫化氢中毒安全管理监督

一、概述

（一）预防硫化氢中毒安全管理概述

天然气净化厂生产作业过程中存在的主要风险之一就是硫化氢中毒风险，因此通过预防硫化氢中毒安全管理，防范硫化氢中毒事故发生显得尤为重要。预防硫化氢中毒安全管理遵循“业务主导、专业支持，属地管理；谁主管、谁负责”的原则，主要包括预防硫化氢中毒培训管理、硫化氢技术防护、作业过程防护、个人防护设备配备与使用等内容。

（二）危害识别

1. 天然气净化厂存在硫化氢的介质

主要包括以下几方面：

（1）气体介质：原料气、闪蒸气、酸气、过程气、尾气。

（2）液体介质：脱硫富液、酸水、含硫污水。

（3）固体介质：含硫危险废物，如含硫污泥、含硫废过滤袋、含硫废滤芯等。

2. 天然气净化厂存在硫化氢的场所

主要包括以下几方面：

（1）原料气预处理单元、脱硫单元、硫磺回收单元、尾气处理单元、污水处理单元等。

（2）低位坑池、阀井、污泥干化池、危险废物储存间。

（3）硫化氢标气储存间、化验室（如色谱室、硫磺分析室等）。

二、监督依据

（一）法律法规

——《工贸企业有限空间作业安全规定》（中华人民共和国应急管理部令 2023 年第 13 号）。

（二）标准规范

——SY/T 6137《硫化氢环境天然气采集与处理安全规范》；
——SY/T 6277《硫化氢环境人身防护规范》；
——SY/T 6610《硫化氢环境井下作业场所作业安全规范》；
——SY/T 7356《硫化氢防护安全培训规范》；
——SY/T 7357《硫化氢环境应急救援规范》。

（三）企业规章

——天然气净化厂预防硫化氢中毒安全管理制度。

三、监督要点

（一）基本管理要求

（1）硫化氢浓度监测及相关要求：

① 未设置固定式硫化氢检测仪的场所，应当在巡检时使用有效的便携式硫化氢检测仪对现场可能发生硫化氢逸散的装置、设备、场所监测；设置固定式硫化氢检测仪的场所，应当实时监控监测数据。

② 委托有资质的职业卫生监测机构定期开展工作场所硫化氢浓度检测与评价。

③ 在生产波动、有异味产生，有不明原因的人员昏倒及特殊作业前（进入含有硫化氢的塔、容器、井、污水池内、下水道等作业）均应进行硫化氢浓度检测。

④ 监测、检测结果应及时告知作业人员。

⑤ 日常监测、检测中发现的硫化氢浓度超标情况应立即通知超标区域的作业人员撤离现场，查找原因，进行整改，并做动态监测。

⑥ 班组硫化氢监测情况应当如实记录；职业卫生监测机构的记录应当在基层单位保存，并在生产作业场所公示。

（2）可能发生硫化氢中毒的工作场所，在没有采取适当防护措施的情况下，任何单位和个人不得强令作业人员进行作业，作业人员有权拒绝该作业。

（3）天然气净化厂将可能存在硫化氢危害的作业承包给承包商时，应遵守以下要求：

① 严格审查承包商的职业安全卫生作业条件，不得将硫化氢危害作业承包给不具备相应资质、不符合职业安全卫生条件的承包商。

② 与承包商签订的安全作业合同应包括硫化氢防护责任的内容，明确双方在安全、环境保护、职业病防护中的职责。

③ 告知承包商工作场所可能存在的硫化氢危害、分布及应采取的防护措施。

（4）天然气净化厂应组织接触硫化氢作业人员进行上岗前、在岗期间、离岗前职业健康检查。检查项目、职业禁忌证、健康监护档案管理参照国家和中国石油集团有关规定执行。

（5）天然气净化厂应在可能发生硫化氢大量泄漏的工作场所，设置应急撤离通道。

（6）天然气净化厂应根据硫化氢职业接触识别及危害程度分析，组织基层单位对硫化氢作业每三年开展一次风险评估，确定硫化氢作业的风险水平，制订必要的防护措施以消除或降低危害。

（7）天然气净化厂应当根据本单位硫化氢的危害情况，编制应急预案，建立应急救援组织机构，配备应急救援人员。应急救援人员应经过专业培训，培训内容应包括基本的急救、心肺复苏术、呼吸防护器的使用。

（8）天然气净化厂应当与就近具有应急救援能力的医疗机构签订事故医疗协议，建立联系，保证事故发生时医疗机构能够及时参与医疗救援。

（二）预防硫化氢中毒培训管理要求

（1）在含硫化氢环境作业过程中可能出现硫化氢的大气浓度超过 15mg/m^3（10ppm）的作业人员上岗前都应接受培训，经考核合格后持证上岗。

（2）负责硫化氢防护培训机构应当具备培训资质，发放硫化氢防护培训合格证。

（3）含硫化氢环境中的作业人员首次培训时间不得少于 15h，每两年复训一次，复训时间不得少于 6h。

（4）接触硫化氢的人员培训基本内容包含但不限于以下内容：

① 硫化氢和二氧化硫的理化性质、毒害、健康危害、中毒表现。

② 硫化氢和二氧化硫危害防护知识。

③ 硫化氢作业现场监护知识。

④ 硫化氢和二氧化硫泄漏处置程序、中毒人员现场急救方法，心肺复苏术。

⑤ 有关硫化氢和二氧化硫的防护管理规定。

⑥ 工作场所硫化氢和二氧化硫可能泄漏的区域；硫化氢和二氧化硫检测系统及报警信号；风向指示位置及疏散线路。

⑦ 工作场所防护设施、性能、使用方法及维护。

⑧ 工作场所配备的个体防护用品的结构、性能、使用及维护方法。

⑨ 各类涉及硫化氢作业的职业安全卫生操作规程。

⑩ 硫化氢中毒事故典型案例；硫化氢中毒事故应急救援预案。

（5）天然气净化厂应针对进入硫化氢场作业人员的不同性质、工作时间，开展针对性培训，基本要求如下：

① 外来检查、参观、学习人员培训内容为硫化氢和二氧化硫的理化性质、毒害、健康危害、中毒表现；硫化氢和二氧化硫危害防护知识；工作场所硫化氢和二氧化硫可能泄漏的区域；硫化氢和二氧化硫检测系统及报警信号；风向指示位置及疏散线路。

② 硫化氢作业人员培训内容为第（4）条全部内容，并根据生产实际情况，依据 SY/T 6137《硫化氢环境天然气采集与处理安全规范》和 SY/T 5087《硫化氢环境钻井场所

作业安全规范》内容调整；由专业培训机构负责培训。

③ 执行应急救援等特殊任务的人员接受第（4）条全部内容培训的同时，还应接受有关专业技能的培训。

④ 应急状态佩戴空气呼吸器时，不超过 30s 方为合格。

（三）硫化氢技术防护要求

（1）存在硫化氢的装置、场所等总平面布局及其安全、环保及卫生防护距离应符合国家有关规定和标准要求。

（2）存在硫化氢的生产工艺和设备，应尽可能采取自动化、机械化和密闭化，将硫化氢逸散浓度控制在国家有关标准和规范的范围内。

（3）存在硫化氢的设备和管道应采取有效的密闭措施，密闭形式应根据现场工艺流程、设备特点、生产工艺、安全要求及便于操作、便于维修等因素确定。

（4）存在硫化氢的设备、管道应当充分考虑硫化氢及其他组分的腐蚀，设计选用相应的耐腐蚀材质或采用合适的防腐蚀性措施。

（5）硫化氢工作场所入口醒目位置应当设置硫化氢职业病危害告知卡；在可能泄漏硫化氢的位置设置“当心硫化氢中毒”的警示标识和红色警示线。

（6）可能存在硫化氢的室内场所应设置全面通风或局部通风设施，可能发生硫化氢大量泄漏或逸散的室内工作场所，应设置事故通风装置及与事故排风系统联锁的泄漏报警装置，事故通风的通风量、控制开关设置、进风口和排风口应满足国家有关规定的要求。

（7）对产生硫化氢的生产过程和设备，其含硫化氢的酸性水、酸性气体排放、含硫化氢的酸性水切换设施等，应设计为密闭系统，酸性水、酸性气体应有统一处理设施。

（8）对产生硫化氢的生产过程和设备，其含硫化氢介质的物料采样系统应根据物料特点，设计适宜的密闭采样设施。

（9）存在硫化氢的工作场所应在便于观察处设置醒目的风向标，风向标应采用高点和低点双点的设置方式，高点设置在场所最高处，低点应设置在硫化氢容易逸散区域或人员相对集中的区域。

（10）存在硫化氢的工作场所应设置固定式硫化氢气体检测报警仪，监测报警仪的选用、设置位置、数量、报警阈值、管理与维护应参照国家、中国石油集团有关规定和规范要求执行。

（11）天然气净化厂应设置带有长明灯的放空火炬系统。

（四）作业过程防护要求

（1）天然气净化厂应对本单位工作场所硫化氢分布及可能泄漏或逸出情况进行充分辨识分析，确定本单位硫化氢重点防护区域及重点防护作业环境。

（2）天然气净化厂应严格执行设备维护保养的规定和要求，对涉及硫化氢的设备、管道、阀门、法兰、连接件、测量仪表及其他部件加强管理，及时消除发现的问题。

（3）在使用、输送、生产和可能释放硫化氢的工作场所，禁止吸烟及使用其他可以产生静电、明火的设备。

（4）某些使用酸与硫化物作业过程，或介质混合可能生成硫化氢的作业，应采取避免物质意外混合措施，防止生成硫化氢。

（5）在可能发生硫化氢泄漏或逸散的室内工作场所作业，应开启通风设施。

（6）储存被硫化氢污染或有压力的硫化氢储罐应适当处理，储存区域应保持通风良好，防火，与氧化性物质、腐蚀性液体和气体、明火，以及产生火花的设备分开存放，以避免对作业人员产生危害。

（7）作业过程中可能接触大量硫化氢的，应严格执行操作规程，并根据具体作业特点强化过程管理。

① 进入硫化氢危害作业场所进行正常巡检、工艺操作的应携带个人防护用品，天然气处理厂及含硫量大于或等于 30mg/m^3 的场站应当采取两人巡检，一人巡检，一人监护。

② 采样作业应佩戴适用的个人防护用品，上风向作业，并有专人监护；采样过程开关阀门应缓慢，不得使用工具敲打阀门。

③ 进入可能存在硫化氢聚集的低位罐区域、含硫污水区域进行检查、操作时，应佩戴适用的个人防护用品，有专人监护。

④ 含硫化氢介质管线与设备打开作业时应执行作业许可规定，采取相应的防污染措施。

⑤ 进入设备和管道等密闭空间作业前，必须切断一切物料，采取彻底冲洗、吹扫、置换、加好盲板，尽可能采取机械作业方式。无法采用机械作业的，应做好气体分析，现场设置警示标识，佩戴适用的呼吸防护器，系好安全带或安全绳，单人单次作业时间不宜超过 30min，作业全程必须有专人监护。

⑥ 进入坑、池、下水井等有限空间作业时应执行作业许可规定，现场设置警示标识，佩戴适用的呼吸防护器，携带好安全带（绳），做好气体分析。单人单次作业时间不宜超过 30min，作业全程必须有专人监护。

（8）实验室内产生或释放硫化氢的实验分析过程应在通风橱内进行，操作过程中实验人员不得将头伸入通风橱中。

（9）生产作业场所发生硫化氢泄漏，应迅速查明原因，第一时间控制硫化氢泄漏源，避免事态进一步扩大。

（10）生产作业场所发生人员中毒时，救援人员应佩戴正压式空气呼吸器立即将中毒人员转移至事故现场外上风向空气新鲜处实施应急抢救，严禁无防护救援。

（五）个人防护设备配备与使用要求

（1）天然气净化厂应当依据国家法律法规的要求，结合工作场所日常监测、检测与评价结果，配备符合有关要求的、针对硫化氢的呼吸防护用品及眼面部防护用品，各单位配备的安全防护设备设施数量应满足公司安全设备配置有关规定。

（2）天然气净化厂应当在硫化氢作业现场附近、逃生通道附近放置正压式空气呼吸器，便于人员取用。

（3）天然气净化厂应当做好充气设备、个体防护用品的日常维护、定期检验，以及防毒过滤元件更换，正压式空气呼吸器压力及气密性检查等日常维护检查及使用前预检等工作，确保在应急状态下人员能够直接取用。

（4）天然气净化厂应做好各类防护用品的经常性使用培训，确保作业人员能正确使用所配备的防护用品。

（5）天然气净化厂应只允许健康状况适宜佩戴呼吸器具者佩戴呼吸器具进行检维修等特殊作业或进入事故现场处理及救护作业。

（6）使用供气式呼吸防护用品，空气源应避免导入受污染空气，应避免污染或缠结空气管线。

（7）使用正压式空气呼吸器，每次使用前应检查气瓶压力，预计可使用时间，低气量报警时应及时撤离现场。

（8）空气呼吸器充气压缩机进行气瓶充气作业时应选择空气不易受到污染的地点。

（9）备用正压式空气呼吸器压力应保持在 25MPa 以上。

第十节　应急管理监督

一、概述

从生物学角度上看，人都有一种本能叫“应激反应”，是指人的身体在突然受到外界强烈刺激或伤害时，会自动调节身体各部分器官，使之形成一个协调一致的系统，保持最佳紧张状态，以对抗来自外界的刺激。如冷发抖，条件反射等。

针对企业而言，也有“应激反应”。正常情况下，各个部门、各个机构按照职责各司其职，各行其是。但一旦出现突发事件时，检验的便是企业的“应激反应”水平及能力。

（一）应急管理概述

现代的应急管理起源于 20 世纪 60 年代，最初用于国际政治和外交领域。古巴导弹危机时期，应急管理才明确被作为一个独立分支领域加以研究，但在之后一段时间里，应急管理并没有受到很大重视。直到 20 世纪 80 年代后，一些频繁发生的突发事件开始引起管理者们的极大关注，比如美国三里岛核电厂核泄漏事件、印度博帕尔危险化学品泄漏事故等。而今应急管理已是公共管理研究的重要内容。

那么，何为应急管理呢？应急管理是指在应对突发事件的过程中，为了降低突发事件的危害，达到优化决策的目的，基于对突发事件的原因、过程及后果进行分析，有效集成各方面的相关资源，对突发事件进行有效预防、监测和控制的过程。

作为企业来讲，企业应急管理指对企业生产经营中的各种安全生产事故和可能给企业带来人员伤亡、财产损失的各种外部突发公共事件，以及企业可能给社会带来损害的各类突发公共事件的预防、处置和恢复重建等工作，是企业管理的重要组成部分。

企业为什么要开展应急管理呢？从国家层面来讲，由于现代化进程的加快、对资源开发利用的加深、网络通信的普遍应用、人员交往和贸易增多等因素的影响，经济、社会和自然界都已进入一个各类突发事件发生概率更大、破坏力更大、影响力更大的阶段。人类社会面临的公共安全形势呈现出多灾频发、并发，灾害衍生蔓延等特点。从企业层面来讲，主要有六个动因：严峻的安全生产形势、政府监管要求、法律规定的义务、企业职工自身需要、企业发展内在要求，以及企业承担的社会责任。

企业开展应急管理主要包括以下几个方面：

（1）提高应急意识。领导干部、应急指挥人员应当重点加强应急意识、管理知识及应急指挥决策能力培训；应急救援专业人员应当加强执行应急预案和应急救援技能培训；岗位员工应当加强安全操作、应急反应、自救互救，以及第一时间初期处置与紧急避险能力培训。新上岗、转岗人员必须经过岗前应急培训并考核合格。

（2）健全预案体系。生产经营单位应急预案体系分为综合应急预案、专项应急预案和现场处置方案。生产经营单位根据有关法律、法规和相关标准，结合本单位组织管理体系、生产规模和可能发生的事故特点，科学合理确立本单位的应急预案体系，并注意与其他类别应急预案相衔接，真正形成“横向到边、纵向到底”的预案体系。

（3）加强应急队伍建设。 按照专业救援和职工参与相结合、险时救援和平时防范相结合的原则，建设专业队伍为骨干、兼职队伍为辅助、职工队伍为基础的企业应急队伍体系。

（4）隐患排查和整改。要运用危险性分析、安全评价、风险评估、事故树逻辑分析等各种安全科学方法，寻找潜在危险，发现事故隐患。

（5）突发事件应急处置。突发事件的第一现场，如果能见事早、行动快，做好先期处置，就可以将多数事件解决在萌芽状态，为整个事件的成功处置赢得宝贵时间，从而控制事态发展，避免造成更大的人员伤亡和财产损失。

（6）加强应急管理投入。单位应急能力建设是单位安全生产和企业长远发展的保障，重点从人力、物力、财力三个方面加强投入，形成企业主要领导全面负责、分管领导具体负责、有关部门分工负责、群团组织协助配合、相关人员全部参与的应急管理组织体系。

（7）完善应急联动机制。建立起政府与企业、企业与企业、企业与关联单位之间的应急联动机制，通过预案联动、机构联动、资源联动、信息联动，互相支援、互为补充，形成统一指挥、相互支持、密切配合、协同应对各类突发公共事件的合力，协调有序地开展应急管理工作。

（二）风险分析

根据对天然气净化厂生产、经营等各领域的风险分析及评价结果，对可能造成后果的可接受程度和影响范围、事后应急救援降低损失的能力进行综合判定，天然气净化厂突发事件主要分为自然灾害事件、突发事故灾难事件、突发公共卫生事件、突发社会安全事件四类。

1. 自然灾害事件

主要包括洪汛灾害、破坏性地震灾害、地质灾害、气象灾害。

2. 突发事故灾难事件

主要包括火灾爆炸事故、中毒事故、突发环境事件、质量事故等。

3. 突发公共卫生事件

主要包括突发急性职业中毒事件、重大传染病疫情事件、重大食物中毒事件和群体性不明原因疾病，以及严重影响公共健康和生命安全的事件等。

4. 突发社会安全事件

主要包括群体性事件和恐怖袭击突发事件。

自然灾害突发事件可能造成员工伤害和财产损失，并可能引发其他衍生、次生灾害。

事故灾难突发事件包括火灾爆炸、人员中毒、环境事件、质量事故。可能造成人员伤亡、环境污染、财产损失，并可能对企业声誉造成影响。

突发公共卫生事件可能导致员工传染病、群体性不明疾病、食物中毒、职业性中毒等。

恐怖袭击事件可能造成人员伤亡和重要设施损毁；群体性事件可能造成重大社会影响，使企业形象受损。

二、监督依据

（一）法律法规及部门规章

——《中华人民共和国突发事件应对法》（中华人民共和国主席令 2007 年第 69 号）；

——《中华人民共和国安全生产法》（中华人民共和国主席令 2021 年第 88 号）；

——《中华人民共和国环境保护法》（中华人民共和国主席令 2014 年第 9 号）；

——《中华人民共和国职业病防治法》（中华人民共和国主席令 2018 年第 24 号）；

——《中华人民共和国防震减灾法》（中华人民共和国主席令 2008 年第 7 号）；

——《中华人民共和国防洪法》（中华人民共和国主席令 2016 年第 48 号）；

——《生产安全事故应急条例》（中华人民共和国国务院令 2019 年第 708 号）；

——《突发公共卫生事件应急条例》（中华人民共和国国务院令 2011 年第 588 号）；

——《大型群众性活动安全管理条例》（中华人民共和国国务院令 2007 年第 505 号）；

——《国务院关于全面加强应急管理工作的意见》（国发〔2006〕24 号）；

——《国家突发公共事件总体应急预案》（2005 年 1 月 26 日）；

——《突发事件应急预案管理办法》（国办发〔2024〕5 号）；

——《生产安全事故应急预案管理办法》(中华人民共和国应急管理部令 2019 年第 2 号);

——《生产安全事故信息报告和处置办法》(国家安全生产监督管理总局令 2009 年 21 号)。

(二)标准规范

——GB/T 29639《生产经营单位生产安全事故应急预案编制导则》;

——Q/SY 08136《生产作业现场应急物资配备选用指南》;

——Q/SY 08517《突发生产安全事件应急预案编制指南》。

(三)规章制度

——《中国石油天然气集团有限公司安全生产应急管理办法》;

——《中国石油天然气集团有限公司安全生产应急预案管理办法》;

——《中国石油天然气集团公司突发事件应急物资储备管理办法》;

——《中国石油天然气集团公司突发事件总体应急预案》;

——天然气净化厂突发事件应急管理制度;

——天然气净化厂突发事件应急物资储备管理办法。

(四)其他文件

——天然气净化厂生产安全事故应急预案;

——天然气净化厂突发环境事件应急预案。

三、监督要点

(一)应急组织机构和职责

(1)建立天然气净化厂应急管理制度,制度依法合规、内容完整、流程清晰、职责明确。

(2)建立满足需要的应急管理机构,明确相应工作职责;应急职责清晰、定位准确、有可操作性。

(3)岗位人员熟知其应急职责,熟知第一时间组织、实施应急处置的责任并具备相应的能力。

(二)应急预案管理

(1)应急预案编制程序涵盖成立应急预案编制工作组、资料收集、风险评估、应急资源调查、应急预案编制、桌面推演、应急预案评审和批准实施八个步骤,各步骤程序合理、内容完整。

（2）成立应急预案编制工作组，由有关负责人任组长，单位相关部门人员参加，明确职责和任务分工，制订工作计划，组织开展应急预案编制工作。

（3）应急预案编制前，应按照 GB/T 29639《生产经营单位生产安全事故应急预案编制导则》的相关要求开展生产安全事故风险评估，撰写评估报告。

（4）应急预案编制前，应按照 GB/T 29639《生产经营单位生产安全事故应急预案编制导则》的相关要求，在全面调查和客观分析本单位，以及周边单位和政府部门可请求援助的应急资源状况的基础上，撰写应急资源调查报告。

（5）应急预案体系分为综合应急预案、专项应急预案和现场处置方案。各单位可根据有关法律法规和相关标准，结合本单位组织管理体系、生产规模和可能发生的事故特点，科学合理确定本单位应急预案体系，并注意与其他类别应急预案相衔接。

（6）综合应急预案、专项应急预案与现场处置方案应结构完整、要素齐全、信息准确。应急预案中涉及的“应急程序和处置措施”与其应急能力相适应，“应急保障措施”满足应急工作要求。

（7）应急响应涉及两个及以上基层单位的，涉及共同上一级管理单位的基层单位，由上级管理单位负责组织相关基层单位编制联合应急预案；涉及不同上一级管理单位的基层单位，应当由上一级管理单位协调，组成由相关基层单位参加的应急预案编制小组编制联合应急预案。

（8）应针对重点岗位人员编制岗位应急处置卡，应急处置卡简明、实用、便于携带，包括必要的安全提示，应急处置程序和措施，报警方式，避险条件与逃生路线等内容。

（9）应急预案编制过程中，应按照应急预案明确的职责分工和应急响应程序，结合有关经验教训，相关部门及其人员可采取桌面演练的形式，模拟生产安全事故应对过程，逐步分析讨论并形成记录。

（10）应急预案编制完成后，应按照法律法规有关规定组织评审。评审的内容和程序应满足 GB/T 29639《生产经营单位生产安全事故应急预案编制导则》的相关要求。

应急预案评审内容主要包括：风险评估及应急资源调查的全面性、应急预案体系设计的针对性、应急组织体系的合理性、应急响应程序和措施的科学性、应急保障措施的可行性、应急预案的衔接性。

应急预案评审程序主要包括：评审准备、组织评审、修改完善等步骤。

（11）应急预案通过评审后，由生产经营单位主要负责人签发实施。应急预案发布后，应及时发放到本单位有关部门、岗位和相关应急救援队伍。

（12）应急预案发布之日起 20 个工作日内，应按照属地政府应急预案管理的相关规定，向属地政府负有安全生产监督管理职责的部门备案，同时抄送同级应急管理部门。

（13）应急预案中涉及组织与职责、应急处置程序、主要处置措施、应急响应分级等内容变更的，其应急预案修订工作应当参照应急预案编制工作程序进行，并按照备案程序重新备案。不涉及上述规定的应急预案修订条件的，更新完善应急预案信息工作可按相关文件信息变更程序执行，保证更新完善后的预案文本发布至相关人员。

（三）应急培训与演练

（1）针对不同岗位需求，制订相应的应急培训计划，纳入年度员工培训计划并按计划实施。

（2）主要负责人、应急管理人员、专兼职应急救援人员经过培训，考核合格；新上岗、转岗人员经过岗前应急培训并考核合格。

（3）根据不同岗位需要，应急培训应包含应急预案、现场处置方案、应急处置卡、应急物资装备的使用、自救互救、避险逃生技能等培训内容。

（4）制订年度演练计划，并按计划开展演练。每年至少组织一次综合应急预案演练或者专项应急预案演练，每半年至少组织一次现场处置方案演练。

（5）天然气净化厂应急演练分为厂级、工段级、班组级演练。净化厂每季度至少开展一次厂级应急演练。净化工段（生产技术办公室）每月至少开展一次应急演练，其他工段按照职责参加本单位组织的应急演练。净化生产班组每轮班至少开展一次应急演练；其他班组对本岗位涉及的应急处置卡进行演练，每年应将本岗位涉及的应急处置卡全部演练一遍，并按照职责参加本单位、工段（生产办）组织的演练。各级应急预案应在三年内全部演练一遍，作为应急预案的修订及持续改进的输入。

（6）天然气净化厂厂级应急演练应提前编制应急演练方案，为演练的全过程进行认真策划，确保应急预案规定的各环节全部演练到位。应急演练方案内容主要包括：演练基本情况（演练目的、演练组织机构、计划实施时间、参与单位及人员、模拟的应急状况）、演练保障措施、演练应急措施。

（7）天然气净化厂厂级演练要求厂领导现场指导；工段（生产办）级演练要求工段（生产办）领导现场指导，厂领导根据工作安排适时参与。

（8）演练结束后，应组织参加演练人员、观察员等召开演练评价会议，依据应急演练过程记录，对照应急预案、岗位应急处置卡规定的应急处置步骤，对演练全过程进行认真分析和客观评价。主要从以下四个方面进行：

① 应急响应能力：演练中涉及各单位、各关键岗位是否按规定及时和准确的进行了响应。

② 人员应急技能：岗位员工的应急技能是否满足应急所需。

③ 应急预案适用性：根据所模拟的状况，相应的应急预案、措施是否有效，相应的应急预案是否需要修改。

④ 应急物资有效性和充分性：根据所模拟的状况，涉及的抢险、处置、救援器材和机具是否足够和可靠。

（9）演练评价中发现的问题要描述具体，制订的整改措施要切实可行，并对整改措施完成情况进行跟踪，做到闭环管理。

（四）应急物资管理

（1）天然气净化厂应急物资按照突发事件应急预案要求进行储备，在同级预案中，不同预案所需同一应急物资的，按照不低于单项预案所需的最大量配备。

（2）储存的应急物资应有标签，标明品名、规格、数量、生产日期、入库时间等信息，有使用期限要求的物资应标明有效期，有检定频次要求的应急物资应按规定及时检定。应急物资应分类存放，码放整齐，留有通道，严禁接触酸、碱、油脂、氧化剂和有机溶剂等。

（3）天然气净化厂应及时对新购置入库的应急物资数量和质量进行验收，建立健全应急物资台账。

（4）应急物资只能在发生突发事件、应急演练的情况下专项使用。

（5）应急物资入库、出库、保养及检测评价等应有完备的凭证手续及台账资料。对储备物资应定期清查、定期盘库，做到账实相符。

（6）天然气净化厂要定期对应急物资进行检查维护，频次为半个月一次，各项物资检查维护内容应充分根据物资特点进行，并认真填写检查记录。发现问题要及时整改，确保完好备用。

（7）天然气净化厂应建立健全各储备库房应急物资仓储管理制度、应急物资维保制度、操作规程等，并对相关制度、规定进行目视化展示。

（8）岗位人员、专（兼）职应急救援人员掌握应急物资、装备与个体防护装备的用途，且会正确、熟练操作或使用。

第十一节　三项工具审核

一、概述

三项工具，是指作业许可管理、工艺与设备变更管理、事故事件管理三项风险管控工具，是天然气净化厂风险管控的重要抓手。

（一）作业许可管理

作业许可管理是指生产、生活、施工作业区域内活动中，某些作业在作业前必须获得许可，并办理作业许可证。天然气净化厂生产、生活、施工区域内除工艺操作、设备巡检以外的所有风险作业活动均应纳入作业许可管理。天然气净化厂作业许可管理职责主要包括：

（1）建立作业许可管理制度，明确各级作业许可管理权限及职责。

（2）建立发布本单位风险作业管理目录，根据风险评估矩阵辨识、明确风险作业等级。

（3）组织评审发布风险作业工作前安全分析（JSA）库，作为基础资料，以便作业前调用，并根据现场实际进一步修订使用。

（4）根据管理权限和风险大小，建立风险作业分级管理机制，明确各层级管理、技术人员到风险作业现场的管理要求，编制风险作业人员到现场矩阵，并评审发布。

（5）组织开展作业许可培训、考试，并对考试合格的人员予以授权。

（6）建立监督、审核制度，明确各层级监督、审核风险作业管控情况，及时纠正违章行为。

（二）工艺和设备变更管理

工艺和设备变更管理指对涉及工艺技术、设备设施、工艺参数等超出现有设计范围的改变（如压力等级改变、压力报警值改变等）的管理过程。变更范围主要包括：

——生产能力的改变；

——物料的改变（包括成分比例的变化）；

——化学药剂和催化剂的改变；

——设备、设施负荷的改变；

——工艺设备设计依据的改变；

——设备和工具的改变或改进；

——工艺参数的改变（如温度、流量、压力等）；

——安全报警设定值的改变；

——仪表控制系统及逻辑的改变；

——软件系统的改变；

——安全装置及安全联锁的改变；

——非标准的（或临时性的）维修；

——操作规程的改变；

——试验及测试操作；

——设备、原材料供货商的改变；

——运输路线的改变；

——装置布局改变；

——产品质量改变；

——设计和安装过程的改变；

——其他。

天然气净化厂工艺与设备变更管理职责主要包括：

（1）建立工艺与设备变更管理制度，明确各级管理权限及职责。

（2）建立工艺与设备变更等级划分标准。

（3）组织开展工艺与设备变更培训、考试，并对考试合格的人员予以授权。

（4）建立监督、审核制度，明确各层级监督、审核范围及频次要求等，并及时纠偏。

（三）事故事件管理

事故事件管理是指对生产安全事故、生产安全事件进行管理的过程。生产安全事故是指在生产经营活动中发生的造成人身伤亡或者直接经济损失的安全生产事故，包括工业安全生产事故和交通安全事故。工业生产安全事故是指在所属企业内发生的，或者所属企业在属地外进行生产经营活动过程中发生的，或者因所管辖的设备设施原因导致的事故。道路交通事故是指所属企业在生产经营活动中所管理的自有或者租赁的机动车在道路上发生的交通事故。生产安全事件是指在生产经营活动中发生的人员受伤和直接经济损失未达到事故等级，但可能存在潜在后果的事件。天然气净化厂事故事件管理职责主要包括：

（1）负责建立事故事件管理制度。

（2）负责本单位生产安全事故事件报告，组织开展事故事件应急救援。

（3）负责组织或参与事故事件内部调查、统计分析、分享。

（4）负责组织落实事故事件纠正预防措施。

二、监督依据

（一）法律法规

——《中华人民共和国安全生产法》（中华人民共和国主席令 2021 年第 88 号）；

——《生产安全事故应急条例》（中华人民共和国国务院令 2019 年第 708 号）；

——《生产安全事故报告和调查处理条例》（中华人民共和国国务院令 2007 年第 493 号）；

——《生产安全事故罚款处罚规定》（中华人民共和国应急管理部令 2024 年第 14 号）；

——《国务院关于特大安全事故行政责任追究的规定》（中华人民共和国国务院令 2001 年第 302 号）；

——《工贸行业重大生产安全事故隐患判定标准》（中华人民共和国应急管理部令 2023 年第 10 号）。

（二）标准规范

——Q/SY 08237《工艺和设备变更管理规范》；

——Q/SY 08240《作业许可管理规范》。

（三）规章制度

——《中国石油天然气集团有限公司高危作业安全生产挂牌制实施办法》；

——《中国石油天然气集团公司安全环保事故隐患管理办法》；

——天然气净化厂作业许可管理制度；

——天然气净化厂能量隔离管理制度；

——天然气净化厂工作前安全分析制度；

——天然气净化厂工艺与设备变更管理制度；

——天然气净化厂生产安全事故事件管理制度；

——天然气净化厂安全环保事故隐患报告奖励制度。

三、监督要点

（一）作业许可管理监督要点

1. 作业活动盘点

在公司所辖的生产、生活区域内或在已交付的在建装置区域内，开展风险作业均应按本规定进行管理。本规定所称风险作业包括特殊作业及非常规作业：

（1）特殊作业指从事高空、高压、易燃、有毒有害、窒息、放射性等可能对作业者本人、他人及周围建（构）筑物、设备设施造成危害或者损毁的作业。包括动火作业、受限空间作业、管线与设备打开（盲板抽堵）作业、高处作业、吊装作业、临时用电作业、动土作业、断路作业、射线作业等。

（2）非常规作业指临时性的、缺乏作业程序规定的作业，或无规律、无固定频次的作业。

（3）作业分类：

① A 类作业：通过风险评估，识别为高风险的作业。

② B 类作业：通过风险评估，识别为中等风险的作业。

③ C 类作业：通过风险评估，识别为低风险的作业。该类作业不需要办理作业许可证。

2. 作业许可培训管理

作业许可涉及的作业申请人、作业许可批准人、A 类作业审查人、作业项目负责人、属地监督、气体检测员、安全监护、隔离执行人、作业许可审核员必须接受培训，经考核合格授予相应资格。

（1）拟定考试计划，组织人员培训、考试。

（2）对考试合格员工分配授权相应角色，各级人员在授权范围内履行相关职责工作。

（3）组织作业许可管理应用培训、属地监督培训，列入年初培训计划。

3. 作业许可实施

生产技术部门每日收集本单位风险作业信息，按要求进行公示、上报。

生产技术部门负责按“计划与准备、申请、受理、签发、工作界面交接、作业方现场安全技术交底和开工条件确认、受控作业、续签、关闭”实施作业许可。

涉及作业许可关键人员变更重新办理作业许可证，对风险作业计划、非关键人员和作业时间变化的严格履行变更审批程序，并及时对公示信息进行更新说明。

得到批准的作业方案或派工单是作业许可受理的前置条件，工作前安全分析是作业许可审批的基本条件。编制工作前安全分析表时，作业申请人、作业项目负责人应到现场核实情况并选择熟悉工作前安全分析方法的管理人员、技术人员、HSE 人员、作业人员、操作人员参与编制。

涉及能量隔离的作业活动，应编制能量隔离方案，并经审查批准。

作业前由作业申请人依据经过审查批准的作业方案或派工单提出申请，填写作业许可证申请栏，提供相关资料，这些资料包括但不限于：

（1）相关附图（如工艺流程示意图、平面布置示意图等）。

（2）工作前安全分析表。

（3）作业人员的资质证书。

（4）其他需要提供的附件，如经过审批的施工方案、应急预案、能力隔离方案等。

每个作业申请人可以申请多张作业许可证，但同一时间段只能组织一项作业。每张作业许可证只对单项作业活动有效，不允许一张作业许可证同时覆盖多个作业地点。

作业许可批准人负责对作业申请人提交的作业许可申请资料进行审查。

（1）审查工作前安全分析时，作业许可批准人需进一步进行危害识别，补充、完善安全措施，必要时可要求作业申请人与作业项目负责人再次到现场核实，或征求相关专业人员建议。

（2）确认作业方案、HSE 作业计划书已得到审批；规定作业过程中应采取的所有安全措施，制定气体检测、监测要求。

（3）作业活动情况应告知相关方，确认相关方已了解该项作业对本单位的影响，确认相关方已安排人员对该项工作给予关注。

（4）作业涉及能量隔离应编制隔离方案并得到批准，涉及临时用电的应办理临时用电申请单。

A 类作业，作业许可批准人应将受理完毕的作业申请资料呈送 A 类作业审查人审查，审查通过后再由批准人签发作业许可证。B 类作业，作业许可批准人受理完毕后签发作业许可证。涉及两个及以上单位的作业需由上级单位组织审批 HSE 作业计划书、施工方案，协调相关作业活动。

签发作业许可时，作业许可批准人应与作业申请人沟通作业危害、相关安全要求、措施、应急程序及开工条件。

属地操作人员落实排放、置换、能量隔离、隔离有效性验证、气体检测、上锁挂牌等措施，作业许可批准人或委托的属地监督与作业申请人进行工作界面现场交接。A 类作业首次交接，作业许可批准人应到现场核查控制措施符合性，与属地监督共同进行工作界面交接。

动火作业、受限空间作业、管线与设备打开作业必须开展气体检测。对于其他作业活动由批准人按照“从严”的原则，根据作业环境、作业程序确定是否开展气体检测。

（1）作业许可证签发前，作业许可批准人在作业许可证中注明气体检测和监测要求，包括需进行检测的气体类型、检测标准等。

（2）工作界面交接前，对可能存在缺氧、富氧、有毒有害气体、易燃易爆气体、粉尘的作业环境，都应由气体检测人员按标准和安全规定进行气体检测。初始气体检测结果

30min 内有效。连续气体监测中断 30min 以上应由气体检测员重新检测。

（3）对于进入受限空间作业，首次气体检测合格后在受限空间内特定位置悬挂气体检测仪进行连续监测。连续监测位置应在作业方案中予以明确。

（4）在作业实施过程中，对可能存在缺氧、富氧、有毒有害气体、易燃易爆气体、粉尘的作业环境，作业人员佩戴气体检测仪进行连续气体监测，并由具备气体检测资质的人员佩戴气体检测仪进行监测。A 类作业连续监测，B 类作业至少每隔 2 h 复测或连续监测。监测结果每 2h 记录一次，并填写在作业许可证中。

（5）气体检测、监测应根据作业特点，分别记录系统内及作业点外部环境气体检测数据。

首次开工，作业项目负责人到场，确认材料、备件、施工机具等符合设计要求，并组织 A 类作业首次现场安全技术交底。A 类作业首次开工，作业许可批准人应到现场核查控制措施符合性，与属地监督共同进行开工条件确认。

每班开工前，作业申请人在属地监督配合下，组织全体作业人员、监护人员在作业地点进行现场安全技术交底，确保作业人员理解并遵守作业程序和安全要求。作业方应逐项落实安全、技术措施及应急处置措施。属地监督按照作业许可证及工作前安全分析表进行现场条件确认，并向作业许可批准人报告，得到批准后签字确认开工。

现场确认内容包括但不限于：

（1）已与受影响的相关方进行沟通、确认，或将本次作业的许可证复印件交与受影响的相关方。

（2）已完成现场安全技术交底。

（3）检查机具的完整性和安全性。

（4）特种作业人员、作业申请人、监护人、作业项目负责人与作业许可证指定人员相符。

（5）作业许可证其他指定人员到场。

（6）能量隔离、置换、吹扫、隔离有效性检测合格，完成上锁挂牌。

（7）作业设备内部、外部环境气体检测合格。

（8）个人防护用品配备齐全。

（9）作业方案、工作前安全分析表及作业许可证中提出的其他安全措施落实到位。

指定的安全监护不到场，不得开工作业；作业方安全监护在作业期间离开作业地点，作业活动必须暂停。

作业活动如一个班次不能完成，作业申请人与作业许可批准人进行工作界面交接，作业许可证交回作业许可批准人。下一个班次续签前，作业许可批准人重新确认安全条件和设备状态后与作业申请人进行工作界面交接。超过 24h 停工，作业项目负责人应到现场重新确认安全条件和设备状态。

作业许可证关闭前，作业申请人签字确认工完、料净、场地清；作业项目负责人签字确认作业质量合格，具备投复运条件。作业许可批准人现场检查合格后关闭作业许可证。

具备解除隔离条件时，按照“谁同意，谁批准”的原则，由作业许可批准人与作业项目负责人沟通确认后，安排隔离执行人组织锁定人员进行隔离解除并签字确认。

作业完成、作业取消、作业许可证到期三种情况下均应对当前作业许可票证进行关闭。

当发生下列任何一种情况时，现场所有人员都有责任立即终止作业，取消作业许可证，并告知作业许可批准人作业许可证被取消的原因。作业许可证一旦被取消应立即停止作业，若再开始作业，应重新申请。

（1）作业环境和条件发生变化而影响到作业安全时。

（2）作业内容发生改变。

（3）实际作业与作业计划的要求发生重大偏离。

（4）作业许可批准人制订的控制措施无法实施。

（5）发现有可能发生立即危及生命的违章行为。

（6）现场发现重大安全隐患。

（7）作业申请人发生变更。

（8）事故状态下。

4. 作业许可时效性

在工艺条件、作业环境没有变化的前提下，原则上作业许可证确认的控制措施在7个工作日内有效；作业中断24h，再次作业前作业项目负责人、作业申请人、作业批准人应到现场重新确认安全条件和设备状态。但动火作业、受限空间作业、管线打开（盲板抽堵）、吊装作业、射线作业的作业许可证时限应执行以下要求：

（1）动火作业：特级、一级动火作业不超过8h，二级动火作业不超过72h。

（2）受限空间作业：不超过24h。

（3）管线打开（盲板抽堵）、吊装作业：不超过24h；装置停工大检修情况下，不超过72h。

（4）射线作业：不超过24h。

5. 升级管理

（1）元旦、春节、清明节、劳动节、端午节、中秋节、国庆节等国家法定节假日；周六、周日公休日，以及夜间。

（2）春节、国庆前后一周，以及其他法定节假日、公休日前1d。

（3）国家、中国石油集团、公司有明确要求的特殊、重大活动及会议期间。包括但不限于全国“两会”、党代会等重大政治活动，重要国际会议，国家重大活动，全国“安全生产月”，中国石油集团、公司工作会期间。

（4）国家、中国石油集团、公司要求进行升级管理的时段。

6. 资料库建立与评审

生产技术部门应建立作业许可管理登记台账，对作业许可票证统一编号管理，规范存档至少 2 年。同时，应定期对风险作业管理目录、风险作业人员到现场矩阵、工作前安全分析表库、能量隔离方案库等基础资料进行评审、修订、审批、发布。

7. 高危作业安全生产挂牌制管理

对于高危作业，应按要求落实安全生产挂牌制管理要求，设置高危作业区域安全生产“区长”。安全生产“区长”对本作业区域内的安全生产总负责。主要职责如下：

（1）组织开展安全风险识别，掌握作业区域内相关设备设施、场所环境和作业过程的风险状况、作业队伍和人员资质，以及高危作业实施计划。

（2）组织开展作业区域内的隐患排查，及时消除事故隐患。

（3）组织开展作业许可票证查验，现场督促并检查高危作业安全措施落实情况。

（4）组织召开安全分析会议，督促检查作业人员现场安全培训、作业前安全风险分析和安全技术交底。

（5）跟踪区域内作业进展，跟踪检查作业方案执行和安全要求落实情况，组织开展高危作业和关键环节现场安全监督监护。

（6）及时协调并处置作业区域内影响安全生产的问题。

（7）及时、如实报告作业区域内发生的事故事件和险情。

（二）工艺与设备变更管理

变更包括工艺和设备变更、微小变更和同类替换。工艺和设备变更是指涉及工艺技术、设备设施、工艺参数等超出现有设计范围的改变（如压力等级改变、压力报警值改变等）。微小变更是指影响较小，不造成任何工艺参数、设计参数等的改变，但又不是同类替换的变更，即“在现有设计范围内的改变”。同类替换是指符合原设计规格的更换。

工艺与设备变更流程主要包括变更申请、变更审查审批、变更实施、变更投用及变更关闭。生产技术部门是工艺与设备变更的归口管理部门。

变更申请单位应初步判断变更类型、影响因素、范围等情况，按分类做好实施变更前的各项准备工作，提出变更申请。变更应充分考虑健康安全环境影响，并确认是否需要工艺危害分析。对需要做工艺危害分析的，分析结果应经过审核批准。变更申请审批内容包括：

——变更目的；

——变更涉及的相关技术资料；

——变更内容；

——健康安全环境的影响（如需要工艺危害分析的，应提交符合工艺危害分析管理要求且经批准的工艺危害分析报告）；

——涉及操作规程修改的，审批时应提交修改后的操作规程；

——对人员培训和沟通的要求；

——变更的限制条件（如时间期限、物料数量等）；

——强制性批准和授权要求。

工艺和设备变更可根据风险评估结果分级审批管理。审批部门在收到变更申请后，应组织相关人员进行审查，评估变更带来的潜在危害，审查对应的风险削减措施，并在审批表上填写审查结论并签字。

变更申请单位严格按照变更审批确定的内容和范围实施，并对变更过程实施跟踪。变更实施若涉及风险作业，应办理作业许可。若涉及启动前安全检查，投用前应按要求开展启动前安全检查。

完成变更的工艺、设备在运行前，应对变更影响或涉及的如下人员进行培训或沟通。必要时，针对变更制订培训计划，培训内容包括变更目的、作用、程序、变更内容，变更后可能产生的风险和影响，以及同类事故案例。变更涉及的人员包括：

——变更所在区域的人员，如维修人员、操作人员等；

——变更管理涉及的人员，如设备管理人员、培训人员等；

——相关的直线组织管理人员；

——承包商；

——外来人员；

——供应商；

——相邻装置（单位）或社区的人员；

——其他相关的人员。

变更实施完成后，应对变更是否符合规定内容，以及是否达到预期目的进行验证，提交工艺和设备变更结项报告，并完成以下工作：

——所有与变更相关的工艺技术信息都已更新；

——规定了期限的变更，期满后应恢复变更前状况；

——试验结果已记录在案；

——确认变更结果；

——变更实施过程的相关文件归档。

变更完成后，变更申请单位与批准人（或委托人）在现场验收合格后，双方签字后方可结束此项变更。

天然气净化厂应建立变更工作文件、记录，以便做好变更过程的信息沟通。典型的工作文件、记录包括变更管理程序、变更申请审批表、风险评估记录、变更登记表，以及工艺和设备变更结项报告等。

（三）事故事件管理监督要点

1. 事故事件上报

天然气净化厂各级主要负责人是生产安全事故报告的第一责任人，发生事故后，事故单位应当第一时间报告事故信息。任何单位和个人不得迟报、漏报、谎报、瞒报生产安全事故，不得伪造、篡改统计资料。

事故事件信息必须及时准确填报 HSE 信息系统。

敏感时间发生的生产安全事故信息报送按照突发事件信息报送相关规定实行升级管理。

工业生产安全事故发生后，事故发生单位应按规定的时限和要求向事故发生地县级以上人民政府的有关部门报告和续报，督促发生事故的承包商单位按照规定向地方政府相关部门报告。道路交通事故发生后，事故发生单位应当向事故发生地公安机关交通管理部门报告。

一般 A 级及以上生产安全事故书面报告应当包括以下内容：

（1）事故发生单位概况。

（2）事故发生的时间、地点、事故现场及周边环境情况。

（3）事故的简要经过。

（4）事故已经造成的伤亡人数、失踪人数和初步估计的直接经济损失。

（5）已经采取的措施。

（6）媒体关注情况及舆情。

（7）其他应当报告的情况。

生产安全事故情况发生变化的，事故发生单位应当及时续报，续报采用书面的形式，主要内容包括：

（1）人员伤亡、救治和善后处置情况。

（2）现场处置和生产恢复情况。

（3）舆情监测和媒体沟通情况。

（4）次生灾害及处置情况。

（5）其他应当续报的情况。

工业生产安全事故伤亡人数自事故发生之日起 30d 内发生变化的，或者道路交通事故、因火灾造成的工业生产安全事故伤亡人数 7d 内发生变化的，事故发生单位应当及时补报。

2. 事故事件分级

根据生产安全事故造成的人员伤亡或者直接经济损失，将事故分为特别重大生产安全事故、重大生产安全事故、较大生产安全事故、一般生产安全事故。

（1）特别重大生产安全事故，是指造成 30 人以上死亡，或者 100 人以上重伤（包括急性工业中毒，下同），或者 1 亿元以上直接经济损失的事故。

（2）重大生产安全事故，是指造成 10 人以上 30 人以下死亡，或者 50 人以上 100 人以下重伤，或者 5000 万元以上 1 亿元以下直接经济损失的事故。

（3）较大生产安全事故，是指造成 3 人以上 10 人以下死亡，或者 10 人以上 50 人以下重伤，或者 1000 万元以上 5000 万元以下直接经济损失的事故。

（4）一般生产安全事故，是指造成 3 人以下死亡，或者 10 人以下重伤，或者 1000 万元以下直接经济损失的事故。

一般生产安全分为 A、B、C 三级。

（1）一般 A 级生产安全事故，是指造成 3 人以下死亡，或者 3 人以上 10 人以下重伤，或者 10 人以上轻伤，或者 100 万元以上 1000 万元以下直接经济损失的事故。

（2）一般 B 级生产安全事故，是指造成 3 人以下重伤，或者 3 人以上 10 人以下轻伤，或者 10 万元以上 100 万元以下直接经济损失的事故。

（3）一般 C 级生产安全事故，是指造成 3 人以下轻伤，或者 1000 元以上 10 万元以下直接经济损失的事故。

注：上文所称的“以上”包括本数，所称的“以下”不包括本数。

生产场所发生油气及其他危险化学品泄漏、火灾、爆炸、井口溢流等情形，即使没有造成人员伤亡和财产损失，也要按照一般 C 级生产安全事故进行管理，并纳入生产安全事故统计和调查。引起党中央、国务院关切，国内主流媒体关注，或者发生在重要敏感时期，升级为一般 A 级生产安全事故管理。引起地方等其他媒体报道，升级为一般 B 级生产安全事故管理。

3. 事故应急

生产安全事故发生后，事故单位应当立即启动应急预案，控制危险源，防止事故扩大，减少人员伤亡和财产损失，避免造成次生事故及灾害。接到生产安全事故报告后，相关负责人应及时赶赴事故现场组织抢险救援，在事故调查处理期间不得擅离职守。在重大风险领域发生的生产安全事故，即使未造成人员伤亡，净化厂主要领导和相关职能部门负责人也应当赶赴事故现场。

发生生产安全事故的单位应当妥善保护事故现场及相关证据，拍摄、收集并保存事故现场影像资料，任何单位和个人不得破坏事故现场、毁灭有关证据。

因抢救人员、防止事故扩大以及疏通交通等原因，需要移动事故现场物件的，应当做出标志、绘出现场简图并做出书面记录，妥善保存现场重要痕迹、物证。

事故应急处置完成后，事故单位应当对恢复生产过程的生产安全风险进行评估，制订落实风险防控措施，防止事故再次发生。

4. 事故事件调查

事故相关单位应当积极配合当地人民政府和上级单位内部事故调查组开展的事故调查工作，应当针对事故原因分析，制订并落实相应的防范措施。

生产安全事故内部调查组应当履行下列职责：

（1）查明事故发生的经过、原因、人员伤亡情况及直接经济损失。

（2）认定事故的性质和事故责任。

（3）提出对事故责任单位和人员的处理建议。

（4）总结事故教训，提出防范和整改措施建议。

（5）提交事故调查报告。

事故内部调查报告应当包括下列内容：

（1）事故相关单位概况。

（2）事故发生经过和事故救援情况。

（3）事故造成的人员伤亡等。

（4）事故发生的原因和事故性质。

（5）事故责任的认定及对相关责任人的处理建议。

（6）事故防范和整改措施。

内部事故调查组成员应当在事故调查报告上签名。

事件发生单位相关业务管理部门应针对生产安全事件的潜在后果进行分析评估，组织对潜在后果严重（评估 3C 及以上）、典型的或历史上未发生过的事件开展全面调查。

（1）全面调查应由业务主管部门牵头组织，相关专业技术人员参加，还原事件发生经过，分析造成事件原因，总结事件教训，制订纠正和预防措施，提出举一反三建议。

（2）事件调查结束后，调查组形成事件调查报告，并在报告批准后 2 个工作日内录入 HSE 信息系统，并向上一级业务管理部门报告。

（3）组织将全面调查的事件编制为案例分享材料，在本单位范围内开展分享。

5. 事故处理

生产安全事故应当按照事故原因未查明不放过，责任人员未处理不放过，整改措施未落实不放过，有关人员未受到教育不放过的“四不放过”原则进行处理。事故调查要严格落实“查思想、查管理、查技术、查纪律”要求。

生产安全事故调查结束后，应当及时召开事故分析会。

事故发生单位应当对生产安全事故进行分析，举一反三，汲取事故教训，采取预防措施，防止类似事故发生。

6. 统计分析

净化厂相关业务管理部门每半年应开展一次业务范围内的事件统计分析，制订纠正预防措施。

第三章　天然气净化厂施工作业 HSE 监督

第一节　装置检维修作业 HSE 管理监督

一、概述

天然气净化厂在生产过程中，生产装置设备将逐渐发生腐蚀、磨损、污染、堵塞、控制失灵等状况，导致装置技术性能、处理能力、产品质量和安全环保系数下降，天然气净化装置检修能提高设备使用寿命和可靠度，恢复生产装置技术性能，是保证净化装置“安、稳、长、满、优”生产的关键环节。

天然气净化厂装置检维修分为日常检维修、临停检修、系统性检修（大修）三大类。

日常检维修是指生产装置某些工艺设备、管道、电气、仪表等在正常生产期间进行的检修，包括月度计划检修、日常临时维修。

临停检修指生产装置某些设备、管道、电气、自动控制系统等发生突发性故障或安全隐患，影响装置安全环保生产或产品质量问题，必须及时安排装置临时停产检修，以尽快消除故障、隐患。

系统性检修（大修）是指净化装置已停止生产，对全厂生产装置设备、管道、电气设备、仪表控制系统、分析化验设备、安防通信系统、土建工程等较长时间的检修。

装置停产是指系统性检修前，原料气、产品气管线厂界与上下游隔断；脱硫单元、脱水单元已完成泄压、溶液回收、氮气置换、空气吹扫等过程；硫磺回收单元已完成除硫、冷吹降温等过程；硫磺成型装置停运；火炬已熄灭、氮气置换合格；蒸汽及凝结水系统已泄压降温；氮气系统已停运；燃料气系统已完成泄压、氮气置换、空气吹扫；装置设备电源已切断等过程，装置已达到安全状态。

装置开产是指装置经过系统性检维修后恢复进气生产。开产过程主要包括脱硫脱水单元、燃料气系统氮气置换、火炬点火、脱硫脱水单元进气检漏、脱硫脱水单元水洗、脱硫脱水单元补充溶液及冷热循环、炉类点火、蒸汽及凝结水系统暖管、进气生产等作业。

二、监督依据

（一）法律法规

——《中华人民共和国安全生产法》（中华人民共和国主席令 2021 年第 88 号）。

（二）标准规范

——GB/T 5616《无损检测　应用导则》；
——GB 50093《自动化仪表工程施工及验收规范》；
——GB 50147《电气装置安装工程　高压电器施工及验收规范》；
——GB 50148《电气装置安装工程　电力变压器、油浸电抗器、互感器施工及验收规范》；
——GB 50150《电气装置安装工程　电气设备交接试验标准》；
——GB 50168《电气装置安装工程　电缆线路施工及验收规范》；
——GB 50169《电气装置安装工程　接地装置施工及验收规范》；
——GB 50170《电气装置安装工程　旋转电机施工及验收规范》；
——GB 50171《电气装置安装工程　盘、柜及二次回路接线施工及验收规范》；
——GB 50185《工业设备及管道绝热工程施工质量验收规范》；
——GB 50205《钢结构工程施工质量验收规范》；
——GB 50254《电气装置安装工程　低压电器施工及验收规范》；
——GB 50257《电气装置安装工程　爆炸和火灾危险环境电气装置施工及验收规范》；
——HG/T20512《仪表配管配线设计规范》；
——HG/T 20513《仪表系统接地设计规定》；
——HG/T 20514《仪表及管线伴热和绝热保温设计规范》；
——HG/T 20573《分散型控制系统工程设计规范》；
——HG/T 20515《仪表隔离和吹洗设计规范》；
——JGJ 46《施工现场临时用电安全技术规范》；
——JGJ 130《建筑施工扣件式钢管脚手架安全技术规范》；
——JGJ 231《建筑施工承插型盘扣式钢管脚手架安全技术标准》；
——NB/T 47013.1～NB/T47013.13《承压设备无损检测》；
——NB/T 10557《板式塔内件技术规范》；
——SH/T 3022《石油化工企业设备与管道涂料防腐设计标准》；
——SH/T 3501《石油化工有毒、可燃介质管道工程施工及验收规范》；
——SY/T 0420《埋地钢质管道石油沥青防腐层技术标准》；
——SY/T 0460《天然气净化装置设备与管道安装工程施工技术规范》；
——SY/T 0599《天然气地面设施抗硫化物应力开裂和应力腐蚀开裂金属材料技术规范》；
——SY/T 4109《石油天然气钢质管道无损检测》；
——Q/SY XN 0395《天然气处理厂检修现场管理规范》。

（三）规章制度

——天然气净化厂作业许可管理制度；

——天然气净化厂动火作业安全管理制度；
——天然气净化厂高处作业安全管理制度；
——天然气净化厂进入受限空间作业安全管理制度；
——天然气净化厂移动式起重机吊装作业安全管理制度；
——天然气净化厂临时用电作业安全管理制度；
——天然气净化厂挖掘作业安全管理制度；
——天然气净化厂管线与设备打开作业安全管理制度；
——天然气净化厂能量隔离安全管理制度；
——天然气净化厂上锁挂牌管理制度。

（四）其他文件

——天然气净化厂设备维护检修规程；
——天然气净化厂检修作业指导书。

三、监督要点

（一）装置停产阶段

（1）对设备管线仪表报警仪等进行有效保护。

（2）按照检修作业指导书停产步骤进行停产。

（3）按照检修作业指导书的要求，制作安装检修现场公示牌。

（4）承包商入场准入评估、HSE 培训、准入证办理、HSE 管理方案、机具验收、特种（设备）作业资质及其他入场资料等。

（5）停产阶段风险作业项目风险管控执行到位，如：脚手架搭设、盲板倒换、能量隔离等。

（6）按照检修作业指导书要求，大修停产阀门锁定执行到位。

（7）按照检修作业指导书要求，大修停产盲板倒换执行到位。

（8）按照检修作业指导书要求，大修电气隔离执行到位。

（9）装置水洗废水收集到污水池。

（10）固定废物分类收集箱（桶）准备到位。

（11）污水处理装置正常运行。

（12）检修医疗救护协议签订、医疗救护点设置到位。

（13）成立现场联合监督机构，职责分工、风险分析、控制措施制订及联合监督检查要求明确。

（14）组织开展受限空间作业等高风险作业应急预案演练。

（二）装置检修阶段

1. 通用部分

（1）检修医疗救护人员、救护车辆、医疗药品到位。

（2）现场盲板倒换、阀门上锁挂牌、电气隔离等能量隔离执行到位。

（3）风险作业控制措施制订与落实到位。

（4）开展重点施工作业项目过程监督检查。

（5）检修现场环保风险管控措施执行到位。

（6）开展风险作业监督及作业许可现场审核。

2. 高危作业

1）受限空间作业

（1）受限空间作业应急预案的编制、审核及应急演练的开展、评价。

（2）受限空间作业方案的编制、审核。

（3）隔离方案的编制、审核，隔离相关能源和物料的外部来源。

（4）隔离方案执行及隔离有效性测试（验电、验压和气体检测）。

（5）作业许可办理（申请、签发、界面交接、安全技术交底、安全条件确认）。

（6）进入受限空间作业前，初始气体检测合格。

（7）受限空间内采用四合一检测仪连续监测，监测位置设置合理。

（8）安全监护、属地监督到位，受限空间内外人员联络方式否可靠、有效。

（9）受限空间的出入口内外不得有障碍物，应保证其畅通无阻。

（10）进入受限空间作业人员，佩戴正压式空气呼吸器或长管空气呼吸器、硫化氢报警仪、防爆头灯、安全绳等防护用品到位。

（11）强制连续通风，确保受限空间内氧气、有毒有害物质浓度符合要求。

（12）对进入带有转动部件的受限空间内作业，其电源线路与开关之间必须有明显的断开点并加警示牌，同时在开关上挂“有人检修、禁止合闸”等内容的警示牌，并设专人监护。

（13）进入受限空间作业，应有足够的照明；照明灯具应符合防爆要求，使用手持电动工具应有漏电保护装置，对于防爆区域应采用防爆工器具。

（14）受限空间内可能会出现坠落或滑跌，应制订预防坠落或滑跌的安全措施。

（15）对进出受限空间的作业人员、工具、材料进行登记，作业结束后应清点，以防遗留在作业现场。

（16）现场监护人定期与作业人员保持有效联络，确保人员安全；进入受限空间内的作业人员，每次工作时间不宜过长，应安排轮换作业或休息。

（17）气体检测人员开展受限空间内连续气体检测，每两小时记录一次检测结果。

（18）作业过程中若安全状况发生变化，应立即停止作业并撤离受限空间，待处理达到作业安全条件后，方可再进入受限空间作业。

（19）在受限空间外敞面醒目处，要设置警戒线或警戒标志。未经许可，与本作业无关人员不得进入受限空间。

（20）作业中途停止时，应对所有的进入入口进行有效封闭及警示标识，防止人员误入；如中途停止再进入之前，应重新进行气体检测，检测合格后方可进入作业。

2）高处作业

（1）施工方案、应急预案的编制审核；对特殊高处作业应制订相应脚手架搭设方案及防坠落保护计划。

（2）高处作业人员应身体检验合格，并经过培训合格，持证有效资格证上岗。

（3）作业许可办理（申请、签发、界面交接、安全技术交底、安全条件确认）。

（4）专业技术人员检查验收脚手架并签字，合格后悬挂绿色准用牌，方可使用。

（5）尽量避免临边作业，若有临边作业，必须采取可靠的防护措施，应设置生命线等。

（6）禁止在不牢固的结构物（如石棉瓦、木板条等）上进行作业，禁止在平台、孔洞边缘、通道或安全网内休息；楼板上的孔洞应设盖板或围栏。

（7）禁止在屋架、桁架的上弦、支撑、檩条、挑架、挑梁、砌体、不固定的构件上行走或作业。

（8）梯子使用前应检查结构是否牢固。踏步间距不得大于300mm；人字梯应有坚固的铰链和限制跨度的拉链。

（9）梯子最上两级严禁站人，并应有明显警示标识。用靠梯时，脚距梯子顶端不得少于四步，用人字梯时不得少于两步。靠梯的高度如超过6m，应在中间设支撑加固。

（10）一个梯子上只允许一人站立，严禁带人移动梯子。在梯子上工作时，应避免过度用力、背对梯子工作、身体重心偏离等，以防止身体失去平衡而发生坠落。

（11）在平滑面上使用的梯子，应采取端部套、绑防滑胶皮等措施。直梯应放置稳定，与地面夹角以60°～70°为宜。

（12）在容易滑偏的构件上靠梯时，梯子上端应用绳绑在上方牢固构件上。

（13）禁止在吊架上架设梯子。在电路控制箱、高压动力线、电力焊接等有任何漏电危险的场所应使用专用绝缘梯，禁止使用金属梯子。

（14）若不能完全消除和预防坠落危害，应评估工作场所和作业过程的坠落危害，选择安装使用坠落保护设备，如安全带、安全绳、缓冲器、抓绳器、吊绳、锚固点、安全网等。

（15）高处作业人员必须系好全身式双钩安全带，安全带使用原则是“高挂低用”；戴好安全帽，衣着灵便，禁止穿硬底和带钉易滑的鞋，安全带的各种部件不得任意拆除，有损坏的不得使用。安全带和安全帽应符合相关标准要求。

（16）高处作业应与架空电线保持安全距离。夜间应尽量避免高处作业，确需作业应有充足的照明。

（17）高处作业禁止投掷工具、材料和杂物等，工具应有防掉绳，并放入工具袋。所用材料应堆放平稳，作业点下方应设安全警戒区，应有明显警戒标志，并设专人监护。

（18）禁止上下垂直进行高处作业，如果需要垂直作业时，应采取可靠的隔离措施。

（19）30m 以上的高处作业与地面现场监护人保持有效联络，使用对讲机等通信设备。

（20）夏季做好防暑降温，冬季做好防冻、防寒、防滑工作。

3）动火作业

（1）施工方案、应急预案的编制、审核，隔离相关能源和物料的外部来源。

（2）动火作业人员应经过培训合格，持证有效资格证上岗。

（3）作业许可办理（申请、签发、界面交接、安全技术交底、安全条件确认）。

（4）隔离方案执行及隔离有效性测试。

（5）需要动火的塔、罐、容器、槽车等设备和管线，清洗、置换和通风后，要检测可燃气体、有毒有害气体、氧气浓度，达到作业许可安全浓度才能进行作业。

（6）对装置系统内的气体检测应在吹扫置换停止 20min 后开始检测。气体检测点应有代表性（根据介质与空气相对密度的大小确定检测点）。

（7）首次气体检测合格后（30min 内有效）应在受限空间内特定位置悬挂气体检测仪进行连续监测，监测中一旦出现异常，应立即停止作业，人员撤离。

（8）动火所有的设备设施应定期检修、检查，保持良好的技术性能，并进行目视化标识，不能带病运转和超负荷使用，使用前验收合格，贴检验合格标识。

（9）设备上的安全防护装置应完好、可靠，电气设备应有良好的接地装置，并安装漏电保护装置。

（10）采用电焊进行动火施工的储罐、容器及管道等应在焊点附近安装接地线，其接地电阻应小于 10Ω。

（11）各种施工机械、工具、材料及消防器材应摆放在动火安全措施确定的区域内。

（12）现场使用的气瓶应经验收合格。

（13）气瓶使用时，放置地点不得靠近热源，气瓶应采取防曝晒、雨淋、水浸措施。环境温度超过 40℃时，应采取遮阳或水喷淋等措施降温；气瓶应立放使用，严禁卧放，特别是乙炔气瓶，并应采取防止倾倒的措施。

（14）乙炔气瓶使用前，必须先直立 20min 后，安装回火阀、连接减压阀使用；气瓶及附件应保持清洁、干燥，防止沾染油脂、腐蚀性介质、灰尘等。

（15）氧气瓶阀不得沾有油脂，不得用沾有油脂的工具、手套或油污工作服去接触氧气瓶阀、减压器等。

（16）氧气、乙炔压力表检定合格，贴合格标识；气管无鼓包、破损、漏气情况。

（17）用气焊（割）动火作业时，氧气瓶与乙炔气瓶的间隔不小于 5m，二者与动火作业地点距离不得小于 10m。在封闭空间内实施焊割作业时，气瓶应放置在密闭空间外面。

（18）动火施工区域应设置警戒，严禁与动火作业无关人员或车辆进入动火区域。

（19）高处动火，避免交叉作业，同时应有防火花飞溅措施，如防火毯。

（20）动火作业人员在动火点的上风作业，应位于避开油气流可能喷射和封堵物射出的方位。

4）临时用电作业

（1）临时用电作业前，应编制审核施工方案、应急预案及电气隔离方案等。

（2）临时用电设备在 5 台以上（含 5 台）或设备总容量在 50kW 以上（含 50kW）的，应专门进行临时用电施工组织设计。

（3）临时用电作业人员熟悉掌握电工作业操作技能，并经过培训合格，持证上岗。

（4）隔离方案执行及隔离有效性测试（验压和气体检测）。

（5）临时用电应设置保护开关，使用前应检查电气装置和保护设施。

（6）临时用电必须使用耐压等级不低于 500V 的绝缘电缆，且绝缘良好无损。接头包扎牢固，保持绝缘强度，不得承受张力。临时用电线路经过有高温、振动、腐蚀、积水及机械损伤等危害的部位，不得有接头，并应采取相应的保护措施。

（7）临时用电中的动力线路和照明线路应分路设置。

（8）室外的临时用电配电盘、箱及开关、插座要有防雨、防潮措施。

（9）临时电源盘、配电箱验收合格，贴检验合格标识；配电箱上贴有专业电工联系电话。

（10）安装、维修、拆除临时用电线路的作业，应由临时用电作业人员进行，作业时必须按规定佩戴个人防护装备。

（11）移动工具、手持工具等用电设备应有各自的电源开关，必须实行“一机一闸”制，严禁用同一开关电器直接控制两台或两台以上用电设备（含插座）。

（12）手持电动工具，设备外观完好，标牌清晰，各种保护罩（板）齐全；检验合格，贴合格标识；漏电保护、防爆等级符合施工场所要求。

（13）现场临时照明设施应满足所在区域安全作业亮度、防爆、防水等要求。

（14）使用周期在 1 个月以上的临时用电线路，应采用架空方式安装：

① 架空线路应架设在专用电杆或支架上，严禁架设在树木、脚手架及临时设施上。架空电杆和支架应固定牢固，防止受风或者其他原因倾覆造成事故。

② 在架空线路上不得进行接头连接，如果必须接头，则需进行结构支撑，确保接头不承受拉、张力。

③ 临时架空线最大弧垂与地面距离，在施工现场不低于 2.5m，穿越机动车道不低于 5m。

④ 在起重机等大型设备进出的区域内不允许使用架空线路。

（15）使用周期在 1 个月以下的临时用电线路，可采用架空或地面走线方式，地面走线应满足以下要求：

① 所有的地面走线应避免机械损伤和不得阻碍人员、车辆通行，且在醒目位置设置走向标识和安全标识。

② 需要横跨道路或在有重物挤压危险的部位，应加设防护套管，套管应固定；当位于交通繁忙区域或有重型设备经过的区域时，应用混凝土预制件对其进行保护，并设置安

全警示标识。

③ 要避免敷设在可能施工的区域内。

④ 电线埋地深度不应小于 0.7m。

（16）临时用电线路经过有高温、振动、腐蚀、积水及机械损伤等危害的部位，不得有接头，并应采取相应的保护措施。

（17）对于夜间车辆通行的施工场所，必须安装设置醒目的红色信号灯，其电源应设在施工现场电源总开关的前侧。

（18）临时用电应贴有目视化标签，注明供电回路和临时用电设备、用电负荷、用电单位。

5）移动式起重吊装作业

（1）吊装作业前，应编制审核施工方案、应急预案，涉及关键性吊装，应编制审核吊装方案。

（2）吊装作业人员（司机、指挥与司索）熟悉掌握吊装作业相应操作技能，并经过培训合格，持证上岗。

（3）吊装前，司机按照液压移动式起重机外观检查表、机械移动式起重机外观检查表对起重机进行检查。

（4）进入作业区域之前，应对基础地面及地下土层承载力、作业环境等进行评估。较复杂的吊装作业还应编制吊装作业计划。

（5）在进行吊装作业时，必须明确指挥人。

（6）起重机吊臂回转范围内应采用警戒带或其他方式隔离，无关人员不得进入该区域内。

（7）在正式开始吊装作业前，司机应巡视工作场所，确认支腿是否垫枕木，发现问题应及时整改。

（8）起重机吊钩的防脱钩设施应处于良好状态。

（9）在可能产生易燃易爆、有毒有害气体的空间或环境中工作时，应进行气体检测。

（10）任何人员不得在悬挂的货物下工作、站立、行走，不得随同货物或起重机械升降。

（11）任何情况下，严禁起重机带载行走。

（12）起重机械司机在吊装作业过程中持续作业一般不超过 2h，否则应中途休息或配备双司机轮流作业。

（13）关键性吊装作业，生产单位必须指派专人到作业现场实施全过程监督管理，普通吊装作业可采取区域巡检的形式，对吊装作业现场进行管理。

（14）起重机操作室和驾驶室中应配置灭火器。

（15）起重机随机备有安全警示牌、使用手册、载荷能力铭牌并根据现场情况设置。

（16）指挥信号明确并符合规定。对紧急停车信号，不论何人发出都应立即执行。

（17）起重机司机应与指挥人员保持可靠的沟通，沟通方式的优先顺序如下：视觉联系—有线对讲装置—双向对讲机。

（18）当联络中断时，起重机司机应停止所有操作，直到重新恢复联系。

（19）密切注意货物摆动、提升、下降对起重机稳定性的影响。

（20）严禁起吊超载、重量不清的物货和埋置物件；严禁斜拉斜吊。在大雪、暴雨、大雾等恶劣天气及风力达到六级时应停止起吊作业，并卸下货物，收回吊臂。

（21）操作中起重机应处于水平状态。在操作过程中可通过引绳来控制货物的摆动，禁止将引绳缠绕在身体的任何部位。

（22）在下列情况下，司机不得离开操作室：

① 货物处于悬吊状态。

② 操作手柄未复位。

③ 手刹未处于制动状态。

④ 起重机未熄火关闭。

⑤ 门锁未锁好。

（23）遵循制造厂家规定的最大负荷能力，以及最大吊臂长度限定要求。

（24）在吊装作业中，有下列情况之一者不准吊装：

① 指挥信号不明、错误或乱指挥不吊。

② 重量不明，埋入地下或超负荷不吊。

③ 工件捆绑不牢、棱角未包未垫、捆绑方法错误和吊挂重物直接进行加工或焊接时不吊。

④ 吊索具不合格或报废时不吊。

⑤ 吊物上有人，用人作配重或吊物上有散浮件时不吊。

⑥ 光线不良，照明不良不吊。

⑦ 歪接斜吊（大于 5%）不吊。

⑧ 六级以上强风不吊。

⑨ 起重机电铃、吊钩限位器缺陷时不吊。

⑩ 制动器等部件不可靠时不吊。

6）挖掘作业

（1）挖掘作业前，应编制审核施工方案、应急预案。

（2）作业人员应接受挖掘作业培训，执行挖掘作业管理程序。

（3）挖掘工作开始前，应保证现场相关人员拥有最新的地下设施布置图，明确标注地下设施的位置、走向及可能存在的危害，必要时可采用探测设备进行探测。挖掘范围涉及铁道等第三方设施的，须经其管理部门审核同意。

（4）对地下情况复杂、危险性较大的挖掘项目，施工区域主管部门根据情况，组织技术、设备、运行、安全等部门和相关单位联合进行现场地下设施交底，根据施工区域地质、水文、地下管道、埋地电力电缆、永久性标桩、地质和地震部门设置的长期观测孔等情况，向作业单位提出具体要求。

（5）在坑、井、沟槽内作业应正确穿戴安全帽、防护鞋、手套等个人防护装备。

（6）不应在坑、沟槽内休息，不得在动土设备下或坑、沟槽上端边沿站立、走动。

（7）人工开挖基坑时，操作人员之间要保持安全距离，一般大于 2.5m。

（8）采用机械设备开挖时，应确认活动范围内没有障碍物（如架空线路、管架等）。机械挖掘，多台阶同时开挖土方时，应验算边坡的稳定，确定挖土机离边坡的安全距离；多台机械开挖，挖土机间距离应大于 10m。

（9）挖土要自上而下，逐层进行，不应进行先挖坡脚的危险作业。

（10）挖出物应及时运出，如需要临时堆土，或留作回填土，挖出物或其他物料至少应距坑、井、沟槽边沿 1m，堆积高度不得超过 1.5m，坡度不大于 45°，不得堵塞下水道、窨井以及作业现场的逃生通道和消防通道。

（11）挖掘深度超过 1.2m 时，应在合适的距离内提供梯子、台阶或坡道等，用于安全进出。

（12）对于挖掘深度 6m 以内的作业，为防止作业面发生坍塌，应根据土质的类别设置斜坡和台阶、支撑和挡板等保护系统。对于挖掘深度超过 6m 所采取的保护系统，应由有资质的人员设计。

（13）在坑、井、沟槽的上方、附近放置物料和其他重物或操作挖掘机械、起重机、卡车时，应在边沿安装板桩并加以支撑和固定，设置警示标志或障碍物。

（14）挖掘作业现场应设置护栏、盖板和明显的警示标志。在人员密集场所或区域施工时，夜间应悬挂红灯警示。

（15）开挖作业临近地下隐蔽工程时，应采用人工方式，禁止使用铁钎、铁镐等工具和施工机械进行作业。

（16）作业场所不具备设置进出口条件，应设置逃生梯、救生索及机械升降装置等，并安排专人监护作业，始终保持有效的沟通。

（17）雷雨天气应停止挖掘作业，雨后复工时，应检查受雨水影响的挖掘现场，监督排水设备的正确使用，检查土壁稳定和支撑牢固情况。发现问题，要及时采取措施，防止骤然崩坍。

（18）对深度超过 1.2m，可能存在危险性气体的挖掘现场，应按要求进行气体检测。

（19）在填埋区域、危险化学品生产、储存区域等可能产生危险性气体的施工区域挖掘时，应对作业环境进行气体检测，并采取相关措施，如使用呼吸器、通风设备和防爆工具等。

（20）在作业过程中暴露出的线缆、管线或其他不能确认的物品时，应立即停止作业，妥善加以保护，并报告施工区域所在单位，待现场确认，并采取相应的安全保护措施后，方可继续作业。

7）管线与设备打开作业

（1）设备与管线打开作业前，应编制审核施工方案、应急预案、隔离方案。

（2）隔离方案执行及隔离有效性测试。

（3）管线与设备打开作业时，应明确打开管线与设备的位置。应在受管线与设备打开作业影响的区域设置区域隔离或警戒线，禁止无关人员进入。

（4）需要打开的管线或设备必须与系统隔离，其中的物料应采用排尽、冲洗、置换、吹扫等方法除尽。

（5）管线与设备打开作业时，应选择和使用合适的个人防护装备，作业人员作业前现场检查合格后方可使用。

（6）作业中做好气体连续监测。

（7）对含有剧毒物料等可能立刻对生命和健康产生危害的管线与设备打开作业时应遵守以下要求：

① 所有进入受管线与设备打开影响区域内的人员，应穿戴个人防护装备。

② 对于受管线与设备打开影响区域外（位于路障或警戒线之外但能够看见工作区域）的人员，应确保能及时获取个人防护装备。

（8）如果不能确保管线与设备清理合格，如残存压力或介质在死角截留、未隔离所有压力或介质的来源、未在低点排凝和高点排空等，应停止工作。

（三）装置开产阶段

（1）装置检修质量评定、启动前安全检查必改项整改完成、待改项安全措施制订落实到位。

（2）脚手架拆除等风险作业安全措施落实到位。

（3）盲板切换执行与签字确认到位。

（4）脱硫、脱水单元、燃料气系统氮气置换时，分析数据合格。

（5）采用氮气装置生产氮气用于装置置换过程中，氮气中氧含量合格。

（6）放空系统 N_2 置换合格。

（7）脱硫、脱水单元进气检漏时，用含 H_2S 天然气升压检漏时，防硫化氢中毒、火灾爆炸措施落实情况；进气升压检漏过程中，防止阀门开关错误或阀门内漏，可能造成系统窜压，导致设备超压爆炸等危害措施落实到位。

（8）脱硫、脱水单元水洗时，污水正常收集。

（9）脱硫、脱水单元补充时，防止砸伤、眼睛等皮肤伤害安全防护执行到位。

（10）下列措施应执行到位：

① 溶液及冷热循环时，防止溶液循环泵抽空，造成泵损坏。

② 防止高、中、低压系统窜压。

③ 防止溶液泄漏，导致化学灼伤及环境污染。

④ 防止蒸汽及凝结水管道水导致管道损坏。

（11）开产过程中，锅炉、硫磺回收单元主燃烧炉、尾气灼烧炉、脱水单元明火加热炉等炉类设备点火操作时，吹扫合格。

（12）蒸汽及凝结水系统暖管时，可能产生水击、损坏管道；排放蒸汽及凝结水操作时，可能发生烫伤事故等危害防范措施执行到位。

第二节　基建工程项目管理监督

一、概述

天然气净化厂基建工程项目分为前期阶段、建设阶段和验收阶段。从预可行性研究报告、可行性研究报告到初步设计的批复为前期阶段；从初步设计批复后到工程完工交接前为建设阶段；完工交接、投产试运行、竣工验收和项目后评估为验收阶段。本节所指基建工程项目管理监督主要包括基建工程项目建设阶段管理监督和建设项目三同时管理监督。

（一）建设阶段管理

建设阶段管理是基建工程项目管理的重点和难点，管理的水平往往直接影响基建工程项目质量。建设阶段管理主要涉及施工图设计管理、物资供应管理、合同管理、总体部署/实施计划、开工报告管理、质量管理、HSE 管理、施工管理、监理管理、变更管理等。

（二）建设项目三同时管理

根据《建设项目安全设施三同时监督管理办法》（国家安全生产监督管理总局令 2015 年第 77 号）规定：建设项目安全设施是指生产经营单位在生产经营活动中用于预防生产安全事故的设备、设施、装置、构（建）筑物和其他技术措施的总称，建设项目安全设施必须与主体工程同时设计、同时施工、同时投入生产和使用。天然气净化厂所有新、改、扩建及技术改造项目，必须严格执行三同时管理规定。

二、监督依据

（一）法律法规

——《中华人民共和国安全生产法》（中华人民共和国主席令 2021 年第 88 号）；
——《中华人民共和国环境保护法》（中华人民共和国主席令 2014 年第 9 号）；
——《建设工程质量管理条例》（中华人民共和国国务院令 2019 年第 714 号）；
——《建设工程安全生产管理条例》（中华人民共和国国务院令 2003 年第 393 号）；
——《建设项目安全设施三同时监督管理办法》（国家安全生产监督管理总局令 2015 年第 77 号）。

（二）规章制度

——《中国石油天然气集团有限公司工程建设项目管理规定》；
——《中国石油天然气集团有限公司工程建设项目监理管理办法》；
——《中国石油天然气股份有限公司工程建设项目开工报告管理办法》；

——《中国石油天然气集团有限公司工程建设项目总体部署管理办法》；

——《中国石油集团工程股份有限公司建设项目健康安全环境“三同时”管理规定》；

——天然气净化厂基建工程项目管理制度；

——天然气净化厂基建工程项目现场物资管理制度；

——天然气净化厂物资采购管理制度。

三、监督要点

（一）建设阶段管理

1. 施工图设计管理

（1）施工图设计未经会审和未按会审意见修改完善的，不得用于施工作业。

（2）施工图设计应遵循初步设计批准的原则和范围，并对初步设计进行优化、细化和完善。

（3）承担施工图勘察、设计任务的勘察、设计单位应具有有效的资质证书和满足要求的业务范围。

（4）项目管理机构应严格按施工图设计会审纪要要求，跟踪、监督和检查施工图勘察、设计单位对施工图设计会审意见的响应回复和修改完善等工作执行情况。

（5）经审定的施工图设计不得随意修改。确需修改的，修改内容须报施工图设计原审批单位（部门）批准后才能修改。

2. 物资供应管理

（1）项目管理机构主要工作：

① 明确甲、乙供料采购界面，编制并提交工程物资需求计划。做好采购物资的动态跟踪，督促采购物资按合同要求保证质量、按期交货。

② 在工程项目概算分解的物资采购控制价范围内进行采购。工程项目采购超单项控制价、主要设备材料采购超概算批复的均应按规定报批。

③ 建立工程物资动态管理台账，根据工程进度及时清理物资情况。

④ 建立工程余料管理台账，做好施工现场工程余料管理，协助物资管理部门做好余料回收入库。

⑤ 组织设备现场调试和服务工作。

基建项目应采用技术先进、成熟、可靠的产品。禁止采用国家、中国石油集团明令淘汰的耗能用水工艺、技术、材料、产品或设备。

（2）采购物资入场前应保证资料齐全，即物资材料两证齐全（合格证、质量证明书），压力容器三证一牌齐全（产品合格证、产品质量证明文件、特种设备制造监督检验证书和产品铭牌的拓印件或复印件），机电设备三证齐全（合格证、质量证明书、安装操作说明书），管件两证齐全（合格证、质量证明书）等。入场验收不合格、资料不齐全的物资，不得进行安装使用。

（3）施工单位应建立和完善工程设备、材料入场检查验收制度。所有工程设备、材料在安装使用前应进行入场前的检查验收，并做好记录。对不合格的设备、材料应分类存放、明确标识，并及时向项目监理机构和项目管理机构汇报。

（4）物资报验：承包商将检验合格的物资（包括质证资料、复检报告等），向监理项目部进行报验。专业监理工程师及时审签承包商报验物资，对不合格物资提出审查意见。所有物资合格后才能使用，并登记台账。

（5）物资平行检验：专业监理根据平行检验方案对进场工程物资开展平行检验。平行检验包括量测外观几何尺寸，检查外观缺陷，检查材质理化试验报告、无损检测报告等质证资料，并填写材料设备平行检验记录。平行检验应符合石油天然气建设工程监理平行检验技术规定。

（6）物资现场仓储管理：

① 施工现场应合理划分物资仓储场地，按照“地面隔离、架空堆放、有效覆盖、防雨防潮、防火防晒、安全隔离”的原则做好各项仓储措施。

② 现场物资应分类管理，有序存放，标识清楚。

③ 管材、弯管、阀门等按照同材质、同规格分类存放；对于体积小、重量轻的电气仪表、法兰、螺栓等物资应采用货架堆放。

④ 钢筋应按照不同牌号和规格分类、分开、架空堆放；袋装水泥应按照品种、标号分类架空堆放；砂、石应围挡堆放。

⑤ 油漆、油品、防腐材料、气瓶等储存危险化学品的工棚应通风良好，在工棚入口处设置“禁止烟火”“禁止带火种”等安全警示标识。

⑥ 对于高压氧气瓶、乙炔瓶、氮气瓶等气瓶，必须分类、分开堆放，气瓶间安全距离符合相关规范要求。

——氧气瓶、乙炔瓶存放点应进行有效物理隔离；

——所有气瓶要求减振环、气瓶罩等安全附件配置齐全；

——乙炔气瓶应采取防倾倒措施；

——气瓶采用“挂签”标识；

——气瓶存放点应严禁材料值守人员住宿；

——气瓶存放点应设置“禁止烟火”“当心爆炸”等安全警示标识。

⑦ 对于油品、油漆等易燃易爆材料，必须分类、分开堆放，远离人群，专人保管。

——油品、油漆等易燃物品存放点应通风设置，并应与其他工程材料有效隔离；

——存放点配置满足要求的消防安全器材；

——存放点严禁材料值守人员住宿；

——存放点应设置“禁止烟火”“禁带火种”等安全警示标识。

⑧ 无法及时退场的不合格品，应单独设置堆放区域，设置标识牌，说明不合格材料名称、数量、拟处理方式、属地管理责任人等信息。

（7）物资现场使用管理：

① 承包商建立物资领用、发放、使用及回收台账，落实专人负责现场物资仓储及发放管理。

② 领用的物资在使用前，施工班组应对物资外观、材质、规格型号、安装位置等关键环节进行核对确认。

③ 随物资一同移交的备品备件、使用说明书、技术资料等由承包商妥善保管，完工交接时统一移交。

（8）余料管理：

① 承包商负责现场物资余料及其质证资料的收集、保管。

② 承包商应严格按照合同约定物资材料损耗率控制物资使用，减少物资余料。超出损耗率部分费用由承包商承担。

③ 工程完工交接后，承包商应编制余料清单报建设项目部审查，将余料和质证资料同步移交物资采购实施单位并配合办理退库手续。

（9）不合格物资管理：

① 现场发现的不合格物资应停止使用，及时上报；不能及时退场的应隔离存放，明确标识。

② 甲供不合格物资由承包商编制不合格物资台账，经建设项目部、监理单位审查后退还物资采购实施单位；乙供料由承包商清退出场，并将具体情况书面汇报建设项目部和监理单位。

③ 有争议时，建设项目部组织协调处理。

3. 合同管理

（1）工程勘察、设计、施工、监理与检测合同签订时，应签订工程建设 HSE 合同，明确责任。未签订 HSE 合同的，不得开展有关工作。

（2）合同中应重点突出建设工程质量、安全、投资、工期、健康和环境保护控制指标。

（3）合同条款齐全、清晰、准确，不可有模棱两可的言辞和不合理的附加条件。在合同中，要明确规定合同签约双方的违约责任；要清晰、明确和详尽约定合同价款调整范围（事项）及具体调整方法。

（4）合同签订应及时，杜绝事后合同，避免无依据或依据不充分的事后变更行为发生。

4. 总体部署 / 实施计划

（1）总体部署 / 实施计划应根据基建项目实际情况进行编制，应具有针对性和可操作性。

（2）中国石油集团一类、二类项目，按以下要求执行：

① 项目管理机构应在收到初步设计批复后 20 个工作日内完成总体部署的编制、预审

和上报。

② 中国石油集团一类项目总体部署经地区公司基建管理部门预审后报勘探与生产分公司审批。

③ 中国石油集团二类项目总体部署由地区公司基建管理部门审批。

（3）中国石油集团三、四类项目，按以下要求执行：

① 项目管理机构应在收到初步设计批复后 20 个工作日内完成实施计划编制、预审和上报。

② 地区公司限上项目实施计划报地区公司基建管理部门审批，地区公司限下项目实施计划报所属单位基建工程管理部门审批。

5. 开工报告管理

（1）天然气净化厂基建项目应在开工报告审批后，才能开工建设，开工报告由项目管理机构填报。开工报告未经审批同意，基建项目不得开工建设。

（2）开工报告申报应具备以下条件：

① 初步设计及概算已批复，投资计划已下达；项目管理机构已经批复，人员已经到位。

② 总体部署 / 实施计划、施工组织设计、监理规划等已经获得批准。

③ 已取得工程征（用）地、管道路由规划、供电、供水等相关书面意见，已办理消防建审手续，需单独向地方报建的建筑工程已取得建设工程施工许可证。

④ 开工需要的施工图设计已完成会审，且已提交相应的 0 版施工图设计文件及图纸。

⑤ 已完成施工、监理、检测等参建单位的招标工作，并签订施工合同和 HSE 合同。

⑥ 已完成质量监督注册手续；已按规定办理开工前审计手续。

⑦ 工程参建单位已进驻现场，施工机具运抵现场，项目主体工程施工准备工作已完成，具备连续施工的条件。

⑧ 建设项目需要的主要设备、材料已经订货，开工所需建筑材料已落实，能满足现场连续施工要求。

⑨ 法律、法规规定的其他条件。

6. 质量管理

（1）严格执行《建设工程质量管理条例》（中华人民共和国国务院令 2019 年第 714 号），实行工程建设监理、质量监督和第三方质量检测制度。

（2）严格执行基本建设程序，坚持先勘察、后设计、再施工的原则。

（3）项目管理机构主要工作：

① 对勘察、设计、监理、施工、检测、预制、运输等参建单位质量工作提出具体要求，并在合同中应给予明确。

② 向勘察、设计、施工、监理等单位提供与工程建设有关的原始资料，原始资料应真实、准确、齐全。

③ 严格按合同约定和公司质量管理相关规定对质量问题责任单位进行违约责任追究。

④ 对工程建设质量进行跟踪管理，对施工、监理、检测单位现场质量控制工作进行监督检查，形成记录。工程完工后组织各参建单位对工程质量进行分析、总结并提出改进措施。

⑤ 按公司有关规定及时上报建设工程质量事故，组织各参建单位认真开展质量事故的原因分析、制订整改措施、督促整改及验收，形成闭环管理；参与质量事故的调查与责任追究。

（4）勘察、设计单位的质量责任和义务：

① 依照工程建设有关法律法规、标准规范进行勘察、设计，并对其勘察、设计的质量负责。勘察单位提供的岩土工程、水文地质勘察和工程测量等勘察成果应真实、准确、详尽。

② 勘察、设计单位应当就审查合格的施工图设计文件向监理、施工、检测等单位进行现场设计技术交底，并对影响工程质量的因素和环节进行重点说明。

③ 勘察、设计单位应当参与建设工程质量事故分析。对因工程勘察、设计造成的质量事故，提出相应的技术处理方案。对工程质量承担勘察、设计责任。

④ 勘察、设计单位应根据不同施工阶段，及时派驻相关专业人员，解决施工过程中存在的质量问题。

⑤ 勘察、设计单位应及时参加基础坑池验槽、隐蔽工程验收等工作。

（5）施工单位的质量责任和义务：

① 施工单位对基建项目的施工质量负责，严禁转包或违法分包工程。

② 总承包单位应对分包单位进行全面质量管理。分包单位应当按照分包合同的约定对其分包工程的质量向总承包单位负责，总承包单位对分包工程的质量和安全承担连带责任。

③ 根据工程施工承包合同和工程质量管理目标要求，结合工程建设的实际情况，建立完善质量管理体系与质量责任制，认真落实工程质量责任，制订有针对性的施工方案和质量保证措施，并严格执行。

④ 建立健全施工质量检验制度，严格执行工程质量“三检”制，做好隐蔽工程的质量检查和记录。

⑤ 施工单位应严格按设计文件和有关标准规范进行施工，不得偷工减料，降低质量标准。

⑥ 施工单位对乙供料质量负责。

⑦ 工程施工、试运行及质保期内出现的施工质量问题，施工单位应负责整改。

（6）监理单位的质量责任和义务：

① 依照法律法规、有关技术标准、设计文件和工程监理合同，受建设单位委托，代表建设单位对工程质量实施监理，并对工程质量承担监理责任。

② 监理单位应组织建筑材料、建筑构配件、设备、材料和施工机器具的入场检验。

未经监理工程师签字同意，不得使用或者安装。

③ 按照监理规范的要求，采取旁站、巡视和平行检验等形式，对工程质量实施监理。

④ 组织隐蔽工程隐蔽前验收。

⑤ 组织施工质量分析，组织制订质量纠偏措施。参与质量问题调查处理。

（7）检测单位的质量责任和义务：

① 检测单位对建设项目检测工作质量负责，严禁转包或违法分包检测业务。

② 严格按照设计文件、有关技术标准、施工技术要求和监理指令开展检测工作。

③ 定期开展检测机具校验，检测质量结果复查和质量问题原因分析。

7. HSE 管理

（1）各参建单位应建立健全 HSE 管理体系，设置 HSE 管理机构和专职 HSE 管理人员，责任落实到人。编制 HSE“两书一表”，制订 HSE 管理措施和培训计划，严格开展现场 HSE 管理、培训和检查工作，并形成记录。

（2）勘察、设计单位 HSE 管理责任：

① 勘察、设计单位应在资质等级和准入范围内承揽业务。

② 勘察单位应当依照法律法规和工程建设强制性标准进行勘察，提供的勘察资料应当真实、准确、详尽，满足工程设计和安全生产需要。勘察单位在勘察作业时，应当严格执行操作规程，采取措施保证各类管线、设施和周边建筑物、构筑物的安全。

③ 采用新工艺、新技术、新设备、新材料的工程，设计文件中应提出相应的安全、环保措施及建议。

④ 设计单位应采用安全预评价、环境影响评价、消防审查、职业病危害预评价和危险与可操作性分析技术（HAZOP）等成果，防止因设计不合理导致 HSE 事故的发生。

⑤ 设计单位应当考虑施工安全操作和防护的需要，对涉及施工安全的重点部位和关键环节在设计文件中注明，并对防范生产安全事故提出指导意见。

（3）监理单位 HSE 管理责任：

① 监理单位应对现场监理人员开展开工前 HSE 培训并做好记录。培训不合格的监理人员不能入场开展监理业务。

② 监理机构应设置专职 HSE 管理人员，组织开展施工现场 HSE 专项监理。

③ 监理机构应当审查施工组织设计中的 HSE 专篇、专项施工方案、应急预案、HSE“两书一表”是否符合工程建设强制性条款。监督检查施工作业单位的 HSE 管理措施是否到位。

④ 现场监理机构应当按照法律法规、标准规范和设计文件实施监理，并对建设工程 HSE 管理承担监理责任。

⑤ 监理人员在实施监理过程中，发现存在安全、环保等事故隐患的，应当要求责任单位整改；情况严重的，应当立即要求停止作业，并及时报告项目管理机构。

⑥ 现场监理机构应对风险作业许可进行监督检查，并检查各项 HSE 管理措施的落实

情况。

⑦ 现场监理机构应制订 HSE 监督检查计划，定期对施工现场开展 HSE 专项检查，并做好记录。

⑧ 在监理例会中应专题分析施工现场 HSE 管理存在的问题，落实改进措施，并监督执行。

（4）施工、检测单位的 HSE 管理责任：

① 施工、检测单位主要负责人依法对本单位的 HSE 工作全面负责，并建立健全 HSE 管理责任制度和教育培训制度，组织编制风险防控措施，消除事故隐患，及时、如实报告各类事故。

② HSE 措施费应专项使用，不得挪作他用。建立施工现场 HSE 管理机构，配备专职 HSE 管理人员，明确管理人员职责。

③ 施工组织设计应当编制 HSE 专篇。对于穿（跨）越、不良地质地段、高坡陡坎、林区施工、爆破作业、大型设备吊装、施工现场临时用电、放射源管理等应编制专项施工方案和应急预案。

④ 识别、评价施工过程中 HSE 风险，制订风险控制措施，编制 HSE 作业计划书、HSE 作业指导书和 HSE 检查表。

⑤ 根据工程建设特点，制订有针对性的事故应急预案，组织应急预案演练并做好演练记录。

⑥ 遵守有关环境保护法律、法规的规定，在施工现场采取防护措施，防止或减少粉尘、废气、废水、固体废物、噪声、振动、施工照明等对人和环境的危害和污染。坚持文明施工，做到工完、料尽、场地清。

⑦ 向作业人员提供安全防护用具和安全防护服装，并书面告知危险岗位的操作规程。

⑧ 在公司所辖生产、生活、施工区域内的进入受限空间作业、动土作业、高处作业、移动式起重作业、临时用电作业、动火作业、管线与设备打开等 A 类和 B 类风险作业，作业前应按要求办理相应作业许可证。入场作业前应进行工作前安全分析（JSA）、安全培训，并做好记录。应服从属地管理，接受生产管理单位的 HSE 教育和事故应急演练。

⑨ 施工现场应按要求做好人员、工器具、设备设施、生产、生活区域目视化管理。

⑩ 应制订 HSE 检查计划，定期开展 HSE 自查自检工作，整改问题并做好记录。

（5）承包商 HSE 管理详见第二章第七节。

8. 施工管理

（1）项目管理机构应在开工前组织施工图设计现场交底、合同交底和施工现场 HSE 交底工作，并形成书面交底记录。

（2）项目管理机构应在开工前组织第一次工地会议，主要内容应符合 GB/T 50319《建设工程监理规范》要求。第一次工地会议纪要应由监理机构负责起草，并经与会各方代表会签。

（3）施工单位应根据总体部署或实施计划、施工图设计和已签订的合同等文件要求编制施工组织设计，内容涉及施工方案、施工进度计划、施工人员及机具设备安排、风险识别及风险削减措施、HSE 管理、吹扫试压方案、安全技术措施等。

（4）施工组织设计由施工项目经理组织工程相关专业施工技术人员编制，施工单位技术负责人审查合格后由监理单位组织审查，审查合格后由总监理工程师签认，并报项目管理机构审批。施工组织设计的编制及审批应在项目开工前完成。

（5）施工单位和分包单位不得擅自更改设计文件、偷工减料、降低工程质量标准。

（6）施工单位应严格工序管理，做好隐蔽工程和检验批的质量检查与验收工作，并做好记录。隐蔽工程在隐蔽前，施工单位应提前三天通知项目监理机构。

（7）特种设备在安装前，从事特种设备安装的单位应按规定向当地质量技术监督管理部门进行申报。

（8）施工单位应严格执行以下要求：

① 施工现场应设置施工项目管理部，配备必要办公、通信设备，建立各项管理制度。

② 编制临时用电方案，做好临时用电管理。

③ 加强对现场人员的管理和教育工作，现场人员进场施工前，应进行各项管理制度和安全教育，并做好记录。

④ 在施工现场入口、堆管场、高坡陡坎、大（中）型穿（跨）越、山体隧道、易滑坡地带、穿越林区、爆破物及有害气体和液体存放处等危险部位，以及安全出口与逃生通道，应设置明显的安全警示标志。安全警示标志应醒目并符合国家标准、行业标准和公司各项管理规定。

（9）施工单位应严格按照技术标准、设计文件和天然气净化厂基建工程（项目）竣工验收有关要求收集整理各种质保资料、隐蔽工程资料，绘制竣工图，编制好竣工资料。竣工资料应与工程建设实际进度同步，并与工程建设实际情况相符，及时、真实、准确、详尽地反映工程建设情况，并在合同规定的时间内提交项目管理机构。

（10）工程实施期间，设计单位应派相关专业人员驻现场配合施工，及时解决现场设计上出现的各类问题，及时处理工程变更。

9. 监理管理

（1）监理单位不得转让监理业务。

（2）目监理人员包括总监理工程师、专业监理工程师和监理员，必要时可设置总监理工程师代表。监理人员必须持证上岗并按证书许可范围执业。持证监理人员应按照有关规定参加继续教育培训。

（3）监理单位应做好上岗人员的岗前业务培训，现场监理人员应熟悉相关法律、法规、标准规范、管理规定、监理规划、监理实施细则等。

（4）监理单位应于委托监理合同签订后 10d 内将项目监理机构的组织形式、人员构成及对总监理工程师的任命书，报项目管理机构备案。

（5）项目监理机构应根据建设项目规模、特点制订详细具体、具有针对性的监理规划。监理规划应由总监理工程师组织编制，总监理工程师签字后由监理单位技术负责人审核批准，并在第一次工地例会前报送建设项目管理机构审批。监理规划编制内容应符合GB/T 50319《建设工程监理规范》要求。

（6）对于专业性较强、危险性较大的分部分项工程，项目监理机构应编制监理实施细则。监理实施细则应在相应工程施工开始前由专业监理工程师编制，并报总监理工程师审批。对于工程规模小、技术简单且有成熟管理经验和措施的，可不必编制监理实施细则。

（7）总监理工程师应组织施工组织设计审查，应当认真审查施工组织设计中安全技术措施和专项施工方案是否符合工程建设强制性标准和工程实际情况。提出明确审查意见，并经总监理工程师签认后报项目管理机构审批。项目监理机构应要求施工单位按照已批准的施工组织设计组织施工。施工组织设计需要调整时，项目监理机构应按程序重新审查，并经项目管理机构重新审批。

（8）总监理工程师应组织各专业人员熟悉施工图设计文件，项目监理人员应参加由项目管理机构组织的施工图设计交底。

（9）项目监理机构在工程开工后，应每周组织召开工地例会，并按时向项目管理机构上报监理周报。周报内容应准确、详细，能充分反映工程当前建设情况，重点要突出监理在现场开展的主要监理工作和现场存在的问题、针对存在问题采取的措施及下一步工作计划和安排。

（10）项目监理机构发现施工存在HSE问题的，应及时签发监理通知单，要求施工单位整改。整改完毕后，项目监理机构应根据施工单位报送的监理通知回复单对整改情况进行复查，提出复查意见。

（11）项目监理机构发现下列情况之一时，总监理工程师应及时签发工程暂停令：

① 建设单位要求暂停施工且工程需要暂停施工的。

② 施工单位未经批准擅自施工或拒绝项目监理机构管理的。

③ 施工单位未按审查通过的工程设计文件施工的。

④ 施工单位违反工程建设强制性标准的。

⑤ 施工存在重大HSE隐患或发生HSE事故的。

总监理工程师签发工程暂停令应事先征得建设单位同意。当施工单位提出复工申请后，总监理工程师应组织审查施工单位报审资料，符合要求后由总监理工程师签署审查意见并报建设单位批准后签发工程复工令。

现场监理人员应认真填写监理日志。监理日志应真实反映工程建设情况和监理工作的开展情况。总监理工程师要定期对监理人员的监理日志进行检查、签认。

（12）隐蔽工程隐蔽前，项目监理机构应提前三天通知项目管理机构、勘察、设计、施工、质量监督等有关单位，现场组织开展检查、验收和签证工作。隐蔽工程达到相关标准、规范和设计要求后，才能进入下一道工序。

（13）项目监理机构应协助项目管理机构建立工程余料台账，做好工程余料的清理和回收管理工作。应及时督促施工单位清理工程余料及其产品合格与质量证明文件等资料，监督施工单位按规定或合同约定将工程余料和相关资料交付项目管理机构指定地点，并协助办理移交手续。

（14）项目监理机构应当协助项目管理机构做好工程建设竣工资料的收集、整理、完善和归档工作。

10. 变更管理

（1）建设单位在工程实施中不得擅自授意设计、施工等单位对工程量进行修改、增减，不得擅自提高或降低工程建设的水平。如确需对工程建设水平、范围进行调整，建设单位应以书面形式及时上报公司审批，未经审批，不能实施。

（2）在施工图设计阶段中因实际情况变化超出初步设计批复范围的重大变更［设计规模、工艺流程、线路路由、主要设备材料、重要穿（跨）越、总平面布置、建筑水平等方面］，所属单位基建工程管理部门应以书面形式详细说明变更的理由、内容和由此造成工程费用变化等情况，经公司审查批准后，才能在施工图设计中调整。

（3）施工单位应严格按施工图设计文件及批准的施工组织设计等经过审批的方案施工，不得擅自修改工程设计，应按照合同要求保证工程质量和施工进度。施工单位应按照投标文件或批准的施工组织设计中承诺的施工管理人员、特殊作业人员的资格和数量，以及设备机具配备到位，若发生变化应报建设项目管理机构批准后方能实施。

（4）建设项目管理机构、施工单位、设计单位、监理单位和检测单位人员变更应按下列规定执行：

① 在项目管理机构有效期内，项目管理机构的项目经理、副经理或技术负责人发生变动的，应上报原审批单位批准。

② 总监监理工程师、总监理工程师代表、专业监理工程师等发生人员变更前，应报项目管理机构批准。其他监理人员变更应及时书面告知项目管理机构和参建单位，人员变更后现场监理人员的专业和数量应满足工程建设需要。

③ 设计单位、施工单位、检测单位项目经理（副）经理、安全总监、技术负责人等发生人员变更前，应报项目管理机构批准。新进场人员资格应经项目监理机构审核备案。

在工程建设过程中，因设计原因造成的变更不得以施工联络单的形式进行修改。

（5）对施工过程中确需发生的工程变更，应按下列规定执行：

① 提出变更的单位（项目管理机构、设计单位、监理单位、施工单位）应向建设单位提交变更申请，由建设单位组织项目管理机构、勘察单位、设计单位、监理单位、施工单位的技术、造价等相关人员对变更申请进行审查，并签署明确审查意见。由项目管理机构、设计单位、监理单位提出的变更，应采用设计变更申请单；由施工单位提出的变更，可采用设计变更申请单或施工联络单。工程变更申请单位应明确变更的原因、工作量和费用，并就变更可能引起的风险进行识别、分析，提出明确风险控制措施。

② 变更申请通过后，由建设单位向设计单位下达设计变更任务书。如涉及需补充勘

察的设计变更，建设单位还应同时向勘察单位下达补充勘察任务书。

③ 设计单位按照设计变更任务书及时完成设计变更，出具设计变更文件。设计变更文件应对变更后的风险进行分析评价，并提出风险控制措施。

（6）基建项目工程变更管理应坚持“先审批，后实施”的原则。基建项目工程变更分类及审批流程规定如下：

① 工程变更一般分为设计变更、设备材料变更和施工变更三类。

② 各类工程变更的申请（提出）、报审和批准的权限及流程按天然气净化厂有关规定执行。

（7）经审查批准后的工程变更，在总监理工程师签发工程变更单之前，施工单位不得实施工程变更；未经总监理工程师签发同意的工程变更，项目管理机构和项目监理机构不得予以计算工程量。

（二）建设项目三同时管理

1. 项目可研阶段

新、改、扩建项目，在项目立项阶段，建设单位必须并向 HSE 管理部门提出安全预评价申请，待上级主管部门批复后实施。

2. 设计阶段

新、改、扩建项目，初步设计阶段应同步委托、分别编制安全、消防设施设计专篇，报上级 HSE 主管部门预审后，分别报地方政府相关管理部门审批。施工图设计前应取得相应的审查批复手续。

3. 施工阶段

（1）严格审查建设项目施工组织方案，确认安全措施、安全预案有效。

（2）现场监督安全措施的落实情况，防止施工期间发生安全事故、事件。

（3）施工、监理和设备材料供应等单位，应严格依据设计文件进行施工、监理和设备材料供应，确保安全设施设计方案的有效实施。

（4）监督工程配套建设的安全设施与主体工程同时施工。

4. 竣工验收阶段

（1）建设项目竣工后，根据建设项目需要进行试运行。

（2）竣工或试运行完成后，生产单位应委托有资质的安全评价机构对安全设施进行验收评价，并编制安全验收评价报告。

（3）建设项目竣工投入生产或者使用前，生产经营单位应向安全生产监督管理部门申请安全设施验收。

附录一　第一章监督检查表

附表 1-1　天然气净化厂生产运行管理监督检查表

监督要点	监督内容
生产计划管理	净化厂应根据原料气处理量，产品气和硫磺产量编制年度生产计划任务，报上级部门审批
	根据净化装置运行情况编制年度检修计划，并报上级部门审批
	生产运行部门应结合全年检修计划，编制月度检修计划报上级部门审批后统一安排下达执行
	每月生产运行部门收集汇编生产单位次月检修计划，包括项目名称、材料规格型号及数量，施工单位、施工项目所需工种、人数及项目负责人等，经生产单位分管领导审核后下达月度检修计划
	生产运行部门填写日动态表、日报表、周报表和月度报表
	检查生产任务完成情况，填写生产任务进度分析表
	生产运行部门对生产任务完成情况、装置异常情况、检修进度进行统计分析，编制月度生产运行情况分析
生产调度管理	明确专（兼）职调度人员，调度人员坚持 24h 在岗值班
	值班交接应由交班人和接班人在值班现场交接，对存在影响安全生产的重大隐患，要提出并强调。 ① 电话记录真实可靠、准确无误、字迹工整、言简意赅。 ② 记录格式：一个完整的记录应包括两部分：来电（去电）和处理。来电（去电）应包括来电（去电）时间、来电（去电）人、单位、来电（去电）事由、接电话人员的询问情况及其他记录人认为有必要记录的内容。处理应包括接电话人根据情况所做的请示、通知等反应，必要时还包括将处理结果反馈到有关部门的联络情况。 ③ 对简单的情况可在来电时直接处理并做记录
	交接班记录要求： ① 交接班记录必须反映该值班期间各生产装置的运行情况、已处理的重大问题、正在处理的生产问题的进度情况、值班室清洁及办公设备等。 ② 对存在影响安全生产的重大问题要向接班人提出警示。 ③ 接班人应认真查验交接班记录，对不明确的问题要向交班人了解清楚并签名
	数据收集统计上报应符合所需要填报的日动态报表与日报表的内容和格式要求，同时归口逐级上报，严禁以越级的形式进行数据汇报
	动态数据的收集、上报： ① 动态数据包括原料气气量、产品气气量、进出厂压力等。 ② 动态数据由生产班组中控室岗点操作人员 4h 读取一次，经当班班长审核后报生产单位值班调度人员；生产单位值班调度应于数据采样后的 15min 内，填写日动态报表，完成动态数据的收集、上报工作

续表

监督要点	监督内容
生产调度管理	日报数据的收集、上报： ① 生产日报数据包括原料气处理量、硫磺产量、气质分析报告等。 ② 数据由统计员向生产单位值班调度提供；气质分析数据以前一日上午取样数据为准。 ③ 生产单位应在当日 9：00 前完成日报中各项数据的收集、统计，填写日报表并上报，净化厂生产运行部门于 9：30 前完成生产运行系统数据录入工作。 ④ 对因故空缺的数据内容，值班人员应在汇报时说明原因，生产运行管理部门值班人员应做好相应记录
	对于原料气、产品气数据有争议、分析化验仪表故障等原因造成数据未能按时完成收集的，生产单位应将其他数据按时汇报，并在汇报过程中说明情况、约定补充汇报的时间（原因的认定需经过生产办负责人的确认），生产运行部门值班调度人员应做好相应的记录
	数据的处理、修改要求： ① 各种记录表格、记录本均编号管理，确保真实、完整，未经许可不得销毁。 ② 值班人员在收到数据汇报后，应对汇总栏、完成率等项进行核对，对所有数据是否明显超出常规进行校对，对有疑问的数据应及时询问并做好记录。 ③ 对已形成的数据表格，发现错误的，严禁直接或用涂改液等涂改，应从表格左下角到右上角用单直线划掉错误数据（宽窄以不影响识别错误数据为准），在表格旁空白处写明正确数据，注明修改原因、修改人及时间
生产事件处理程序	气量、气质的调整和波动： ① 净化厂生产运行部门值班调度人员在接到上下游单位通知时，应询问清楚波动（调整）的原因、影响范围、变化幅度、持续时间等，并根据装置生产能力和现状对其操作提出要求。而后应立即通知有关受影响的单位，并进行记录，必要时向部门负责人汇报。 ② 生产班组发现气量（气质）异常波动后，应立即向生产单位值班调度汇报。生产单位值班调度问清情况后立即向上级生产运行管理部门值班调度人员汇报，包括：开始时间、波动情况、装置现状、已采取的措施等，同时做好记录。生产运行管理部门值班调度员获知情况后及时按汇报程序汇报，并在职责范围内做出处理
	装置生产（设备）异常： 生产单位值班调度人员在得到生产（设备）异常的报告后，应立即向生产单位负责人汇报，并根据指示进行处理并记录。事态严重或需要外部配合的应同时通知上级值班调度人员，上级值班调度人员根据汇报程序进行汇报或根据生产单位要求配合处理，并做好记录
	其他生产信息处理： 对于接到诸如停电、停水或通信故障等通知后，值班调度人员应根据影响范围、可能造成的后果进行处理。一般性问题可直接通知受影响的单位，对威胁生产安全、装置平稳运行和生产管理正常开展的，应及时通知部门负责人处理
	生产事件持续跟踪和关闭： 各级生产运行部门应持续跟踪生产事件的发展动态及处理结果，及时将相关信息向部门负责人及上级部门汇报，直至事件结束
生产运行汇报程序	日常生产活动的汇报程序： ① 汇报人直接向有关部门、领导汇报，并做好记录。 ② 汇报完成后需及时将领导了解的内容、所做的具体要求向部门负责人汇报

续表

监督要点	监督内容
生产运行汇报程序	影响安全生产的重大生产事件包括： ① 生产装置出现较大故障，影响（或可能影响）正常生产的情况。 ② 出现重大的质量、安全、环保隐患或事故。 ③ 停电、停气、停水等对生产、生活造成重大影响的情况。 ④ 发生自然灾害造成较大的损失的情况。 ⑤ 其他严重影响安全生产的情况
	重大生产事件汇报程序及要求： ① 各生产工段、班、岗点，在应急处置同时，应在 5min 内将情况电话汇报生产单位值班调度。 ② 生产单位值班调度应在接到事故报告后 10min 内向本级生产运行部门负责人及领导汇报，生产单位应立即组织应急处置，同时向上级生产运行部门值班调度及相关部门汇报。 ③ 净化厂生产运行部门值班调度在接到汇报后，应在 10min 内把事故情况向负责人汇报，生产运行部门负责人应及时向有关领导汇报。 ④ 发生重大生产事件后，生产单位在 1h 内把书面报告传真到净化厂生产运行部门。 ⑤ 生产运行部门在接到报告后，应及时把书面报告报送有关领导和相关部门
天然气调度管理	天然气调度指令包括电话通知、书面通知等形式，对电话通知必须做好记录
	上下游原料气生产单位应根据净化厂装置处置能力进行气质气量调配，当超出净化厂设计处理能力时，要及时调整
	下游产品气接受单位应根据净化厂净化气输出量进行生产安排，一旦出现变化，及时通知净化厂及上游原料气单位进行调整
	上游单位和下游单位进行管线清洗作业时，应及时将作业时间、可能影响程度提前通知净化厂
	上游单位及净化厂装置出现故障，如管线穿孔、爆裂、堵塞等紧急事故需要停产进行处理，影响天然气正常生产和供给时，应及时通知相关单位
	净化厂与上下游建立必要协调会议制度，定期召开协调会议通报生产情况，以加强衔接和协调
值班和应急留守管理	生产单位生产运行部门每周在每周五 16：00 前将应急留守人员姓名、联系电话告知上级生产运行值班室，节假日值班干部和留守人员需上报上级单位厂长（党委）办公室，同时抄送生产运行管理部门
	净化厂领导、厂长（党委）办公室、生产运行部门、HSE 管理部门、工艺技术部门和设备管理部门节假日期间应安排值班人员
	各生产单位必须保证生产厂区每天 24h 有干部值班
	净化厂应急留守人员安排： ① 厂领导安排一人应急留守。 ② 净化厂生产运行部门、HSE 管理部门、工艺技术部门和设备管理部门各安排二人应急留守，其余各部门安排一人应急留守，以满足应急抢险需要。 ③ 厂长（党委）办公室安排至少一名驾驶人员应急留守。 ④ 除驾驶人员外，应急留守人员应为科级或中级以上职称人员

续表

监督要点	监督内容
值班和应急留守管理	生产单位每天应急留守人员安排： 各单位每天安排足够的管理人员、技术人员和操作服务人员作为应急留守人员，应急留守人员中必须有一名单位领导
	如确有原因需对值班及应急留守人员安排进行调整，应及时电话汇报生产运行管理部门，值班调度应做好相应记录
	生产单位值班人员除在装置区等不允许手机开机的场所外，其余时间应保持手机处于开机状态，确保信息联络畅通；值班期间应坚守岗位，不能睡觉，不能离开生产区；值班期间发现事故隐患时，应立即组织解决，如在值班期间不能及时解决的，做好交班记录，并按程序汇报
	留守人员在应急留守期间不饮酒；除到装置区参加抢险等不允许手机开机的场所外，其余时间应保持手机处于开机状态，确保信息联络畅通；净化厂各部门应急留守人员在接到生产运行部门值班调度通知后，应在 15min 内到达生产调度指挥中心，各生产单位应急留守人员应服从值班干部、值班调度的安排，需抢险时应在 15min 内赶到集合地点
	不能安排未转正定级的员工进行值班或应急留守
	净化厂人事组织部门不定期组织相关部门对生产单位值班干部履职情况进行督促检查，每季度将值班情况进行评价通报
自然灾害管理	与当地防汛、气象、水文、水利、国土等部门的联系，及时获取并发布重要预报预警信息，做好灾害防范、应对工作
	开展灾害隐患排查工作，对于检查出的问题隐患要尽快整改，暂不能整改的要制订严密的防控措施，影响生产、安全的重大隐患必须制订专项应急预案，严格实行动态跟踪和闭环管理
	加强自然灾害重要时段领导干部值班值守，强化生产调度 24h 值班制度
	灾情发生后，生产运行科要第一时间组织现场办公，赶赴现场调查核实灾情，制订治理或恢复的初步方案
	各单位应根据事件响应级别及时启动相应应急预案，积极组织抢险救灾工作，必要时果断采取关停生产设备措施，进行人员、设备转移，确保员工生命安全和重要设备安全，尽量减小灾害损失，同时做好灾害损失资料收集、上报，包括灾害发生地点、损失情况、现场图片、恢复整改方案及费用估算等
生产期间能量隔离管理	1. 生产期间能量隔离部位 1）生产隔离 （1）原料气预处理单元：原料气重力分离器、原料气过滤分离器、原料气高效过滤器、原料气旋风分离器等设备。 ① 进入设备及附属管线的氮气、锅炉水、蒸汽等公用介质阀门。 ② 设备及附属管线高点排空甩头阀门、低点排污甩头阀门。 （2）脱硫单元。 ① 原料气分离罐、脱硫塔及其附属管线溶液回收阀、排污阀。 ② 酸水分离罐排污甩头阀门。 ③ 进入吸收塔的氮气、蒸汽、锅炉水阀门。

续表

<table>
<tr><th>监督要点</th><th>监督内容</th></tr>
<tr><td>生产期间能量隔离管理</td><td>（3）脱水单元。
① 脱水塔、干净化气分离器等附属管线溶液回收阀、排污阀。
② 进入脱水塔的氮气、锅炉水阀门。
（4）硫磺回收单元。
① 酸水压送罐、酸水分离器底部排污甩头阀门。
② 酸气管线低点排液甩头阀门。
（5）火炬及放空装置。
① 放空管线低点排液阀。
② 放空分离器排污阀。
（6）燃料气系统。
① 返输气管线阀门。
② 燃料气罐排污阀。
2）故障隔离
（1）动设备检维修包括：动设备维护、检维修作业。
① 动设备电气隔离。
② 动设备及附属管线打开作业前，应对进、出口工艺介质进行有效能量隔离。
（2）静设备检维修包括：静设备及其附属管线打开作业前，应对进、出口工艺介质进行有效能量隔离。
（3）管线及阀门检维修。
① 调节阀检维修：打开旁通，关闭并隔离进、出口截止阀。
② 其他阀门、管线检维修：关闭阀门、管线的前、后端阀门
2. 生产期间能量隔离方法
1）工艺系统能量隔离方法
包括盲板封堵、丝堵、阀门切断加上锁挂牌，以及双阀关闭，中间甩头开启等方式。天然气净化装置在正常生产或者检维修情况下，应根据工艺介质的危害性正确选择能量隔离方法，遵循以下要求。
（1）生产隔离方法。
① 盲板封堵：有毒有害危险介质（如天然气、燃料气、脱硫富液、酸水、酸气、过程气、液硫等）设备及管线低点排液排污、高点排空等甩头阀门用盲板隔断；公用工程介质与有毒有害危险介质或者高压介质之间连接阀门用盲板隔断；燃料气返输气管线阀门用盲板隔断。
② 丝堵：有毒有害危险介质（如天然气、燃料气、脱硫富液、酸水、酸气、过程气、液硫等）设备及管线低点排液排污、高点排空等小尺寸焊接甩头阀门用丝堵隔断。
③ 阀门切断上锁挂牌：脱硫、脱水溶剂储罐与泵或低位罐之间阀门上锁挂牌；其他低压非危险介质的隔离采用关闭阀门并上锁挂牌。
④ 导淋：进袋式过滤器公用工程管线阀门采用双阀关闭，中间甩头开启方式隔离。
（2）故障隔离方法。
① 动静设备故障隔离，与故障设备相连的管线用盲板封堵，并对连接阀门切断上锁挂牌。
② 管线及阀门检维修，对上下游介质隔断阀用盲板封堵，并对隔断阀门切断上锁挂牌。
2）电气隔离方法
对进线隔离开关和接地刀闸上锁挂牌</td></tr>
</table>

附表 1-2　天然气净化厂工艺技术管理监督检查表

监督要点	监督内容
操作规程管理	日常生产中，除在固定位置摆放操作规程合订本以外，必须以活页形式存放岗位操作卡，并且岗位操作卡按岗位分工分别装订
	操作卡按下列要求分别以活页形式放置在中控室的资料柜中，须注明名称，并以不同颜色的文件夹加以区分。 ① 事故处理卡、异常情况处理卡保存在红色文件夹内。 ② 开工操作卡、停工操作卡、日常操作卡等单项操作卡分别放在不同的蓝色文件夹内
	操作卡的使用： ① 技术人员下达操作指令并监督操作卡的执行。 ② 操作由生产班组执行。操作人员执行操作前，应仔细阅读该项操作的操作卡。 ③ 操作过程中，操作人员每完成一步操作，需在操作卡上做出标记，标记符号为“√”或签字。 ④ 使用后的操作卡由单位收回，按生产记录进行管理
	操作规程严格按照受控文件管理，妥善保管，不得遗失。各单位在发放新版操作规程时，建立发放记录，并报净化厂工艺技术部门存档。同时，收回旧版操作规程，交工艺技术部门集中销毁，并填写销毁记录
	各单位员工离开本岗位时需收回操作规程，并报工艺技术部门登记。严禁任何单位或个人未经批准向外提供操作规程
	对于操作规程未包括的特殊情况，各单位可根据装置实际情况编制临时操作卡。临时操作卡由单位分管领导签字生效，班组执行。使用后的临时操作卡由单位收回，按操作规程报废程序管理
	操作规程每年至少评审一次，确认操作规程的修改和补充完善的内容
	操作规程每五年全面修订一次，重新审批、出版和发放
工艺记录管理	DCS 控制记录、现场巡检记录必须在规定时间内填写（前后不超过 10min）
	交接班记录由正班长填写（正班长不在时，交由副班长填写）。各岗点操作卡、巡检记录由本岗位操作员工填写
	记录必须采用蓝黑墨水或碳素墨水使用仿宋体书写，并保持记录纸整洁
	记录应规范，若出现笔误，应用一条横线在笔误字的中间位置标记，并正确记录
	巡检记录、操作卡、交接班记录必须记录生产实际情况，不得故意隐瞒实情，并向接班班组交代清楚，记录人员必须签名
	交接班时，接班人员在巡检记录、交接班记录上签名后，交班人员方可离开
	若遇停产或停车情况，记录表格中不填，但须在备注栏中注明“空格表示停产或停车”。若发现中控或现场表坏，此项不填，在备注中注明“表坏”
	“现场设备运转记录表”中停运设备一律打“/”，对“运转设备振动情况、机械密封、运转声音、冷却水、油位是否正常”栏，若正常一律打“√”，否则打“×”
	任何动设备、重要静设备启停、切换需做好操作记录

续表

监督要点	监督内容
工艺记录管理	现场参数异常情况必须在“现场操作记录表”备注中记录说明。转动设备异常故障必须在“现场设备运转记录表”备注中记录说明。其他电气仪表故障、跑冒滴漏必须在“现场巡检记录表”备注中记录说明
	修改 / 增减记录样表，需要使用单位提出申请，经工艺技术部门组织相关部门审核，由净化厂分管领导审批后方可执行
	控制室 DCS 数据记录纸质版和电子版保存期限为五年，电子版刻录为光盘。交接班记录、设备运转记录保存期限为五年，其他生产记录保存期限为三年
工艺安全信息管理	按专业收集工艺安全信息，建立工艺安全信息四类资料索引表，便于员工取用。索引表每一条目内容包括资料名称、保存地点、修订日期及保管责任人等相关信息，且与规定内容一一对应
	文件储存要满足快速和方便地查找，以及防止丢失、被盗和损坏的要求
	设备基础资料：主要包括设备台账、设备安装资料及设备运行资料。 ① 设备台账应根据设备类型进行分类管理，内容主要包括：设备名称、位号、数量，设备规格，设计条件、操作条件，设备制造材质，生产厂家及出厂日期，腐蚀余量。 ② 设备安装信息资料主要包括：设备技术规格书（包括设备设计依据、设备制造标准、设备计算）和设备蓝图，设备随机资料包括设备合格证书、焊接及热处理资料、说明书、操作手册、检验报告，材料质量证明书及报审资料，设备试验报告，设备安装竣工图。 ③ 设备动态管理资料主要内容包括：设备分类统计表，设备更换（新增）统计表，设备操作规程、检维修规程，备品备件资料，设备检维修记录，设备定期维护资料，一类设备清单
	工艺基础资料：包括装置设计建设资料和装置运行资料。 ① 装置设计资料主要包括：可行性研究报告、初步设计、施工图、竣工图、试运行报告、性能考核资料。 ② 装置运行资料主要包括：操作规程、操作卡、工艺卡片、工艺流程图（P&ID 图），各年度工作循环分析评审资料，生产操作记录，工艺与设备变更记录，工艺危害分析报告，节能监测报告
	生产运行资料：主要包括启动前安全检查资料、装置隔离资料（隔离方案上锁挂牌清单、盲板清单）、大修总结报告、监护运行记录、事故事件资料
员工巡检管理	各生产单位生产技术办公室负责按照操作规程、工艺卡片，以及安全规定的要求，围绕关键、重点部位提出巡检路线和巡检点，形成巡检内容，经单位分管领导初审，报工艺技术部门组织审批。各单位管理、技术人员负责对本单位员工巡检执行情况进行监督检查
	执行巡检的员工根据岗位需要，应携带巡检牌（或电子巡检仪）、防爆对讲机、硫化氢报警仪等相应工具；净化操作工和生产供水工需携带扳手、设备听诊器、记录本等必要工具；钳工等机修员工需携带测振仪、测温仪等必要工具；电气仪表维修员工需携带专用仪表、工具包等必要工具；变电站值班员工需携带测温仪、记录本等必要工具
	巡检员工每到达一个巡检点，对设备状态、运行参数、生产状态等内容进行检查，发现问题及时汇报、处理，并按规定做好巡检记录
	现场巡检至少两人一起进行，且夜间巡检时必须佩戴方位灯，根据巡检点的视线范围和环境条件，巡检员工之间保持一定的安全距离

续表

监督要点	监督内容
员工巡检管理	现场操作员工必须每小时正点（前后 10min）开始对装置现场生产情况进行巡回检查，并按规定翻巡检牌（打卡）和记录。检查主要内容： ① 动、静设备的“声音、振动、变形”情况。 ② 温度、压力、流量、液位、组分等参数情况，并与工艺卡片参数及中控制室 DCS 数据进行对照。 ③ 装置“跑、冒、滴、漏”情况
	中控室操作员工巡回检查，重点是 DCS 跟踪监控。检查内容包括：翻动浏览 DCS 流程画面，跟踪监控生产参数，调节控制阀位，检查报警系统、趋势记录、测点总貌变化情况等，发现参数报警等异常情况及时消除
	班长（包括副班长）巡回检查，侧重点在中控室（内容同中控室操作员工），其次在现场（内容同现场操作员工）。班长巡检频率为每班两次，对现场各单元记录签字认可，发现异常及时纠正；当班长不在时，副班长签字
	隐患监护点的巡检按该隐患监护方案执行
交接班管理	交接班程序及流程包括班前会、班前检查、交接班、班后会。 ① 召开班前会：接班班长组织召开班前会，交班班长介绍上一班生产情况，接班班长对当班操作进行风险提示及工作安排。 ② 班前检查：接班班组进入现场检查装置生产运行情况：包括关键液位、压力、温度等参数是否在规定范围；设备运行情况包括现场动设备、静设备是否存在异常，是否有设备设施正在进行检修等；现场属地监督工作情况、操作记录是否完整、岗点及场地卫生是否整洁、工器具是否齐全等。 ③ 交接班：接班班组对检查内容确认无误后，和交班班组共同完成交接班，完善交接班记录。 ④ 召开班后会：交班班长组织召开班后会，结合交接班记录内容，对当天工作任务的完成情况、生产运行情况、操作规程的执行情况、制度执行情况、劳动纪律执行情况等内容进行总结评价
	交接班内容： （1）交班应做到“十交”：交任务和指令，交操作，交指标，交质量，交设备，交安全、环保和卫生，交经验，交问题，交工具，交记录。具体如下： ① 交任务和指令：将上级下达的工作任务和工作指令向接班班组传达。 ② 交操作：将当班的参数调整、阀门动作情况、设备切换、运行现状等向接班班组传达。 ③ 交指标：生产参数控制在工艺卡片、操作规程范围内。 ④ 交质量：产品气达标外输。 ⑤ 交设备：动设备声音、振动、温度正常，油位正常；静设备无泄漏变形；仪器仪表显示正常，无破损无泄漏。 ⑥ 交安全、环保和卫生：硫化氢报警仪完好有电、空气呼吸器完好备用、防爆对讲机、电筒完好、洗眼器完好且清洁；废气废水达标排放；中控室、现场值班室、工具房无杂物，台面干净整洁，文件夹、记录本、工具包等物品摆放整齐。 ⑦ 交经验：将当班的异常情况处理经验、参数调整经验、装置现场操作经验等向接班班组分享。 ⑧ 交问题：将当班出现的生产异常、设备仪表故障、安全环保隐患等向接班班组传达。 ⑨ 交工具：听针、测温仪、巡检包、对讲机、电子巡检仪、逃生呼吸器等工具齐全完好。

续表

监督要点	监督内容
交接班管理	⑩ 交记录：按要求填写中控室记录与现场记录，记录应做到“齐全、准确、清晰、及时、规范、严谨”。 （2）接班要做到“五不接”，即设备不好不接，工具不全不接，操作情况不清不接，记录不全不接，卫生不好不接。具体如下： ① 设备不好不接：通过班组的操作处理，能使故障设备恢复正常，而当班班组却未及时处理，接班班组可拒绝接班。 ② 工具不全不接：听针、测温仪、巡检包、安全器材、电子巡检仪、逃生呼吸器等不齐全时，接班班组可拒绝接班。 ③ 操作情况不清不接：参数偏离范围未调整、生产异常处理不及时、非常规操作不能给出正当理由的，接班班组可拒绝接班。 ④ 记录不全不接：交班记录出现错填、漏填、字迹潦草、纸面破损的情况时，接班班组可拒绝接班。 ⑤ 卫生不好不接：中控室、现场值班室、文件夹、记录本、电子巡检仪、工具包等卫生未做好、物品摆放不整齐，接班班组可拒绝接班
	交接班要求： ① 交班班长应在下班前 1h 对装置进行全面检查，发现问题及时解决，不得拖延至下一班次。 ② 交班前，当班员工应做好各项记录，检查工器具、防护用品、消防器材、电子巡检仪等设施，做好交班准备工作。 ③ 接班人员按时到工作岗位，认真听取交班班长对生产情况的介绍，并对装置进行全面检查。 ④ 交接班双方必须认真填写交接班记录，共同确认交接班内容，并在交接班记录上签字确认，交接完成后，交班人方可离开现场。 ⑤ 如交接班过程中对存在异议的事项，应及时报告值班干部进行协调解决。在此期间由交班人员正常操作直到问题解决。交班期间发生问题由交班者负责，接班后发生问题由接班者负责。 ⑥ 对本班发现问题而不交者，由交班者负责。 ⑦ 对交班后出现的问题，由接班者负责
操作人员替岗管理	替岗人员必须持有本岗位的上岗操作证，是特殊工种的必须有特殊工种资质证，不得无证替岗
	替岗前需填写天然气净化厂替岗申请表
	不得安排初级工到关键岗位替岗，关键岗位指：生产班班长、副班长、中控室主副操
	同一班组不能同时两人及以上替岗，若出现多人替岗，需向生产单位汇报协调解决
	不得安排现任人员连班替岗
轮岗培训管理	轮班休息人员上岗前必须参加轮班岗前培训，缺席人员必须安排补充培训
	培训方案由生产单位编制，包括培训目的，主要内容和课程安排，并报生产单位分管领导审核
	培训主要内容应包括轮休期间装置生产运行状况、工艺变更、装置存在隐患、近期有关文件等
	培训完成后应采取理论、实际考试等措施对效果进行评价，参培人员必须考核合格后才能上岗
	要将培训方案、记录、教材、签到表收集整理并保存

附表 1-3　天然气净化厂设备管理监督检查表

监督要点		监督内容
设备管理	设备选型购置管理	设备选型主要遵循技术先进、经济效益高、生产适用、维修方便等原则，具体应当考虑以下几个方面： ① 技术先进性，不能选取正淘汰或即将淘汰的设备。 ② 设备的生产效率。 ③ 生产的产品质量。 ④ 耗能水平。 ⑤ 安全环保性，易于进行设备清洁。 ⑥ 设备的适用性。 ⑦ 满足生产工艺程度，工艺布局与生产条件。 ⑧ 设备的可靠性。 ⑨ 设备的维修性。 ⑩ 人机匹配操作方便
		国外引进的设备到达后在索赔期内，生产单位组织供货单位、安装单位、物资采购部门共同开箱验收，检查设备数量、质量、型号、规格等是否齐全无误，并尽快完成安装、调试、投入使用，发现问题及时向有关部门提出索赔意见。其他设备到达后，生产单位生产技术办公室（设备管理办公室）组织使用单位、安装单位、物资采购部门共同开箱验收，检查设备数量、质量、型号、规格等是否齐全无误。验收合格后的设备由物资管理部门办理入库手续，妥善保管。验收不合格的设备做退回处理
		新设备开箱验收时，按设备装箱单逐一清点主机、辅机、随机附件、工具和各种技术文件（包括出厂合格证、精度检验单、使用说明书），观察设备表面有无划痕、损伤、裂纹等，并填写设备开箱验收单
		物资入库应在现场验收交接，交接人员要当面检查。经验收入库的设备必须完整无缺，符合质量标准，技术资料齐全，并填写设备到货记录、质量验收记录
	设备安装、调校、试运管理	大型设备安装前，设备安装单位应先组织施工技术人员及安装工人等共同研究，熟悉掌握制造厂家提供的使用说明书、总安装图及各部件安装图，确定设备安装方案
		安装单位按库房管理规定办理设备出库手续，进行开箱检查，开箱检查主要内容如下： ① 检查箱号、箱数及外包装情况，做好记录。 ② 按照装箱单清点核对设备型号、规格、零件、部件、工具、附件、备件，以及说明书等技术条件。 ③ 检查设备在运输保管过程中有无锈蚀，如有锈蚀及时处理。 ④ 凡属未清洗过的滑动面严禁移动，以防研损。 ⑤ 不需要安装的附件、工具、备件等应妥善装箱保管，待设备安装完工后一并移交使用单位。 ⑥ 核对设备基础图和电气线路图与设备实际情况是否相符，检查地脚螺栓孔等有关尺寸及地脚螺栓、垫铁是否符合要求，核对电源接线口的位置及有关参数是否与说明书相符。 ⑦ 检查后做出详细检查记录，填写设备开箱检查验收单。 ⑧ 安装单位按库房管理规定办理设备出库手续，进行开箱检查，检查后做出详细检查记录，填写设备开箱检查验收单

续表

监督要点		监督内容
设备管理	设备安装、调校、试运管理	新安装设备应按照规定进行试运转，设备的负荷试验合格后，生产单位设备管理办公室、使用单位、安装单位应在设备的试运转记录上签字验收
		设备安装后，安装单位应将设备随机使用说明书、总安装图、安装竣工资料、试运转记录、附件清单等技术资料、附件、工具清点造册，移交使用单位建立完整的技术档案
		设备安装完毕后必须由生产单位生产技术办公室（设备管理办公室）组织安装单位、使用单位共同进行验收。大型重要设备机组由净化厂设备管理部门组织生产运行部门、质量安全环保部门、工艺技术部门、生产单位设备管理办公室、安装单位、使用单位和供货单位共同进行验收
		设备验收合格后，由生产单位生产技术办公室（设备管理办公室）或使用单位编制操作规程和办理设备启用申请，经主管部门批准后，使用单位建立设备技术档案，投入生产使用
	设备巡回检查管理	设备巡回检查职责 1. 各单位巡回检查职责 ① 生产技术办（设备办）是本单位设备巡回检查的管理部门，负责制订设备巡回检查路线和巡检记录表格。 ② 检查督促本单位设备巡回检查的落实执行情况。 ③ 对巡回检查发现的问题进行统计、确认，并及时处理和上报。 2. 巡回检查人员职责 ① 严格按巡回检查路线、内容和频次巡检。 ② 巡回检查中发现的设备异常应及时汇报和处理并详细记录。 ③ 认真填写巡回检查记录表，并及时交技术人员确认
		设备专业负责巡回检查的范围： ① 机械专业人员负责装置区工艺管线、工艺设备及其附属设施。 ② 仪表专业人员负责中控室（包括现场机柜间）及装置区仪表。 ③ 电气专业人员负责装置现场电气设备及其附属设施、电站（含配电间）设备设施和电力架空线路
		机械专业巡回检查项目和内容（含目视化标识） 1. 静设备及工艺管线巡检内容 ① 设备及其附属设施、管线、阀门有无泄漏、异常振动、可见变形等。 ② 保温设备及管线的保温层是否良好。 ③ 设备基础是否有可见的下陷、歪斜、裂缝等异常情况。 2. 动设备巡检内容 ① 动设备及其附属设施各连接部位是否可靠。 ② 各密封部位是否泄漏。 ③ 运转声音、温度及振动是否正常。 ④ 现场参数是否正常。 ⑤ 润滑是否良好，冷却系统是否正常。 ⑥ 设备基础是否有可见的下陷、歪斜、裂缝等异常情况

续表

监督要点		监督内容
设备管理	设备巡回检查管理	机械设备巡回检查频次： ① 动设备实行分类巡回检查：一类设备每周一、三、五巡回检查；二类设备每周一、五巡回检查；三类设备每周三巡回检查。 ② 工艺管线和静设备每周至少巡回检查一次
		仪表专业巡回检查项目和内容（含目视化标识） 仪表巡回检查包括现场仪表和控制室仪表。 1. 现场仪表 ① 向当班操作人员了解仪表运行情况。 ② 液位计、压力表、双金属温度计、热电偶、热电阻、流量计、在线分析仪、控制阀及其附件、仪表取样阀、仪表风管路、电缆保护管、防小动物设施等是否正常，是否有跑、冒、滴、漏现象。 2. 控制室仪表 ① 系统服务器、操作员站、工程师站、数据交换机、控制器、I/O 模板、空开、UPS（蓄电池）、电源模板、安全栅、浪涌保护器、机柜间空调、防小动物设施等是否正常。 ② 向中控室操作人员询问系统运行情况，并调阅趋势、日志记录了解系统运行状态
		仪表设备巡回检查频次： 每个工作日上午、下午各巡检一次
		电气专业巡回检查项目和内容（含目视化标识） 1. 装置现场设备及其附属设施 ① 声音、振动及温度是否正常。 ② 外观是否完好，各连接部位是否可靠。 ③ 现场运行参数及显示是否正常。 ④ 润滑是否良好。 ⑤ 防小动物设施是否完好。 2. 电站（包括配电间）设备设施 “声音、气味、放电、振动、外观”是否正常；电压、电流、温度、油位、压力等参数是否正常，并与控制室后台数据进行比对；监控综合自动化系统画面，跟踪运行参数、报警系统、趋势记录、参数变化等；防小动物设施是否完好。 3. 架空线路 杆塔、金具及绝缘子、导线及拉线、防雷设施、接地装置
		电气设备设施巡回检查频次： ① 电动机及配套设备设施巡回检查频次 一类设备：每周一、三、五各巡回检查一次。 二类设备：每周一、五各巡回检查一次。 三类设备：每周至少巡回检查一次。 ② 电站设备设施：每 2h 巡回检查一次。 ③ 变电站以外的变压器和单元配电间巡回检查频次 装置区：每日至少巡回检查一次。 生活区：每周至少巡回检查一次。 ④ 配电箱（屏）：每周一次。 ⑤ 照明系统、电缆桥架、电缆沟、接地系统：每月一次。

续表

<table>
<tr><th colspan="2">监督要点</th><th>监督内容</th></tr>
<tr><td rowspan="15">设备管理</td><td>设备巡回检查管理</td><td>⑥ 无人值守电站：每日至少一次。
⑦ 架空线路：每季度至少开展一次，4～9月期间每两月开展一次；接地电阻半年测试一次</td></tr>
<tr><td rowspan="14">设备维护保养、检修管理</td><td>设备维护保养：
① 日常维护：对设备进行检查、清洁、润滑、防腐保温，以及巡检中发现问题的处理。
② 定期维护：根据设备维护保养相关标准、规范及使用说明书的要求，定期对设备进行维护保养，并纳入设备检修作业计划</td></tr>
<tr><td>设备检修：
① 设备日常检修：对设备进行部分拆卸、检查、更换或修复失效的零部件，恢复设备正常性能。
② 设备大修：对设备进行整机拆卸，更换或修复所有磨损件，调校仪表及电气系统，恢复设备正常性能</td></tr>
<tr><td>设备使用单位应确保设备设施完整受控，根据生产安排和设备技术状况，编制在用设备检修计划报设备管理部门审核，每月底将当月检修计划完成情况报设备管理部门</td></tr>
<tr><td>设备计划性委外维护检修，必须先签订设备维护检修合同，明确修理内容、质量标准、价格、维修完成时间和质保期等内容，便于对承包商的履约情况进行考核</td></tr>
<tr><td>设备检修后必须实行现场检验或试运验收交接，试运不合格时，应由检修方无条件返修，直至达到质量标准</td></tr>
<tr><td>承修单位必须提供检修记录、检测记录等检修资料</td></tr>
<tr><td>高温设备在开车投运时对各连接部位进行热拧紧，每次拧紧时应至少分三遍进行，每遍的起点应相互错开120°。
① 工作温度低于或等于200℃的高温设备只在操作温度下热拧紧一次。
② 工作温度高于200℃的高温设备在200℃时第一次预拧紧，在操作温度下第二次热拧紧</td></tr>
<tr><td>根据天然气净化厂设备维护检修规程和设备维护使用说明书，并结合设备全生命周期档案信息和运行状态监测数据，编制设备预防性维修计划</td></tr>
<tr><td>动设备实行月度切换，备用设备每周进行定期盘车并建立相关记录</td></tr>
<tr><td>设备、管线及配套设施实行每月带压检漏，各单位将检查情况纳入月度重要设备、DCS及电力设施安全运行评述</td></tr>
<tr><td>设备检修质量必须符合现行国家标准、现行行业标准，以及天然气净化厂设备维护检修规程相关要求</td></tr>
<tr><td>设备设施的目视化管理执行《中国石油天然气股份有限公司油气田站场目视化设计规定》（2018版）</td></tr>
<tr><td>设备设施问题及隐患管理：
① 设备设施发现问题后做好记录，并进行汇报，及时进行处理，暂时不能处理的问题制订监护措施。</td></tr>
</table>

续表

<table>
<tr><th colspan="2">监督要点</th><th>监督内容</th></tr>
<tr><td rowspan="7">设备管理</td><td rowspan="2">设备维护保养、检修管理</td><td>② 设备设施监护运行点分级：
总厂级：涉及高温、高压、易燃、易爆、有毒有害介质泄漏，以及直接影响装置安全生产的设备设施监护运行点。
分厂级：除总厂级以外的其他监护运行点。
③ 总厂级设备设施监护运行方案由分厂编制审核后报总厂审批实施；分厂级监护运行方案由分厂审核后实施。
④ 各单位应每周更新设备设施监护运行点台账，同时将总厂级设备设施监护运行点台账上报设备管理科。
⑤ 设备设施隐患管理执行天然气净化总厂安全环保事故隐患管理制度</td></tr>
<tr><td>每周开展手动检测与在线监测数据比对，对异常情况进行分析、处理，并做好记录</td></tr>
<tr><td rowspan="2">设备润滑管理</td><td>设备使用单位负责润滑技术管理及实施：
① 制订设备润滑管理规定，编制设备润滑一览表。
② 按时提出年度用油计划，实时统计消耗数量，组织废油回收。
③ 油品储存间及加油器具进行目视化管理：润滑油（脂）分类、分牌号设置明显标牌，分类放置；油桶排放整齐、分类存放，注明油品牌号、入库时间、厂家。
④ 润滑油（脂）严禁水、尘土及其他杂质渗入；油壶、油杯、油枪等加油用具做到专具专用，不得混用。
⑤ 设备润滑油品变更执行天然气净化总厂工艺与设备变更管理制度。
⑥ 使用单位无法确认油品质量，应当进行油质检验</td></tr>
<tr><td>加（换）油人员工作职责：
① 按照设备润滑“六定”（定点、定质、定量、定时、定法、定岗），“三过滤一沉淀”要求和有关规定，认真做好设备润滑工作。
② 严禁混用润滑油（脂），保持润滑器具及润滑油（脂）清洁。
③ 检查设备油箱的油质及消耗情况，及时换油或补充。
④ 发现设备润滑有异常情况应及时处理并汇报。
⑤ 做好加换润滑油（脂）记录</td></tr>
<tr><td rowspan="2">设备备件管理</td><td>备件管理基本要求：
① 使用单位定期检查备件库存的品种和数量，及时将备件需求、消耗情况上报物资采购管理部。
② 一类设备备件库存至少满足同型号一台设备大修所需数量。
③ 使用单位备件管理和维修人员要收集备件使用中的质量信息，及时反馈物资采购管理部。
④ 使用单位要做好修旧利旧工作，对尚有修复价值的零部件加以修复利用。
⑤ 推行物联网技术对设备备件进行智能化管理</td></tr>
<tr><td>备件计划编制与执行：
① 使用单位通过对备件需求量的预测，结合总厂的设备维修能力及市场备件供应情况，编制备件储备需求计划。
② 对于采购周期长的备件应提前上报采购计划，常用且采购周期短的备件按规定提报采购计划。
③ 使用单位每季度末将下季度备件储备需求计划上报物资采购管理部；若遇突发设备故障，上报急料采购计划</td></tr>
</table>

续表

监督要点		监督内容
设备管理	设备备件管理	备件测绘与加工： ① 备件测绘与加工主要针对易于测绘加工的设备易损件，如：简单机泵泵轴、轴套、衬套、叶轮密封环、平衡套件等。 ② 使用单位组织设备备件测绘，绘制标准图纸。 ③ 加工备件使用后，使用单位及时跟踪设备运行情况，逐步完善备件技术性能
	设备更新管理	设备更新要尽可能采用技术先进的设备。属于下列情况的设备，应优先予以更新： ① 国家有关部门规定淘汰的设备。 ② 已超过使用役龄、技术性能落后、经济效益差的设备。 ③ 安全、环保达不到要求的设备
	设备停用及报废管理	使用单位建立停用设备台账和管理记录，做好设备保养工作，使设备处于备用状态
		设备停用时间较长、又不能调剂的，使用单位可申请报废
		设备报废按天然气净化厂固定资产报废及处置管理制度执行，特种设备报废后必须进行破坏处理
	设备基础管理	各单位应建立健全设备管理基础资料。 ① 设备台账：工艺设备台账、仪表设备台账、电气设备台账、特种设备台账、车辆台账、设备事故台账等。 ② 月度重要设备、DCS 及电力设施安全运行评述。 ③ 季度设备管理主要经济技术考核报表。 ④ 设备管理主要经济技术指标检查记录表。 ⑤ 主要设备运行时间统计表（推广使用运行时间自动统计）。 ⑥ 月度检修计划表及月度检修计划完成情况统计表。 ⑦ 设备故障监护点记录表。 ⑧ 设备事故、事件处理分析报告。 ⑨ 装置停产大修批复下达计划、大修实施作业项目表、大修施工组织设计、大修项目验收单、大修施工质量评价。 ⑩ 重要静设备内部检查记录表。 ⑪ 设备、管道超声波测厚检查记录、超声波探伤检查报告；管道检修焊缝 X 射线探伤报告、焊缝热处理报告。 ⑫ 设备防雷接地检查、维修、校验记录。 ⑬ 设备润滑台账，加油、换油记录。 ⑭ 设备巡检、检修记录（推广数字化巡检和检修记录）
		各单位应建立设备技术档案，并逐台录入设备全生命周期档案中，其中设备技术档案是指从设备规划、设计、制造（购置）、安装、使用、维修改造、更新直至报废等全过程中形成并经整理归档保存的图纸、图表、文字说明等技术文件，至少包括如下内容： ① 设计资料、质量证明书、技术说明书等。 ② 设备检修施工记录，验收记录及重要视频资料。 ③ 校验及检验记录。 ④ 设备更新技术资料。 ⑤ 设备缺陷记录及事故、事件报告。 ⑥ 其他相关资料

续表

监督要点		监督内容
设备管理	设备基础管理	及时更新 ERP 系统、设备综合管理系统，以及设备全生命周期档案数据，做好数据维护工作
特种设备管理	特种设备管理机构与人员资质	明确特种设备安全管理机构，管理职责明确
		设置特种设备安全管理负责人、特种设备安全管理员，岗位职责明确
		设备安全管理负责人、特种设备安全管理员应取得特种设备安全管理人员资格证书（A）
		按照特种设备作业人员资格认定分类与项目，取得特种设备作业人员资格证书的岗位人员应持证上岗。持证人员数量应满足使用特种设备时每班至少有 1 名持证作业人员
	特种设备使用管理	使用单位应在特种设备（特种设备安全监督管理部门明确不需要办理的除外）投入使用前或者投入使用后 30d 内按规定办理使用登记，取得使用登记证书；投入使用 30d 后仍未办理注册登记的，不得继续投入使用
		锅炉、压力容器（气瓶除外）、电梯、起重机械和场（厂）内专用机动车辆应按台（套）向登记机关办理使用登记，工业管道应以使用单位为对象向登记机关办理使用登记
		对超过设计使用年限或超 20 年继续使用的压力容器，使用单位认为可以继续使用的，应按照安全技术规范及相关产品标准的要求，经检验或者安全评估合格，由使用单位安全管理负责人同意、主要负责人批准，到登记机关申请变更登记，登记机关在原使用登记证右上方标注“超设计使用年限”字样。办理使用登记变更后，方可继续使用
		使用单位应完善生产场所特种设备目视化管理，特种设备使用标志应置于特种设备显著位置，安全警示标识齐全，介质流向标识清楚，涂装符合规范，安全附件整齐完备；使用单位应将固定式压力容器、锅炉、起重机械、电梯的特种设备使用标志固定在特种设备显著位置，当无法在现场固定时，可存放在安全技术档案中；场内机动车辆的特种设备使用标志张贴在驾驶室的挡风玻璃的右前方
		使用单位应当根据所使用特种设备运行特点等，制定操作规程。操作规程至少应包括设备运行参数、操作程序和方法、维护保养要求、安全注意事项、巡回检查和异常情况处置规定，以及相应记录等
		使用单位应开展月度和年度自行检查，月度检查和年度检查时间重合时可不再进行月度检查，年度检查至少每年进行 1 次，检查应有记录，发现问题及时进行整改，形成闭环；特种设备年度自查按照相关标准和规范执行，至少包括安全管理情况检查、设备本体及运行状况检查和安全附件检查等，并按规定格式出具检查报告
		特种设备出现故障或者发生异常情况，使用单位应当对其进行全面检查，消除事故隐患后，方可继续使用，严禁特种设备带病运行
		使用单位应根据实际情况制订特种设备突发事件应急处置方案并纳入本单位专项突发事件应急处置方案，定期组织开展应急培训和演练
		使用单位应当按照法律法规、安全技术规范的要求逐台建立健全安全与节能技术档案，安全技术档案至少包括以下内容： ① 使用登记证。 ② 特种设备使用登记表。

续表

<table>
<tr><th colspan="2">监督要点</th><th>监督内容</th></tr>
<tr><td rowspan="4">特种设备管理</td><td>特种设备使用管理</td><td>③ 特种设备设计、制造技术资料和文件，包括设计文件、产品质量合格证明（含合格证及其数据表、质量证明书）、安装及使用维护保养说明、监督检验证书、型式试验证书等。
④ 特种设备安装、改造和修理的方案、图样，材料质量证明书和施工质量证明文件，以及安装改造修理监督检验报告、验收报告等技术资料。
⑤ 特种设备定期自行检查记录（报告）和定期检验报告。
⑥ 特种设备日常使用状况记录。
⑦ 特种设备及其附属仪器仪表维护保养记录。
⑧ 特种设备安全附件和安全保护装置校验、检修、更换记录和有关报告。
⑨ 特种设备运行故障和事故记录及事故处理报告。特种设备节能技术档案包括锅炉能效测试报告、高耗能特种设备节能改造技术资料等</td></tr>
<tr><td rowspan="3">蒸汽锅炉</td><td>锅炉房检查：
① 通向室外的门向外开，且未挂锁或闩住，锅炉房的出入口和通道应畅通无阻。
② 照明灯具使用防爆灯具且有效，亮度能满足对操作位置和水位计、压力表的观察需要。
③ 锅炉房顶烟囱和房顶交接处已进行隔热和防漏处理，地面平整无积水。
④ 在显著位置张贴岗位操作规程、水处理操作规程、岗位责任制、登记使用证复印件。
⑤ 燃气锅炉房内应装设可燃气体报警仪，可燃气体报警仪的设置应符合 GB/T 50493《石油化工可燃气体和有毒气体检测报警设计标准》和 SY/T 6503《石油天然气工程可燃气体和有毒气体检测报警系统安全规范》等相关规定</td></tr>
<tr><td>锅炉本体检查：
① 在锅炉明显部位设置金属铭牌。
② 锅炉在限定的工况参数下运行。
③ 各部保温层完整无损，无脱落、无严重变形。
④ 锅炉受压部件的可见部分无鼓包、变形、裂纹、渗漏、腐蚀、磨损等。
⑤ 承受锅炉重量的支撑件无过热、变形，支撑基础无沉降。
⑥ 各人孔、手孔、观察孔严密，若存在漏水、漏汽（气）现象，应及时进行停炉整改。
⑦ 梯子、平台、栏杆设置合理、牢固、安全；人员立足点距离地面超过 2m 的锅炉应装设栏杆。
⑧ 锅炉取样、加药设备及附件完整良好</td></tr>
<tr><td>锅炉安全阀检查：
① 每台锅炉应至少装设两个安全阀（包括锅筒和过热器安全阀），符合 TSG 11—2020《锅炉安全技术规程》5.1.2.1 所规定条件的，可以只装设一只安全阀。
② 蒸汽锅炉的安全阀应当采用全启式弹簧安全阀、杠杆式安全阀或控制式安全阀，选用的安全阀应当符合 TSG ZF001《安全阀安全技术监察规程》及相关技术标准的规定。
③ 蒸汽锅炉安全阀流道直径应当大于或等于 20mm。
④ 安全阀铅直安装，并装在锅筒（锅壳）、集箱的最高位置。在安全阀和锅筒（锅壳）之间或安全阀和集箱之间，无取用蒸汽的出汽管和阀门。
⑤ 安全阀的规格、型号及整定压力等参数应与锅炉工艺参数相适应。
⑥ 锅炉安全阀的整定压力应满足以下要求：</td></tr>
</table>

续表

<table>
<tr><th colspan="2">监督要点</th><th>监督内容</th></tr>
<tr><td rowspan="3">特种设备管理</td><td rowspan="3">蒸汽锅炉</td><td>蒸汽锅炉额定工作压力 $p \leqslant 0.8\text{MPa}$ 时，安全阀整定压力为工作压力加 0.03～0.05MPa；锅炉额定工作压力 $0.8\text{MPa} < p \leqslant 5.3\text{MPa}$ 时，安全阀整定压力在 1.04～1.06 倍工作压力；锅炉额定工作压力 $p > 5.3\text{MPa}$ 时，安全阀整定压力在 1.05～1.08 倍工作压力。
⑦ 蒸汽锅炉安全阀排汽管应该直通安全地点，并且有足够的流通截面积，保证排汽通畅。安全阀排汽管底部应装有接到安全地点的疏水管。在疏水管不允许装阀门。
⑧ 两个独立的安全阀的排汽管不应当相连。
⑨ 安全阀的检验应当符合以下要求：
——在用锅炉的安全阀每年至少检验一次。
——新安装的锅炉或安全阀检修、更换后，应当检验其整定压力和密封性。
——安全阀检验后应当加锁或者铅封。
⑩ 锅炉运行中安全阀应当定期进行排放试验</td></tr>
<tr><td>锅炉压力表检查：
① 压力表的选用应符合以下规定：
——压力表应当符合相关技术标准的要求。
——A 级锅炉压力表精确度应当不低于 1.6 级，其他锅炉压力表精确度应当不低于 2.5 级。
——压力表的量程应当根据工作压力确定，一般为工作压力的 1.5～3 倍，最好选用 2 倍。
——压力表表盘大小应保证锅炉作业人员能清楚地看到压力指示值。
② 压力表应定期进行校验，刻度盘上应当划出指示工作压力的红线，并且注明下次校验日期。压力表校验后应当加装铅封。
③ 压力表安装应满足以下规定：
——压力表装设在便于观察和吹洗的位置，并且防止受到高温、冰冻和震动的影响。
——锅炉蒸汽空间设置的压力表应当有存水弯管或者其他冷却蒸汽的措施。
——压力表与弯管之间应装设三通阀，以便吹洗管路、卸换、校验压力表。
④ 有以下情况之一时，压力表应停止使用：
——有限止钉的压力表在无压力时，指针不能回到限止钉处；没有限止钉压力表在无压力时，指针离零位的数值超过压力表规定的允许误差。
——表面玻璃破碎或者表盘刻度模糊不清。
——封印损坏或者超过校验期。
——表内泄漏或者指针跳动。
——其他影响压力表准确指示的缺陷</td></tr>
<tr><td>水位测量与示控装置：
① 每台蒸汽锅炉锅筒（壳）应当装设至少两个彼此独立的直读式水位计。符合 TSG 11—2020《锅炉安全技术规程》5.3.1.1 所规定条件的，可以只装设一只直读式水位表。
② 水位表应当有指示最高、最低安全水位和正常水位的明显标志。
③ 玻璃管式水位表应有安全防护装置，并且不妨碍观察真实水位，玻璃管的内径应当不小于 8mm。
④ 锅炉运行中能够吹洗和更换玻璃板（管）、云母片。
⑤ 用两个以上（含两个）玻璃板或云母片组成的一组水位表，能够连续指示水位。</td></tr>
</table>

续表

<table>
<tr><th colspan="2">监督要点</th><th>监督内容</th></tr>
<tr><td rowspan="4">特种设备管理</td><td rowspan="4">蒸汽锅炉</td><td>⑥ 水位表或者水表柱和锅筒（壳）之间阀门的流道直径应当不小于 8mm，汽水连接管内径应当不小于 18mm，连接管长度大于 500mm 或者有弯曲时，内径应当适当放大，以保证水位表灵敏可靠。
⑦ 水位表应当有放水阀门和接到安全地点的放水管。
⑧ 水位表或者水表柱和锅筒（壳）之间的汽水连接管上应当装设阀门，锅炉运行时，阀门应当处于全开位置。
⑨ 水位表应当安装在便于观察的地方。水位表距离操作地面高处 6000mm 时，应当加装远程水测量装置或者水位视频监控系统。
⑩ 用远程水位测量装置监视锅炉水位时，信号应当各自独立取出；在锅炉控制室内至少有两个可靠的远程水位测量装置，同时运行中应当保证有一个直读式水位表正常工作</td></tr>
<tr><td>排污和放水装置：
① 蒸汽锅炉锅筒（壳）、立式锅炉的下脚圈和水循环系统的最低处都需要装设排污阀；B 级及以下锅炉采用快开式排污阀门；排污阀的公称通径为 20～65mm；卧式锅壳锅炉锅壳上的排污阀的公称通径不小于 40mm。
② 额定蒸发量大于 1t/h 的蒸汽锅炉，排污管线上装设两个串联的阀门，其中至少有 1 个排污阀，并且安装在靠近排污管线一侧。
③ 每台锅炉装设独立的排污管，排污管尽量减少弯头，保证排污通畅并且接到安全地点或者排污膨胀箱（扩容器）。
④ 多台锅炉合用 1 根排污总管时，需要避免两台以上的锅炉同时排污。
⑤ 锅炉的排污阀、排污管不宜采用螺纹连接。</td></tr>
<tr><td>安全保护装置：
① 蒸汽锅炉应当装设高、低水位报警和低水位联锁保护装置，保护装置最迟应当在最低安全水位时动作。
② 额定蒸发量大于或等于 2t/h 的锅炉，应当装设蒸汽超压报警和联锁保护装置，超压联锁保护装置动作整定值应当低于安全阀较低整定压力值。
③ 全部引风机跳闸时，自动切断全部送风和燃料供应；全部送风机跳闸时，应自动切断全部燃料供应。
④ 锅炉应装设可靠的点火程序控制和熄火保护装置，联锁装置应齐全完好。
⑤ 锅炉运行中联锁保护装置不应当随意退出运行，联锁保护装置的备用电源或气源应当可靠，不应当随意退出备用，并且定期进行备用电源或者气源自投试验</td></tr>
<tr><td>锅炉燃烧设备及辅助系统：
① 燃气锅炉炉前燃料气主管上应当设置放散阀，其排空管出口必须直接通向室外。
② 锅炉的给水系统应当保证对锅炉可靠供水，给水系统的布置、给水设备的容量和台数按照设计规范确定。
③ 额定蒸发量大于 4t/h 的蒸汽锅炉应当装设自动给水调节装置，并且在锅炉作业人员便于操作的地点装设手动控制给水的装置。
④ 给水泵的出口应当设置止回阀和切断阀，应当在给水泵和给水切断阀之间装设给水止回阀，并与给水切断阀紧接相连。
⑤ 两台以上（含两台）锅炉共用 1 个总烟道的，在每台锅炉的支烟道内应当装设可靠限位装置的烟道挡板。</td></tr>
</table>

续表

监督要点		监督内容
特种设备管理	蒸汽锅炉	⑥ 锅炉管道上的阀门和烟风系统挡板均应有明显标志，标明阀门和挡板的名称、编号、开关方向和介质流动方向，主要调节阀门还应当有开度指示。阀门、挡板的操作机构均应装设在便于操作的地点。 ⑦ 锅炉燃烧器应设有自动控制器、安全切断阀、火焰监测装置、空气压力监测装置、燃料压力监测装置和气体燃料燃烧器的阀门检漏装置。 ⑧ 燃烧器在启动和运行过程中，出现以下情况，应当在安全时间内实现系统联锁保护： ——火焰故障信号； ——燃气高压保护信号； ——空气流量故障信号； ——设有位置验证的燃烧器，位置验证异常； ——燃气阀门检漏报警信号； ——本规程规定的与锅炉有关的控制，入压力、水位、温度等参数超限
		锅炉使用管理： ① 锅炉使用单位每月对使用的锅炉至少进行一次月度检查，并且记录检查情况；锅炉使用单位每年应对燃烧器进行检查。 ② 锅炉作业人员应当严格执行操作规程和有关安全规则制度。 ③ 使用单位应当逐台建立锅炉安全技术档案，安全技术档案至少应该包括 TSG 11—2020《锅炉安全技术规程》8.3 所要求的内容。 ④ 锅炉使用单位应当建立岗位责任制、巡回检查制度、交接班制度、锅炉及辅助设备的操作规程、设备维修保养制度、水质管理制度、安全管理制度、节能管理制度。 ⑤ 使用单位应当做好锅炉水质处理工作，保证水汽质量符合标准要求。水处理系统运行应当符合以下要求： ——保证水处理设备和加药装置正常运行； ——采用必要的检测手段监测水汽质量，每班至少化验一次水汽质量，当水汽质量不符合标准要求时，应当及时查找原因并处理至合格； ——严格控制疏水、蒸汽冷凝回水的水质，不合格时不得回收进入锅炉。锅炉水质应当符合 GB/T 1576《工业锅炉水质》的规定
		锅炉检验： ① 锅炉使用单位应当安排锅炉的定期检验工作，并且在锅炉下次检验日期前 1 个月向具有相应资质的检验机构提出定期检验要求。 ② 定期检验周期： ——外部检验，每年进行一次； ——内部检验，一般每两年进行一次
	压力容器（塔、罐、分离器）	特种设备本体检查： ① 压力容器在投入使用前或者投入使用后 30d 内，使用单位应当向直辖市或者设区的市的特种设备安全监督管理部门登记。登记标志应当置于或者附着于该特种设备的显著位置。 ② 金属压力容器一般于投用后 3 年内进行首次定期检验，以后的检验周期由检验机构根据压力容器的安全状况等级确定。 ③ 设备有铭牌，字迹清晰。

续表

<table>
<tr><th colspan="2">监督要点</th><th>监督内容</th></tr>
<tr><td rowspan="4">特种设备管理</td><td rowspan="4">压力容器（塔、罐、分离器）</td><td>④ 设备外观无裂纹、过热、变形、泄漏、损伤等情况。
⑤ 本体着色满足 SY/T 0043—2020《石油天然气工程管道和设备涂色规范》的相关要求，介质流向标识清楚。
⑥ 接口部位、焊接接头无裂纹、泄漏、损伤情况。
⑦ 容器与相邻管道、构件间无异常振动、响声、摩擦等。
⑧ 支撑、支座、基础、紧固螺栓等数量齐全完好、支撑牢固，基础无下沉、倾斜、开裂；螺栓定期进行保养，无严重锈蚀。
⑨ 操作台高度位置合适、护栏完好，超过 2m 高度的平台应有扶手或栏杆。
⑩ 疏水、排放、排污装置着色、介质流向正确，无严重腐蚀及泄漏情况，阀门开关位置状态标识正确</td></tr>
<tr><td>安全阀检查：
① 安全阀铅封完好，检定在有校期内。
② 安全阀无泄漏。
③ 安全阀铅直安装，靠近保护设备。
④ 如果安全阀和排放口之间装设了截止阀，压力容器正常运行期间截止阀必须保证全开（加铅封或者锁定）。
⑤ 安全阀整定压力应为压力容器工作压力的 1.05～1.1 倍；安全阀整定压力应小于或等于压力容器的设计压力</td></tr>
<tr><td>压力表检查：
① 压力表的检定和维护应当符合国家计量部门的有关规定，压力表检定后应当加铅封。压力表安装前应当进行检定。
② 在压力表刻度盘上应当划出指示工作压力的红线。
③ 选用的压力表，应当与压力容器内的介质相适应。
④ 设计压力小于 1.6MPa 压力容器使用的压力表的精度不得低于 2.5 级，设计压力大于或等于 1.6MPa 压力容器使用的压力表的精度不得低于 1.6 级。
⑤ 压力表表盘刻度极限值应当为工作压力的 1.5～3.0 倍。
⑥ 压力表的安装：
——压力表的装设位置应当便于操作人员观察和清洗，并且应当避免受到辐射热，冻结或振动等不利影响。
——压力表与压力容器之间，应装设三通旋塞或针形阀（三通旋塞或针形阀上应有开启标记和锁紧装置），并且不得连接其他用途的任何配件或者接管。
——用于水蒸气介质的压力表，在压力表与压力容器之间应装有存水弯管。
——用于具有腐蚀性或则高黏度介质的压力表，在压力表与压力容器之间应当装设隔离介质的缓冲装置</td></tr>
<tr><td>液位计检查：
① 根据压力容器的介质、设计压力（或者最高允许工作压力）和设计温度选用。
② 在安装使用前，设计压力小于 10MPa 的压力容器用液位计，以 1.5 倍的液位计公称压力进行液压试验；设计压力大于或等于 10MPa 的压力容器用液位计，以 1.25 倍的液位计公称压力进行液压试验。
③ 储存 0℃以下介质的压力容器，选用防霜液位计。</td></tr>
</table>

续表

监督要点		监督内容
特种设备管理	压力容器（塔、罐、分离器）	④ 寒冷地区室外使用的液位计，选用夹套型或者保温型结构的液位计。 ⑤ 用于易爆、毒性危害程度为极度或者高度危害介质，以及液化气体压力容器上的液位计，有防止泄漏的保护装置。 ⑥ 要求液面指示平稳的，不允许采用浮子（标）式液位计。 ⑦ 液位计应当安装在便于观察的位置，否则应当增加其他辅助设施。液位计上最高和最低安全液位，应当做出明显的标志
	压力管道	压力管道使用单位，应当按照 TSG 08《特种设备使用管理规则》的规定，到省级质量技术监督部门或其授权的市（地级）级质量技术监督部门办理压力管道使用登记。压力管道使用登记分为登记注册和登记发证两种形式，使用登记证有效期为 6 年
		压力管道检修、安装单位必须持有质量技术监督行政部门颁发的压力管道安装许可证。从事压力管道焊接和无损检测的人员，必须按有关规定取得质量技术监督部门颁发的特种作业人员资格证书
		在用压力管道在定期检验完成后 30 个工作日内，由使用单位按照工程或者装置填写压力管道使用注册登记汇总表，连同下列资料向安全监察机构申请办理使用登记： ① 压力管道使用安全管理制度，事故预防方案（包括应急措施和救援方案），管理人员和操作人员名单。 ② 在用压力管道定期检验报告。 ③ 安全保护装置（安全阀、压力表等）校验报告。 ④ 重要压力管道使用注册登记表
		使用单位在使用登记证有效期到期前 90d，向办理使用登记的安全监察机构提交换证申请，重要压力管道应当每年定期到办理使用登记的安全监察机构，办理重要压力管道使用登记复核
		使用单位应当对压力管道进行标识，标识方法为：在各巡检通道醒目处，对压力管道外表面用红色喷漆标注“压力管道”及介质流向
		使用单位应当建立压力管道技术档案，其内容应包括： ① 压力管道使用注册登记汇总表。 ② 重要压力管道使用注册登记表。 ③ 压力管道无损探伤检测报告。 ④ 超声波测厚记录。 ⑤ 压力管道更换、检修记录。 ⑥ 压力管道防腐记录。 ⑦ 压力管道试压记录。 ⑧ 有关压力管道设计技术资料、图纸。 ⑨ 管道安全保护装置和附属设施有关资料
		使用单位应对压力管道易腐蚀部位进行定点测厚，每年至少检测一次，并将检测数据及时录入计算机管理系统
		正常运行期间安全阀截止阀必须保证全开，并加铅封或锁定，截止阀的结构和通径应不妨碍安全阀的安全泄放。对易燃介质或有毒介质的压力容器，应在安全阀的排出口装设导管，将排放介质引至安全地点并进行妥善处理

续表

<table>
<tr><th colspan="2">监督要点</th><th>监督内容</th></tr>
<tr><td rowspan="7">特种设备管理</td><td rowspan="3">压力管道</td><td>压力管道的安全阀每年至少校验一次，安全阀经校验后应加铅封，安全阀的校验记录（报告）由使用单位归入压力管道技术档案</td></tr>
<tr><td>用于水蒸气介质的压力表应有存水弯管，用于具有腐蚀性介质的压力表，应装设能隔离介质的缓冲装置</td></tr>
<tr><td>压力表装用前应进行校验，并注明下次的校验日期，刻度盘上应划红线指示出工作压力，压力表校验周期不得超过六个月。压力表校验后应加铅封</td></tr>
<tr><td rowspan="4">起重机械</td><td>使用单位必须购置有安全技术监督检验合格证书的起重机械产品，起重机械出厂时，必须附有起重机械安全技术监督检验合格证书。需要安装起重机械的单位，应先到其所在地区的地、市级质量技术监督部门或授权的质量技术监督部门登记</td></tr>
<tr><td>使用单位应建立起重机械安全技术档案，其内容包括：
① 设备出厂技术文件。
② 安装、修理记录和验收资料。
③ 使用、维护、保养、检查和试验记录。
④ 安全技术监督检验报告。
⑤ 设备及人身事故记录。
⑥ 设备的问题及评价</td></tr>
<tr><td>使用单位必须取得起重机械准用证、起重机械作业人员持有质量技术监督部门考核后签发的安全操作证后，方可使用起重机械</td></tr>
<tr><td>操作人员应经常检查起重机械的技术状况，包括年度检查、每月检查和每日检查：
1. 年度检查
每年对在用的起重机械至少进行一次全面检查。其中载荷试验可以结合吊运相当于额定起重量的重物进行，并按额定速度进行起升、运行、回转、变幅等机械安全性能检查。停用 1 年以上的起重机械，使用前也应做全面检查。起重机械遇四级以上地震或发生重大设备事故，露天作业的起重机械经受九级以上的风力后，使用前都应做全面检查。
2. 每月检查
每月至少应检查下列项目：
① 安全装置、制动器、离合器等有无异常情况。
② 吊钩、抓斗等吊具有无损伤。
③ 钢丝绳、滑轮组、索道、吊链等有无损伤。
④ 配电线路、集电装置、配电盘、开关、控制器等有无异常情况。
⑤ 液压保护装置、管道连接是否正常。
停用一月以上的起重机械使用前也应做上列检查。
3. 每日检查
每天作业前应检查下列项目：
① 各类极限位置限制器、制动器、离合器、控制器，以及电梯厅门联锁开关、紧急报警装置、升降机的安全钩或其他防断绳装置的安全性能等。
② 轨道的安全状况。
③ 钢丝绳的安全状况</td></tr>
</table>

续表

<table>
<tr><th colspan="2">监督要点</th><th>监督内容</th></tr>
<tr><td rowspan="10">特种设备管理</td><td rowspan="3">起重机械</td><td>使用单位必须按期向起重机械质量技术监督行政部门，申请在用起重机械安全技术检验，更换起重机械准用证</td></tr>
<tr><td>安装修理起重机械的单位，必须取得起重机械质量技术监督行政部门安全认可证书，并在安全认可证书有效期内</td></tr>
<tr><td>安装、修理起重机械的技术文件和施工质量资料，在竣工验收后，交由使用单位存入起重机械安全技术档案</td></tr>
<tr><td rowspan="2">厂（场）内机动车辆</td><td>厂（场）车使用单位进行经常性维护保养和自行检查合格的基础上，特种设备检验机构对纳入使用登记的在用场车按照规定周期（每年一次）进行检验。
① 车容整洁，各零部件完好，连接紧固，无缺损。
② 后视镜、雨刮器、灭火器和安全带完好有效。
③ 车辆发动机、转向系统、制动系统、液压系统、灯光、仪表和电气系统完好</td></tr>
<tr><td>作业道路设置有限速警示标志；道路平整，净空符合标准；通道在狭窄坡道或平台边缘的，应设置警示线或警示标志</td></tr>
<tr><td rowspan="3">电梯</td><td>电梯使用管理：
① 电梯使用注册登记情况。
② 安全管理制度建立及执行情况。
③ 安全管理人员持证及履职情况。
④ 电梯安装检验和定期检验依法报检情况。
⑤ 隐患排查整改情况。
⑥ 安全检验合格标志、警示说明及标识张贴情况。
⑦ 落实电梯使用的安全责任情况。
⑧ 电梯运行巡检记录情况。
⑨ 电梯签订维保合同情况。
⑩ 电梯维保工作落实的监督情况</td></tr>
<tr><td>电梯维护保养：
① 是否将维保业务分包或者转包。
② 是否按规定要求进行维护保养。
③ 日常维保记录是否完整。
④ 维保人员是否持有效证件上岗。
⑤ 维保单位、施救电话标注是否符合要求。
⑥ 对超期未检电梯是否报告业主单位和特种设备安全监察部门。
⑦ 电梯故障紧急召修是否及时、到位</td></tr>
<tr><td>电梯安全状况：
① 电梯定检、维保和巡检过程中发现的安全隐患是否及时整改合格。
② 钢丝绳、制动器和其他转动部件是否完好，限速器、缓冲器、夹绳器是否符合要求。
③ 控制系统功能（特别是门机控制系统）是否正常，有无不明软故障。
④ 主要受力构件是否完好。
⑤ 电梯应急报警和紧急呼救装置是否有效应答和报警。</td></tr>
</table>

续表

监督要点		监督内容
特种设备管理	电梯	⑥ 机械制动器制动能力是否符合要求。 ⑦ 各种安全保护装置是否齐全有效
仪表管理	基础资料	仪表设备台账：包括仪表设备汇总表、中控室仪表（温度变送器、避雷器、DCS/ESD 系统硬件等）、调节阀及其附件（阀门定位器、电磁阀等）、联锁阀及其附件、在线分析仪、变送器、流量显示仪表、双金属温度计、热电偶、热电阻、压力表、液位计、报警仪、计量标准表等，表格必须有编号，不能出现黑表格
		仪表月（季度）自控鉴定、统计：包括仪表重要回路、设备异常情况记录表，净化厂重要仪表或回路检查记录表，× 季度设备管理经济技术考核表等，重点是对问题的闭环管理
		仪表停用记录管理：需包括仪表位号、停用故障原因及起止时间记录等
		仪表月检修计划：包括计划申请和完成情况。重点是计划、完成情况有无领导审批签字再上报；未完成的计划是否有原因说明
		仪表检修记录单：应完整记录检修过程，所有原始记录资料都应认真填写，字迹工整、清晰，不准任意涂改或损毁
		仪表设备操作规程：每种设备都必须有具体的操作规程，且在投产前编写好，设备操作规程的内容必须包括以下部分：设备性能参数，操作前准备工作，操作顺序和安全确认，紧急状态处理，以及在使用过程中设备与人身安全注意事项
	现场仪表	压力测量仪表 1. 压力测量仪表的检定 ① 压力测量仪表的检定周期按照检定规程、参照行业标准规定或校准规范执行。 ② 压力表及压力变送器应在明显位置贴有合格证，合格证里应包含有效期、检定证书号、检定人员等信息。 ③ 压力表及压力变送器应有详细台账，由专人负责更新台账及保管检定证书。 ④ 参与检定人员必须取得相应资格证书。 2. 压力测量仪表的选用 ① 根据被测压力的大小来确定仪表量程。对于压力表，在测量稳定压力时，最大压力应不超过压力表满量程的 3/4；测波动压力时，最大压力值应不超过压力表满量程的 2/3；最低测量压力值应不低于全量程的 1/3。 ② 根据使用场合选择相应仪表，如耐震压力表、耐硫压力表、隔膜压力表等
		物位测量仪表： ① 现场直读式液位计应有明显刻度指示；玻板液位计与玻璃管液位计应保持玻璃板、玻璃管清洁，方便读数；磁翻板液位计应保持翻板灵活。 ② 远传液位计变送器应有规范接地。 ③ 液位变送器应在明显位置贴有合格证，合格证里应包含有效期、检定证书号、检定人员等信息，液位变送器检定周期按照检定规程、参照行业标准规定或校准规范执行。 ④ 物位测量仪表应有详细台账，由专人负责更新台账及保管相应的检定证书。 ⑤ 参与检定人员必须取得相应资格证书

续表

监督要点		监督内容
仪表管理	现场仪表	温度测量仪表： ① 温度测量仪表必须经过有资质单位检定合格才能使用，且在用温度测量仪表必须在检定有效期内。 ② 温度测量仪表应在明显位置贴有合格证，合格证里应包含有效期、检定证书号、检定人员等信息，变送器检定周期按照检定规程、参照行业标准规定或校准规范执行。 ③ 温度测量仪表应有详细台账，由专人负责更新台账及保管相应的检定证书。 ④ 参与检定人员必须取得相应资格证书
		流量测量仪表： ① 用于流量计量的温度、压力、差压仪表必须经过检定，且检定合格才能使用，在用仪表不能超过其检定有效期使用。 ② 用于天然气计量的高级孔板阀必须定期清洗检查孔板，并定期进行计量回路联校，在操作过程中应严格遵守操作规程。 ③ 流量变送器应在明显位置贴有合格证，合格证里应包含有效期、检定证书号、检定人员等信息，变送器检定周期按照检定规程、参照行业标准规定或校准规范执行。 ④ 流量测量仪表应有详细台账，由专人负责更新台账及保管相应的检定证书。 ⑤ 参与检定人员必须取得相应资格证书
		控制阀： ① 控制阀的安装位置应便于观察、操作和维护。 ② 控制阀应定期进行检查保养，开产时需对各控制阀进行调校
		F&GS系统（火灾及烟气报警系统）或者GDS系统（可燃气体和有毒气体检测报警系统）现场仪表： ① 检测比空气重的可燃气体或有毒气体时，检测器安装高度应高出地坪（或楼地板）0.3～0.6m。 ② 检测比空气轻的可燃气体（如甲烷）或有毒气体时，检测器高出释放源所在高度0.5～2m。 ③ F&GS系统应采用不间断电源（UPS）供电。 ④ F&GS系统应定期检查控制室内各设备运行情况和外观，每年用标准气体对固定式报警仪进行检定并保管好检定记录，及时更新台账。 ⑤ 固定式报警仪的管理、日常检查和维护应由接受过专门培训的人员负责，检定工作由有资质的人员承担。 ⑥ 报警器应安装在中心控制室内，应具有相对独立、互不影响的报警功能，并能区分和识别报警场所位号。 ⑦ F&GS系统中的报警仪应保持良好运行状况，若有报警仪故障需停用，必须有相应的措施，保证故障报警仪区域能有效做到气体监测，并应尽快检修或更换故障报警仪
		在线分析仪： ① 在线分析仪应由专人负责巡检维护。 ② 在线分析仪应定期调校或标定。 ③ 在线分析故障检修应有相应记录。 ④ 在线分析仪接地应满足相应规范，必须用专用地线，不得将几台仪器串联接地；防爆区域内的在线分析仪应满足防爆要求。

续表

监督要点		监督内容
仪表管理	现场仪表	⑤ 应使用 UPS 电源，预防因市电波动对仪器造成损害。 ⑥ 每月定期清洗各种过滤器，易脏的应提高清洗频率。 ⑦ 每月至少一次对气路、进入在线分析仪的仪表风管路进行试漏。 ⑧ 每月对仪器除尘除锈清洁，紧固接线端子。参数变化较大时，清洗电极、光路、镜片。 ⑨ 在线分析仪的数据每月应与化验室的分析数据进行对照分析，归纳出在线分析仪的相对值，以便指导工艺操作。 ⑩ 带有标气或载气（标液）的分析仪还需检查气瓶压力、容量，不足应及时更换。标准气应为国家质检部门认可合格的标气，液体标样用基准或标准的试剂精确称量配制。 ⑪ 定期校核在线分析仪的各种定量校正因子和标准曲线。校核时，须穿戴好劳保用品、佩戴便携式硫化氢报警仪、工器具及检漏液，站在上风向进行操作，一人操作，一人监护。 ⑫ 校验用的氮气、硫化氢、甲烷、二氧化硫、氧气标气瓶要编号并建立台账，做好目视化标识，分类存放。 ⑬ 巡检方面：每周一至周五两人巡检，周六、周日由值班仪表工巡检，进入装置巡检时必须与其他工种配合进行，保证巡检人数不少于 2 人 / 次，并带好维护工具，每天上午、下午各巡检一次
		DCS/ESD 控制系统 1. DCS 系统 ① DCS 系统应有专人负责巡检及维护，保持机房内温度为 20℃ ±2℃。 ② 进入机房作业人员，要消除身体静电。 ③ 每月定期清洗机柜通风口和主控单元冷却风道中的过滤网，同时用吸尘器清除控制柜间地板上的灰尘，严禁使用含水抹布。控制柜间和操作间的通道门应随时关闭。控制系统所有自控元件、仪表外观及柜体内外整洁无锈蚀。 ④ DCS 系统应定期检查各设备接线端子，系统接地线和信号屏蔽线的接线端子每月检查一次，将松动的端子进行紧固并做好记录。 ⑤ 大修时应对 DCS 系统进行电阻测试、各通道测试、冗余板卡或冗余设备切换测试。 ⑥ 严禁在操作员站和工程师站上使用无关软件，不得进行与控制系统软件组态或生产无关的操作。 ⑦ DCS 的工艺操作人员、仪表维护人员、工艺及仪表技术人员必须严格执行各级密码管理要求，严禁非法登录工程师站。 ⑧ DCS 系统维护人员对系统进行检查和维护时，每次对系统进行改动后，都必须有准确记录，同时将异常情况和修改记录汇报给技术人员和分管领导。 ⑨ 不允许将食物带入 DCS 操作间和控制柜间，不得在机房内堆放杂物，机柜上禁放物品。 ⑩ 机房内消防设施配备齐全。 ⑪ 机房电缆通道有防止小动物进入设施。 ⑫ 在装置运行期间，控制系统机房内不得使用手机、对讲机，机柜门必须关闭，机柜顶部风扇随时保持运行状态。 ⑬ 控制室安装可燃气体或有毒有害气体报警器，控制室设置火灾报警装置。

续表

<table>
<tr><th colspan="2">监督要点</th><th>监督内容</th></tr>
<tr><td rowspan="2">仪表管理</td><td rowspan="2">现场仪表</td><td>⑭ 每周一至周五巡检，周六、周日由值班仪表工巡检，每天上午、下午各巡检一次，可一人巡检。
2. ESD 系统
① ESD 系统大部分监督要点与 DCS 系统一致。
② 联锁保护系统正常生产期间必须投入自动，若需要变更（包括设定值、联锁程序、联锁方式等）、解除或取消时，要办理相应手续，并经过严格审批。
③ 联锁回路作业时，应监护操作，处理后，应详细做好记录并签字确认。
④ 紧急停车按钮，应设可靠护罩</td></tr>
<tr><td>其他：
① 防爆仪表引入电缆采用防爆密封圈挤紧或用密封填料封固，外壳上多余的孔做防爆密封，弹性密封圈的一个孔密封一根电缆。
② 仪表本体和连接件无损坏、腐蚀，设备接地良好。
③ 仪表状况完好，设备及附属系统内外无杂物、灰尘、油垢，设备符合工作要求。
④ 校验用的标准仪器，必须有检定合格证。
⑤ 定期对仪表接地装置或接地电阻进行检查。
⑥ 仪表设备用的风扇护罩完整齐全。
⑦ 巡检方面：
——仪表是否完好，指示是否清晰可见，灵敏、可靠、符合精度等级要求；
——阀门润滑是否良好，仪表是否有腐蚀现象，风管、电缆管是否有腐蚀和损坏现象；
——仪表及管路是否发出异常响声；
——检查仪表及管路（含取样管、仪表风管）是否有跑、冒、滴、漏现象；
——每周一至周五两人巡检，周六、周日由值班仪表工巡检，进入装置巡检时必须与其他工种配合进行，保证巡检人数不少于 2 人 / 次，每天上午、下午各巡检一次</td></tr>
<tr><td>电气安全管理</td><td>基础资料
工作票
管理</td><td>工作票分类
在电力设备上的工作，应严格执行工作票，其方式有第一种工作票和第二种工作票。
填用第一种工作票的工作为：
① 高压设备上工作需要全部停电或部分停电者。
② 二次系统和照明等回路上的工作，需要将高压设备停电者或做安全措施者。
③ 高压电力电缆需停电的工作。
④ 其他工作需要将高压设备停电或要做安全措施者。
填用第二种工作票的工作为：
① 控制盘和低压配电盘、配电箱、电源干线上的工作。
② 二次系统和照明等回路上的工作，无需将高压设备停电者或做安全措施者。
③ 转动中的高压电动机转子电阻回路上的工作。
④ 非运行人员用绝缘棒、核相器和电压互感器定相或用钳型电流表测量高压回路的电流。
⑤ 大于安全距离的相关场所和带电设备外壳上的工作，以及无可能触及带电设备导电部分的工作。
⑥ 高压电力电缆不需停电的工作。
⑦ 其他工作无需将高压设备停电或要做安全措施者</td></tr>
</table>

续表

<table>
<tr><th colspan="2">监督要点</th><th>监督内容</th></tr>
<tr><td rowspan="3">电气安全管理</td><td rowspan="3">基础资料工作票管理</td><td>工作票的填写：
① 工作票应使用黑色或蓝色的钢（水）笔或圆珠笔填写与签发，一式两份，内容应完整、正确，字迹应工整，不得任意涂改。如有个别错、漏字需要修改，应使用规范的符号，字迹应清楚。
② 工作票应使用统一的票面格式，由工作票签发人审核无误，签字后方可执行。一张工作票中，工作票签发人、工作负责人和工作许可人三者不得互相兼任。
③ 工作票一份应保存在工作地点，由工作负责人收执；另一份由工作许可人收执，按值移交。工作许可人应将工作票的编号、工作任务、许可及终结时间记入登记簿</td></tr>
<tr><td>工作票的使用：
① 一个工作负责人不能同时执行多张工作票，工作票上所列的工作地点，以一个电气连接部分为限。所谓一个电气连接部分是指电气装置中，可以用隔离开关同其他电气装置分开的部分。
② 一张工作票上所列的检修设备应同时停、送电，开工前工作票内的全部安全措施应一次完成。若至预定时间，一部分工作尚未完成，需继续工作而不妨碍送电者，在送电前，应按照送电后现场设备带电情况，办理新的工作票，布置好安全措施后方可继续工作。
③ 若以下设备同时停、送电，可使用同一张工作票。
——属于同一电压、位于同一平面场所，工作中不会触及带电导体的几个电气连接部分。
——一台变压器停电检修，其断路器也配合检修。
——全站停电。
④ 同一变电站内在几个电气连接部分上依次进行不停电的同一类型的工作，可以使用一张第二种工作票。
⑤ 持线路或电缆工作票进入变电站进行架空线路、电缆等工作，应增填工作票份数，由变电站工作许可人许可并留存。
⑥ 需要变更工作班成员时，应经工作负责人同意，在对新的作业人员进行安全交底手续后，方可进行工作。非特殊情况不得变更工作负责人，如确需变更工作负责人应由工作票签发人同意并通知工作许可人，工作许可人将变动情况记录在工作票上。工作负责人允许变更一次。原、现工作负责人应对工作任务和安全措施进行交接。
⑦ 在原工作票的停电及安全措施范围内增加工作任务时，应由工作负责人征得工作票签发人和工作许可人同意，并在工作票上增填工作项目。若需变更或增设安全措施者应填用新的工作票，并重新履行签发许可手续。
⑧ 变更工作负责人或增加工作任务，如工作票签发人无法当面办理，应通过电话联系，并在工作票登记簿和工作票上注明。
⑨ 工作票有破损不能继续使用时，应补填新的工作票，并重新履行签发许可手续。
⑩ 第一、二种工作票的有效时间以批准的检修期为限。第一、二种工作票需办理延期手续，应在工期结束前由工作负责人向运行值班负责人提出申请，由运行值班负责人通知工作许可人给予办理。第一、二种工作票只能延期一次</td></tr>
<tr><td>工作票所列人员的基本条件：
① 工作票的签发人应是熟悉技术水平、熟悉设备情况、熟悉电力安全操作规程，并具有相关工作经验的生产领导人、技术人员或经主管生产领导授权的人员担任。</td></tr>
</table>

续表

监督要点		监督内容
电气安全管理	基础资料工作票管理	② 工作负责人（监护人）应是具有相关工作经验，熟悉设备情况和电力安全工作规程，经本单位生产技术办（或设备办）审核批准的人员。工作负责人还应熟悉工作班成员的工作能力。 ③ 工作许可人应是具有一定工作经验的电气管理人员、运行人员或检修操作人员。 ④ 专责监护人应是具有相关工作经验、熟悉设备情况和电力安全工作规程的人员
	操作票管理	操作票的填写： ① 操作人和监护人应按照交代的操作预告，依据工作任务、系统运行方式、现场设备运行情况，确定操作方案，由操作人逐项准确填写操作票。 ② 每张操作票只能填写一个操作任务。“一个操作任务”是指根据同一操作命令为了相同的操作目的而进行的一系列相关联并依次进行的不间断倒闸操作过程。 ③ 操作票应用黑色或蓝色的钢（水）笔或圆珠笔逐项填写。票面应清楚整洁，字迹工整，内容要完整、正确，符合调度术语和操作术语，不得任意涂改。 ④ 操作票应填写设备的双重名称，即设备名称和编号。操作人和监护人应根据模拟图或接线图核对所填写的操作项目，签字确认，然后经运行值班负责人审核签字。 ⑤ 严禁并项（如“拉开断路器”和“检查断路器确已拉开”不得合在一起填写），不得添项、倒项、漏项。 ⑥ 当一份操作票的内容超过一页时，应接入下页填写，审核无误后，应在正确票的备注栏左端填写下续 ×× 号或上接 ×× 号。 ⑦ 操作票按倒闸操作顺序依次填写完毕后，在最后一项操作内容的下一空格中间位置处填画终止号“ㄣ”。 ⑧ 作废的操作票（包括填写错误的和已填写而未执行的操作票），应在操作任务栏内盖“作废”章。 ⑨ 操作结束后在操作票的操作步骤最后一步的序号下侧盖“已执行”章；当操作票超过一页时，“已执行”章应盖在最后一页操作票上
		应填入操作票内的项目： ① 应拉合的设备［断路器（开关）、隔离开关（刀闸）、接地刀闸（装置）等］，验电，装拆接地线，合上（安装）或断开（拆除）控制回路或电压互感器回路的空气开关、熔断器，切换保护回路和自动化装置及检验是否确无电压等。 ② 拉合设备［断路器（开关）、隔离开关（刀闸）、接地刀闸（装置）等］后检查设备的位置。 ③ 进行停、送电操作时，在拉合隔离开关（刀闸）、手车式开关拉出、推入前，检查断路器（开关）确在分闸位置。 ④ 在进行倒负荷或解、并列操作前后，检查相关电源运行及负荷分配情况。 ⑤ 设备检修后合闸送电前，检查送电范围内接地刀闸（装置）已拉开，接地线已拆除
		倒闸操作的基本条件： ① 有与现场一次设备和实际运行方式相符的一次系统模拟图（包括各种电子接线图）。 ② 操作设备应具有明显的标志，包括命名、编号、分合指示，旋转方向、切换位置的指示及设备相色等。 ③ 高压电力设备都应安装完善的防误操作闭锁装置。防误操作闭锁装置不得随意退出运行，停用防误操作闭锁装置应经本单位分管生产的领导批准；短时间退出防误操作闭锁装置时，应经电站班长或当班值长批准，并应按程序尽快投入。

续表

<table>
<tr><th colspan="2">监督要点</th><th>监督内容</th></tr>
<tr><td rowspan="2">电气安全管理</td><td>操作票管理</td><td>④ 有值班调度员、运行值班负责人正式发布的指令，并使用经事先审核合格的操作票。
⑤ 下列三种情况应加挂机械锁：
——未装防误操作闭锁装置或闭锁装置失灵的刀闸手柄、阀厅大门和网门。
——当电力设备处于冷备用时，网门闭锁失去作用时的有电间隔网门。
——设备检修时，回路中的各来电侧刀闸操作手柄和电动操作刀闸机构箱的箱门。机械锁要一把钥匙开一把锁，钥匙要编号并妥善保管。
⑥ 停电拉闸操作应按照断路器（开关）—负荷侧隔离开关（刀闸）—电源侧隔离开关（刀闸）的顺序依次进行，送电合闸操作应按与上述相反的顺序进行。禁止带负荷拉合隔离开关（刀闸）。
⑦ 开始操作前，应先在模拟图（或微机防误装置、微机监控装置）上进行核对性模拟预演，无误后，再进行操作。操作前应先核对系统方式、设备名称、编号和位置，操作中应认真执行监护复诵制度。操作过程中应按操作票填写的顺序逐项操作。每操作完一步，应检查无误后做一个“√”记号（应规范书写，不能出格），全部操作完毕后进行复查。
⑧ 监护操作时，操作人在操作过程中不准有任何未经监护人同意的操作行为。
⑨ 操作中发生疑问时，应立即停止操作并向发令人报告。待发令人再行许可后，方可进行操作。不准擅自更改操作票，不准随意解除闭锁装置。解锁工具（钥匙）应封存保管，所有操作人员和检修人员禁止擅自使用解锁工具（钥匙）。若遇特殊情况需解锁操作，应经电气管理负责人到现场核实无误并签字后，方能使用解锁工具（钥匙）。检修人员在倒闸操作过程中禁止解锁。如需解锁，应待增派运行人员到现场，履行上述手续后处理。解锁工具（钥匙）使用后应及时封存。
⑩ 电力设备操作后的位置检查应以设备实际位置为准，无法看到实际位置时，可通过设备机械位置指示、电气指示、带电显示装置、仪表及各种遥测、遥信等信号的变化来判断。判断时，应有两个及以上的指示，且所有指示均已同时发生对应变化，才能确认该设备已操作到位。以上检查项目应填写在操作票中作为检查项。
⑪ 用绝缘棒拉合隔离开关（刀闸）、高压熔断器或经传动机构拉合断路器（开关）和隔离开关（刀闸），均应戴绝缘手套。雨天操作室外高压设备时，绝缘棒应有防雨罩，还应穿绝缘靴。雷电时，一般不进行倒闸操作，禁止在就地进行倒闸操作。
⑫ 装卸高压熔断器，应戴护目眼镜和绝缘手套，必要时使用绝缘夹钳，并站在绝缘垫或绝缘台上。
⑬ 断路器（开关）遮断容量应满足电网要求。如遮断容量不够，应将操动机构（操作机构）用墙或金属板与该断路器（开关）隔开，应进行远方操作，重合闸装置应停用。
⑭ 电力设备停电后（包括事故停电），在未拉开有关隔离开关（刀闸）和做好安全措施前，不得触及设备或进入遮栏，以防突然来电。
⑮ 在发生人身触电事故时，可以不经许可，即行断开有关设备的电源，但事后应立即报告调度（或设备运行管理单位）和上级部门。
⑯ 手动切除并联电容器前，应检查系统有足够的备用数量，保证满足当前输送功率无功需求。
⑰ 并联电容器退出运行后再次投入运行前，应满足电容器放电时间要求</td></tr>
<tr><td>巡检基本要求</td><td>巡检人员必须按规定的时间、路线、范围和内容进行巡回检查。检查时要根据设备特点，采用眼看、耳听、手摸、鼻嗅等手段，真正掌握设备的运行情况</td></tr>
</table>

续表

监督要点		监督内容
电气安全管理	巡检基本要求	巡回检查时应随身携带便携式 H_2S 报警仪，且每次巡检不得少于两人，可根据需要携带必要的检查工具（如听诊器、测温仪、测振仪、手电筒、听音棒、验电笔、抹布等），以保证检查质量。检查时，巡检人员要对设备参数、运行情况做好详细记录。巡检结束后，巡检人员应向班长报告巡检情况，如有异常，班长应立即组织分析解决
		如遇雷雨天气，站外电力设备应待雷雨过后再巡视，若必须巡检应做好安全措施方可进行；电站值班人员要求在轮岗上班第一周内进行一次夜间熄灯巡视
		巡检人员在危险区或接近危险部位（如高温、高压、有毒气体、易燃易爆物、高电压设备等）检查时应严格执行有关规定的安全事项
		设备或系统停运检修时，巡检人员应了解检修的进度，如现场作业锁定或安全措施有擅自变动、安全标示牌不齐全、与运行部分有关的隔绝不可靠时，应立即通知停止检修作业，并汇报上级主管领导
		设备使用单位和维修单位应根据设备布置和设备分类管理内容，分区域合理安排巡回检查路线
		设备巡回检查单位应制作设备巡回检查提示牌，安放在适当部位，提示牌应明确设备的具体位号或名称、检查标准、巡回检查时间、应记录的数据等内容，使设备巡回检查真正起到及时发现事故隐患，保证设备安全运行的作用
		巡回检查的范围：电动机及配套设备设施、电站（包括配电间）设备设施、变压器、配电箱（屏）、照明系统、电缆桥架、电缆与接地系统等
	变压器	变压器室或露天变压器安装地点附近，应设置表明变压器编号或名称、电压等级的标牌，并挂有国家电力统一标准的、明显醒目的安全标志
		变压器各种温度计应在检定周期内，超温信号应正确可靠；外壳及箱沿无异常发热
		变压器油枕内和充油套管内的油色是否正常，油面高度是否合适，有无渗漏油现象
		变压器套管是否清洁，有无裂纹、放电痕迹和其他异常现象
		变压器的运行声音是否正常，有无异声
		变压器的接地是否完好
		电缆和母线有无异常现象
		冷却装置的运行是否正常
		变压器的油温高低是否正常
		防爆管的隔膜是否完整，吸湿器内的干燥剂是否吸潮至饱和状态
		瓦斯继电器的油面高低和油门是否打开
		如果变压器装于室内，则应检查房屋是否漏雨，照明亮度是否足够，室温是否适宜，是否有通风设施

续表

<table>
<tr><th colspan="2">监督要点</th><th>监督内容</th></tr>
<tr><td rowspan="17">电气安全管理</td><td rowspan="16">配电间</td><td>变（配）电所、变（配）电间的室内地坪应高出室外地坪 0.6m</td></tr>
<tr><td>变压器室、配电室、电容器室的防火门应向外开启，并安装弹簧锁，严禁采用门闩；相邻配电室之间的门应能双向开启</td></tr>
<tr><td>变压器室、配电室、电容器室等应设置防止雨、雪和蛇、鼠等措施</td></tr>
<tr><td>应有防止动物从采光窗、通风窗、门、电缆沟进入室内的措施。门口应设置门槛；与室外相通的洞、通风孔应设置网孔防护等级不小于 IP3X 级的网罩（直径 2.5mm）</td></tr>
<tr><td>配电装置长度大于 6m 时，应设两个出口；低压配电装置两个出口间的距离大于 15m 时，应增加出口</td></tr>
<tr><td>变配电站内设有防止可燃气体积聚及防止含可燃液体的污水进入电缆沟内的措施；电缆沟通入变（配）电室、控制室的墙洞处，应填实、密封</td></tr>
<tr><td>长度大于 7m 的配电室，应设两个出口，并布置在配电室的两端；长度大于 60m 时，应增加一个出口；配电装置室有楼层时，一个出口应设在通往屋外楼梯的平台或通道处</td></tr>
<tr><td>10kV 及以下配电装置的长度大于 6m 时，其柜（屏）后通道应设两个出口，低压配电装置两个出口间的距离超过 15m 时，应增加出口</td></tr>
<tr><td>配电室内除本室需用的管道外，不应有其他的管道通过，室内管道上不应设置阀门和中间接头，水汽管道与散热器的连接应采用焊接，配电屏的上方不应敷设管道</td></tr>
<tr><td>配电装置上电气元件的名称、标志、编号等是否清楚、正确，盘上所有的操作把手、按钮和按键等的位置与现场实际情况是否相符，固定是否牢靠，操作是否灵活</td></tr>
<tr><td>配电装置上的信号指示灯指示是否正确，是否损坏</td></tr>
<tr><td>指示仪表或表盘玻璃是否松动，运行指示是否超过规定值，仪表和电器是否清洁卫生</td></tr>
<tr><td>充油设备的油位是否正常，有无假油面；避雷器、瓷瓶、套管等有无闪络放电痕迹</td></tr>
<tr><td>各开关的接点是否牢靠，有无过热变色现象</td></tr>
<tr><td>检查保护系统是否正常，是否误动作。接地装置是否可靠</td></tr>
<tr><td>配电室内照明灯具是否完好，照度是否均匀，观察仪表时是否清楚</td></tr>
<tr><td>动力配电箱</td><td>设备选用：
① 遇爆炸性气体环境，旋转电机、低压开关和控制器类、灯具类、信号、报警装置等防爆结构的选型按 GB 50058《爆炸危险环境电力装置设计规范》，且不应选用携带式用电设备。
② 遇火灾危险环境，用电设备的选用按 GB 50058《爆炸危险环境电力装置设计规范》，且不应选用携带式用电设备。
③ 触电危险性小的生产场所，采用开启式配电板；触电危险性大或作业环境差的生产场所，应采用封闭式配电箱（柜）；易燃易爆气体危险场所，应采用密闭式或防爆型配电箱（柜）。
④ 在爆炸性气体环境的 1 区和 2 区，配电箱应选用隔爆型或正压型。</td></tr>
</table>

续表

<table>
<tr><th colspan="2">监督要点</th><th>监督内容</th></tr>
<tr><td rowspan="2">电气安全管理</td><td rowspan="2">动力配电箱</td><td>⑤ 露天使用的配电箱（柜、板）应采取防雨、防雪、防雾和防尘措施。
⑥ 遇在火灾危险环境内必须使用电热器时，应将其布设在非燃材料的底板上，并应装设防护罩。
⑦ 在火灾危险环境内，移动式和携带式照明灯具的玻璃罩应采用金属网保护</td></tr>
<tr><td>设备安装：
① 落地安装的箱、柜周围应采取封闭措施。
② 室内配电箱应高出地面 50mm 以上，室外配电箱应高出地面 200mm 以上；配电柜底面应高出抹平的混凝土表面 10mm。操作手柄中心距地面应为 1200～1500mm。
③ 箱、柜、板前方 1.2m 范围内应无障碍物（遇工艺布置、设备安装确有困难，可减少至 0.8m，但不得影响箱门开启和操作）。
④ 安装在金属支架上的防爆用电设备，其支架应牢固，有振动的电气设备的固定螺栓应有防松装置。
⑤ 防爆电气设备的进线口与电缆、导线应连接可靠并密封，多余的进线口其弹性密封垫和金属垫片应齐全，并拧紧压紧螺母以密封进线口。金属垫片的厚度不得小于 2mm。
⑥ 事故排风机的按钮应单独安装在便于操作的位置，且有特殊标志。
⑦ 固定安装的防爆灯具应完好，灯具应有透明保护罩，其外罩保护网网孔不得大于 50mm × 50mm。
⑧ 防爆用电设备外壳、透光部分无裂纹、无损伤。
⑨ 隔爆型电气设备隔爆结构及间隙符合要求；接合面的紧固螺栓齐全，弹簧垫圈等防松设施齐全完好，弹簧垫圈压平；密封衬垫齐全完好，无老化变形；透明件光洁无损伤；运动部件无碰撞和摩擦；接线板及绝缘件无碎裂，接线盒盖紧固；接地标志及接地螺钉完好。
⑩ 隔爆型电机的轴与轴孔、风扇与端罩之间应无碰擦。
⑪ 正常运行时产生火花或电弧的隔爆型电气设备，其电气联锁装置应可靠；电源接通时壳盖应无法打开，壳盖打开后电源应无法接通；用螺栓紧固的外壳，其“断电后开盖”警告牌完好。
⑫ 增安型、无火花型、正压型用电设备的紧固螺栓应有防松措施，无松动、无锈蚀，接线盒盖应紧固。正压型用电设备密封衬垫应齐全、完好，无老化变形。
⑬ 正压型用电设备进入通风、充气系统及电气设备内的空气或气体应清洁，不得含有爆炸性混合物及其他有害物质；通风过程排出的气体，不得排入爆炸危险环境（当排入 2 区时，应采取防止火花和炽热颗粒吹出的有效措施）。通风、充气系统的电气联锁装置，应按先通风后供电、先停电后停风的程序正常动作；通风管道密封应良好。
⑭ 正压型用电设备微压继电器应装设在风压、气压最低点的出口处。运行中的电气设备及通风、充气系统内的风压、气压值不得低于规定的最低所需压力值。当低于规定值时，微压继电器应可靠动作。
⑮ 充油型电气设备油箱、油标不应有裂纹及渗油、漏油缺陷，油面应在油标线范围内；排油孔、排气孔通畅，不得有杂物；充油型电气设备应垂直，其倾斜度不得大于 5°；油面最高温升符合要求（T6 组别的油面最高温升为 40℃；其他温度组别的油面最高温升为 60℃）。
⑯ 在火灾危险环境，装有电气设备的箱、盒等应采用金属制品；电气开关和正常运行产生火花或外壳表面温度较高的电气设备，应远离可燃物质的存放地点，其最小距离不得小于 3m</td></tr>
</table>

续表

<table>
<tr><th colspan="2">监督要点</th><th>监督内容</th></tr>
<tr><td rowspan="3">电气安全管理</td><td>动力配电箱</td><td>标记：
① 箱、柜、板应有其本身的编号。
② 箱、柜、板上的开关、熔断器，均应标明控制对象的名称、标记及对应图示，并与实际相符。
③ 箱、柜、板上的指示灯铭牌应正确、清晰，指示应正确。
④ 防爆用电设备的铭牌及防爆标志应正确、清晰</td></tr>
<tr><td rowspan="2">接地系统</td><td>资质：
① 国务院气象主管机构认定的资质承担甲级防雷工程专业设计或者施工；省级气象主管机构认定的资质承担乙级和丙级防雷工程专业设计或者施工；检测检验单位应取得省级气象主管机构认定的资质。
② 从事防雷装置检测、防雷工程专业设计或者施工的专业技术人员，应取得省级气象主管部门或其他有关部门核发的资格证书。
③ 禁止无证或者超出资质等级承担防雷工程专业设计或者施工</td></tr>
<tr><td>布设和安装：
① 接地装置采用金属材料的截面规格符合要求。
② 避雷针应采用圆钢或焊接钢管。针长 1m 以下的，圆钢为 ϕ12mm，钢管为 ϕ20mm；针长 1～2m 的，圆钢为 ϕ16mm，钢管为 ϕ25mm；烟囱顶上的避雷针，圆钢为 ϕ20mm，钢管为 ϕ40mm。
③ 避雷网和避雷带应采用圆钢或扁钢，优先采用圆钢。圆钢直径不小于 8mm；扁钢截面不小于 48mm^2，厚度不小于 4mm。非金属储罐避雷网应采用直径不小于 12mm 的热镀锌圆钢或截面不小于 25mm × 4mm 的热镀锌扁钢制成，网格不大于 5m × 5m 或 6m × 4m；甲乙类厂房、泵房（棚）的避雷网网格不大于 10m × 10m 或 12m × 8m。
④ 避雷线采用不小于 35mm^2 的镀锌钢绞线。
⑤ 遇利用建筑物的金属屋面作接闪器，金属板下无易燃物品，其厚度不小于 0.5mm；金属板下有易燃物品，钢板厚度不小于 4mm，铜板厚度不小于 5mm，铝板厚度不小于 7mm，且金属板之间的搭接长度不小于 100mm，金属板无绝缘被覆层。
⑥ 遇利用屋顶上的永久性金属物作接闪器时，各部件间应连成电气通路。
⑦ 引下线应采用圆钢或扁钢，优先采用圆钢。圆钢直径不小于 8mm；扁钢截面不小于 48mm^2，厚度不小于 4mm。烟囱的引下线，应采用直径不小于 12mm 的圆钢，或采用截面不小于 100mm^2，厚度不小于 4mm 的扁钢。
⑧ 油气田固定容器、设备、管道的防雷引下线，应选用厚度不小于 4mm，宽度不小于 40mm 的镀锌扁钢或直径不小于 10mm 的镀锌圆钢；油气田固定容器、设备、管道的防静电引下线，应选用厚度不小于 4mm，宽度不小于 25mm 的镀锌扁钢或直径不小于 10mm 的镀锌圆钢。
⑨ 埋于土壤中的人工垂直接地体宜采用角钢、钢管或圆钢；埋于土壤中的人工水平接地体采用扁钢或圆钢。圆钢直径不小于 10mm；扁钢截面不小于 100mm^2，厚度不小于 4mm；角钢厚度不小于 4mm；钢管壁厚不小于 3.5 mm；长度应为 2.5m。遇腐蚀性较强的土壤，应采取热镀锌等防腐措施或加大截面；接地线应与水平接地体的截面相同。
⑩ 接地引下线应沿建筑物、构筑物外墙明敷，以最短路径接地。遇以建筑物的消防梯、钢柱等金属构件作引下线时，所有部件均应连成电气通路。</td></tr>
</table>

续表

<table>
<tr><th colspan="2">监督要点</th><th>监督内容</th></tr>
<tr><td rowspan="2">电气安全管理</td><td rowspan="2">接地系统</td><td>⑪ 遇易受机械损坏和防人身接触处，地面上 1.7m 至地面下 0.3m 的一段引下线应采用保护性措施。
⑫ 遇接地体（线）连接采用焊接方式，焊接牢固，无虚焊，扁钢搭接长度为其宽度的 2 倍，至少三个棱边焊接；圆钢搭接长度为其直径的 6 倍，双面施焊；圆钢与扁钢焊接，搭接长度为圆钢直径的 6 倍。扁钢与钢管，扁钢与角钢、起重机轨道、伸缩缝（沉降缝）等处焊接时，应有弧形（或直角形）连接结构。
⑬ 遇 PE 线（或 PEN 线）支线与主干线采用镀锌螺栓连接，应有防松帽或防松垫片。
⑭ 遇用钢绞线、铜绞线作为接地引下线，应采用压接端子与接地体连接。
⑮ 接地体引出线的垂直部分和接地装置连接（焊接）部位外侧 100mm 范围内应作防腐处理。
⑯ 遇设备多点接地时，引下线与接地体之间应设有水平安装的断接卡子。断接卡子与上下两端采取搭接焊连接，搭接长度应为扁钢宽度的两倍，焊接处无焊渣、气孔、咬边及未焊透现象；如断接卡子采用螺栓紧固，应配有锁紧螺母或弹簧垫片，搭接长度不小于扁钢宽度的两倍，连接金属面应除锈、无油污。
⑰ 遇爆炸危险环境，接地干线应在不同方向与接地体相连，连接处不得少于两处；接地干线通过与其他环境共用的隔墙或楼板时，应采用钢管保护，并应做好隔离密封。
⑱ 遇爆炸危险环境，电气设备及灯具的专用接地线或接零保护线，应单独与接地干线（网）相连，电气线路中的工作零线不得作为保护接地线用。
⑲ 遇爆炸危险环境，电气设备与接地线的连接，应采用多股软绞线，其铜线最小截面面积不得小于 $4mm^2$，易受机械损伤的部位应装设保护管。
⑳ 遇爆炸危险环境，铠装电缆引入电气设备时，其接地或接零芯线应与设备内接地螺栓连接；钢带及金属外壳应与设备外接地螺栓连接。
㉑ 遇爆炸危险环境，接地或接零用的螺栓应有防松装置；接地线紧固前，其接地端子及紧固件均应涂电力复合脂。
㉒ 遇爆炸危险环境，电气设备的接地装置与防直雷的独立避雷针的接地装置应分开设置；与装设在建筑物上防直雷的避雷针的接地装置可合并设置；与防雷电感应的接地装置可合并设置。接地电阻值应取其中最低值。
㉓ 箱、柜、板装的可开启门，门和框架的接地端子应用裸编织铜线连接。
㉔ 配电箱（盘）内应分别设置中性线和保护地线汇流排，中性线和保护地线经汇流排配出。
㉕ 禁止用可燃液体或气体管道作保护接地体。
㉖ 不得用蛇皮管、管道保护层的金属外皮或金属网、低压照明网络的导线铅皮，以及电缆金属护层做接地线</td></tr>
<tr><td>接地装置监测：
① 每年在雷雨季节前，检查防雷接地装置的外观形貌、连接状况，检测接地电阻；腐蚀较严重地区的接地装置应开挖检查。
② 一般防雷装置应每年检测一次，爆炸危险环境的防雷装置应每半年检测一次；监测机构出具的检测报告真实、有效。
③ 新建、扩建、改建的防雷装置投入使用前，应经监测验收合格。
④ 罐组的接地电阻应逐罐分别测试，单罐的接地电阻应在断接卡子断开前整体测试，断接点的接地电阻应逐个断开测试；单个断开接地点的电阻值测试后，应立即恢复断接过渡连接。</td></tr>
</table>

续表

<table>
<tr><th colspan="2">监督要点</th><th>监督内容</th></tr>
<tr><td rowspan="4">电气安全管理</td><td rowspan="3">接地系统</td><td>⑤ 查看检测报告：油气场所内防雷冲击接地电阻不应大于 10Ω；仅作防感应雷接地的钢罐的冲击接地电阻不应大于 30Ω；独立避雷针的冲击接地电阻不大于 10Ω。
⑥ 查看检测报告：与管道连接的泵、过滤器、缓冲器，以及专设的防静电接地电阻不大于 100Ω；油气集输生产装置中的立式和卧式金属容器、覆土油罐、栈桥钢轨的防静电接地电阻不大于 10Ω；在土壤电阻率较大的地区的防静电接地电阻不大于 1000Ω</td></tr>
<tr><td>接地装置编号、标识和日常维护：
① 接地装置编号和标识明晰。
② 明敷接地线的表面应涂以 15～100mm 宽度相等的绿色和黄色相间条纹。在每个导体的全部长度上或只在每个区间或每个可接触到的部位宜做出标志。当使用胶带时，应使用双色胶带。
③ 接地线引向建筑物的入口处、检修用临时接地点处，应刷白色底漆并标以黑色标识，图形符号清晰。同一接地体不应出现两种不同的标识。
④ 生产单位应建立接地装置检查档案，且资料完整，数据准确，接地电阻符合标准要求。
⑤ 接地装置损伤、锈蚀深度大于 30% 或发现折断，应督促生产单位立即更换。
⑥ 引下线周围不应有干扰其使用效果的电气线路。
⑦ 接地装置断接卡子应连接牢固。
⑧ 接地装置周围土壤无下沉现象</td></tr>
<tr><td>重复接地和等电位联结：
① 架空线路干线和分支线的终端以及沿线每 1km 处，PE 线或 PEN 线应重复接地。
② 电缆线路和架空线路在每个建筑物进线处，应重复接地。
③ 高低压同杆架设的电力线路段的低压主干 PE 线或 PEN 线重复接地。
④ 以金属外皮等作主干 PE 线（或 PEN 线）的低压电缆重复接地。
⑤ 遇使用公用变压器，应在进户处、线路末端和重点部位布设重复接地。
⑥ 等电位联结主母线的最小截面不应小于装置最大保护线截面的一半，并不小于 $6mm^2$。当采用铜线时，其截面不应大于 $25mm^2$。
⑦ 连接两个外露导电部分的辅助等电位联结线，其截面不小于接至外露导电部分的较小保护线的截面。连接外露导电部分与装置外导电部分的辅助等电位联结线，其截面不小于相应保护线截面的一半。
⑧ 遇低压电气线路采用接地故障保护时，建筑物内下列导电体应等电位联结：
——PE、PEN 干线；
——电气装置接地极的接地干线；
——建筑物内的水管、采暖和空调管道等金属管道；
——条件许可的建筑物金属构建等导体；
——在 TN-C 系统中，PEN 线严禁接入开关设备，严禁断开，并不得装设可断开 PEN 线的任何电器；在 TT 或 TN-S 系统中，中性线上不应装设可断开中性线的电器</td></tr>
<tr><td>高压架空线路巡检</td><td>巡检要求：
① 按规定频次对架空线路进行巡检。
② 巡线工作应由有电力线路工作经验的人员担任，每次巡检不得少于两人，巡检时按架空线路巡检记录表的内容要求做好记录。</td></tr>
</table>

续表

监督要点		监督内容
电气安全管理	高压架空线路巡检	③ 雷雨、大风天气或事故巡线，巡视人员应穿绝缘鞋或绝缘靴；暑天、山区巡线应配备必要的防护工具和药品；夜间巡线应携带足够的照明工具。 ④ 夜间巡线应沿线路外侧进行；大风巡线应沿线路上风侧前进，以免触及断落的导线；特殊巡视应注意选择路线，防止洪水、塌方、恶劣天气等对人造成的伤害。事故巡视应始终认为线路带电。即使明知该线路已停电，亦应认为线路随时有恢复送电的可能。 ⑤ 巡线人员发现导线、电缆断落地面或悬吊空中，应设法防止行人靠近断线地点 8m 以内，以免跨步电压伤人，并迅速报告调度和上级，等候处理
		巡检内容 1. 杆塔 ① 杆塔是否倾斜。杆塔位移与倾斜的允许范围为：杆塔偏离线路中心线不应大于 0.1m；混凝土杆倾斜度（包括挠度），转角杆、直线杆不应大于 15/1000，转角杆不应向内角倾斜，终端杆不应向导线侧倾斜，向拉线侧倾斜应小于 200mm；铁塔倾斜度，50m 以下倾斜度应不大于 10/1000。 ② 混凝土杆有无裂纹、疏松、钢筋外露，焊接处有无开裂、锈蚀情况，不宜有纵向裂纹，横向裂纹不宜超过 1/3 周长，且裂纹宽度不宜大于 0.5mm；铁塔构件有无弯曲、变形、锈蚀，螺栓有无松动，主材弯曲度不得超过 5/1000，混凝土基础不应有裂纹、疏松、钢筋外露现象。 ③ 基础有无损坏、下沉或上拔，周围土壤有无挖掘或沉陷，寒冷地区电杆有无冻裂现象。 ④ 杆塔位置是否合适，有无被车撞的可能，保护设施是否完好，标识是否清晰。 ⑤ 杆塔有无被水淹、水冲的可能，防洪设施有无损坏、坍塌。 ⑥ 杆塔标识（杆号、相位警告牌等）是否齐全、明显。 ⑦ 杆塔周围有无杂草和蔓藤类植物附生。有无危及安全的鸟巢、风筝及杂物。 2. 横担及金具 ① 铁横担有无锈蚀、歪斜、变形。 ② 金具有无锈蚀、变形；螺栓是否坚固，是否缺帽；开口销有无锈蚀、断裂、脱落。 ③ 铁横担、金具锈蚀不应出现严重麻点，锈蚀表面积不宜超过 1/2。 ④ 横担上下倾斜、左右偏歪不应大于横担长度的 2%。 3. 绝缘子 ① 瓷件有无脏污、损伤、裂纹和闪络痕迹，釉面剥落面积不应大于 100mm^2。 ② 铁脚、铁帽有无锈蚀、松动、弯曲。 4. 导线 ① 有无断股、损伤、烧伤痕迹，七股导（地）线中的任一股导线损伤深度不得超过该股导线直径的 1/2，十九股及以上导（地）线，某一处的损伤不得超过三股。环境恶劣地区的导线有无腐蚀现象。 ② 三相弛度是否平衡，有无过紧、过松现象。三相导线弛度应力求一致，弛度误差应在设计值的 −5%～+10%；一般档距导线弛度相差不应超过 50mm。 ③ 接头是否良好，有无过热现象（如：接头变色、腐蚀等），连接线夹弹簧垫是否齐全，螺帽是否坚固。

续表

监督要点		监督内容
电气安全管理	高压架空线路巡检	④ 过（跳）引线有无损伤、断股、歪扭。导线过引线、引下线对电杆构件、拉线、电杆间的净空距离，每相导线过引线、引下线对邻相导体、过引线、引下线的净空距离应符合规范 GB 50061《66kV 及以下架空电力线路设计规范》的要求。 ⑤ 导线上有无抛扔物。 ⑥ 固定导线用绝缘子上的绑线有无松弛或开断现象。导线通过的最大负荷电流不应超过其允许电流。 ⑦ 接户线的绝缘层应完整、无剥落、开裂等现象；导线不应松弛；每根导线接头不应多于一个，且应用同一型号导线相连接；支持构架应牢固，无严重锈蚀、腐朽。 5. 防雷设施 ① 避雷器瓷套有无裂纹、损伤、闪络痕迹，表面是否脏污。 ② 避雷器的固定是否牢固。 ③ 引线连接是否良好，与邻相和杆塔构件的距离是否符合规定。 ④ 各部附件是否锈蚀，接地端焊接处有无开裂、脱落。 ⑤ 保护间隙有无烧损、锈蚀或被外物短接，间隙距离是否符合规定。 6. 接地装置 ① 接地引下线有无丢失、断股、损伤。 ② 接头接触是否良好，线夹螺栓有无松动、锈蚀。 ③ 接地引下线的保护管有无破损、丢失，固定是否牢靠。 ④ 接地体有无外露、严重腐蚀，在埋设范围内有无土方工程。 7. 拉线、顶（撑）杆、拉线柱 ① 拉线有无锈蚀、松弛、断股和张力分配不均等现象。 ② 水平拉线对地距离是否符合要求，水平拉线对通车路面中心的垂直距离不应小于 6m。 ③ 拉线绝缘子是否损坏或缺少。 ④ 拉线是否妨碍交通或被车碰撞。 ⑤ 拉线棒（下把）、抱箍等金具有无变形、锈蚀、损伤等，拉线棒有无上拔现象。 ⑥ 拉线固定是否牢固、拉线基础周围土壤有无突起、沉陷、缺土等现象。 ⑦ 顶（撑）杆、拉线柱、保护桩等有无损坏、开裂腐朽等现象。 8. 线路沿线情况巡检要求 ① 沿线有无易燃、易爆物品和腐蚀性液、气体。 ② 导线对地、对道路、公路、铁路、管道、索道、河流、建筑物等距离是否符合规定，有无可能触及导线的铁烟囱、天线等。 ③ 周围有无被风刮起危及线路安全的金属薄膜、杂物等。 ④ 有无威胁线路安全的工程设施（机械、脚手架等）。 ⑤ 查明线路附近的爆破工程有无爆破申请手续，其安全措施是否妥当。 ⑥ 查明防护区内的植树、种竹情况及导线与树、竹间距离是否符合规定。 ⑦ 线路附近有无射击、放风筝、抛扔外物、飘洒金属和在杆塔、拉线上拴牲畜等危及线路安全的行为。 ⑧ 查明沿线污秽情况。 ⑨ 查明沿线江河泛滥、山洪和泥石流等异常现象。 ⑩ 沿线有无违反《电力设施保护条例》（中华人民共和国国务院令 2011 年第 588 号）的建筑

附表 1-4　天然气净化装置典型工艺流程及装置监督检查表

监督要点		监督内容
原料气处理单元	原料气重力分离器	检查原料气双金属温度计的量程、上下限标识、有效期
		检查原料气双金属温度计的读数，并与中控室进行比较
		检查现场压力表的量程、上下限标识、有效期
		检查现场压力表的读数，并与中控室进行比较
		检查原料气压力变送器的有效期
		检查玻板液位计的上下限标识、清晰度
		检查玻板液位计的读数，并与中控室进行比较
		检查液位变送器的有效期
		检查安全阀的铅封、有效期
		检查设备本体外观，以及附属的平台、爬梯、栏杆
		检查设备的接地系统
		检查原料气重力分离器排油水操作及操作卡记录
	原料气过滤分离器	检查现场压力表的量程、上下限标识、有效期
		检查压差变送器的有效期
		检查玻板液位计的上下限标识、清晰度
		检查玻板液位计的读数，并与中控室进行比较
		检查液位变送器的有效期
		检查安全阀的铅封、有效期
		检查设备本体外观，以及附属的平台、爬梯、栏杆
		检查设备的接地系统
		检查原料气过滤分离器排油水操作及操作卡记录
		检查原料气过滤分离器更换过滤元件操作及操作卡记录
	进料分离罐	检查现场压力表的量程、上下限标识、有效期
		检查现场压力表的读数，并与中控室进行比较
		检查压力变送器的有效期
		检查玻板液位计的上下限标识、清晰度
		检查玻板液位计的读数，并与中控室进行比较
		检查液位变送器的有效期
		检查安全阀的铅封、有效期

续表

监督要点		监督内容
原料气处理单元	进料分离罐	检查设备本体外观，以及附属的平台、爬梯、栏杆
		检查设备的接地系统
		检查进料分离罐排油水操作及操作卡记录
	凝析油闪蒸罐	检查现场压力表的量程、上下限标识、有效期
		检查现场压力表的读数，并与中控室进行比较
		检查压力变送器的有效期
		检查玻板液位计的上下限标识、清晰度
		检查玻板液位计的读数，并与中控室进行比较
		检查液位变送器的有效期
		检查安全阀的铅封、有效期
		检查设备本体外观，以及附属的平台、爬梯、栏杆
		检查设备的接地系统
		检查凝析油闪蒸罐压送油水操作及操作卡记录
	凝析油储罐	检查现场压力表的量程、上下限标识、有效期
		检查现场压力表的读数，并与中控室进行比较
		检查压力变送器的有效期
		检查玻板液位计的上下限标识、清晰度
		检查玻板液位计的读数，并与中控室进行比较
		检查液位变送器的有效期
		检查安全阀的铅封、有效期
		检查设备本体外观，以及附属的平台、爬梯、栏杆
		检查设备的接地系统
		检查凝析油储罐周围的消防设施
		检查凝析油储罐的围堰
	脱硫吸收塔	检查现场压力表的量程、上下限标识、有效期
		检查压差变送器的有效期
		检查玻板液位计的上下限标识、清晰度
		检查玻板液位计的读数，并与中控室进行比较

续表

监督要点		监督内容
原料气处理单元	脱硫吸收塔	检查液位变送器的有效期
		检查贫液流量变送器的有效期
		检查设备本体外观，以及附属的平台、爬梯、栏杆
		检查设备的接地系统
	湿净化气分离罐	检查现场压力表的量程、上下限标识、有效期
		检查现场压力表的读数，并与中控室进行比较
		检查压力变送器的有效期
		检查玻板液位计的上下限标识、清晰度
		检查玻板液位计的读数，并与中控室进行比较
		检查液位变送器的有效期
		检查安全阀的铅封、有效期
		检查设备本体外观，以及附属的平台、爬梯、栏杆
		检查设备的接地系统
		检查湿净化气分离罐回收溶液操作及操作卡记录
	富液闪蒸罐	检查现场压力表的量程、上下限标识、有效期
		检查现场压力表的读数，并与中控室进行比较
		检查压力、压差变送器的有效期
		检查玻板液位计的上下限标识、清晰度
		检查玻板液位计的读数，并与中控室进行比较
		检查液位变送器的有效期
		检查小股贫液流量变送器的有效期
		检查闪蒸气流量变送器的有效期
		检查安全阀的铅封、有效期
		检查设备本体外观，以及附属的平台、爬梯、栏杆
		检查设备的接地系统
	富液袋式过滤器、活性炭过滤器	检查现场压力表的量程、上下限标识、有效期
		检查现场压力表的读数
		检查压差变送器的有效期

续表

监督要点		监督内容
原料气处理单元	富液袋式过滤器、活性炭过滤器	检查安全阀的铅封、有效期
		检查设备本体外观，以及附属的平台、爬梯、栏杆
		检查设备的接地系统
		检查富液过滤器差压、清洗操作及操作卡记录
	贫富液换热器	检查进出口压力表的量程、上下限标识、有效期
		检查进出口压力表的读数
		检查进出口双金属温度计的量程、上下限标识、有效期
		检查进出口双金属温度计的读数，并与中控室进行比较
		检查设备本体外观、保温，以及附属的平台、爬梯、栏杆
		检查设备的接地系统
	再生塔	检查现场压力表的量程、上下限标识、有效期
		检查现场压力表的读数，并与中控室进行比较
		检查压力、差压变送器的有效期
		检查再生塔双金属温度计的量程、上下限标识、有效期
		检查再生塔双金属温度计的读数，并与中控室进行比较
		检查玻板液位计的上下限标识、清晰度
		检查玻板液位计的读数，并与中控室进行比较
		检查液位变送器的有效期
		检查酸水回流量变送器的有效期
		检查安全阀的铅封、有效期
		检查设备本体外观、保温，以及附属的平台、爬梯、栏杆
		检查设备的接地系统
		检查脱硫系统补充溶液操作及操作卡记录
		检查脱硫系统补充水操作及操作卡记录
	重沸器	检查蒸汽压力表的量程、上下限标识、有效期
		检查现场压力表的读数
		检查进出口双金属温度计的量程、上下限标识、有效期
		检查进出口双金属温度计的读数，并与中控室进行比较

续表

监督要点		监督内容
原料气处理单元	重沸器	检查蒸汽流量变送器的有效期
		检查设备本体外观、保温，以及附属的平台、爬梯、栏杆
		检查设备的接地系统
	酸气空冷器、贫液空冷器	检查风筒无变形，扇叶与风筒之间的间隙均匀、无摩擦
		检查扇叶应牢固安装在轮毂上，扇叶应能平稳转动
		检查皮带松紧程度应合适，护罩设施应完好
		检查电机的润滑油（脂）应符合规范
		检查电机风扇端护罩安装应完好
		检查电机电力电缆外观无破损，电机外壳无腐蚀
		检查电机启停操作柱应完好无损
		检查贫液空冷器、酸气空冷器启停操作及操作卡记录
	酸气后冷器、贫液后冷器	检查进出口压力表的量程、上下限标识、有效期
		检查进出口压力表的读数
		检查进出口双金属温度计的量程、上下限标识、有效期
		检查进出口双金属温度计的读数，并与中控室进行比较
		检查设备本体外观，以及附属的平台、爬梯、栏杆
		检查设备的接地系统
	酸水分离罐	检查现场压力表的量程、上下限标识、有效期
		检查现场压力表的读数，并与中控室进行比较
		检查压力变送器的有效期
		检查玻板液位计的上下限标识、清晰度
		检查玻板液位计的读数，并与中控室进行比较
		检查液位变送器的有效期
		检查酸气流量变送器的有效期
		检查安全阀的铅封、有效期
		检查设备本体外观，以及附属的平台、爬梯、栏杆
		检查设备的接地系统

续表

<table>
<tr><th colspan="2">监督要点</th><th>监督内容</th></tr>
<tr><td rowspan="28">原料气处理单元</td><td rowspan="10">贫液循环泵、酸水回流泵、溶液补充泵</td><td>检查进出口压力表的量程、上下限标识、有效期</td></tr>
<tr><td>检查进出口压力表的读数</td></tr>
<tr><td>检查泵及电机的润滑油（脂）应符合规范</td></tr>
<tr><td>检查电机风扇端护罩安装应完好</td></tr>
<tr><td>检查联轴器护罩安装应牢固、完好</td></tr>
<tr><td>检查电机电力电缆外观无破损，电机外壳无腐蚀</td></tr>
<tr><td>检查电机启停操作柱应完好无损</td></tr>
<tr><td>检查泵和电机应可靠接地</td></tr>
<tr><td>检查贫液循环泵、酸水回流泵、溶液补充泵启停、切换操作及操作卡记录</td></tr>
<tr><td>检查脱硫系统加阻泡剂操作及操作卡记录</td></tr>
<tr><td rowspan="11">脱水塔</td><td>检查现场压力表的量程、上下限标识、有效期</td></tr>
<tr><td>检查现场压力表的读数</td></tr>
<tr><td>检查压差变送器的有效期</td></tr>
<tr><td>检查玻板液位计的上下限标识、清晰度</td></tr>
<tr><td>检查玻板液位计的读数，并与中控室进行比较</td></tr>
<tr><td>检查液位变送器的有效期</td></tr>
<tr><td>检查贫液流量变送器的有效期</td></tr>
<tr><td>检查安全阀的铅封、有效期</td></tr>
<tr><td>检查设备本体外观，以及附属的平台、爬梯、栏杆</td></tr>
<tr><td>检查设备的接地系统</td></tr>
<tr><td>检查脱水塔底捕集段回收溶液操作及操作卡记录</td></tr>
<tr><td rowspan="7">干净化气分离罐</td><td>检查产品气压力表的量程、上下限标识、有效期</td></tr>
<tr><td>检查产品气压力表的读数，并与中控室进行比较</td></tr>
<tr><td>检查压力变送器的有效期</td></tr>
<tr><td>检查玻板液位计的上下限标识、清晰度</td></tr>
<tr><td>检查玻板液位计的读数，并与中控室进行比较</td></tr>
<tr><td>检查液位变送器的有效期</td></tr>
<tr><td>检查安全阀的铅封、有效期</td></tr>
</table>

续表

监督要点		监督内容
原料气处理单元	干净化气分离罐	检查设备本体外观，以及附属的平台、爬梯、栏杆
		检查设备的接地系统
		检查干净化气分离罐回收溶液操作及操作卡记录
	三甘醇闪蒸罐	检查现场压力表的量程、上下限标识、有效期
		检查现场压力表的读数，并与中控室进行比较
		检查压力变送器的有效期
		检查玻板液位计的上下限标识、清晰度
		检查玻板液位计的读数，并与中控室进行比较
		检查液位变送器的有效期
		检查闪蒸气流量变送器的有效期
		检查安全阀的铅封、有效期
		检查设备本体外观，以及附属的平台、爬梯、栏杆
		检查设备的接地系统
	三甘醇机械过滤器、活性炭过滤器	检查现场压力表的量程、上下限标识、有效期
		检查现场压力表的读数
		检查压差变送器的有效期
		检查设备本体外观，以及附属的平台、爬梯、栏杆
		检查设备的接地系统
		检查三甘醇过滤器更换过滤元件操作及操作卡记录
	三甘醇缓冲罐	检查玻板液位计的上下限标识、清晰度
		检查玻板液位计的读数，并与中控室进行比较
		检查液位变送器的有效期
		检查双金属温度计的量程、上下限标识、有效期
		检查双金属温度计的读数
		检查设备本体外观，以及附属的平台、爬梯、栏杆
		检查设备外表面的保温层或防烫隔离钢丝网
		检查设备的接地系统

续表

监督要点		监督内容
原料气处理单元	三甘醇再生罐	检查玻板液位计的上下限标识、清晰度
		检查玻板液位计的读数
		检查双金属温度计的量程、上下限标识、有效期
		检查双金属温度计的读数，并与中控室进行比较
		检查燃料气流量、汽提气流量变送器的有效期
		检查炉膛燃烧火焰情况、烟气排放情况、排烟温度
		检查设备本体外观、保温，以及附属的平台、爬梯、栏杆
		检查设备的接地系统
		检查三甘醇再生罐点火操作及操作卡记录
	废气分离罐	检查玻板液位计的上下限标识、清晰度
		检查玻板液位计的读数
		检查设备本体外观，以及附属的平台、爬梯、栏杆
		检查设备的接地系统
	废气灼烧炉	检查燃料气流量变送器的有效期
		检查炉膛燃烧火焰情况、烟气排放情况、排烟温度
		检查设备本体外观，以及附属的平台、爬梯、栏杆
		检查设备的接地系统
		检查废气灼烧炉点火操作及操作卡记录
	三甘醇冷却器	检查进出口压力表的量程、上下限标识、有效期
		检查进出口压力表的读数
		检查进出口双金属温度计的量程、上下限标识、有效期
		检查进出口双金属温度计的读数，并与中控室进行比较
		检查设备本体外观，以及附属的平台、爬梯、栏杆
		检查设备的接地系统
	三甘醇循环泵、溶液补充泵	检查进出口压力表的量程、上下限标识、有效期
		检查进出口压力表的读数
		检查泵及电机的润滑油（脂）应符合规范
		检查电机风扇端护罩安装应完好

续表

监督要点		监督内容
原料气处理单元	三甘醇循环泵、溶液补充泵	检查联轴器护罩安装应牢固、完好
		检查电机电力电缆外观无破损，电机外壳无腐蚀
		检查电机启停操作柱应完好无损
		检查泵和电机应可靠接地
		检查三甘醇循环泵、溶液补充泵启停、切换操作及操作卡记录
		检查往复泵出口安全阀的铅封、有效期
		检查脱水系统补充溶液操作及操作卡记录
	溶液储罐、溶液低位罐	检查现场压力表的量程、上下限标识、有效期
		检查现场压力表的读数
		检查玻板液位计的上下限标识、清晰度
		检查玻板液位计的读数，并与中控室进行比较
		检查液位变送器的有效期
		检查设备本体外观，以及附属的平台、爬梯、栏杆
		检查设备的接地系统
		检查氮气水封装置
	低位坑池	检查低位坑池不应积水
		检查工厂风吹扫管线
		检查爬梯、栏杆及防坠落措施
		检查低位坑池内安装的固定式 H_2S 报警仪的有效期
	原料气预处理单元管道	检查管道上压力表的量程、上下限标识、有效期
		检查管道上压力表的读数，并与中控室进行比较
		检查管道上压力、流量变送器的有效期
		检查管道上双金属温度计的量程、上下限标识、有效期
		检查管道上双金属温度计的读数，并与中控室进行比较
		检查管道外观、保温、支撑情况
		检查管道上安全阀的铅封、有效期
	中控室	检查原料气分离单元工艺卡片、脱硫单元工艺卡片、脱水单元工艺卡片执行情况，重要工艺操作参数是否控制在规定范围之内
		检查中控室生产记录表，并与现场参数记录表的数据进行比对

续表

监督要点		监督内容
原料气处理单元	中控室	检查产品气质量及其他分析数据
		检查交接班记录
		检查操作卡填写情况
		检查原料气处理单元联锁系统设置情况
硫磺回收及成型单元	酸气分离器	检查现场压力表的量程、上下限标识、有效期
		检查现场压力表的读数
		检查玻板液位计的上下限标识、清晰度
		检查玻板液位计的读数，并与中控室进行比较
		检查液位变送器的有效期
		检查安全阀的铅封、有效期
		检查设备本体外观，以及附属的平台、爬梯、栏杆
		检查设备的接地系统
		检查酸气分离器排酸水操作及操作卡记录
	酸水压送罐	检查现场压力表的量程、上下限标识、有效期
		检查现场压力表的读数
		检查玻板液位计的上下限标识、清晰度
		检查玻板液位计的读数
		检查设备本体外观，以及附属的平台、爬梯、栏杆
		检查设备的接地系统
		检查酸水压送罐排酸水操作及操作卡记录
	酸气预热器	检查出口压力表的量程、上下限标识、有效期
		检查出口压力表的读数，并与中控室进行比较
		检查出口双金属温度计的量程、上下限标识、有效期
		检查出口双金属温度计的读数，并与中控室进行比较
		检查蒸汽流量变送器的有效期
		检查设备本体外观、保温，以及附属的平台、爬梯、栏杆
		检查设备的接地系统

续表

监督要点		监督内容
硫磺回收及成型单元	主风机、尾气灼烧炉风机	检查进出口压力表的量程、上下限标识、有效期
		检查进出口压力表的读数
		检查风机出口、润滑油双金属温度计的量程、上下限标识、有效期
		检查风机出口、润滑油双金属温度计的读数
		检查风机及电机的润滑油（脂）应符合规范
		检查电机风扇端护罩安装应完好
		检查联轴器护罩安装应牢固、完好
		检查电机电力电缆外观无破损，电机外壳无腐蚀
		检查电机启停操作柱应完好无损
		检查风机和电机应可靠接地
		检查主风机、尾气灼烧炉风机启停、切换操作及操作卡记录
	空气预热器	检查出口压力表的量程、上下限标识、有效期
		检查出口压力表的读数，并与中控室进行比较
		检查出口双金属温度计的量程、上下限标识、有效期
		检查出口双金属温度计的读数，并与中控室进行比较
		检查蒸汽流量变送器的有效期
		检查设备本体外观、保温，以及附属的平台、爬梯、栏杆
		检查设备的接地系统
	主燃烧炉	检查进入炉膛空气压力表的量程、上下限标识、有效期
		检查进入炉膛空气压力表的读数，并与中控室进行比较
		检查炉膛燃烧火焰情况
		检查设备本体外观、保温，以及附属的平台、爬梯、栏杆
		检查设备的接地系统
		检查主燃烧炉点火操作及操作卡记录
	废热锅炉	检查蒸汽压力表的量程、上下限标识、有效期
		检查蒸汽压力表的读数，并与中控室进行比较
		检查蒸汽压力变送器的有效期
		检查蒸汽流量变送器的有效期

续表

<table>
<tr><th colspan="2">监督要点</th><th>监督内容</th></tr>
<tr><td rowspan="29">硫磺回收及成型单元</td><td rowspan="10">废热锅炉</td><td>检查蒸汽双金属温度计的量程、上下限标识、有效期</td></tr>
<tr><td>检查出口过程气双金属温度计的量程、上下限标识、有效期</td></tr>
<tr><td>检查出口过程气双金属温度计的读数，并与中控室进行比较</td></tr>
<tr><td>检查玻板液位计的上下限标识、清晰度</td></tr>
<tr><td>检查玻板液位计的读数，并与中控室进行比较</td></tr>
<tr><td>检查液位变送器的有效期</td></tr>
<tr><td>检查安全阀的铅封、有效期</td></tr>
<tr><td>检查废热锅炉定时排污操作及操作卡记录</td></tr>
<tr><td>检查设备本体外观、保温，以及附属的平台、爬梯、栏杆</td></tr>
<tr><td>检查设备的接地系统</td></tr>
<tr><td rowspan="14">一级冷凝器</td><td>检查蒸汽压力表的量程、上下限标识、有效期</td></tr>
<tr><td>检查蒸汽压力表的读数，并与中控室进行比较</td></tr>
<tr><td>检查蒸汽压力变送器的有效期</td></tr>
<tr><td>检查蒸汽流量变送器的有效期</td></tr>
<tr><td>检查进出口过程气双金属温度计的量程、上下限标识、有效期</td></tr>
<tr><td>检查进出口过程气双金属温度计的读数，并与中控室进行比较</td></tr>
<tr><td>检查玻板液位计的上下限标识、清晰度</td></tr>
<tr><td>检查玻板液位计的读数，并与中控室进行比较</td></tr>
<tr><td>检查液位变送器的有效期</td></tr>
<tr><td>检查安全阀的铅封、有效期</td></tr>
<tr><td>检查一级冷凝器定时排污操作及操作卡记录</td></tr>
<tr><td>检查设备本体外观、保温，以及附属的平台、爬梯、栏杆</td></tr>
<tr><td>检查设备的接地系统</td></tr>
<tr><td>检查进出口双金属温度计的量程、上下限标识、有效期</td></tr>
<tr><td rowspan="5">再热器</td><td>检查进出口双金属温度计的读数，并与中控室进行比较</td></tr>
<tr><td>检查蒸汽流量变送器的有效期</td></tr>
<tr><td>检查设备本体外观、保温，以及附属的平台、爬梯、栏杆</td></tr>
<tr><td>检查设备的接地系统</td></tr>
</table>

续表

监督要点		监督内容
硫磺回收及成型单元	克劳斯反应器、CBA 反应器	检查进出口双金属温度计的量程、上下限标识、有效期
		检查进出口双金属温度计的读数，并与中控室进行比较
		检查设备本体外观、保温，以及附属的平台、爬梯、栏杆
		检查设备的接地系统
	克劳斯冷凝器、CBA 冷凝器	检查蒸汽压力表的量程、上下限标识、有效期
		检查蒸汽压力表的读数，并与中控室进行比较
		检查蒸汽压力变送器的有效期
		检查蒸汽流量变送器的有效期
		检查进出口过程气双金属温度计的量程、上下限标识、有效期
		检查进出口过程气双金属温度计的读数，并与中控室进行比较
		检查玻板液位计的上下限标识、清晰度
		检查玻板液位计的读数，并与中控室进行比较
		检查液位变送器的有效期
		检查安全阀的铅封、有效期
		检查冷凝器定时排污操作及操作卡记录
		检查设备本体外观、保温，以及附属的平台、爬梯、栏杆
		检查设备的接地系统
	尾气捕集器	检查设备本体外观、保温，以及附属的平台、爬梯、栏杆
		检查设备的接地系统
		检查对应液硫封的采样包处液硫情况
	尾气灼烧炉	检查燃料气、空气压力表的量程、上下限标识、有效期
		检查燃料气、空气的读数
		检查燃料气、空气流量变送器的有效期
		检查炉膛燃烧火焰情况、烟气排放情况、排烟温度
		检查尾气灼烧炉点火操作及操作卡记录
		检查设备本体外观，以及附属的平台、爬梯、栏杆
		检查设备的接地系统

续表

监督要点		监督内容
硫磺回收及成型单元	液硫封	检查设备本体外观、保温，以及附属的平台、爬梯、栏杆
		检查设备的接地系统
		检查各级液硫封的采样包处液硫情况
	液硫池、液硫罐	检查液硫池内部情况
		检查液位变送器的有效期
		检查液硫池排放伞帽处情况
		检查设备本体外观以及附属的平台、爬梯、栏杆
		检查液流池、液硫罐保温情况
	凝结水泵、液硫泵	检查出口压力表的量程、上下限标识、有效期
		检查出口压力表的读数
		检查泵及电机的润滑油（脂）应符合规范
		检查电机风扇端护罩安装应完好
		检查联轴器护罩安装应牢固、完好
		检查电机电力电缆外观无破损，电机外壳无腐蚀
		检查电机启停操作柱应完好无损
		检查泵和电机应可靠接地
		检查凝结水泵、液硫泵启停、切换操作及操作卡记录
	蒸汽空冷器	检查风筒无变形，扇叶与风筒之间的间隙均匀、无摩擦
		检查扇叶应牢固安装在轮毂上，扇叶应能平稳转动
		检查皮带松紧程度应合适，护罩设施应完好
		检查电机的润滑油（脂）应符合规范
		检查电机风扇端护罩安装应完好
		检查电机电力电缆外观无破损，电机外壳无腐蚀
		检查电机启停操作柱应完好无损
		检查蒸汽空冷器启停操作及操作卡记录
	凝结水罐、排污罐	检查玻板液位计的上下限标识、清晰度
		检查玻板液位计的读数，并与中控室进行比较
		检查液位变送器的有效期
		检查设备本体外观、保温，以及附属的平台、爬梯、栏杆
		检查设备的接地系统

续表

监督要点		监督内容
硫磺回收及成型单元	硫磺回收、成型单元管道	检查管道上压力表的量程、上下限标识、有效期
		检查管道上压力表的读数，并与中控室进行比较
		检查管道上压力、流量变送器的有效期
		检查管道上双金属温度计的量程、上下限标识、有效期
		检查管道上双金属温度计的读数，并与中控室进行比较
		检查管道外观、保温、支撑情况
		检查管道上安全阀的铅封、有效期
	造粒机、结片机	检查造粒机、结片机冷却效果良好
		检查造粒机、结片机转动部位防护到位
		检查造粒机、结片机启停操作盘完好无损，可靠接地
		检查造粒机、结片机电力电缆外观无破损，电动机应可靠接地
		检查造粒机、结片机启停、切换操作及操作卡记录
	中控室	检查硫磺回收及成型单元工艺卡片执行情况，重要工艺操作参数是否控制在规定范围之内
		检查中控室生产记录表，并与现场参数记录表的数据进行比对
		检查化验分析数据
		检查交接班记录
		检查操作卡填写情况
		检查硫磺回收单元联锁系统设置情况
尾气处理单元	再生塔回流分液罐、重沸器凝结水罐、溶液收集罐、中和储罐、贫胺罐、碱液储罐	检查现场压力表的量程、上下限标识、有效期
		检查现场压力表的读数，并与中控室进行比较
		检查压力变送器的有效期
		检查现场液位计的上下限标识、清晰度
		检查现场液位计的读数，并与中控室进行比较
		检查液位变送器的有效期
		检查流量变送器的有效期
		检查安全阀的铅封、有效期
		检查设备本体外观，以及附属的平台、爬梯、栏杆
		检查设备的接地系统

续表

监督要点		监督内容
尾气处理单元	文丘里组合塔、SO_2吸收塔、再生塔	检查现场压力表的量程、上下限标识、有效期
		检查现场压力表的读数
		检查压差变送器的有效期
		检查现场液位计的上下限标识、清晰度
		检查现场液位计的读数，并与中控室进行比较
		检查液位变送器的有效期
		检查贫液流量变送器的有效期
		检查安全阀的铅封、有效期
		检查设备本体外观，以及附属的平台、爬梯、栏杆
		检查设备的接地系统
	烟气加热器、再生塔空冷器、再生塔重沸器、取样冷却器	检查进出口双金属温度计的量程、上下限标识、有效期
		检查进出口双金属温度计的读数，并与中控室进行比较
		检查流量变送器的有效期
		检查设备本体外观、保温，以及附属的平台、爬梯、栏杆
		检查设备的接地系统
	溶液过滤器	检查现场压力表的量程、上下限标识、有效期
		检查压差变送器的有效期
		检查现场液位计的上下限标识、清晰度
		检查现场液位计的读数，并与中控室进行比较
		检查液位变送器的有效期
		检查安全阀的铅封、有效期
		检查设备本体外观，以及附属的平台、爬梯、栏杆
		检查设备的接地系统
		检查溶液过滤分离器排油水操作及操作卡记录
		检查溶液气过滤分离器更换过滤元件操作及操作卡记录

续表

监督要点		监督内容
尾气处理单元	溶剂排污泵、文丘里泵、过冷泵、贫胺泵、再生塔回流泵、溶液过滤进料泵	检查进出口压力表的量程、上下限标识、有效期
		检查进出口压力表的读数
		检查泵及电机的润滑油（脂）应符合规范
		检查电机风扇端护罩安装应完好
		检查联轴器护罩安装应牢固、完好
		检查电机电力电缆外观无破损，电机外壳无腐蚀
		检查电机启停操作柱应完好无损
		检查泵和电机应可靠接地
		检查溶剂排污泵、文丘里泵、过冷泵、贫胺泵、再生塔回流泵、溶液过滤进料泵启停、切换操作及操作卡记录
		检查系统加注阻泡剂操作及操作卡记录
	尾气焚烧炉风机	检查进出口压力表的量程、上下限标识、有效期
		检查进出口压力表的读数
		检查风机出口、润滑油双金属温度计的量程、上下限标识、有效期
		检查风机出口、润滑油双金属温度计的读数
		检查风机及电机的润滑油（脂）应符合规范
		检查电机风扇端护罩安装应完好
		检查联轴器护罩安装应牢固、完好
		检查电机电力电缆外观无破损，电机外壳无腐蚀
		检查电机启停操作柱应完好无损
		检查风机和电机应可靠接地
		检查尾气焚烧炉风机启停、切换操作及操作卡记录
放空系统	原料气放空分液罐、酸气放空分液罐	检查现场压力表的量程、上下限标识、有效期
		检查现场压力表的读数
		检查玻板液位计的上下限标识、清晰度
		检查玻板液位计的读数
		检查设备本体外观，以及附属的平台、爬梯、栏杆
		检查设备的接地系统
		检查原料气、酸气放空火炬点火操作及操作卡记录
		检查放空系统低点排污操作及操作卡记录

续表

监督要点		监督内容
放空系统	放空火炬及塔架	检查火炬长明火燃烧火焰情况
		检查点火系统情况
		检查水封运行情况
		检查设备本体外观，以及附属的平台、爬梯、栏杆
		检查设备的接地系统
	其他	检查固体废物堆放棚内情况
		检查污泥干化池内情况
		检查废水池内情况
		检查污水提升泵的情况
新鲜水及消防水系统	深井泵房、水源地	检查水源地水质情况（外观清澈、表面无腐臭的漂浮物等）
		检查水源地水位
		检查水源地吸水口（吸水口无杂物堵塞）
		检查深井泵进、出口压力表有效期、上下限标识
		检查深井泵电机接地情况
		检查深井泵、电机护罩
		检查深井泵转向标识
		检查深井泵启停记录
		检查深井泵运行记录
		检查深井泵房换气设施情况
		检查深井泵真空泵压力表有效期、上下限标识
		检查安全提示
	反应沉淀池	检查混凝剂加药情况（加药量、加药浓度）
		检查反应池矾花形成情况
		检查沉淀池水质情况
		检查沉淀池水表面无藻类物质、无动植物腐臭物质
		检查沉淀池、反应池排泥情况
		检查反应池、沉淀池防护标杆情况
		检查反应池、沉淀池防护防溺措施（救生圈）

续表

监督要点		监督内容
新鲜水及消防水系统	过滤器	检查过滤器压力表有效期、上下限标识
		检查泵、电机防护罩
		检查泵、电机地脚螺栓
		检查电机接地措施
		检查泵运转方向标识
		检查过滤器进出口压力值，检查过滤器压差
		检查过滤器清洗情况及记录（频率、填料是否冲出等）
	清水池	检查二氧化氯加药情况（二氧化氯加药管深入水中）
		检查清水池液位
		检查防护措施
		检查安全提示
	加药间	检查二氧化氯加药间换气设备是否完好
		检查二氧化氯配药箱排气管（排气口不正对操作位置、室内必须接出室外）
		检查配药箱液位
		检查二氧化氯存放情况（主剂、副剂分开存在）
		检查加药措施落实情况（加药时防化服、防护手套、防护眼镜、防毒面具穿戴情况）
		检查二氧化氯加药操作记录、操作卡
		检查二氧氯加药泵出口压力表、有效期、上下限标识
		检查二氧化氯加药泵接地情况
		检查二氧化氯加药操作风险分析、加药操作提示
	值班室	检查原水分析数据
		检查净化水分析数据
		检查二氧化氯加药记录
		检查混凝剂加药记录
		检查转动设备运转记录
		检查现场参数记录
		检查巡检记录
		检查各参数并做比对，检查参数是否在操作记录规定的范围内

续表

监督要点		监督内容
新鲜水及消防水系统	其他	检查设备启停记录卡
		检查日常处理卡记录
		检查故障处理卡记录
循环水系统	凉水塔、循环水池	检查凉水塔填料情况（无垮塌、表面无杂物）
		检查凉水塔布水盘或布水装置布水均匀
		检查凉水塔循环水进出口温差，计算温差，确认凉水塔运行情况
		检查凉水塔循环水进出口现场压力表上下限标识、有效期
		检查凉水塔循环水进出口温度计上下限标识、有效期
		检查凉水塔、循环水池防护措施（防淹溺的安全提示、救生圈）
		检查凉水塔目视化情况
		检查循环水池液位并与中控室参数做对比，并检查是否在工艺记录规定的范围内
		检查凉水塔风机声音（无杂音）
		检查凉水塔风机电流
		检查循环水 CT4-36、CT4-42、二氧化氯加药量、加药频率、加药操作卡
	循环水泵	检查泵出口压力表上下限标识，有效期、压力表是否防震
		检查泵、电机运行声音（无杂音）
		检查泵电流
		检查泵、电机防护罩完善情况
		检查电机接地情况
		检查泵的出口压力并与记录做对比，读数在记录规定的范围内
		检查泵的目视化情况
		检查泵的油位
		检查泵、电机轴承温度
	旁滤器	检查旁滤器运行情况
		检查旁滤器目视化情况
		检查旁滤器外观情况
		检查旁滤流量

续表

监督要点		监督内容
循环水系统	值班室	检查循环水流量、压力、温度参数与现场记录做对比
		检查循环水 CT4−36、CT4−42、二氧化氯加药记录
		检查循环水系统工艺卡片执行情况
		检查循环水补充水水质
		检查循环水水质分析数据
		检查循环水交接班记录
		检查循环水目视化牌记录
		检查循环水系统转动设备运行记录
		检查循环水系统现场参数记录
		检查循环水系统中控参数记录
	其他	检查 CT4−36、CT4−42、二氧化氯加药时防化用品的穿戴（手套、防化服等）
		检查设备启停记录卡
		检查日常处理卡记录
		检查故障处理卡记录
蒸汽及凝结水系统	锅炉	检查锅炉蒸汽现场压力表量程、上下限标识、有效期
		检查压力变送器有效期
		检查现场压力表读数并与控制室压力读数比较
		检查蒸汽出口温度计量程、上下限标识、有效期
		检查蒸汽出口温度变送器有效期
		检查现场水位计的冲洗操作及频率、上下限标识、清晰度，以及照明是否符合要求，两只液位计相差是否在允许范围内，玻管液位计保护措施应完好
		检查液位变送器有效期
		检查锅炉安全阀汽包铅封是否完好、安全阀是否在有效期内
		检查汽包安全阀手动排汽试验、试验频率及排汽记录是否符合规范
		检查锅炉安全阀自动排污试验及记录
		检查安全阀排汽口设置（不正对人行通道）、安全阀的排放管、泄水管是否接至安全地点
		检查锅炉炉膛燃烧情况 、火焰情况
		检查排烟温度计量程、上下限标识、有效期
		检查排烟温度并与控制室进行比较

续表

监督要点		监督内容
蒸汽及凝结水系统	锅炉	检查锅炉本体外观检查，各连接处是否存在泄漏
		检查防护栏杆是否完善，间距是否符合规范
		检查锅炉安全提示（防爆、防烫伤、噪声等）
		检查本体及管线保温是否完好，有无破损
	排污系统	检查连续排污扩容器压力表量程、上下限标识、有效期
		检查连续排污扩容器水位计清晰度
		检查锅炉定期排污操作及记录（排污操作卡）
		检查定期、连续排污扩容器外观应完好
		检查连续排污扩容器保温应完好
		检查排污池防护标杆间距是否符合要求，基座无腐蚀
		检查排污池有无防烫伤、防淹溺安全提示
		检查排污池水位应在溢流口下，不得满液位
		检查定期排污扩容器防烫措施是否完好
		检查排污泵压力表量程、上下限标识、有效期
		检查排污泵防护罩完好程度
		检查排污管线保温、排污阀及管线是否存在泄漏
	燃料系统	检查燃料气罐压力表量程、上下限标识、有效期
		检查燃料气罐安全阀有效期、铅封应完整
		检查燃料气罐燃料气排放地点、高度应符合要求
		检查燃料气罐、管线外观情况（外表面是否存在坑洼状腐蚀）
		检查风机护罩、消音设施完好
	除氧器	检查现场压力表有无上下限标识，标识是否清晰，量程、有效期是否在规定要求和范围内
		检查变送器是否在有效期内
		检查水位计清晰度、上下限标识应清晰
		检查现场压力表、水位计与中心控制室是否一致，误差是否在规定要求内
		检查温度计量程、有效期
		检查安全阀是否在有效期、铅封应完好
		检查管线保温应完好，无破损

续表

监督要点		监督内容
蒸汽及凝结水系统	除氧器	检查溶解氧分析数据，确认除氧器的运行效果
		检查管线连接处有无泄漏
		检查液位，应在上下限标识内
		检查废气排汽口不正对人行通道
	凝结水箱（凝结水罐）	检查现场压力表有无上下限标识、标识是否清晰、量程是否在压力表要求的范围内、有效期是否过期
		检查变送器是否在有效期
		检查水位计清晰度、上下限标识应明显
		检查现场压力表、水位计与中心控制室是否一致
		检查温度计量程、有效期
		检查液位应在液位计标识范围内
	泵	检查泵的压力、温度及运行情况
		检查泵现场压力表量程、上下限标识、有效期
		检查压力表是否为防震压力表
		检查电机、护罩是否完善
		检查泵机械密封无泄漏
		检查泵、电机轴承温度
		检查泵、电机运行声音（无杂音）
		检查泵冷却水应正常
		检查给水管线保温
	给水处理	检查压力表量程、上下限标识、有效期
		检查泵的压力、温度及运行情况
		检查再生液液位，浓度是否在要求的范围内（盐酸或氢氧化钠或氯化钠）
		检查过滤器、水处理设备外观无腐蚀
		检查树脂再生记录
		检查氯化钠、盐酸、氢氧化钠投加记录
		检查磷酸三钠加药记录
		检查磷酸三钠加药泵压力表、有效期、上下限标识是否规范
		检查磷酸三钠加药操作卡填写是否规范
		检查磷酸三钠加药防护措施（防护手套、安全提示，风险提示）

续表

监督要点		监督内容
蒸汽及凝结水系统	蒸汽凝结水管网	检查蒸汽系统压力表量程、上下限标识、有效期
		检查蒸汽系统安全阀铅封应完好、应在有效期范围内
		检查蒸汽系统疏水阀运行是否正常，有无泄漏
		检查蒸汽、凝结水管线保温应完好
		检查蒸汽凝结水系统支撑、管廊架无腐蚀，无破损
		检查蒸汽、凝结水应无水击
	中控室	检查锅炉蒸汽系统工艺卡片执行情况
		检查炉水水质分析数据
		检查中控室记录并与现场检查的记录做比对，各参数是否在规定的范围内
		检查锅炉高压联锁设置情况
		检查锅炉高压联锁保护试验及记录
		检查锅炉极低液位联锁设置情况
		检查锅炉极低液位联锁保护试验及记录
		检查锅炉燃料气压力低联锁保护试验及记录
		检查锅炉中控室记录
		检查现场操作卡记录
		检查现场操作参数记录
		检查转动设备运转记录
		检查现场巡检记录
	其他	检查锅炉使用有效期
		检查锅炉操作人员特种设备操作证
		检查锅炉各项规章制度落实情况
		检查锅炉特检中心内、外检查、水质检查情况及记录
空气氮气系统	空气压缩机及空气稳压罐	检查压缩机轴承护罩设置是否完好
		检查压缩机油位是否在油位线内，油位线是否清晰，油窗是否清晰洁净透明
		检查压缩机本体安全阀铅封是否完好、是否在有效期内
		检查运行压缩机机柜门处于关闭状态
		检查压缩机运行声音应无杂音

续表

监督要点		监督内容
空气氮气系统	空气压缩机及空气稳压罐	检查压缩机轴承振动情况、轴承温度
		检查压缩机电机声音、振动、温度
		检查压缩机冷却水压力、温度
		检查压缩机冷却风扇
		检查压缩机排气压力、排气温度、电流应在工艺卡片要求的范围内
		检查压缩机压力表、压力变送器是否在有效期内
		检查稳压罐现场压力表，压力变送器是否在有效期内
		检查压力表有无上下限标识，标识是否清晰
		检查稳压罐安全阀铅封是否完好，是否在有效期内
	仪表风干燥器	检查干燥器是否按规程切换
		检查干燥器压力表有无上下限标识、标识是否清晰
		检查现场压力表、变送器是否在有效期内
		检查干燥器再生气压力是否满足干燥器再生要求
		检查消音器是否完好
	变压吸附装置	检查变压吸附装置是否按规程切换
		检查变压吸附装置压力表有无上下限标识，标识是否清晰
		检查现场压力表、变送器是否在有效期
		检查消音器是否完好
		检查冷干机运行声音、冷却水、露点是否达到要求
		检查氧分析仪，氧分析仪显示数据（体积分数）小于 5000×10^{-6}（5000ppm）
	罐（厂风、仪表风、氮气罐）	检查罐的压力表有无上下限标识，标识是否清晰
		检查罐的压力表、变送器是否在有效期内
		检查罐安全阀铅封应完好、并在有效期内
		检查罐外观无腐蚀
		检查人孔是否按要求密封，基座无腐蚀
	中控室	检查仪表风、工厂风压力高低报警设置是否符合要求
		检查仪表风、工厂风压力并与现场做比较
		检查现场参数记录

续表

监督要点		监督内容
空气氮气系统	中控室	检查转动设备记录
		检查巡检记录
		检查设备启停记录
		检查交接班记录
燃料气系统	原料气放空分液罐、酸气放空分液罐	检查现场压力表的量程、上下限标识、有效期
		检查现场压力表的读数
		检查玻板液位计的上下限标识、清晰度
		检查玻板液位计的读数
		检查设备本体外观，以及附属的平台、爬梯、栏杆
		检查设备的接地系统
		检查原料气、酸气放空火炬点火操作及操作卡记录
		检查放空系统低点排污操作及操作卡记录
	放空火炬及塔架	检查火炬长明火燃烧火焰情况
		检查点火系统情况
		检查水封运行情况
		检查设备本体外观，以及附属的平台、爬梯、栏杆
		检查设备的接地系统
	其他	检查固体废物堆放棚内情况
		检查污泥干化池内情况
		检查废水池内情况
		检查污水提升泵的情况
污水处理系统	原水池、配水池	检查原水池液位不超过溢流口
		检查原水池防护栏杆应完好，基座无腐蚀，栏杆间距符合规范
		检查原水池防溺措施救生圈是否规范配置、表面有无破损
		检查原水池应有防淹溺的安全提示
	微生物处理	检查生物处理池或罐防护栏杆应完好，基座无腐蚀，栏杆间距符合规范
		检查生物池或罐曝气应均匀，生物球和生物膜无破损
		检查防护措施救生圈的设置是否规范

续表

监督要点		监督内容
污水处理系统	微生物处理	检查防淹溺，防中毒的安全提示
		检查水池或罐不应超过溢流口或满池、罐水位
	泵	检查压力表有效期、上下限标识，是否防震
		检查泵、电机防护罩应完好
		检查泵、电机地脚螺栓应完好，无松动
		检查电机接地措施
		检查泵运转方向标识应清晰
		检查泵、电机铭牌应清晰
	空气压缩机	检查压力表有效期、上下限标识
		检查泵、电机防护罩应完好
		检查泵、电机地脚螺栓
		检查电机接地措施是否符合要求
		检查压缩机排气压力、排气温度、电流
		检查压缩机油位是否在油位线之间，油位线是否清晰，油窗是否透明洁净
		检查压缩机冷却水压力、温度
		检查压缩机冷却风扇
		检查压缩机空气、油冷却器运行情况
		检查运行压缩机的机柜门是否处于关闭状态
	应急水池	检查应急水池液位不应超过应急水池的 1/3
		检查防护措施
		检查安全提示
		检查应急水池阀门开关位置是否正确
	过滤区外排水池	检查过滤器运行情况，进出口压力压差
		检查过滤器外观无腐蚀穿孔
		检查有无防淹溺的安全提示
		检查水池防护栏杆应完好，基座无腐蚀，栏杆间距符合规范
		检查排放水水质，肉眼清澈
		检查防护措施救生圈的设置是否规范，有无破损

续表

<table>
<tr><th colspan="2">监督要点</th><th>监督内容</th></tr>
<tr><td rowspan="10">污水处理系统</td><td rowspan="2">过滤区外排水池</td><td>检查有无防淹溺的安全提示</td></tr>
<tr><td>检查外排水排放标识牌有效期，排放标准是否符合规范</td></tr>
<tr><td rowspan="8">中控室</td><td>检查外排水量</td></tr>
<tr><td>检查外排水分析数据，是否在国家排放标准范围内</td></tr>
<tr><td>检查原水分析数据</td></tr>
<tr><td>检查生物菌检数据</td></tr>
<tr><td>检查中控室记录并与现场记录比较</td></tr>
<tr><td>检查转动设备运转记录</td></tr>
<tr><td>检查现场参数记录</td></tr>
<tr><td>检查巡检记录</td></tr>
</table>

附录二　第二章监督检查表

附表 2-1　天然气净化厂基础安全管理监督检查表

监督要点		监督内容
基本管理要求	外来人员车辆要求	防火防爆场所禁止携带火种和其他易燃易爆品；禁止使用手机等非防爆通信器材；禁止使用非防爆手电筒、应急灯和非防爆工具；未经许可，不得使用摄像机、照相机
		外来人员须经相关安全知识培训，清楚基本安全要求并登记，并佩戴出入证，在属地责任人监护下方可进入
		所有人员进入防爆区域须佩戴安全防护器材，并有属地责任人监护
		外来车辆进入需经检查、登记许可，并在指定区域停放，进入防爆区域必须采取防爆措施
	员工基本安全要求	上岗前必须正确穿戴劳动保护用品
		特种作业人员必须持证上岗
		危险作业必须办理作业许可
		不得脱岗、睡岗和酒后上岗
		不得违章指挥，强令他人违章作业
		未经授权不得拆除锁具、禁止标识
		生产作业场所严禁吸烟
		员工必须参与岗位危害识别与风险控制
		员工必须对属地范围内的质量与 HSE 工作负责
		员工必须及时报告隐患、事故事件
	工艺安全要求	严格执行工艺压力参数，压力检测仪器仪表、超压报警、联锁保护、安全附件、防爆装置定期检测、检查和维护，确保可靠有效
		严格执行工艺温度参数，温度监测仪器仪表、温控点超温报警及联锁保护系统定期检测、检查和维护，确保可靠有效
		严格执行工艺流量参数，流量检查仪器仪表定期检测、检查和维护，确保可靠有效

续表

<table>
<tr><th colspan="2">监督要点</th><th>监督内容</th></tr>
<tr><td rowspan="16">基本管理要求</td><td rowspan="8">设备安全要求</td><td>设备不能超温、超压、超速、超负荷使用</td></tr>
<tr><td>各种报警装置、安全阀、液位计、仪器仪表、呼吸阀、阻火器等附件必须齐全可靠，并定期检查、校验</td></tr>
<tr><td>按时巡检，注意检查设备、管线的完好性，及时进行清洁、润滑、调整、紧固、防腐，处理不了的及时上报</td></tr>
<tr><td>设备的密闭性应满足工艺和安全操作的要求</td></tr>
<tr><td>带压设备的紧急泄压设施应完好有效</td></tr>
<tr><td>所有塔设备、分离设备、加热设备、压缩机、机泵、储罐、管道、现场电子仪表等必须采用有效的防雷接地保护措施，并定期检测</td></tr>
<tr><td>转动、传动、高低温的设备或部件应设有防护设施，且不得随便拆除，保证安全防护设施设备完好</td></tr>
<tr><td>对装置做好静密封点的检测与统计，并将资料归档保存</td></tr>
<tr><td rowspan="8">目视化管理</td><td>各种安全色、标牌、标签的使用应符合国家和行业有关规定和标准的要求，安全色、标签、标牌的使用应考虑夜间环境，应保证有充足的照明光源，以满足需要</td></tr>
<tr><td>安全色、标签、标牌等应定期检查，以保持整洁、清晰、完整，如有变色、褪色、脱落、残缺等情况时，须及时重涂或更换</td></tr>
<tr><td>特种作业人员应持有有效的特种作业资格证书，经所在单位岗位安全培训合格，并在安全帽上粘贴特种作业资格合格目视标签或上岗证上注明特种作业类别</td></tr>
<tr><td>压缩气瓶的外表面涂色及有关警示标签应符合国家或行业有关标准的要求。各单位应采用明显的标识，标明气瓶是否处于满瓶、空瓶、使用中、故障等状态</td></tr>
<tr><td>各单位应在设备设施的明显部位标注名称及编号，对有危险的设备设施应有警示信息。对因误操作可能造成严重危害的设备设施，应在其旁设置有安全操作注意事项的标牌</td></tr>
<tr><td>设备、管线、阀门的着色应严格执行 GB 7231《工业管道的基本识别色、识别符号和安全标识》《中国石油天然气股份有限公司油气田站场目视化设计规定》等国家或行业的有关标准、制度同时，应在管线上标明介质名称和流向，在控制阀门明显位置标明自编号，以便操作控制</td></tr>
<tr><td>应按国家和行业标准的有关要求，对生产作业区域内的消防通道、逃生通道、紧急集合点设置明确的指示标识</td></tr>
</table>

续表

<table>
<tr><th colspan="2">监督要点</th><th>监督内容</th></tr>
<tr><td rowspan="3">基本管理要求</td><td rowspan="3">目视化管理</td><td>应悬挂关闭手机、严禁烟火、有毒危险等安全警示标志</td></tr>
<tr><td>隐患未整改前应制订可靠的安全措施和应急预案，划定安全警戒区，设置明显醒目的安全警示标志，并重点进行监控</td></tr>
<tr><td>大门通道附近设置场内安全疏散示意图、职业危害（种类、理化性质、浓度或强度、危害性、防护措施等）及风险点源分布图、入场安全须知牌，在生产区域或敏感部位悬挂各类安全警示标志和职业危害警示标志，并符合国家、行业相关标准</td></tr>
<tr><td rowspan="13">风险管理</td><td rowspan="7">危害因素辨识</td><td>选择适当的方法，对生产经营过程中的危害因素每年至少组织一次全面辨识，同时组织重大危险源辨识和安全环保事故隐患排查。在生产作业开始前应当进行动态危害因素辨识</td></tr>
<tr><td>危害因素辨识的范围应当涵盖项目设计、施工作业、生产运行、检维修、废弃处置等全过程，包括作业人员与活动、设备设施、物料、工艺技术、作业环境等。
涉及环境影响时，应当按照国家环境保护法律法规要求开展环境因素辨识和风险评估</td></tr>
<tr><td>结合实际，选用现场观察、工作前安全分析（JSA）、安全检查表（SCL）、危险与可操作性分析（HAZOP）、故障树分析（FTA）、事件树分析（ETA）等方法，从“人、物、环、管”四个方面入手，进行危害因素辨识，辨识结果应当形成记录</td></tr>
<tr><td>根据工作任务，对岗位设置、设备设施、工艺流程和工作区域等进行梳理，确定危害因素辨识基本单元。按照基本单元，运用适当方法开展危害因素辨识</td></tr>
<tr><td>班组各基层岗位应当根据作业活动细分操作步骤，针对操作行为和设备设施、作业环境等辨识危害因素</td></tr>
<tr><td>各级岗位员工应当参与危害因素辨识活动</td></tr>
<tr><td>当作业环境、作业内容、作业人员发生改变，或者工艺技术、设备设施等发生变更时，应当重新进行危害因素辨识</td></tr>
<tr><td rowspan="6">风险评估</td><td>结合生产实际和作业条件，制定本单位风险等级划分标准，进行风险分级，明确本单位生产作业活动中可接受和不可接受的风险</td></tr>
<tr><td>依照国家和上级有关规定对重大危险源进行风险评估</td></tr>
<tr><td>结合实际，参照风险评估矩阵（RAM）进行风险评估，也可结合专业风险特点和管理要求使用对应的风险评估工具进行评估，如作业条件危险分析（LEC）等。风险分析与评估结果应当形成记录或报告</td></tr>
<tr><td>天然气净化厂应当根据辨识出的危害因素进行风险评估、分级，结合每项生产作业活动的生产组织、设备设施和关键作业等方面，确定车间（站队）防控的生产安全风险</td></tr>
<tr><td>基层岗位应当根据操作活动所涉及的危害因素，确定本岗位防控的生产安全风险</td></tr>
<tr><td>在采用新技术、新工艺、新设备、新材料前，应当组织开展专项风险评估</td></tr>
</table>

续表

监督要点		监督内容
风险管理	风险控制	根据风险评估结果，针对不同级别的风险采取相应的防控措施。对于确定为重点防控的生产安全风险，应当明确风险防控责任，确定分层防控责任部门和负责人，制订和落实风险控制措施，并对风险实施有效的动态监控
		对生产作业现场存在的风险进行提示和告知，并设置安全警示标志
		设备设施采购、安装、操作、检查、维护及保养等环节中，应当落实生产安全风险防控措施。应当按照国家和上级有关规定对关键设备设施进行监测和检验，及时发现并消除隐患
		涉及重大危险源的所属单位，应当按照国家和中国石油集团有关规定，落实重大危险源分级监控措施，登记建档，并报地方政府安全生产监督管理部门和上级主管部门备案
		天然气净化厂应当根据基层岗位培训矩阵对员工进行培训，使其具备风险防控能力和应急处置救援能力
		在风险失控且发生生产安全突发事件时，应当按规定及时报告，启动应急预案，进行现场应急处置，实施应急救援
	隐患排查	现场岗位人员及各级管理人员应按岗位职责规定时间进行巡检，发现问题或隐患应及时处置、汇报和记录
		工段（两级管理单位为生产技术办公室）每周应组织一次属地区域内隐患排查，发现问题或隐患应及时处置、汇报和记录
		基层单位每月应组织一次隐患排查，排查前应编制排查方案，发现问题或隐患应及时处置、汇报和记录
		当出现以下情形时，应及时组织隐患排查： ① 颁布实施有关新的法律法规、标准规范或者原有适用法律法规、标准规范重新修订的。 ② 组织机构和人员发生重大调整的。 ③ 区域位置、物料介质、工艺技术、设备、电气、仪表、公用工程或者操作参数等发生重大改变的。 ④ 国家、地方政府有明确要求或者外部环境发生重大变化的。 ⑤ 发生安全环保事故或者获知同类企业发生安全环保事故的。 ⑥ 气候条件发生重大变化或者预报可能发生重大自然灾害
	隐患评估	工段（两级管理单位为生产技术办公室）每周应将班组、工段排查发现的所有问题或隐患进行评估分析，其中“不安全行为或状态”由工段（两级管理单位为生产技术办公室）负责填（录）入 HSE 信息系统；“事故事件”由工段（两级管理单位为生产技术办公室）负责整理上报 HSE 办公室，由 HSE 办公室负责填（录）入 HSE 信息系统；工段（两级管理单位为生产技术办公室）对不能及时完成整改或无能力完成整改的隐患，应建立工段级隐患动态管理台账上报 HSE 办公室并发放至班组，且列入班组轮班培训，让班组员工知晓隐患并熟练掌握监控措施和应急措施，该台账每周应更新一次

续表

监督要点		监督内容
风险管理	隐患评估	HSE 办公室每月应将工段（两级管理单位为生产技术办公室）每周上报的隐患台账、分厂（三级单位）月排查及上级单位排查发现的问题或隐患进行评估分析，其中业务办公室排查发现的“不安全行为或状态”由业务办公室负责填（录）入 HSE 信息系统；“事故事件”由业务办公室负责整理反馈 HSE 办公室，由 HSE 办公室负责填（录）入 HSE 信息系统；分厂（三级单位）对不能及时完成整改或无能力完成整改的隐患，应建立分厂（三级单位）级隐患动态管理台账，工段（两级管理单位为生产技术办公室）负责发放至班组，该台账每月应更新一次
		对评估为重大隐患或需上级立项治理的隐患项目，基层单位应及时编制隐患评估报告、隐患治理方案
	隐患监控与治理	隐患在未完成治理整改之前，属地单位应制订落实监控措施和应急措施，让岗位人员和相关人员熟知，并根据实际情况组织应急演练，防止隐患失控导致事故发生。重大隐患现场应设置监护运行告知牌，标明隐患风险等级、危险程度、治理责任、完成期限及应急措施
		隐患治理整改必须坚持“能立即整改的必须立即整改，不能立即整改的必须限期治理”的原则，同时还应遵循“下不推上”原则，能本级治理的不推到上一级
		隐患治理应结合隐患的危害程度、紧急程度，以及治理的难易程度，分轻重缓急实施综合治理。对于严重威胁人员生命安全、生产安全和环境安全，随时可能发生事故的隐患，应立即治理整改
		对于一般事故隐患，由生产经营单位（车间、分厂、区队等）负责人或者有关人员立即组织整改
		对于重大事故隐患，由生产经营单位主要负责人组织制订并实施事故隐患治理方案。重大事故隐患治理方案应当包括以下内容： ① 治理的目标和任务。 ② 采取的方法和措施。 ③ 经费和物资的落实。 ④ 负责治理的机构和人员。 ⑤ 治理的时限和要求。 ⑥ 安全措施和应急预案
	隐患跟踪与复查	隐患治理项目完成后，项目审批部门应当按照有关规定组织验收，验收合格后的隐患治理项目应当及时闭环销项
责任制建设	职责编写	天然气净化厂组织厂属各单位编写职责及全员安全生产责任制清单，其基本要求为： ① 天然气净化厂的全员安全生产责任制应当明确各岗位的责任人员、责任范围和考核标准等内容。 ② 全员安全生产责任制应当依据岗位职责，充分考虑岗位和业务活动中存在的风险，结合业务工作全过程中的具体任务，明确应承担的责任。 ③ 管理、专业技术人员应当按照“一岗双责”的原则，编制岗位安全生产责任制清单。操作服务人员应将职责融入岗位职责，明晰其岗位操作和属地区域的职责。

续表

<table>
<tr><th colspan="2">监督要点</th><th>监督内容</th></tr>
<tr><td rowspan="3">责任制建设</td><td>职责编写</td><td>④ 全员安全生产责任制应当做到上下配套、层层分解、逐级衔接，形成完整的责任体系。
⑤ 全员安全生产责任制清单应根据岗位职责，明确写明负责、组织、协调、参与，以及监督检查等的具体内容和要求；安全生产责任制清单内容应当简洁明了，可操作性强。
⑥ 依据分厂发布的全员安全生产责任制清单，分厂各办公室负责组织编制本办公室职责</td></tr>
<tr><td>HSE 职责落实</td><td>各办公室应组织岗位人员对本办公室 HSE 职责及全员安全生产责任制清单进行培训，强化员工 HSE 履职意识，使岗位人员能够清楚理解并熟练掌握其 HSE 职责。各级管理人员负责督促直线下属落实 HSE 职责，班长负责督促本班员工落实 HSE 职责，并按照 HSE 绩效考核要求定期开展考核</td></tr>
<tr><td>评审修订</td><td>天然气净化厂每三年组织一次 HSE 职责及全员安全生产责任制清单评审，当组织机构、业务领域、生产规模等发生变化，或发生生产安全事故和环境事件时，应当及时组织对 HSE 职责进行评审和完善</td></tr>
<tr><td rowspan="11">培训</td><td rowspan="6">管理技术人员培训</td><td>生产经营单位主要负责人、分管安全生产负责人、安全管理人员、必须培训取得相应安全资格证书，方可上岗</td></tr>
<tr><td>生产经营单位主要负责人和安全总监的初次安全培训时间不得少于 48 学时，每年再培训时间不得少于 16 学时；分管生产技术、工艺设备、工程技术、地面工程、物资采购等业务的领导，每年接受 HSE 培训的时间不得少于 12 学时</td></tr>
<tr><td>安全管理、安全监督、HSE 培训师等人员的初次安全培训时间不得少于 80 学时，每三年复训一次；HSE 管理体系审核员的培训时间为 56 学时，每三年复训一次</td></tr>
<tr><td>生产技术、工艺设备、工程技术、地面工程、物资采购等专业部门，应按业务风险管控需求识别本专业人员的 HSE 培训要求，相关职能部门负责人、管理和专业技术人员每年接受培训的时间不得少于 12 学时</td></tr>
<tr><td>新提拔或调整到关键岗位的领导干部和管理人员，应接受相应的 HSE 培训和岗位 HSE 履职能力评价。其中各级主要负责人和安全管理人员，必须在任职 6 个月内取得培训合格证</td></tr>
<tr><td>新入职员工应经过厂、分厂和班组三级入厂安全生产教育，培训时间不得少于 72 学时</td></tr>
<tr><td rowspan="2">操作岗位人员培训</td><td>新入职操作岗位人员应经过厂、分厂和班组三级入厂安全生产教育，培训时间不得少于 72 学时，每年再培训的时间不得少于 20 学时。除按照规定进行 HSE 培训外，还应在师傅带领下实习至少两个月，并经考核或鉴定合格后方可独立上岗作业</td></tr>
<tr><td>轮休员工在上岗前应由分厂等基层单位组织安全环保教育培训</td></tr>
<tr><td rowspan="3">特种（设备）作业人员培训</td><td>建立特种作业人员档案</td></tr>
<tr><td>特种作业人员必须按照国家有关法律、法规的规定接受专门的安全培训，经考核合格，取得特种作业操作资格证书后，方可上岗作业，并按照规定进行复审</td></tr>
<tr><td>特种设备作业人员应当按照国家有关规定取得相应资格，方可从事相关工作，并按照规定进行复审</td></tr>
</table>

续表

监督要点		监督内容
培训	其他培训	劳务派遣人员、实习人员、临时劳务用工及其他临时进入的外来人员，应根据需要进行入场前的 HSE 培训
		赴国外长期工作人员：初次安全培训时间不得少于 40 学时，每三年复训一次
		凡接触硫化氢介质的员工，必须接受与硫化氢相关知识的取证培训，并持证上岗
		对于不涉及关键风险领域“四条红线”、《反违章十条禁令》的一般违章行为，员工一年内发生三次及以上的，或拒不服从整改管理要求的，需重新接受上岗前培训，经单位考核合格后方可上岗
		员工转岗或离岗一年以上重新上岗前，应当重新接受基层单位、班组的安全培训，并进行入职前安全环保履职能力评估。离开特种作业岗位六个月以上的特种作业人员，应重新进行实际操作考试，合格后方可上岗
		采用新工艺、新技术、新材料或者使用新设备时，相关员工应重新接受有针对性的及相关技术、技能培训
安全技术措施	安全技术措施范围	安全技术： ① 各种机器设备的防护、保险、信号、报警装置。 ② 安全启动和紧急停车设施。 ③ 生产区域内危险场所的指示及警告标志。 ④ 采用安全新技术、推广安全新工艺、新成果。 ⑤ 对繁重体力和人工操作有危险的作业所采取的辅助机械化措施等
		工业卫生： ① 生产厂房的通风换气和采光照明装置。 ② 生产有毒有害气体、粉尘或烟雾等生产过程的机械化、密闭化或空气净化设施。 ③ 生产场所为防止热辐射危害的隔热防暑措施。 ④ 为减轻或消除工作中的噪声、震动及辐射等的防护设施。 ⑤ 工作厂房或辅助房屋内应增设或改善的防寒取暖设施
		辅助房屋及设施： 女工较集中车间的女工卫生室，车间或工作场所的休息室、用膳室、更衣室及其相应的设施
		安全装备： ① 消防装备、器材（具）。 ② 可燃气体监测、报警、排险装置和仪器。 ③ 有毒有害气体监测、报警、排险装置和仪器。 ④ 各种移动式防爆照明用具、防爆工具、防爆换气装置。 ⑤ 各种防毒、防护器材（具）。 ⑥ 安全宣传教育设施、器材（具）。 ⑦ 事故调查、取证工具

续表

<table>
<tr><th colspan="2">监督要点</th><th>监督内容</th></tr>
<tr><td>安全技术措施</td><td>编制内容</td><td>① 措施名称。
② 措施目的和内容。
③ 经费预算及来源。
④ 负责施工的单位或负责人。
⑤ 开工日期和竣工日期。
⑥ 措施预期效果及检查验收</td></tr>
<tr><td rowspan="12">安全防护器材</td><td rowspan="5">配置</td><td>天然气净化厂要根据岗位存在的危害因素和应急抢险的需要，配备足够数量的安全防护器材，员工在装置现场进行巡检或者其他操作时，必须佩戴合适的安全防护器材</td></tr>
<tr><td>天然气净化厂班组必须配备足够数量的正压式空气呼吸器、便携式气体报警仪，摆放在易于取用的位置，并指派专人进行集中管理</td></tr>
<tr><td>对在有静电的生产作业场所工作的员工，发放和使用防静电个人劳动防护用品</td></tr>
<tr><td>天然气净化厂应按照国家、行业等相关规定配备安全防护器材</td></tr>
<tr><td>新建、改建、扩建工程项目的安全防护器材配置必须符合国家和行业规定的标准，必须与主体工程同时设计、同时施工、同时投入生产和使用</td></tr>
<tr><td>储存</td><td>安全防护器材应按说明书规定设置、储存和摆放，并方便取用。禁止将移动式安全防护器材置于露天、潮湿或烈日曝晒的地方</td></tr>
<tr><td>使用</td><td>安全防护器材的具体使用应按照厂家提供的使用说明书或相关操作规程执行。各单位要检查安全防护器材维护使用、校验、检定管理情况，对不按规定维护使用、校验、检定安全防护器材，以及遗失、损坏或挪用安全防护器材的行为要及时纠正和处罚</td></tr>
<tr><td>维护</td><td>天然气净化厂应明确专人负责安全防护器材的保管和维护，确保安全防护器材完好，随时处于待用状态，禁止员工使用过期或功能失效的安全防护器材</td></tr>
<tr><td>培训</td><td>天然气净化厂应组织对有关人员进行正确检查、维护、使用相关安防设备的技术培训，经考核合格后方可上岗。对临时工、外来施工人员，以及参观、学习、实习人员等要按规定进行培训，保证正确使用相关安全防护器材</td></tr>
<tr><td rowspan="2">校验</td><td>校验、检定机构必须严格按照有关标准和规范要求对安全防护器材性能进行校验、检定，并出具校验、检定报告，对检定合格的设备应发给检定证书和检定合格证，对检定不合格的设备发给检定结果通知书或注销原检定合格证。未按规定申请校验、检定或校验、检定不合格的安全防护器材，任何单位或个人不得使用</td></tr>
<tr><td>天然气净化厂应分批分期安排安全防护器材的送检，校验、检定期间必须确保送检生产作业场所的安全防护器材需求，校验、检定合格的安全防护器材应及时送回到各使用场所</td></tr>
<tr><td>台账</td><td>天然气净化厂应建立安全防护器材管理台账</td></tr>
</table>

续表

监督要点		监督内容
安全防护器材	气体检测（报警）仪	硫化氢检测（报警）仪第1级报警值应设置为15mg/m^3（10ppm），第2级报警值应设置为30mg/m^3（20ppm）。固定式可燃气体检测（报警）仪的一级报警设定值应小于或等于20%LEL，宜为10%LEL；二级报警设定值应大于一级报警设定值且小于或等于40%LEL；便携式可燃气体检测（报警）仪的一级报警设定值应小于或等于10%LEL，二级报警设定值应小于或等于20%LEL。氧气检测（报警）仪过氧报警设定值宜为23.5%（体积分数），环境一级欠氧报警设定值宜为19.5%（体积分数），二级欠氧报警设定值宜为18%（体积分数）。二氧化硫检测（报警）第1级报警值应设置为不超过5mg/m^3，第2级报警值应设置为不超过10mg/m^3
		当释放源处于露天或敞开式厂房布置的设备区域内，可燃气体检测（报警）仪距其所覆盖范围内的任一释放源的水平距离不宜大于10m，有毒气体检测（报警）仪距其所覆盖范围内的任一释放源的水平距离不宜大于4m；当释放源处于封闭式厂房或局部通风不良的半敞开厂房内，可燃气体检测（报警）仪距其所覆盖范围内的任一释放源的水平距离不宜大于5m，有毒气体检测（报警）仪距其所覆盖范围内的任一释放源的水平距离不宜大于2m
		当泄漏的可燃（有毒）气体重于空气（泄漏介质的分子量与环境空气的分子量的比值≥1.2），固定式气体检测（报警）仪的安装高度宜距地坪（或楼地板）0.3～0.6m；当泄漏的可燃（有毒）气体略重于空气（1.0≤泄漏介质的分子量与环境空气的分子量的比值<1.2），固定式气体检测（报警）仪的安装高度宜在释放源下方0.5～1.0m；当泄漏的可燃（有毒）气体略轻于空气（0.8<泄漏介质的分子量与环境空气的分子量的比值<1.0），固定式气体检测（报警）仪的安装高度宜高出释放源0.5～1.0m；当泄漏的可燃（有毒）气体轻于空气（泄漏介质的分子量与环境空气的分子量的比值≤0.8），固定式气体检测（报警）仪的安装高度宜在释放源上方2.0m内
		固定式气体检测（报警）仪每年校验一次，便携气体检测（报警）仪每半年校验一次，硫化氢气体检测仪的检定应按JJG 695《硫化氢气体检测仪检定规程》执行，可燃气体检测仪的检定应按JJG 693《可燃气体检测报警器》执行
		在超过满量程浓度使用后，应重新检定
		在室外和室内易受到水冲刷处安装的检测器应装有防水罩。检测器连接电缆高于检测器的应采取防水密封措施。长期暴露在强烈日光下安装的检测器应安装遮阳罩
		气体检测（报警）仪非正常报警、更换了主要元件、超过满量程浓度的环境使用后，以及对报警器示值表示怀疑时，应重新校验、检定
		每周应对报警器自检系统实验一次，检查指示系统运行情况
		每周进行一次外观检查。项目包括：连接部位、可动部件、显示部位和控制按钮；故障灯；检测器防爆密封和紧固件；检测器部件是否堵塞；检测器防水罩；现场报警器
		维修和检定工作应由有资质的单位承担
		新安装的气体检测（报警）仪应经检定合格，并出具检验合格证书，方予投入使用
		有毒或可燃气体检测（报警）仪其他技术要求按GB/T 50493《石油化工可燃气体和有毒气体检测报警设计标准》执行

续表

监督要点		监督内容
安全防护器材	正压式空气呼吸器	每次使用前后都应进行检查，备用空气呼吸器每周定期检查一次，并妥善保存检查记录
		备用正压式空气呼吸器压力应保持在 25MPa 以上
		每年进行一次技术检验，主要检验面罩系统、背板系统及压力表组件系统。技术检验可由取得生产厂家授权检验的单位自行开展，其检验人员应经厂家培训合格
		至气瓶出厂之日起，铝合金碳纤维复合缠绕气瓶每三年不得少于一次安全检验，其安全使用年限不得超过 15 年
	空呼压缩机	避免污染的空气进入供气系统，当毒性或易燃气体可能污染进气口的情况发生时，应对压缩机的进口空气进行监测
		依照制造商的维护说明书定期更新吸附层和过滤器，压缩机上应保留有资质人员签字的检查标签
		汽油机式空气压缩机使用过程中必须确保吸气口位于室外空气新鲜处，如果在室内进行充装，必须保持室内空气流动，以防止室内充装人员一氧化碳中毒及空呼气瓶中的一氧化碳值超过 12.5mg/m^3（10ppm）
		气瓶充装人员应取得相应的资质
	全身式安全带	安全带应高挂低用，注意避免摆动碰撞
		不准将绳打结使用，也不准将钩直接挂在安全绳上使用，应挂在连接环上使用
		安全带上的各种部件不得任意拆除，更换新绳时要注意加绳套
		安全带使用两年后，要进行抽检，合格的才能继续使用，做过冲击试验的安全带不能再用
		使用频繁的绳，要经常进行外观检查，发现异常时，应立即更换新绳；带子使用期为 3～5 年，发现异常应提前报废
		安全带应储藏在干燥、通风的场所，防止日晒、雨淋
	安全帽	安全帽表面应光滑平整，无明显色差、杂质、气泡、飞边、烧焦痕等缺陷。其他零件无变形、断裂、飞边、毛刺等缺陷
		为充分发挥保护力，安全帽佩戴时必须按头围的大小调整帽箍并系下颌带
		安全帽经严重冲击后，即使没有严重损坏，也必须更换
		塑料安全帽安全使用期为从产品制造完成之日计算，不超过 2.5 年
		管理人员佩戴的安全帽为白色（标准白色），安全监督人员佩戴的安全帽为黄色，操作人员佩戴的安全帽为红色，中国石油集团以外的承包商所使用的安全帽颜色，应不同于中国石油集团员工安全帽颜色，具体颜色由各企业自定

续表

监督要点		监督内容
安全防护器材	应急喷淋器和洗眼器	在液体毒性危害严重的作业场所、具有化学灼伤危险的作业场所，应设计应急喷淋器、洗眼器等安全防护措施，应急喷淋器、洗眼器的服务半径应不大于 15m
		应急喷淋器和洗眼器技术要求和使用要求按 GB/T 38144.1《眼面部防护　应急喷淋和洗眼设备　第 1 部分：技术要求》和 GB/T 38144.2《眼面部防护　应急喷淋和洗眼设备　第 2 部分：使用指南》执行
		至少每周一次对应急喷淋和洗眼设备进行操作检查与维护并记录，补充冲洗液，清洗、去除冲洗液中的沉淀物，以及减少设备因长时间存水所产生的细菌污染
		在应急喷淋和洗眼设备安装完成并且投入使用之前，对员工进行急救训练是至关重要的，之后宜每半年进行一次急救训练
	防爆照明灯具、防爆通信器材	易燃易爆场所应使用防爆照明灯具和防爆通信器材
		备用防爆照明灯具、防爆通信器材应保持电量充足
		防爆照明灯具、防爆通信器材各零部件应完整，保持外观及使用功能完好，具有防爆功能
	防爆轴流风机	受限空间作业应使用防爆轴流风机进行强制通风
		防爆轴流风机安装及接线应由具有资质的专业电工进行；防爆轴流风机使用过程中应接地
		备用防爆轴流风机应完好备用
	防爆工具	易燃易爆场所应使用防爆工具
		防爆工具相关技术要求按 QB/T 2613《防爆工具》系列标准执行
班组安全管理	员工行为管理	岗位员工劳动纪律正常，无迟到、早退、脱岗、串岗、睡岗、酒后上岗现象，上班期间不干与工作无关的事情
		上班期间着装规范，能正确使用劳动保护用品，无违反安全规章制度、法律法规行为发生
	员工交接班管理	基层生产班组应建立交接班制度，如实填写交接班记录
	巡检管理	基层生产班组应建立装置巡检管理方案，明确装置巡检周期、巡检线路、巡检内容等
		基层生产班组现场岗位员工应按规定频率对生产装置进行巡检，并如实填写巡检记录
		基层生产班组控制室岗位员工应翻动浏览 DCS 流程画面，跟踪监控生产参数，调节控制阀位，检查报警系统、趋势记录、测点总貌变化情况等，发现参数报警等异常情况及时消除。按规定周期记录下关键操作控制参数
	日常生产操作管理	操作员工应熟练掌握操作规程与操作卡，依据生产调度指令，按照操作规程与操作卡规定的步骤完成各项操作

续表

监督要点		监督内容
班组安全管理	班组安全学习	基层生产班组岗位员工应每周组织一次安全学习
		基层生产班组应及时传达学习上级单位下发的文件通知、管理规章制度等
		新员工、转岗员工在进入生产班组后，生产班长应组织进行安全培训教育
		基层生产班长应定期对岗位员工组织操作培训学习
	班组应急管理	基层生产班组岗点应放置岗位相关的应急预案、岗位应急处置卡；岗位员工应熟悉应急预案、岗位应急处置卡的相关内容
		生产班组每月组织开展一次应急演练
		基层生产班组应配备急救包，备用常见的急救药品，药品应建立清单并账实相符；定期对药品进行检查，确保其在使用有效期内
		岗位配备所需的应急物资和器材并完好备用，有检定周期要求的，在检定有效期内
		员工会正确使用岗位配置的空气呼吸器、便携式报警仪等应急物资和器材
	外来人员管理	对进入属地范围内的外来人员进行风险提示和安全告知
	记录控制	按规定妥善保存各类基础资料，过期资料及时收回
		各类记录应如实填写，确保其真实性、完整性、时效性和可追溯性

附表 2-2　天然气净化厂生态环境保护管理监督检查表

监督要点	监督内容
基础管理	各单位党委每年至少召开一次专题会议，研究决定生态环境保护重大事项，协调解决重大生态环境保护问题，对研究讨论的重大事项以会议纪要等形式予以明确
	各单位应落实环境保护目标责任制和考核评价制度，明确各级领导、各部门、各岗位和每名员工的环境保护目标责任，并将环境保护目标完成情况纳入考核评价内容
	各单位应将生态环境保护目标责任纳入决策、规划计划、项目建设、生产经营和服务的全过程。制订年度工作计划，应包括环境保护规划内容
	各单位应将绿色发展、低碳发展纳入企业发展战略，推进高质量发展；对产业结构和资源、能源结构进行优化调整，符合清洁生产要求，制订、审批、执行清洁生产方案
	各单位应建立健全环境保护监督管理机构，配备满足工作需要的专兼职环境保护监督管理人员，开展能力评估工作，应熟悉环境保护法律法规、标准及本单位的环境保护规章制度、环保设施运行、环境风险及环境隐患、各污染源分布及排放等情况
	制订环境保护规划和年度工作计划，落实环境保护任务和重点项目、目标和指标、投资和费用；将投资和费用纳入年度投资计划和财务预算管理

续表

监督要点	监督内容
基础管理	施工项目管理，各单位签订合同涉及环境保护内容时，应明确环境保护要求，约定双方环境保护责任和义务
	合同施工项目完工后，检查 HSE 评价、“三违”处罚，涉及承包商应纳入年度承包商业绩评价；各单位应对承包商建立信用评价制度，将不能诚信履约的承包商纳入黑名单管理
	各单位应把环境保护培训教育纳入干部和员工培训教育体系，开展全员环境保护培训教育，包括对习近平生态文明思想，以及国家、地方和中国石油集团相关环境保护法律法规、规章制度、标准、规划、计划及相关要求的宣贯
	各级干部、各类员工是否按照中国石油集团有关规定接受环境保护培训，经培训考核合格上岗，并定期进行环境保护再培训
	单位从事环境保护工作的人员应按照中国石油集团有关规定，接受专业环境保护培训
	年度培训计划，是否有环境保护有关法律法规及环保技术等培训内容
	环境监测资格证、锅炉水分析证、在线分析维护资格证等培训
	年度环境保护目标指标完成情况
	年度环境监测计划与监测任务完成情况；监测人员资格、设备设施配置及完好性
	每年对生产过程中的环境因素进行识别与评价
	建立天然气净化厂环境因素汇总及评价表、天然气净化厂一般环境因素清单、天然气净化厂重要环境因素清单，并有相应的控制措施，对应的控制措施落实到位
建设项目环境保护	依法开展环境影响评价，不存在未批先建行为（环境影响评价报告时间与项目开工时间）
	建设项目有无重大变动；若有，是否有新的环评报告
	环评报告是否符合生态保护红线和生态环境准入清单管控要求
	对环境可能造成重大影响、应当编制环境影响报告书的建设项目，建设单位应在报批建设项目环境影响报告书前，举行了论证会、听证会，或者采取其他形式征求有关单位、专家和公众的意见；建设单位报批的环境影响报告书中应附具对有关单位、专家和公众的意见采纳或者不采纳的说明
	建设项目需要配套建设的环境保护设施，应与主体工程同时设计、同时施工、同时投产使用
	建设项目初步设计应落实环境影响评价文件要求，按照中国石油集团和专业公司要求与环境保护设计规范编制环境保护篇章，落实环境保护措施及环境保护投资概算
	在项目施工建设中应落实环境影响评价文件及其审批决定要求。应将环境保护设施建设纳入施工合同，保证环境保护设施建设质量、进度和资金投入，并在项目施工建设过程中同时组织实施环境影响评价文件及其审批决定中提出的环境保护对策措施（检查环保措施与环保投入是否到位）

续表

监督要点	监督内容
建设项目环境保护	在项目投产前应对其环境保护措施落实情况进行了检查，确保环境保护设施与主体工程同时具备投用条件、环境风险防控措施得到落实
	建设项目应按照国家规定开展竣工环境保护设施验收，不存在未验即投、久拖不验行为
	是否按照国家和地方法律法规、建设项目环境影响评价文件审批决定要求，开展了建设项目环境影响后评价，并报环境影响评价文件审批部门备案
清洁生产	依法落实清洁生产审核制度，按照国家和地方有关规定规范清洁生产审核行为，制订并实施清洁生产方案
	实施强制性清洁生产审核的企业，应及时完成清洁生产审核并按规定报地方政府主管部门；清洁生产方案实施效果是否通过地方政府主管部门组织的评估验收
	按照国家和地方相关产业政策、环境保护要求，淘汰落后产能，以及严重污染环境的工艺、设备、原材料和产品
污染防治	环境保护设施正常稳定运行。不存在擅自拆除、闲置或者不正常运行环境保护设施的行为；不应存在违法减少污染防治设施运行支出的行为（检查环境保护设施台账，现场核实是否正常运行）
	严禁通过渗井、渗坑、裂隙、溶洞、灌注，私设暗管等逃避监管的方式违法排放污染物（检查现场三废排污是否规范，检查排污标识，清污分流，有无散排情况）
	废气按照国家和地方的时限要求、管理要求和技术要求，取得（包括变更和延续）排污许可证；按排污许可证落实各项污染防治措施和环境管理要求，污染物排放种类、排放浓度和排放量符合许可要求；应如实向地方政府生态环境主管部门报告排污许可证执行情况（检查排污许可证公示；污染物是否达标排放，查统计月报数据）
	大气污染物有组织排放（有组织排放和无组织排放）应按照国家和地方排放标准等要求，全部进行了收集处理，污染治理设施是否存在旁路超标直排；应符合国家和地方排放标准要求
	大气污染防治重点区域燃气设施是否完成低氮改造（查看地方生态环境部门文件要求）
	按照国家和地方规定淘汰环保不达标的老旧机动车辆（查看车辆台账）
	实施了老旧柴油车污染治理，具备条件的是否安装了污染控制装置、配备实时排放监控终端（查看车辆台账）
	特种作业车辆污染物排放是否符合国家和地方要求（查看车辆台账）
	挥发性有机物检漏工作计划、检测报告
	检查是否制订重污染天气应急预案，严格执行大气污染物控制要求
	现场检查恶臭、VOCs 等大气污染物治理，是否有无组织排放行为
	废水应按照国家和地方排放标准的要求，全部进行了收集处理；污染物排放符合国家和地方排放标准的要求；不存在不达标废水由雨水口排放的情况（检查污水分析数据、清污分流执行情况）
	检查厂界噪声数据是否存在超标，超标如何治理

续表

监督要点	监督内容
污染防治	应建立固体废物管理台账，如实记录固体废物（包括历史遗留废物）的种类、数量、流向、贮存、利用、处置等信息；应向所在地生态环境主管部门申报固体废物的种类、数量、流向、贮存、利用、处置等有关资料，以及减少工业固体废物产生、促进综合利用的具体措施（检查固体废物管理台账，处理情况是否合规）
	产生危险废物的企业应按照国家规定制订危险废物管理计划，并报地方政府生态环境主管部门备案（检查危险废物申报、存储管理、台账是否合规）
	固体废物的运输、贮存、利用和处置，应符合国家标准要求
	固体废物处理受托方的主体资格审查情况
	外委收集、贮存、利用、处置危险废物的，受托方应具有危险废物经营许可证且具备相应能力；应依法取得转移批准；应按照国家规定填写、运行危险废物转移联单
	检查现场是否存在倾倒、堆放、丢弃、遗撒固体废物的行为
	产生污染的生产装置和设施，其操作规程中是否明确正常工况、开停车与检维修等非正常工况及事故状态的过程控制、污染物排放控制和应急处置要求
	查看操作规程是否明确环境应急管理要求
	生产装置与设施开停车和检维修等作业，应制订并实施了污染防治方案
	应依法缴纳环境保护税
	根据上级下达的污染物排放总量控制和减排指标进行分解下发，并督促落实
	生产单位根据本单位污染物排放总量控制和减排指标，制订并落实污染物减排方案，实现污染物排放减排指标
	做好清污分流、污水分类收集、分类处理，促进废水资源化、再利用，从源头减少废水产生，减轻末端处理压力。
	平稳运行硫磺回收装置，提高硫磺回收率，减少废气污染物排放量
	污染治理设施应保持较好的完好率和运行率，不得擅自拆除和闲置。确保污染治理设施运行率和污染物处理率为100%
	要建立环保治理设施、设备基础台账、实行动态更新管理。基础台账主要包括设施名称，制造商，投产日期，投资额、原设计处理能力、更新日期、新设计处理能力等信息
	对污染治理设施的运行效率每年进行一次考核，编写污染治理设施运行效率考核报告
生态保护	从事生产经营活动，是否采取有效措施，防止、减少土壤和地下水污染（检查现场“三废”是否规范收集、排放）
	生产现场应采取措施防止废水地下注入污染土壤和地下水（检查现场污水是否规范收集、排放）

续表

监督要点	监督内容
生态保护	拆除或关停设施、设备或者建筑物、构筑物，应按照国家规定制订并实施土壤和地下水污染防治工作方案，采取清除残存物料和污染物、封管和应急处置等措施，并按规定报地方政府相关主管部门备案（查看现场是否存在拆除或关停设施、设备或者建筑物、构筑物情况）
	严禁将有毒有害物质含量超标的工业固体废物、生活垃圾或者污染土壤用于土地复垦的行为（工业固体废物、生活垃圾的处置途径是否合规）
	现场查看周边土壤和地下水是否有污染情况
环境监测	按照国家和中国石油集团有关规定，制订并实施废水、废气、噪声等污染源，以及土壤和地下水环境监测计划，保存原始监测记录（检查年度监测计划执行情况，查原始监测记录、监测报告）
	按照国家有关环境监测技术规范要求，规范设置采样口
	根据环境监测工作需要，配置了监测设备；安装或使用的监测设备应符合国家有关环境监测技术规范、计量认证要求
	按照国家和地方有关规定，安装、运行污染物自动监测设备，并与地方政府生态环境主管部门和中国石油集团联网（检查废水、废气在线监测运行情况）
	对污染物自动监测设备定期进行维护和校验，确保设备处于完好状态（检查废水、废气在线监测系统日常维护保养情况）
	污染物自动监测设备发生故障后，应立即进行维修，及时恢复正常运行；不能按时恢复正常运行的，应报地方政府生态环境主管部门；自动监测设施未正常运行期间，应采取了手工监测的方式向地方政府生态环境主管部门报送数据，并且监测频次满足国家和中国石油集团要求（检查污染物自动监测设备发生故障后的正确处置情况）
	生产装置（设施）停工，应按要求先停生产装置（设施）再停污染物自动监测设备；企业生产装置（设施）开工，应按要求先开污染物自动监测设备再开生产装置（设施），并按规范报地方政府生态环境主管部门（检查在线监测设备停用、恢复报备情况）
	手工环境监测应符合国家相关技术规范要求；外委开展手工环境监测的，应对监测机构的资质和能力进行审查。检查人工环境监测技术规范、监测资格符合性情况
	严禁篡改、伪造监测数据，擅自修改自动监测设施参数，干扰自动监测设施采样和正常运行的行为（检查监测数据的真实性情况）
环境信息	环境统计月报等环境信息的上报、资料保存情况
	检查环境保护台账记录是否符合管理规定
	检查环境保护法律法规、规章制度、标准的收集、培训情况
	是否向社会公开环境信息，现场查看公示栏
	检查各单位向上级、地方生态环保管理部门上报的环境信息填报情况

续表

监督要点	监督内容
环境信息	各生产单位建立废水排放源档案信息，包括：废水排放点、排放方式、排水性质及类型、受纳水体、废水排放系统图和水平衡图等；废气排放源档案信息包括：废气排放源位置、排放方式、排放主要污染因子、废气排放流程图等（例如烟囱高度、直径、烟气流量、成分、温度、排放速率等）
	根据《国家危险废物名录》（2021 年版）或危险废物鉴别标准对固废分类管理，建立危险废物和一般废物管理台账。台账包括固废名称、数量、来源、主要成分、危害特性、防护要求、处置方法及去向等内容
环境隐患排查治理与环境风险防控	按照国家和中国石油集团要求落实环境风险评估制度，定期开展环境风险评估（环境风险评估报告）
	按照国家和中国石油集团要求落实环境隐患排查治理制度，实施隐患分级管理；应及时完成环境隐患和问题整改；应建立环境隐患排查治理档案（环境隐患排查治理记录等资料）
	对拟采用的新工艺、新技术、新设备、新材料进行环境保护论证与评估，制订并落实有效的污染防治与环境风险防控措施
	环境风险防控措施（防范与应急设施配备、物资储备和应急队伍建设等）的完善
	按照国家有关规定制订突发环境事件应急预案体系，并按照国家有关规定报地方政府主管部门备案
	对突发环境事件应急预案定期开展演练，评估预案有效性，持续完善预案
	各生产操作岗位是否建立本岗位环境应急操作规程，并熟知应急操作程序
	按规定将环境事件信息上报中国石油集团和有关部门

附表 2-3　天然气净化厂质量管理监督检查表

监督要点	监督内容
自产产品质量管理	按照 GB 17820《天然气》要求，进入长输管道的天然气应符合一类气要求，同时应满足 GB/T 37124《进入天然气长输管道的气体质量要求》
	固体工业硫磺外观有块状、粉状、粒状、和片状等，呈黄色或者淡黄色，无肉眼可见杂质
	天然气净化厂固体工业硫磺产品质量应满足 GB/T 2449.1《工业硫磺　第 1 部分：固体产品》优等品质量要求
	天然气净化厂液体工业硫磺产品质量应满足 GB/T 2449.2《工业硫磺　第 2 部分：液体产品》优等品质量要求
	天然气净化厂应当建立健全内部产品质量管理制度，严格实施岗位质量规范、质量责任，以及相应的考核办法

续表

监督要点	监督内容
自产产品质量管理	禁止伪造或者冒用认证标志等质量标志；禁止伪造产品的产地，伪造或者冒用他人的厂名、厂址；禁止在生产、销售的产品中掺杂、掺假，以假充真，以次充好
	产品质量应当检验合格，不得以不合格产品冒充合格产品
	天然气净化厂负责天然气产品质量的常规检测，依据本单位的化验分析频率和天然气净化分析操作规程所规定的检测方法进行化验分析，分析结果及时报送中控制室并做好原始记录
	工业硫磺的出厂检验由天然气净化厂负责实施，天然气净化厂依据上级下达的分析频率和GB/T 2449.1《工业硫磺　第 1 部分：固体产品》或 GB/T 2449.2《工业硫磺　第 2 部分：液体产品》现行标准，对生产的硫磺产品进行质量检验，并出具工业硫磺分析结果报告，此报告一式两份
	当用户对工业硫磺质量提出异议时，天然气净化厂对留样或到用户现场重新取样检验。如仍有疑议时，送第三方检验机构确认
	天然气净化厂负责保管“产品出厂专用章”，“产品出厂专用章”不得转借或作他用
	合格证由天然气净化厂签发
	检验人员必须持有相应检测能力资质证方可承担检验任务
	天然气净化厂应建立和保存产品质量检验的原始记录
	产品生产单位应按照产品质量要求制定生产工艺卡片和操作规程，确定质量控制点。生产工艺卡片和操作规程由本单位质量或技术负责人批准。岗位操作人员应严格执行生产工艺卡片和操作规程，对本道工序质量负责，本道工序不合格的不得转入下道工序。未经批准，不得擅自更改原材料和生产工艺
	自产产品工业硫磺不合格品的控制，由库管员对不符合优等品指标的硫磺进行隔离存放，并做好相应的目视化标识
	自产产品天然气不合格品的控制，由操作人员负责切断产品外输控制阀，对不合格品气进行放空处理，并启动应急预案，执行相关应急处置程序
采购产品质量管理	天然气净化厂按照到货必检物资目录及抽样比例、检验项目、检验标准、接收准则，以及常用物资质量验收要求清单等要求，组织本单位物资验收人员对到货物资进行质量验收
	部分化工原材料的质量应进行检验，管材、板材及管配件材质应进行复验，阀门应进行强度试压和密封性试验
	天然气净化厂物资供应组凭质量检验报告办理物资入库手续，对验收不合格品的产品按要求处置
	采购产品不合格品的控制由库管人员对其进行隔离、标识和记录，并向物资采购管理部提交不合格品处置单

续表

监督要点	监督内容
工程质量管理	建设单位应当将工程发包给具有相应资质等级的单位。建设单位不得将建设工程肢解发包
	建设单位应当依法对工程建设项目的勘察、设计、施工、监理，以及与工程建设有关的重要设备、材料等的采购进行招标
	建设单位必须向有关的勘察、设计、施工、工程监理等单位提供与建设工程有关的原始资料。原始资料必须真实、准确、齐全
	建设工程发包单位不得迫使承包方以低于成本的价格竞标，不得任意压缩合理工期
	建设单位不得明示或者暗示设计单位或者施工单位违反工程建设强制性标准，降低建设工程质量
	施工图设计文件未经审查批准的，不得使用
	实行监理的建设工程，建设单位应当委托具有相应资质等级的工程监理单位进行监理，也可以委托具有工程监理相应资质等级并与被监理工程的施工承包单位没有隶属关系或者其他利害关系的该工程的设计单位进行监理。 下列建设工程必须实行监理： ① 国家重点建设工程。 ② 大中型公用事业工程。 ③ 成片开发建设的住宅小区工程。 ④ 利用外国政府或者国际组织贷款、援助资金的工程。 ⑤ 国家规定必须实行监理的其他工程
	建设单位在开工前，应当按照国家有关规定办理工程质量监督手续，工程质量监督手续可以与施工许可证或者开工报告合并办理
	按照合同约定，由建设单位采购建筑材料、建筑构配件和设备的，建设单位应当保证建筑材料、建筑构配件和设备符合设计文件和合同要求
	建设工程的设计、施工及其使用的材料、配件和设备等，应符合国家法律法规及相关标准、规范的要求。建设工程材料和设备，应按有关规定进行质量验收，未经验收或验收不合格的，不得用于建设工程。 未经建设单位的设计变更认可，施工单位不得擅自替换工程材料和设备
	建设单位收到建设工程竣工报告后，应当组织设计、施工、工程监理等有关单位进行竣工验收。 建设工程竣工验收应当具备下列条件： ① 完成建设工程设计和合同约定的各项内容。 ② 有完整的技术档案和施工管理资料。 ③ 有工程使用的主要建筑材料、建筑构配件和设备的进场试验报告。 ④ 有勘察、设计、施工、工程监理等单位分别签署的质量合格文件。 ⑤ 有施工单位签署的工程保修书。 建设工程经验收合格的，方可交付使用
	建设单位在与施工单位签订合同时，应约定保证金、保证期等内容。建设工程在保修范围和保修期限内发生质量问题的，施工单位应履行保修义务，并对造成的损失承担责任

附表 2-4　天然气净化厂职业健康管理监督检查表

监督要点	监督内容
职业卫生培训	天然气净化厂的主要负责人和职业健康管理人员应当具备与本单位所从事的生产经营活动相适应的职业健康知识和管理能力，并接受安全生产监督管理部门组织的职业健康培训
	天然气净化厂应当对从业人员进行上岗前的职业健康培训和在岗期间的定期职业健康培训，普及职业健康知识，督促从业人员遵守职业危害防治的法律、法规、规章、国家标准、行业标准和操作规程
职业危害申报	根据《作业场所职业危害申报管理办法》（国家安全生产监督管理总局令 2009 年第 27 号），要求存在和可能产生职业危害的企业必须向所在地安全生产监督管理部门如实申报职业危害
职业危害因素管理	要对生产过程中的职业危害进行识别、评价，建立天然气净化厂职业危害因素识别评价表并有相应的控制措施
	评价内容要涵盖易产生职业危害所有岗位，控制措施要有效
	职业危害因素评价应每年进行一次
作业场所管理	不得使用国家明令禁止使用的、可能产生职业危害的材料和设备
	产生职业病危害的地方，应在醒目位置设置警示标示和警示说明，设置公告栏
	根据《职业病分类和目录》（国卫疾控发〔2013〕48 号），对可能产生职业病危害的化学品、放射性同位素和含有放射性物质的材料，应提供中文说明书。产品包装应有醒目的警示标识和中文警示说明。贮存上述材料的场所应在规定的部位设置危险物品标识或者放射性警示标识
	提供可能产生职业病危害的设备的，应提供中文说明书，并在设备的醒目位置设置警示标识和中文警示说明
	对产生职业危害的生产设备，必须配套符合国家工业卫生标准的防护设备或防护措施；对易散发有毒有害物质的工艺设备，要杜绝跑、冒、滴、漏；对噪声源采取隔音消音措施
	对粉尘作业场所应采取有效的综合治理措施，对尘、毒、射线、噪声等职业卫生防护设备要进行经常性维护和检修，并定期检测防护效果，确保其正常使用，不得擅自拆除或停止使用
	对可能发生急性职业损伤的有毒、有害工作场所，应当设置报警装置，配置现场急救用品、冲洗设备、应急撤离通道和必要的泄险区
作业场所卫生检测管理	要根据 SY/T 6284—2022《石油企业职业病危害因素识别及防护规范》，划分有毒有害场所和设置检测点
	每年至少进行一次作业场所职业危害因素检测
	检测工作由有资质的检测单位对作业场所进行卫生检测和评价
	在日常的职业危害监测或者定期检测、评价过程中，发现作业场所职业危害因素的强度或者浓度不符合国家标准、行业标准的，应当立即采取措施进行整改和治理，确保其符合职业健康环境和条件的要求
	检测评价结果要及时进行公布

续表

监督要点	监督内容
劳动合同	与从业人员订立劳动合同时，应当将工作过程中可能产生的职业危害及其后果、职业危害防护措施和待遇等如实告知从业人员，并在劳动合同中写明，不得隐瞒或者欺骗
员工健康监护	对将要从事接触职业危害作业人员（包括转岗员工），应在其从业前针对可能接触的有害因素进行健康检查，经检查有职业禁忌证的员工不得从事所禁忌的作业
	对从事接触职业危害作业人员，按一定间隔时间（周期）及规定的项目进行健康检查。对曾从事过粉尘作业或从事过已确定为人类致癌物作业的人员，虽然已脱离作业环境（包括离岗、离退休者），也应按一定周期进行健康检查
	员工不再从事有害作业，应在其离岗时进行健康检查
	职业性健康检查及评定由取得相应资格的卫生机构承担，对已诊断为职业病的患者或观察对象，应定期进行复查
	职业性健康检查项目和周期按照 GBZ 188《职业健康监护技术规范》执行
	各单位应将检查结果及处理意见及时反馈到员工本人
	对健康检查中发现患有疾病的员工或者诊断为职业病的患者，以及职业禁忌证人员，要采取治疗、疗养、调换工种等措施并做动态观察
	女员工在孕期及哺乳期间，不得从事接触职业危害的作业
	建立动态的职业性健康监护档案及员工健康监护档案并永久保存
劳动防护用品	根据岗位存在的职业危害配备相应的劳动保护用品
	所有防护用品必须按有效防护功能最低指标和有效使用期限要求发放，到期进行强制检定或报废
	劳动防护用品厂商必须取得国家或省级安全生产监督管理部门颁发的“劳动防护用品定点生产证”。特种劳动防护用品应有国家认可的安全标志，必须具备“特种劳动防护用品生产许可证”
	建立健全员工个人劳动防护用品领用登记卡片
	开展员工正确穿（佩）戴和使用劳动防护用品的培训与教育，员工上岗工作时必须正确穿（佩）戴和使用劳动防护用品
应急管理	应建立天然气净化厂职业危害应急救援预案，明确应急领导机构、应急响应程序、应急处置程序等内容，应急预案应定期评审、演练
	发生职业危害事故，应当及时向所在地安全生产监督管理部门和有关部门报告，并采取有效措施，减少或者消除职业危害因素，防止事故扩大。对遭受职业危害的从业人员，及时组织救治，并承担所需费用
	生产经营单位及其从业人员不得迟报、漏报、谎报或者瞒报职业危害事故
建设项目三同时管理	新建、改建、扩建工程建设项目和技术改造和技术引进项目可能产生职业危害的，应按照规定在可行性论证阶段委托具有相应资质的职业卫生技术服务机构进行职业病危害预评价
	产生职业危害的建设项目应当在初步设计阶段编制职业危害防治专篇。职业危害防治专篇应当报送建设项目所在地安全生产监督管理部门备案

续表

监督要点	监督内容
建设项目三同时管理	建设项目的职业危害防护设施与主体工程同时设计、同时施工、同时投入使用
	项目竣工前，应当按照有关规定委托具有相应资质的职业健康技术服务机构进行职业危害控制效果评价。建设项目竣工验收时，其职业危害防护设施依法经验收合格，取得职业危害防护设施验收批复文件后，方可投入生产和使用

附表 2–5 天然气净化厂交通安全管理监督检查表

监督要点		监督内容
驾驶人员管理	内部准驾管理	驾驶人员实行内部准驾制度。内部准驾是驾驶从业人员的上岗资质，未取得内部准驾证的人员不允许驾驶内部的各型机动车辆和租赁车辆。业务外包驾驶员经考核合格由其公司发放，我方认可备案，才能驾驶
		驾驶员首次申领内部准驾证，除应持有与所驾驶车辆车型相符的有效驾驶证外，还应通过单位内部组织的身体状况检查，以及基础理论和实际技能考核。驾驶员变更准驾车型应重新申领相应类别车型的内部准驾证
		内部准驾证的复审、换证周期为一年。驾驶员所持内部准驾证复审、换证应通过“良好的遵章守纪意识、良好的驾驶技能、良好的身体素质、良好的精神状态、良好的驾驶习惯和心态”为主要内容的“五个良好”驾驶员综合素质测评，以及理论知识和实际操作技能考核
		驾驶人员必须严格按照内部准驾证规定的车型驾驶企业内部机动车辆，同时必须将内部准驾证随车携带
		有下列情况之一的，不予办理或给予注销（回收）内部准驾证，并在备案资料中注明： ① 驾驶员综合素质测评和考核不合格的。 ② 患有妨碍安全驾驶车辆疾病的。 ③ 已离开现有工作岗位的。 ④ 单位认定不适应驾驶企业车辆的。 ⑤ 私自降低驾驶证准驾车型等级的。 ⑥ 驾驶证未通过审验的。 ⑦ 新入职驾驶员或初次申领更高类别车型内部准驾证，实习期满考核不合格的
		各有车单位应对驾驶员进行动态管理，依据驾驶员身体状况、安全驾驶意识及技能，以及车辆类型、运行风险等，组织对车辆及驾驶员与所承担生产经营任务的适宜性评估，保证与相关安全要求相适应
	驾驶人员安全管理	各有车单位应对车辆实行定人、定车管理，未经批准不得将车辆交给其他人员驾驶。 各有车单位应对对驾驶员进行动态管理，依据驾驶员身体状况、安全驾驶意识及技能，以及车辆类型、运行风险等，组织对车辆及驾驶员与所承担生产经营任务的适宜性进行评估，保证与相关安全要求相适应。驾驶员必须严格执行《中华人民共和国道路交通安全法》（中华人民共和国主席令 2021 年第 81 号）和行车安全操作规程，遵守职业道德，文明礼貌行车，严禁酒后驾驶、疲劳驾驶、开绕道车、开带“病”车、超速超载行驶、违章超车等违法违章行为，树立良好的职业形象

续表

监督要点		监督内容
驾驶人员管理	驾驶人员安全管理	各有车单位新增驾驶岗位人员（含初次取得机动车驾驶证的人员、部队转业驾驶员、转岗驾驶员），以及初次申领更高类别准驾车型驾驶员，应由人事部门、质量安全环保部门进行考核，符合条件后必须安排不少于六个月跟车实习，实习期满、考核合格并符合地方管理部门相关要求后，方可核发内部准驾证
		驾驶员必须按时参加地方政府车管部门组织的驾驶证复审、换证。驾驶员驾驶车辆时，必须携带有效的驾驶证、内部准驾证和行驶证等相关证件，所驾车辆必须与驾驶证、准驾证的准驾车型相符
		各有车单位应每周组织驾驶员开展集中安全学习，并严格考勤。针对因休假、外出执行任务等未参加学习的驾驶员，应及时进行补学。 教育培训的内容至少应包括：道路交通安全法律法规、企业规章、车辆技术条件、防御性驾驶技能、道路环境风险防范措施及道路交通事故应急处置等。 各有车单位应将交通安全专项培训纳入本单位年度培训计划，所有驾驶员每年参加专项培训时间不得低于 16 学时
		各有车单位车辆管理部门每季度应组织驾驶员开展一次交通安全应急演练
车辆管理	车辆使用管理	车辆必须符合 GB 7258《机动车运行安全技术条件》等国家和行业标准，并在公安交通管理部门审验合格的有效期内。 车辆应经公安交通管理部门登记并取得相应准运资质后方准上路行驶。尚未登记的机动车需上路的，应取得临时通行牌证并按规定行驶。特种车辆及专项作业车辆的选用，还应符合国家相应技术标准的规定
		车辆按照运行风险的大小分为一类车辆、二类车辆和三类车辆。一类车辆包括载运 GB 12268《危险货物品名表》中的危险货物及《危险化学品目录（2015 版）》中的危险化学品的车辆，20 座及以上大型载客汽车，用于员工通勤的 10 座及以上中型载客汽车；二类车辆包括其他中型载客汽车，重型载货汽车（总质量为 12t 及以上的普通货运车辆），通信仪器车、消防车等专项作业车，以及各类现场作业半挂车；三类车辆为除一类车辆、二类车辆以外的其他车辆
		所有机动车辆必须按规定安装、使用卫星定位监控终端及系统，并配备行车记录仪
		车辆必须按国家相关规定定期接受安全技术检验。未按规定检验或检验不合格的，禁止调派上路行驶
		各有车单位应依据车辆的车型、定员与载荷、运行风险、功能转换及用户变更等，组织车辆与所承担生产经营任务的适宜性评估，保证车辆与所承担的生产经营任务的安全要求相适应
		载货车辆不得超过核定的载荷运载货物，载客车辆不得超过核定的载人数量运载人员，载货车辆的车厢不得载客。车辆进入生产厂区，以及有防火防爆要求的道路，必须符合防火防爆等规定

续表

监督要点		监督内容
车辆管理	车辆使用管理	各有车单位车辆实行定点停放。因生产、工作需要进入生产厂区的车辆，应停放在指定位置。外出执行任务时，需临时或长时间（含夜间）停车，应停放在有人值守的停车场（库）
		各有车单位不得使用报废车辆执行任务
	车辆维修、维护及回场检验	车辆维修、维护应坚持“定期检测、强制维护、视情修理”原则，确保车辆经济性能、安全性能和操控性能良好
		车辆维修、维护应选择具备相应资质的修理厂，签订定点修理协议及安全合同，定点维修、维护
		有车单位应委托具备资质的单位进行车辆回场检验。车辆回场检验执行“长途趟检、短途周检”规定。检验不合格的车辆一律不得出具回场检验合格证。 ① 9 座以下载客车辆和整备质量 2800kg 以下的其他车辆，单趟任务运行里程达到或超过 500km，或 9 座以上载客车辆和整备质量 2800kg 以上车辆，单趟任务运行里程达到或超过 300km，必须执行趟检。 ② 车辆执行短途任务每周检验一次。 ③ 回场检验合格证有效期为自检验合格之日起一个星期。期间执行长途任务，合格证自长途任务结束立即失效。 ④ 长期停放非报废车辆，必须经回场检验合格方可重新启用。启用后根据实际运行情况执行趟检、周检规定。 ⑤ 车辆在本单位辖区外，以及在生产作业现场执行短途值班任务，回场检验可在值班任务结束后执行
		车辆回场检验时，驾驶员必须参加现场检查，掌握了解车辆技术状况，并在回场检验记录上签字。严禁回场检验弄虚作假
		回场检验时发现的可能影响安全行车的车辆安全隐患、故障等，必须立即落实隐患整改、故障维修事宜。整改及维修完成后必须进行复检，复检合格的方能出具合格证
		回场检验记录及合格证留底保管一年备查
运行管理	车辆调派	车辆运行应由车辆管理部门或人员调派，严格执行凭回场检验合格证、酒精检测合格记录派车等审批程序。执行本单位辖区以外的运行任务，或者虽在本单位辖区内但单趟运行里程达到或超过 500km 的任务，应经单位主管领导审批。 出车前车辆调派人员必须对驾驶员进行执行任务、行车路线、主要风险与削减措施的“三交代”
		严禁公车私用。任何车辆、不分长短途，必须经过合格的“申请—审批—调派”程序方可出行。严禁任何单位和个人在执行工作任务时私车公用
		夜间 21：00 后、早上 7：00 前、雨雾天能见度在 30m 内及其他恶劣气候等特殊情况，车辆管理单位原则上不得调派车辆执行任务，确因工作需要执行任务时，车辆调派必须经过车辆管理单位主管领导批准。 周六、周日期间车辆调派应经车辆管理单位主管领导批准

续表

监督要点		监督内容
运行管理	车辆调派	申请使用9座以上客车执行长途载客任务，以及其他车型执行本单位辖区之外的跨省长途运行任务时，车辆调派必须经过上级主管领导批准。同时应明确随车安全监督人员，制订运行方案或应急预案，随用车申请一并进行审批
		对接送员工上下班、轮休作业员工的通勤车辆，应指定随车安全监护人员
		节假日期间，各有车单位应对非生产运行车辆和非值班车辆实行“三交一封”（交车辆钥匙、交行驶证、交内部准驾证、定点封存车辆）制度。担任生产、值班任务的车辆，以及节假日期间临时启封车辆，应经单位值班领导批准
	车辆行驶	驾驶员应执行出车前、行车中和收车后“三检制”，认真做好所驾车辆的清洁、补给和安全检视等日常维护工作，发现问题及时整改或上报，确保装备齐全、车况良好、车容整洁
		严禁酒后驾车。驾驶员上班、出差期间严禁饮酒。各有车单位必须在驾驶员出车前对其进行酒精检测，检测不合格驾驶员不得执行任务。如有违反按“反违章禁令”处理
		严禁疲劳驾车。驾驶员连续长途驾车超过4h应停车休息，休息时间不得少于20min。每日驾车行驶时间累计不得超过8h。因工作需要，执行紧急任务，需行驶超过8h的，应配备两名驾驶员轮换驾驶
		严禁超速行驶。车辆在道路上行驶，不得超过下列最高行驶速度： ① 高速公路上9座（含）以下车辆为120km/h，9座以上载客车辆、普通货运车辆、钻采特车等车辆为100km/h，危险化学品运输车辆、其他车辆为80km。 ② 非高速道路，不得超过限速标志、标线标明的速度。 ③ 没有限速标志、标线的道路上，没有道路中心线的，城市道路为30km/h，公路为40km/h；同方向只有1条机动车道的道路，城市道路为50km/h，公路为70km/h
		各有车单位每年至少开展一次道路风险识别评价，并结合季节、气候变化等更新风险识别评价，对风险实行动态管理，驾驶员在行车过程中应严格执行相应安全行车措施
		各有车单位应不定期组织开展交通安全专项检查及路检路查，对车容车貌、驾驶行为、道路风险控制措施执行，以及疲劳驾驶、酒后驾驶等进行抽查
		乘车人负有行车安全监督的职责和义务
		有下列情况之一者，车辆不得上路行驶： ① 装载的物品不符合装载规定或未采取相应安全措施，严重影响安全行车的。 ② 车辆存在严重故障或隐患，影响安全行车的。 ③ 驾驶员工作疲劳、身体不适或正在患妨碍安全驾驶的疾病的。 ④ 行车路线和到达地点与路单不符合的。 ⑤ 其他情况妨碍安全行车的
基础资料管理	台账及记录	各有车单位应收集归档交通安全管理相关基础资料，应建立以下交通安全管理台账及记录： ① 车辆技术档案及台账。 ② 驾驶员档案及管理台账。

续表

监督要点		监督内容
基础资料管理	台账及记录	③ 车辆回场检验记录及合格证。 ④ HSE 活动记录（含安全学习记录、培训统计、各项检查及隐患整改记录等）。 ⑤ 车辆调派记录（含用车申请调派单及调派记录）。 ⑥ 车辆运行记录（含运行路单及日常操作卡）。 ⑦ 出车前酒精检测记录。 ⑧ 节假日车辆管理记录（含节假日车辆“三交一封”等记录）。 ⑨ 车辆卫星定位管理记录（含卫星定位监控记录及分析记录）。 ⑩ 驾驶员综合素质测评相关记录。 ⑪ 事故事件台账。 ⑫ 其他相关交通安全记录
	台账及记录更新	各有车单位应准确、如实填写交通安全管理台账及记录，根据实际情况及时更新
车辆卫星定位监控管理	职责	各有车单位车辆管理部门负责本单位车辆卫星定位监控管理、监督和检查，保证车辆上线率、监控率，及时通报、处理违章违规行为。各有车单位必须落实专（兼）职人员进行车辆卫星定位监控管理。长途运行车辆日监控率必须达到 100%
	技术要求	车载卫星定位终端必须符合 JT/T 794《道路运输车辆卫星定位系统　车载终端技术要求》的技术要求
		各有车单位必须按规定的速度，在监控系统中分车型、路段进行分段限速设置，或联系车载卫星定位终端提供商进行设置。监控系统统一设置为每间隔 30s 采集一次数据
		车载卫星定位终端及监控系统提供商，必须取得国家相关部门颁发的资质文件

附表 2-6　天然气净化厂消防安全管理监督检查表

监督要点	监督内容
火灾预防	各单位应按国家及有关行业消防法规、标准规范配置必要的灭火、防护、训练器材和检测仪器等，以满足防火、灭火的需要，并定期对消防设施进行维护保养
	各单位生产易燃、易爆场所应符合防火防爆要求，应配置明显的安全标志，防雷、防静电设施应定期检测
	任何单位、个人不得损坏、挪用或者擅自拆除、停用消防设施、器材；不得埋压、圈占、遮挡消火栓，不得占用防火间距，不得占用、堵塞、封闭疏散通道、安全出口、消防车通道；严禁使用不合格的消防产品、国家明令淘汰的消防产品，以及应依法取得而未取得国家强制性产品认证的消防产品
	各单位应建立消防重点部位的消防档案，消防档案应当包括消防安全基本情况和消防安全管理情况
	消防安全重点部位的管理单位，应当按照灭火和应急疏散处置方案，至少每半年开展一次演练；其他单位应当结合本单位实际，至少每年组织一次消防应急处置演练。在“119”消防宣传日期间开展一次消防安全宣传活动

续表

监督要点	监督内容
火灾预防	各单位、部门应加强办公场所及职工宿舍管理。办公场所、职工宿舍的装修、装饰、电器安装、紧急照明、紧急疏散及消防设施设计安装管理，必须严格执行《机关、团体、企业、事业单位消防安全管理规定》（中华人民共和国公安部令 2001 年第 61 号）
	高层公共建筑内餐饮场所的经营单位应当及时对厨房灶具和排油烟罩设施进行清洗，排油烟管道每季度至少进行一次检查、清洗；高层住宅建筑的公共排油烟管道应当定期检查，并采取防火措施
	各单位对各级监督检查的消防安全问题隐患，应落实整改责任人和整改期限，限期整改。对不能立即整改的重大安全隐患，必须制订落实监护运行方案，确保安全，同时编制治理方案，按程序上报
消防检查	各单位应建立常规消防安全检查、消防专项检查和防火巡查等消防安全检查制度，明确消防安全检查的责任人、内容、部位和频次等，及时发现并消除火灾隐患
	各单位每月、班组每周至少进行一次常规消防安全检查。消防安全重点部位每日防火巡查一次，防火巡查应当结合岗位巡回检查进行
	各班组值班人员每日应进行防火巡查。巡查的内容应包括： ① 用火、用电有无违章情况。 ② 安全出口、疏散通道是否畅通，安全标志、应急照明是否完好。 ③ 消防设施、器材和消防安全标志是否完整。 ④ 消防报警设施、气体灭火系统、消防水池液位是否正常。 ⑤ 消防水泵房设施、消防炮、消火栓、应急广播等是否正常。 ⑥ 其他消防检查要求。 防火巡查应填写巡查记录，巡查人员应在巡查记录上签名
	各单位应每月组织一次消防检查，防火检查可结合单位月度、春节、国庆等重大节假日一并开展。检查的内容应包括： ① 火灾隐患的整改情况及防范措施的落实情况。 ② 安全疏散通道、应急照明、消防安全标志的设置、有效情况。 ③ 消防车通道、消防水源情况。 ④ 灭火器材配置及有效情况。 ⑤ 用火、用电有无违章情况。 ⑥ 员工消防安全知识学习情况，以及掌握灭火器、空气呼吸器等情况。 ⑦ 消防安全重点部位的管理情况。 ⑧ 易燃易爆危险物品和场所防火防爆措施的落实情况，以及其他重要物资的防火安全情况。 ⑨ 班组防火巡查情况。 检查后应填写检查问题隐患记录，落实整改责任人、整改期限、整改验证，实行闭环管理
	各单位应建立健全和完善消防档案，并定期进行更新
消防教育与培训	员工必须熟悉本岗位的消防工作内容，正确掌握本岗位生产、生活场所的消防器材的使用
	新入厂和变化岗位的员工必须进行有针对性的消防安全知识培训，经考核合格后，方可上岗
	消防设备操作人员应经过消防专项培训，学习掌握相应的操作技能，经考试合格后方能上岗

续表

监督要点	监督内容
消防教育与培训	各单位应制订消防应急救援预案，消防安全重点单位应当按照灭火和应急疏散预案至少每半年开展一次演练，其他单位应当结合本单位实际，至少每年组织一次演练
	基层单位每年至少对志愿消防队伍进行不少于一次的消防理论知识培训、消防设施设备操作、消防应急救援技能训练和应急演练
	各单位结合员工轮班培训、岗位培训制订并落实消防安全教育培训计划，定期开展消防安全知识培训和消防应急演练，提高员工的消防安全意识和技能
	单位消防安全责任人、专（兼）职消防管理人员、消防控制室值班与操作人员等应当结合岗位需要和本单位消防安全风险特点接受针对性的消防安全培训，消防控制室值班与操作人员还应当持证上岗
区域安全布置	天然气净化厂的区域布置、总平面布置应符合 GB 50183《石油天然气工程设计防火规范》的相关规定
	净化厂距离周围居住区、相邻厂矿企业、交通线等的防火间距应满足 GB 50183《石油天然气工程设计防火规范》的相关规定
	天然气净化厂宜布置在城镇和居住区的全年最小频率风向的上风侧
	可能散发可燃、有毒气体的生产、装卸、储运设施，宜布置在人员集中场所、明火或散发火花地点全年最小频率风向的上风侧
	工艺装置区宜布置在人员集中场所、明火或散发火花地点全年最小频率风向的上风侧
	火炬宜位于生产区、全厂性重要设施全年最小频率风向的上风侧
	锅炉房、35kV 及以上的变（配）电所、加热炉、水套炉等有明火或散发火花的地点，宜布置在站场或油气生产区边缘
	液体硫磺储罐区宜布置在地势较低处
	液体硫磺储罐区应设置防火提
	中心控制室布置应符合以下规定： ① 宜布置在爆炸危险区之外。 ② 与主要货物运输道路的距离不宜小于 15m。 ③ 宜位于工艺装置区、罐区、循环水场全年最小频率风向的下风侧
	厂内消防站的布置应使消防车能迅速、方便地到达厂内各区域
	消防站门前不应有管廊等障碍物
	消防车库的大门应面向道路，且与道路的边缘不应小于 15m，门前地面应坡向道路
	生产规模大于或等于 $100 \times 10^4 m^3/d$ 的天然气净化厂至少应有两个通向外部道路的出入口。生产规模小于 $100 \times 10^4 m^3/d$ 的天然气净化厂可设有回车场的尽头式消防车道，回车场的面积应按当地所配消防车辆车型确定，但不宜小于 15m × 15m
	消防车道的净空高度不应小于 5m；生产规模大于或等于 $100 \times 10^4 m^3/d$ 的天然气净化厂消防车道转弯半径不应小于 12m，纵向坡度不宜大于 8%

续表

监督要点	监督内容
消防水系统	消防水的水质、水温应满足消防用水的要求；消防水池蓄水量应确保系统持续用水时间内的用水量
	当消防水池（罐）和生产、生活用水池（罐）合并设置时，应采取确保消防用水不作他用的技术措施；在寒冷地区专用的消防水池（罐）应采取防冻措施
	水池（罐）的总容量大于 1000 m^3 时，应分隔成两个，并设带切断阀的连通管
	消防水池应设有就地水位显示装置，消防水池（罐）应设有高低液位报警及自动补水设施
	供消防车取水的消防水池应设有取水口或取水井，其水深应保证消防车的消防水泵吸水高度不超过 6m
	消防水池至少每周检查一次，发现故障应及时进行处理。消防安全重点单位应对消防水池进行每日巡查
	独立设置的消防水泵房，其耐火等级不应低于二级。附设在建筑内的水泵房，应采用耐火极限不低于 2h 的隔墙和 1.5h 的楼板与其他部位隔开，并设置甲级防火门。当设在地下或其他楼层时，其出口应直通安全出口
	消防水泵房应设有不少于两条的供水管与环状管网连接。当其中一条出水管关闭时，其余的出水管应通过全部用水量
	消防泵站或泵房应设有备用动力，消防水泵与动力机械应直接连接，并在最末一级配电箱处（消防水泵房）设置主、备电源自动切换装置，主、备电源切换试验应正常。配电箱应设有明显标志。以内燃机做备用动力源时，其储油量应满足运行时间要求
	消防水泵应保证在火警 30s 内启动。设有稳高压消防给水系统的消防水泵应依靠管网压降信号自动启动
	消防水泵房应设置与消防控制室直接联络的消防专用电话。石油石化企业消防泵房值班室应设置对外联络的电话
	消防水泵房应设置消防应急照明灯具。应急照明灯具其最低照度应保证正常照明的照度
	严寒、寒冷冬季结冰地区的消防水泵房采暖温度不应低于 10℃，但当无人值守时不应低于 5℃
	消防水泵外观不应有缺陷。在设备的明显部位应设有耐久性铭牌标识，其内容应清晰、设置应牢固
	备用泵的工作能力不应小于其中最大一台消防工作泵
	消防水泵应采用自灌式吸水。当采用自灌式有困难时，应采用其他可靠迅速的引水措施。若采用天然水源时，水泵吸水口应采取防止杂物堵塞的措施
	消防泵应有注明系统名称和编号的标志牌，进出口阀门应常开并设有标识等限位措施，管道流向标识应正确
	泵出水管上应设置试验和检查用的压力表和 DN65 的放水阀。当存在超压可能时，出水管上应设防超压设施

续表

监督要点	监督内容
消防水系统	消防泵应能正常启动和运行；设有消防控制室的泵房应有向消防控制设备反馈水泵状态的信号
	消防水泵的控制柜应有注明所属系统及编号的标志。按钮、指示灯及仪表应无故障，并能正常启、停每台水泵。消防水泵控制柜设置在专用消防水泵控制室时，其防护等级不应低于IP30；与消防水泵设置在同一空间时，其防护等级不应低于IP55
	具有消防联动功能的消防主泵不能正常投入运行时，应能自动切换启动备用泵；无人值守的消防泵房，消防泵控制柜应设定在自动启动状态
	消防泵应每周至少检查一次，发现故障应及时进行处理。消防安全重点单位对消防泵进行每日巡查
	采用临时高压的固定式消防水系统，应在启泵后5min内将冷却水送到任何一个着火点
	稳压泵和消防气压给水设备外观不应有缺陷。在设备的明显部位应设有耐久性铭牌标识，有多个保护区域和系统时，应设置注明所属系统和区域的标志牌。铭牌和标志牌的内容应清晰、设置应牢固
	稳压泵进出口阀门应常开
	稳压泵和消防气压给水设备启动运行应正常；启泵与停泵压力应符合设定值，压力表显示正常
	消防水泵接合器外观不应有缺陷。在设备的明显部位应设有耐久性铭牌标识，并应设注明所属系统和区域的标志牌。其内容应清晰、设置牢固
	消防水泵接合器应安装在便于消防车接近的人行道或非机动车行驶地段，距室外消火栓或消防水池取水口的距离应为15～40m。墙壁消防水泵接合器与墙面上的门、窗、孔、洞的净距离应大于2.0m，且未安装在玻璃幕墙下方；地下消防水泵接合器进水口与井盖底面的距离不应大于0.4m
	消防水泵接合器的阀门应常开，启闭应灵活，单向阀安装方向应正确，止回阀应严密关闭
	室外消火栓上部外露部分应涂红色漆，其色泽光滑均匀、无龟裂、划伤和碰伤。外表面醒目处应清晰地铸出型号、规格等永久性标志
	阀门处于最大开启位置时或当水压大于或等于0.1MPa时，排放余水装置不应有渗漏现象
	地下式消火栓应有明显标志，消火栓井内不应有积水，寒冷地区防冻措施应完好
	室外消火栓采用高压消防供水时，消火栓的出口水压力应满足最不利点消防供水要求；采用低压消防供水时，消火栓的出口压力不应小于0.1MPa。消火栓距路边不应大于2m，距房屋外墙不宜小于5m
	设置于地下的消火栓旁应设水带箱，箱内应配备2～6盘直径65mm的带快速接口的水带和2支19mm水枪及一把消火栓钥匙
	地下消火栓的顶部出水口与消防井底盖的距离不应大于0.4m，寒冷地区的地下消火栓应采取防冻措施
	水枪应采用耐腐蚀材料制造或其材料经防腐蚀处理，并满足相应使用环境和介质的防腐要求

续表

监督要点	监督内容
消防水系统	带有开关功能的水枪启闭装置应灵活。直流开关水枪在“开”“关”位置应有限位功能；球阀转换式直流喷雾水枪、球阀转换式多用水枪在“直流”和“喷雾”位置应有限位功能；带有弓形手柄的导流式直流喷雾水枪在“开”“关”位置应有限位功能
	消防水带接口表面应有型号、规格、商标或厂名等永久性标志。接口表面应进行阳极氧化处理或静电喷塑防腐处理，不存在缺陷
	消防水带与接口连接应牢固，使用时不应存在水带喷水情况
	水带的织物层应编织均匀，无跳经、纬线和划伤
	水带衬里的厚度应均匀，不应存在折皱和缺陷
	水带的存放和盘卷应便于应急情况下快速展开
	消防炮应采用耐腐蚀材料制造或其材料经防腐蚀处理
	消防炮的俯仰回转机构、水平回转机构、各控制手柄（轮）应操作灵活；消防炮的传动机构应安全可靠；消防炮的俯仰回转机构应具有自锁功能或锁紧装置
	消防阀井应有明显标志，井内无积水，阀门不应存在渗漏现象，寒冷地区防冻措施应完好
	井内阀门启闭操作灵活。消火栓给水管道上的阀门应处于常开状态
	消防给水及消火栓系统应有管理、检查检测、维护保养的操作规程；并应保证系统处于准工作状态。维护管理人员应掌握和熟悉消防给水系统的原理、性能和操作规程
	水源的维护管理应符合下列规定： ① 每季度应监测市政给水管网的压力和供水能力。 ② 每年应对天然河湖等地表水消防水源的常水位、枯水位、洪水位，以及枯水位流量或蓄水量等进行一次检测。 ③ 每年应对水井等地下水消防水源的常水位、最低水位、最高水位和出水量等进行一次测定。 ④ 每月应对消防水池、高位消防水池、高位消防水箱等消防水源设施的水位等进行一次检测；消防水池（箱）玻璃水位计两端的角阀在不进行水位观察时应关闭。 ⑤ 在冬季每天应对消防储水设施进行室内温度和水温检测
	消防水泵等供水设施的维护管理应符合下列规定： ① 每月应手动启动消防水泵运转一次，并应检查供电电源的情况。 ② 设有自动控制系统的消防水泵，每周应模拟消防水泵自动控制的条件自动启动消防水泵运转一次，且应自动记录自动巡检情况。 ③ 每日应对柴油机消防水泵的启动电池的电量进行检测，每周应检查储油箱的储油量，每月应手动启动柴油机消防水泵运行一次。 ④ 每季度应对消防水泵的出流量和压力进行一次试验
	阀门的维护管理应符合下列规定： ① 每月应对电动阀和电磁阀的供电和启闭性能进行检测。 ② 每季度应对室外阀门井中，进水管上的控制阀门进行一次检查，并应核实其处于全开启状态。 ③ 每天应对水源控制阀组进行外观检查，并应保证系统处于无故障状态。 ④ 对易污染、易腐蚀生锈的管道、阀门应定期清洁、除锈、注润滑剂
	每季度应对消火栓进行一次外观和漏水检查，发现有不正常的消火栓应及时更换

续表

监督要点	监督内容
消防水系统	每季度应对消防水泵接合器的接口及附件进行一次检查，并应保证接口完好、无渗漏、闷盖齐全
	设有过滤器的消防水系统每年应对系统过滤器进行至少一次排渣，并应检查过滤器是否处于完好状态，当堵塞或损坏时应及时检修
	每年应检查消防水池、消防水箱等蓄水设施的结构材料是否完好，发现问题时应及时处理
	消防给水及消火栓系统发生故障，需停水进行修理前，应向主管部门报告，并应取得主管的同意，同时应临场监督，应在采取防范措施后再动工
建筑消防设施	防火门的设置应该符合下列规定： ① 防火门表面应完整、均匀、平整、光滑、无破损，割角、拼缝应严实平整；钢板表面不应有凹痕或机械损伤，不应有假焊、漏焊、烧穿等现象。 ② 防火门应能自动闭合，双扇防火门应按顺序关闭；关闭后应能从内、外两侧人为开启。 ③ 常闭防火门开启后应能自动闭合，并处于常闭状态。 ④ 电动常开防火门，应在火灾报警后自动关闭并向消防控制室反馈信号。 ⑤ 设置在疏散通道上、并设有出入口控制系统的防火门，应能自动和手动解除出入口控制系统
	防火卷帘的设置应该符合下列规定： ① 防火卷帘应有永久性标牌，标牌的内容应正确完整。 ② 防火卷帘组件应齐全完好，紧固件不应有松动现象；运行时平稳顺畅、无卡涩现象。 ③ 现场手动启动防火卷帘内、外两侧防火卷帘控制器或手动控制装置上的控制按钮，防火卷帘上升、停止、下降等动作应正常，并向控制室消防控制设备反馈其动作信号。 ④ 在控制室消防控制设备上手动启动防火卷帘控制装置，防火卷帘停止、下降等动作应正常，并向消防控制设备反馈其动作信号。 ⑤ 用于分隔防火分区的防火卷帘，当其火灾探测器组的感烟、感温火灾探测器分别发出火灾报警信号后，防火卷帘应由上限位一次降至下限位全闭，并向控制室消防控制设备反馈其动作信号。 ⑥ 用于疏散通道、出口处的防火卷帘，当火灾探测器组的感烟探测器发出火灾报警信号后，防火卷帘应由上限位降至距地面 1.8m 处定位，并向控制室消防控制设备反馈中位信号。当火灾探测器组的感温探测器发出火灾报警信号后，防火卷帘应由中位降至下限位全闭，并向控制室消防控制设备反馈全闭信号
	消防应急照明系统的设置应符合下列规定： ① 消防应急灯具的设置应符合设计要求及竣工验收要求，运行状态正常。 ② 正常交流电源供电切断后，消防应急灯具应顺利转入应急工作状态，其应急转换时间不应大于 5s。对自带电源型消防应急灯具，切断正常供电的交流电源后，消防应急灯具能迅速转入应急工作状态。 ③ 消防应急灯具的应急工作时间不应小于 30min。 ④ 疏散用的消防应急照明灯，其地面最低水平照度不应低于 0.5lx；消防控制室、消防水泵房、防烟排烟机房、配电室和自备发电机房、电话总机房，以及发生火灾时仍需坚持工作的其他房间的应急照明，应能保证正常照明的照度。 ⑤ 对集中控制型的消防应急灯具，控制室消防控制设备应能以手动、自动方式启动消防应急灯具。当手动启动时，能使所有与其相连的消防应急灯具转入应急工作状态，能够接收和显示消防应急灯具的动作状态信号。 ⑥ 控制室消防控制设备处于自动状态时，接收到火灾报警信号后应及时启动消防应急灯具，并向控制室消防控制设备反馈其动作信号

续表

监督要点	监督内容
建筑消防设施	疏散通道和安全出口的设置应符合下列规定： ① 疏散通道的疏散距离、疏散通道宽度、疏散通道数量和安全出口的设置数量、宽度应符合规范的有关要求。 ② 疏散通道和安全出口设置的疏散门应向疏散方向开启，不应使用旋转门、侧拉门作为疏散门。 ③ 通往疏散楼梯间的门应为乙级防火门，常闭式防火门应经常保持关闭；需要经常保持开启状态的防火门，保证其火灾时能自动关闭；自动和手动关闭的装置应完好有效；平时需要控制人员出入或设有门禁系统的疏散门，应有保证火灾时人员疏散畅通的可靠措施。 ④ 疏散通道、安全出口应保持畅通，在使用和营业期间疏散出口、安全出口的门不应锁闭。 ⑤ 安全出口、疏散门不应设置门槛和其他影响疏散的障碍物，且在其 1.4m 范围内不应设置台阶。 ⑥ 安全出口、疏散门应设置消防应急照明、安全疏散标志，消防应急照明、安全疏散标志完好、有效、不被遮挡
	建筑消防设施应每年至少检测一次，检测对象包括全部系统设备、组件
	建筑消防设施的巡查应明确各类设施的巡查部位、频次和内容，并按照 GB 25201《建筑消防设施的维护管理》的要求填写建筑消防设施巡查记录表。消防安全重点单位每日巡查一次；其他非重点单位每周至少巡查一次
	建筑消防设施维护保养应制订计划，列明消防设施名称、维护保养的内容和周期，并落实计划内容
气体灭火系统	贮存灭火剂的容器型号规格应符合设计要求；灭火剂贮存容器外观不应有缺陷。每个容器应设有耐久性标识，标明贮存容器编号、皮重、容积、灭火剂名称、充装量、充装日期及贮存压力等
	保护同一防护区的灭火剂贮存容器的规格应一致，充装量和充装压力应相同；存储容器宜涂刷红色油漆，正面应标明设计规定的灭火剂名称和贮存容器的编号
	二氧化碳灭火剂贮存容器应设置泄漏极限报警装置，当二氧化碳泄漏量达到充装重量的 10% 时，能可靠发出声、光报警信号
	七氟丙烷、惰性气体灭火剂贮存容器应设称重装置，称重装置应有泄漏上限报警功能，当灭火剂压力损失 10% 时，能可靠报警，且符合设计要求
	在灭火剂贮存容器上或容器阀上，应设安全泄压装置和压力表。其泄压装置的泄压方向不应朝向操作面
	备用灭火剂贮存容器的数量应符合设计要求。备用贮存容器与主贮存容器应连接于同一集流管上，并设置自动切换装置
	容器阀外观不应有缺陷。在容器阀明显部位应设有耐久性标识，其内容清晰，设置牢固
	容器阀应设有手动操作装置并设有加铅封的安全销或防护罩
	选择阀外观不应有缺陷。在选择阀明显部位应设有耐久性标识，其内容清晰，设置牢固，标注出介质流动的方向
	选择阀操作手柄处应设固定、耐久性铭牌，标明对应防护区的名称或编号。手动操作装置应设有加铅封的安全销或防护罩

续表

监督要点	监督内容
气体灭火系统	单向阀外观不应有缺陷。在单向阀明显部位应设有耐久性标识，其内容清晰，设置牢固
	在容器阀与集流管之间的管道上应设单向阀。单向阀与容器阀或单向阀与集流管之间应采用高压软管或金属管连接，其连接应牢固可靠。液体单向阀的安装方向应与灭火剂流动方向一致
	驱动气瓶应固定在支、框架或箱体上，且牢固可靠便于操作
	驱动气瓶正面应标明驱动介质名称和对应防护区名称的编号
	在喷嘴明显部位应设有耐久性标识，其内容清晰。设置在有粉尘的防护区内的喷嘴，应增设在喷射时能自行脱落的防尘罩
	防护区应设有疏散通道与出口，并使人员在30s内撤出防护区
	防护区的门应向疏散方向开启并能自行关闭，疏散出口的门应能从防护区内打开
	防护区内的疏散通道与出口处，应设置应急照明灯具和疏散指示标志
	防护区内应设置火灾和灭火剂施放的声、光警报装置，并在每个入口处设置光警报器、施放指示灯和采用气体灭火系统的防护标识
	防护区外附近墙壁上（或其他部位）应设置紧急启动、中断按钮。火灾状态下，手动操作紧急启动按钮，应启动气体灭火装置；在延时阶段，手动操作紧急中断按钮，应中止灭火指令
	在经常有人的防护区内设置的无管网卤代烷、七氟丙烷灭火装置应有切断自动控制系统的手动装置
	灭火后的防护区应能通风换气。地下防护区和无窗或固定窗扇的地上防护区，应设置机械排风装置，具体检查参照建筑设施检查标准
	设有二氧化碳气体灭火系统的建筑物内，应配置专用的空气呼吸器或氧气呼吸器，在入口处设置手动、自动转换控制装置，在有人工作时应置于手动状态
	气体灭火系统应具备自动启动功能。当防护区内感烟火灾探测器分别发出火灾报警信号后，控制室消防控制设备应能接收并发出声、光报警信号，显示火灾探测器部位；当防护区内火灾探测器发出火灾报警信号后，控制室消防控制设备能再次接收并发出声、光报警信号，显示火灾探测器部位，同时防护区内声、光报警器报警，延时30s后，气体灭火装置应自动启动喷气，防护区外气体释放灯点亮，控制室消防控制设备有气体释放的反馈信号显示。在延时阶段，相关的防火门、窗、卷帘、通风空调系统及防火阀等应自动关闭，控制室消防控制设备有各部位动作信号显示
	气体灭火系统应具备远程启动功能。在控制室消防控制设备上手动启动任一防护区气体灭火装置，该防护区内声、光报警器应报警，延时30s后，气体灭火装置启动，控制室消防控制设备应有气体喷放的反馈信号显示；在延时阶段，相关的防火门、窗、卷帘、通风空调系统及防火阀等应自动关闭，控制室消防控制设备有各部位动作信号显示
	气体灭火系统应具备现场启动功能。手动启动防护区外紧急启动按钮，防护区内声、光警报器应报警，控制室消防控制设备接收并发出声、光报警信号，且显示启动按钮的部位，延时30s后，气体灭火装置应启动，控制室消防控制设备有气体喷放的反馈信号显示。在延时阶段，相关的防火门、窗、卷帘、通风空调系统及防火阀应自动关闭，控制室消防控制设备有各部位动作信号显示

续表

监督要点	监督内容
气体灭火系统	气体灭火系统应具备机械应急启动功能。在贮瓶间手动启动贮存容器的气体驱动装置（或启动贮存容器阀上的操作手柄），贮存容器开启，气体通过管路喷向防护区。气体管路上的压力信号装置应将其动作信号反馈到控制室消防控制设备
	系统应具备紧急中断功能。当防护区内火灾探测器报警后（或防护区外紧急启动按钮启动后，或控制室消防控制设备紧急启动后），在延时的 30s 内，启动防护区外（或控制室消防控制设备上）的紧急中断按钮，中止灭火指令，控制室消防控制设备应有紧急中断动作的信号显示
	应按检查类别规定对气体灭火系统进行检查，检查中发现的问题应及时处理
	每日应对低压二氧化碳储存装置的运行情况、储存装置间的设备状态进行检查并记录
	每月检查应符合下列要求： ① 低压二氧化碳灭火系统储存装置的液位计检查，灭火剂损失 10% 时应及时补充。 ② 高压二氧化碳灭火系统、七氟丙烷管网灭火系统及 IG541 灭火系统等的检查内容及要求应符合下列规定： ——灭火剂储存容器及容器阀、单向阀、连接管、集流管、安全泄放装置、选择阀、阀驱动装置、喷嘴、信号反馈装置、检漏装置、减压装置等全部系统组件应无碰撞变形及其他机械性损伤，表面应无锈蚀，保护涂层应完好，铭牌和保护对象标志牌应清晰，手动操作装置的防护罩、铅封和安全标志应完整。 ——灭火剂和驱动气体储存容器内的压力，不得小于设计储存压力的 90%。 ③ 预制灭火系统的设备状态和运行状况应正常
	每季度应对气体灭火系统进行一次全面检查，并应符合下列规定： ① 可燃物的种类、分布情况，防护区的开口情况，应符合设计规定。 ② 储存装置间的设备、灭火剂输送管道和支、吊架的固定，应无松动。 ③ 连接管应无变形、裂纹及老化。 ④ 各喷嘴孔口应无堵塞
	每年应对每个防护区进行一次模拟启动试验
	低压二氧化碳灭火剂储存容器的维护管理应按国家现行 TSG R0005《移动式压力容器安全技术监察规程》的规定执行；钢瓶的维护管理应按国家现行 TSG 23《气瓶安全技术规程》的规定执行。灭火剂输送管道耐压试验周期应按 TSG D7004《压力管道定期检验规则　公用管道》的规定执行
移动式灭火器	灭火器的产品质量必须符合国家有关产品标准的要求
	灭火器的类型、规格、灭火级别和配置数量应符合 GB 50140《建筑灭火器配置设计规范》等配置设计规范要求。灭火器配置应与场所危险性相适应；当场所使用性质发生变化时，应及时进行调整；在同一灭火器配置单元内，采用不同类型灭火器时，其灭火剂应能相容，选用灭火器时还应考虑灭火剂与当地消防车采用的灭火剂相容
	灭火器的保护距离应符合 GB 50140《建筑灭火器配置设计规范》的规定，并应保证任一点都在灭火器的保护范围内
	露天生产装置当设有固定式或半固定式消防系统时，按应配置数量的 30% 设置。手提灭火器的保护距离不宜大于 9m

续表

监督要点	监督内容
移动式灭火器	生产区内扑救可燃气体、可燃液体火灾宜选用钠盐干粉灭火剂，扑救可燃固体表面火灾应采用磷酸铵盐干粉灭火剂。控制室、机柜间、计算机室、电信站、化验室等宜设置气体型灭火器
	灭火器应按照设计提供的配置图表定置放置
	灭火器应放置在便于取用的场所，且不得影响安全疏散
	手提式灭火器应设置在灭火器箱内或挂钩、托架上，或放置在干燥、洁净的地面上
	设置在室外的灭火器应采取防湿、防寒、防晒等相应保护措施。当设置在潮湿性或腐蚀性的场所时，应采取防湿或防腐蚀措施
	在有视线障碍的设置点设置灭火器时，应在醒目的地方设置指示灭火器位置的发光标志；在灭火器箱的箱体正面和灭火器设置点附近的墙面上应设置指示灭火器位置的标志
	推车式灭火器应设置在平坦场地。在没有外力作用下，推车式灭火器不得自行滑动。当设有防止自行滑动的固定措施时，不应影响其操作使用和正常行驶移动
	灭火器箱不应被遮挡、上锁或拴系；箱内应干燥、清洁。箱门开启应方便灵活，开启后不得阻挡人员安全疏散。开门型灭火器箱的箱门开启角度应不小于 175°，翻盖型灭火器箱的翻盖开启角度应不小于 100°，不影响取用和疏散的场合除外
	灭火器的器头应向上，铭牌应朝外
	灭火器的铭牌应清晰明了，无残缺。铭牌上灭火剂、驱动气体的种类、充装压力、总质量、灭火级别、制造厂名和生产日期或维修日期等标志及操作说明应齐全
	灭火器的铅封、销闩等保险装置不应损坏或遗失
	灭火器的筒体无明显的损伤、缺陷、锈蚀及泄漏
	灭火器喷射软管应完好，无明显龟裂，喷嘴不堵塞
	灭火器的驱动气体压力应在工作压力范围内
	灭火器的零部件应齐全，并且无松动、脱落或损伤
	灭火器应未开启、喷射过
	灭火器的配置、外观等应按 GB 50444《建筑灭火器配置验收及检查规范》的要求每月进行一次检查
	装置所配置的灭火器，应按本标准的要求每半月进行一次
	水基型灭火器出厂期满三年应进行维修，首次维修后每满一年应进行维修；干粉、洁净气体、二氧化碳灭火器出厂期满五年应进行维修，首次维修后每满两年应进行维修
	每次送修的灭火器数量不得超过计算单元配置灭火器总数量的 1/4。超出时，应选择相同类型和操作方法的灭火器替代，替代灭火器的灭火级别不应小于原配置灭火器的灭火级别
	有下列情况之一的灭火器应进行强制报废： ① 筒体严重锈蚀，锈蚀面积大于或等于筒体总面积的 1/3，表面有凹坑。 ② 筒体明显变形，机械损伤严重。

续表

监督要点	监督内容
移动式灭火器	③ 器头存在裂纹，无泄压机构。 ④ 筒体为平底等结构不合理。 ⑤ 没有间歇喷射机构的手提式灭火器。 ⑥ 没有生产厂名称和出厂年月，包括铭牌脱落，或虽有铭牌，但已看不清生产厂名称，或出厂年月钢印无法识别。 ⑦ 筒体有锡焊、铜焊或补缀等修补痕迹。 ⑧ 被火烧过
	水基型灭火器出厂时间达到六年，干粉、洁净气体灭火器出厂时间达到 10 年，二氧化碳灭火器出厂日期达到 12 年应进行报废
火灾自动报警系统	火灾自动报警系统应设有自动和手动两种触发装置
	具有消防联动功能的火灾自动报警系统应设置消防控制室。具有两个及两个以上消防控制室时，应确定主控制室和分控制室。主控制室的消防设备应对系统内共用及分控制室的消防设备及进行控制，并显示其状态信息。各分消防控制室内的控制和显示装置之间可以相互传输、显示状态信息，但不应互相控制
	每个报警区域内的模块应相对集中设置在本报警区域内的金属模块箱中，严禁设置在配电（控制）柜（箱）内。未集中设置的模块附近应有明显的标识
	系统设备及组件应按规定周期委托具备资质的机构进行检测、标定，并留存检测、标定记录
	火灾自动报警系统应设有交流电源和蓄电池备用电源；交流电源应采用消防电源；系统主电源不应设置剩余电流动作保护和过负荷保护装置；蓄电池组的容量应保证火灾自动报警及联动控制系统在火灾状态同时工作负荷条件下连续工作 3h 以上。主电源断电及恢复供电时，应能自动转换，并应分别显示主、备电源状态
	消防控制室内应设置控制室图形显示装置、火灾报警控制器、消防联动控制器、消防电话总机、消防应急广播控制装置、消防应急照明和疏散指示系统控制装置、消防电源监控器等设备，或具有相应功能的组合设备
	消防控制室送、回风管的穿墙处应设防火阀
	消防控制室内严禁有与其无关的电气线路及管路穿过
	消防控制室内设备的布置应符合下列规定： ① 设备面盘前的操作距离单列布置时不应小于 1.5m，双列布置时不应小于 2m。 ② 在值班人员经常工作的一面，设备面盘至墙的距离不应小于 3m。 ③ 设备面盘后的维修距离不宜小于 1m。 ④ 设备面盘的排列长度大于 4m 时，其两端应设置宽度不小于 1m 的通道。 ⑤ 与其他弱电系统合用的消防控制室内，消防设备应集中设置，并应与其他设备之间有明显间隔
	消防控制室内应保存下列纸质和电子档案资料： ① 建（构）筑物竣工后的总平面布局图、消防设施平面布置图、消防设施系统图及安全出口布置图、重点部位位置图等。 ② 包括消防设施的类型、数量、状态等内容的消防设施一览表。

续表

监督要点	监督内容
	③ 消防系统控制逻辑关系说明、设备使用说明书、系统操作规程、系统和设备维护保养制度等。 ④ 消防安全管理规章制度、应急灭火预案、应急疏散预案等。 ⑤ 包括消防安全责任人、管理人、专职、志愿消防人员等内容的消防安全组织结构图。 ⑥ 消防安全培训记录、灭火和应急疏散预案的演练记录。 ⑦ 值班情况、消防安全检查情况及巡查情况的记录。 ⑧ 设备运行状况、接报警记录、火灾处理情况、设备检修检测报告等资料
	消防控制室日常管理应符合下列要求： ① 确保 24h 有不少于两名具备相应专业资质的人员值班。 ② 确保火灾自动报警系统、灭火系统和其他联动控制设备处于正常工作状态。 ③ 确保高位消防水箱、消防水池、气压水罐等消防储水设施水量充足。 ④ 确保消防泵出水管阀门、自动喷水灭火系统管道上的阀门常开。 ⑤ 确保消防水泵、防排烟风机、防火卷帘等消防用电设备的配电柜开关处于自动（接通）位置
	火灾报警控制器应设置在消防控制室或有人值班的场所
	火灾报警控制器应能接收火灾探测器及其他火灾报警触发器件的火灾报警信号，在 10s 内发出火灾报警声、光信号，指示火灾发生部位，记录火灾报警时间，并予以保持，直至手动复位
	火灾报警控制器在火灾报警状态下应发出火灾报警信号，并 3s 内应启动相关的控制输出，并能控制火灾声光警报器的启动和停止
火灾自动报警系统	火灾报警控制器应能显示火灾探测器、火灾显示盘、手动火灾报警按钮的正常工作状态、火灾报警状态、屏蔽状态及故障状态等相关信息
	火灾报警控制器的火灾报警、故障报警、自检、显示与计时功能应运行正常；触发自检键，应能够对面板上所有的指示灯、显示器和音响器件等进行功能自检
	消防专用电话网络应为独立的消防通信系统，通话音质应清晰
	消防控制室应设置消防专用电话总机，并符合下列规定： ① 应能与各消防电话分机通话，并具有插入通话功能。 ② 应能接收来自消防电话插孔的呼叫，并能通话。 ③ 应有消防电话通话录音功能。 ④ 应能显示消防电话的故障状态，并能将故障状态信息传输给消防控制室
	消防水泵房、发电机房、配变电室、计算机网络机房、主要通风和空调机房、防排烟机房、灭火控制系统操作装置处或控制室、企业消防站、消防值班室、总调度室、消防电梯机房，以及其他与消防联动控制有关的、且经常有人值班的机房应设置消防专用电话分机。消防专用电话分机应固定安装在明显且便于使用的部位，应有区别于普通电话的标识
	消防控制室、消防值班室等处，应设置可直接报警的外线电话
	集中报警系统和控制中心报警系统应设置消防应急广播
	应急广播的数量及功率符合相关标准和消防应急的实际需要。在环境噪声大于 60dB 的场所设置的扬声器，在其播放范围内最远点的播放声压级应高于背景噪声 15dB

续表

监督要点	监督内容
火灾自动报警系统	火灾探测器的选择应符合 GB 50116—2013《火灾自动报警系统设计规范》，并与保护场所火灾特性相适应
	火灾探测器外观完好，处于正常工作状态
	设置火灾自动报警系统的场所，每个防火分区应至少设置一只手动火灾报警按钮，从一个防火分区内的任何位置到最近的手动火灾报警按钮的步行距离不应大于 30m。手动火灾报警按钮应设置在疏散通道或出入口处
	手动火灾报警按钮应设置在明显和便于操作的部位。当安装在墙上时，其底边距地高度宜为 1.3～1.5m，且应有明显的标志
	手动火灾报警按钮被触发时，应向报警控制器输出火警信号；同时启动按钮的报警确认灯，应能手动复位
	火灾自动报警系统应设置火灾警报器。火灾警报器接收信号后应发出警报，并在确认火灾后启动建筑内的所有火灾警报器
	当火灾声警报器设置带有语音提示功能时，应同时设置语音同步器
	同一建筑内设置多个火灾声警报器时，火灾自动报警系统应能同时启动和停止所有火灾声警报器工作
	火灾光警报器应设置在每个楼层的楼梯口、消防电梯前室、建筑内部拐角等处的明显部位，且不宜与安全出口指示标志灯具设置在同一面墙上
	火灾警报器设置在墙上时，其底边距地面高度应大于 2.2m
	火灾警报器声压级应大于 60dB；在环境噪声大于 60dB 的场所，其声压级应高于背景噪声 15dB

附表 2-7 天然气净化厂承包商管理监督检查表

监督要点	监督内容
机构与职责	① 组织与承包商签订 HSE 合同并督促履行。 ② 保障建设项目所需的安全投入、施工环境、安全监督人员配备。 ③ 根据职责权限组织承包商相关资质、技术装备、人员资质能力等准入审查。 ④ 负责组织承包商入场前 HSE 培训。 ⑤ 负责组织设计、施工方案中风险识别及防范措施审查。组织或参与承包商“四新”HSE 风险评估。 ⑥ 组织专业部门与安全环保部门对承包商开展现场 HSE 监督、检查，提供 HSE 咨询和指导，考核承包商 HSE 业绩。 ⑦ 组织属地单位履行承包商属地管理责任，监督落实 HSE 管理措施，配合开展承包商考核。 ⑧ 配合承包商、承租方安全环境事故事件的调查处理工作
承包商准入与选择监督管理	对承包商实行准入管理，按照承包商资质、业务、风险等级建立量化、可操作的承包商准入与考核评价标准

续表

监督要点	监督内容
承包商准入与选择监督管理	对承包商准入的HSE资质进行审查，内容主要包括有关安全、环保认证或资质、HSE监督管理机构设置、HSE管理体系、HSE资源保障和主要负责人、项目负责人、HSE监督管理人员、特种作业人员资质证书，以及近三年HSE业绩证明等有关资料
	有下列情形之一的外部承包商，所属企业不得办理企业市场准入： ① 已纳入“黑名单”尚未整改的外部承包商，所属企业应实行市场禁入管理。 ② 外部承包商主要负责人、分管安全生产负责人、安全管理人员、施工项目负责人等关键管理岗位人员未按中国石油集团要求经过HSE培训或培训不合格的，所属企业不得给予办理市场准入
	按照《中国石油天然气股份有限公司招标管理办法》规定选用承包商，满足招标条件的项目应通过招标方式选取、符合可不招标事由的可通过其他方式选取
	招标文件中应包括承包商遵守的HSE标准与要求、执行的工作标准、人员的专业要求和行为规范、HSE工作目标、项目可能存在的HSE风险，以及列出HSE费用项目清单，HSE费用应满足有关标准规范及现场风险防范的要求
	承包商投标文件中应包括施工作业过程中存在风险的初步评估、HSE作业计划书、安全环保技术措施和应急预案，以及单独列支HSE费用使用计划等招标文件要求的相关内容
	项目业主单位应根据项目的特点和风险，与承包商签订安全生产（HSE）合同或协议，约定相应的HSE条款
	按照有关规定不需要单独签订安全生产（HSE）合同或协议的，在工程服务合同中应具有HSE条款要求
	安全生产（HSE）合同或协议应与项目服务合同同时谈判、同时报审、同时签订、同时履行
	安全生产（HSE）合同或协议中至少应当约定以下内容： ① 工程概况：对项目作业内容、要求及其危害进行基本描述。 ② 项目业主单位安全环保权利和义务。 ③ 承包商安全环保权利和义务。 ④ 双方安全环保违约责任与处理。 ⑤ HSE设施和施工条件。 ⑥ 隐患排查与治理。 ⑦ HSE教育与培训。 ⑧ 事故应急救援。 ⑨ HSE检查与考评。 ⑩ 合同争议的处理。 ⑪ 合同的效力。 ⑫ 特殊要求及项目特殊风险与其应采取的防控措施，以及其他有关安全生产方面的事宜。 ⑬ 应明确HSE保护费用项目清单及金额或比例。承包方应明确为从业人员缴纳工伤保险等费用
	实行总承包的项目，总承包商与分包商签订工程服务合同的同时，应签订安全生产（HSE）合同或协议，同时应约定双方在HSE方面的权利和义务，并报送项目业主单位备案

续表

监督要点	监督内容
承包商准入与选择监督管理	项目业主单位应当对同一时间、同一作业区域内的不同承包商作业队伍明确各方相对独立的作业区域范围。对高风险作业区域按规定建立安全生产“区长”挂牌制
	两个及以上承包商在同一作业区域内进行交叉施工作业的，由项目业主单位组织作业项目区域内的承包商互相签订安全生产（HSE）合同或协议，明确作业界面和各自的 HSE 管理职责、采取的 HSE 措施。存在分包商交叉作业的项目，由总承包商组织签订安全生产（HSE）合同或协议，并报所属企业项目业主单位备案
承包商入场前监督管理	承包商应根据项目安全施工的需要，入厂（场）前对参加项目的所有员工（包括分包商员工）进行 HSE 培训和考核。承包商应将培训和考试记录报送项目业主单位备案，项目业主单位对培训效果进行验证。对有下列情形之一的，还应及时进行 HSE 培训。 ① 员工新入职、离开工作区域六个月以上、调整工作岗位的。 ② 工艺、工具和设备变更。 ③ 作业环境变化。 ④ 采用新工艺、新技术、新材料、新设备的
	对承包商关键岗位人员，以及参加项目的所有员工进行入厂（场）施工作业前的 HSE 教育，HSE 教育包括承包商 HSE 监督管理、项目主要风险、安全注意事项、划定的施工区域、应急联动、特定个人防护装备的使用、非常规与高风险作业、关键作业程序和关联工艺等内容。承包商人员考核合格后，方可入厂（场）施工作业。教育培训与考核资料应存档备查。作业条件、HSE 管理发生变化时，应及时组织再教育培训
	在外部承包商入厂（场）前，组织工程、技术、设备、安全、合同、人事等相关业务部门，对施工方案、参与施工作业人员的资格能力、设备设施安全性能，以及 HSE 组织架构、教育培训和管理制度等进行审核评估。内部承包商按照能力准入评估的标准，自行开展评估工作，并将评估结果报项目业主单位备案，项目业主单位对评估情况进行验证
	承包商能力准入评估结束后，项目业主单位应出具评估意见。督促承包商对施工方案、人员资格能力、设备设施安全性能等存在的问题限期整改，整改合格后方可开工
	① 是否按照制度流程规范开展了承包商人员资格能力准入评估。 ② 核查承包商人员是否与投标文件保持一致，人员变更是否履行变更程序。 ③ 核查承包商所有人员的基本信息、健康体检证明和安全生产责任险，以及相关资格证书和接受项目业主单位、承包商施工作业前 HSE 教育培训记录。 ④ 核查项目主要负责人、分管负责人、管理人员、技术人员的工作履历和社会保险证明
	开展承包商设备设施安全性监督检查，监督重点内容为： ① 项目业主单位是否按照制度流程规范开展了承包商设备设施安全性评估。 ② 核查主要工具设备设施是否与投标文件、HSE 作业计划书、施工组织设计保持一致，核查内容包括设备名称、型号规格、操作规程、检验检测合格证明、维护保养记录等。 ③ 检查设备完整性，安全附件是否完好，并现场进行必要的试运行。 ④ 检查处于施工作业区域内的临时营地的卫生、消防、用电设施，危险物品、固体废弃物、生活污水存储设施，以及劳动防护用品、必要的医疗设施和相关药品等
	开展承包商 HSE 组织架构和管理制度监督检查，监督重点内容为： ① 项目业主单位是否按照制度要求开展了承包商 HSE 组织架构和管理制度准入能力评估。 ② 核查 HSE 组织架构是否与招投标文件保持一致。

续表

监督要点	监督内容
承包商入场前监督管理	③ 核查承包商是否按规定和合同约定确定项目适用的 HSE 管理制度，并提供有效的文本。 ④ 核查是否签订安全生产（HSE）合同或协议、工程项目 HSE 承诺书。 ⑤ 核查施工组织设计（方案）、HSE 作业计划书、开工报告是否得到批复，承包商是否对其员工进行了 HSE 交底。 ⑥ 核查是否编制了 HSE 费用使用计划。 ⑦ 核查施工作业人员施工期间 HSE 培训计划
施工作业过程监督管理	提供符合规定要求的安全生产条件，对承包商进行 HSE 交底或者生产与施工的界面交接，同时提供项目存在的危害和风险、地下工程资料、邻井资料、施工现场及毗邻区域内环境情况等有关资料，并保证资料的真实、准确、完整
	总承包商应组织分包商、应急救援协作单位等项目相关方召开施工准备 HSE 交底会议，布置具体的 HSE 工作要求。对于存在多方协同作业、交叉作业，以及起重吊装、焊接切割、管道试压、管沟作业、电气检修等事故多发高风险作业的项目，总承包商应严格方案审查、安全交底及作业环节管控
	对承包商施工作业项目进行公示，对施工作业过程进行 HSE 监管，利用承包商信息管理系统提供的承包商信息制订监管方案，明确 HSE 监管措施、监督方式等；利用视频监控、监督助手等工具对承包商实施现场数字化、智能化监督
	根据风险等级向项目派驻监督人员，必要时可以聘用第三方 HSE 监督团队对项目进行监督。专业监督、监理应代表所属企业或项目业主单位负责对项目实施质量、技术、安全、环保“一体化”监督，突出对承包商现场作业环节进行监管
	明确承包商项目施工作业的重要环节、关键工序与特殊时段，针对项目风险及控制措施要求等情况，匹配监督资源、部署监督力量。需要进行旁站监督的关键作业、高危作业，要安排监督（理）按照规定实施旁站监督（理）
	定期检查监督机构及现场监督在承包商施工作业过程中的 HSE 职责履行情况，包括 HSE 交底、必要的安全生产条件、入厂（场）前 HSE 教育培训、日常 HSE 检查落实、严重违章行为处罚、重大隐患整改验证、应急管理、事故（事件）管理等情况
	应对承包商施工作业过程开展日常监督检查，重点监督事项包括： ① 承包商的入厂（场）施工作业人员与施工作业前能力准入评估结果是否一致、劳动防护用品使用、HSE 教育培训计划落实、资格证书有效性等情况。 ② 现场的设备设施与施工作业前能力准入评估结果是否一致、安全附件是否齐全、检验检测是否合格、运行状态是否完好等情况。 ③ 检查项目规章制度和操作规程执行、施工方案执行、开工证明和基本安全生产条件、安全技术交底、班前班后会、项目 HSE“两书一表”、作业许可办理、变更管理、应急预案培训与演练、应急资源配备、作业环境、清洁生产、污染防治设施等情况。 ④ 检查事故隐患整改、违章行为查处、HSE 费用使用、事故事件报告及处理等情况。 ⑤ 检维修服务项目生产交付检修和检修交付生产的界面验收与环境确认。 ⑥ 对工程监理、工程监督、安全监督的履职情况进行监督检查。 ⑦ 对承包商在所属企业生产区域内是否存在从事与施工任务无关或者非必须的作业事项进行监督检查。 ⑧ 其他需要监督的内容

续表

<table>
<tr><th>监督要点</th><th>监督内容</th></tr>
<tr><td rowspan="3">施工作业过程监督管理</td><td>施工作业现场应实行封闭管理，出入口设置门岗值班，凭证入场。固定作业场所和有条件的野外施工现场设置门禁，其他现场必须设置专人进行出入登记</td></tr>
<tr><td>发现承包商违反合同或协议约定的，偏离要求遵守的 HSE 规章制度和技术标准的，应当及时通知其采取措施予以改正；属于违章应现场告知，并纳入对承包商的业绩评价中，在合同结算时兑现；发现存在事故隐患无法保证安全的，或者发现危及员工生命安全的紧急情况时，应当责令停止作业或者停工。责令停工期间，承包商应按照要求进行整改，经验收合格后方可复工</td></tr>
<tr><td>承包商发生生产安全事故和环境事件后，应采取防止事故扩大和应急处置措施，保护事故现场，并按照有关规定向项目业主单位和地方政府有关部门报告。内部承包商发生生产安全事故和环境事件的，内部承包商、项目业主单位应同时按照规定程序进行上报</td></tr>
<tr><td rowspan="8">HSE 绩效评估监督管理</td><td>结合实际建立完善的承包商 HSE 绩效评估体系，按照专业属性及风险高低建立量化、可操作的考核评价标准，制定评估细则、评分标准，明确评估内容、方法和频次，按照施工能力或安全环保绩效及年度合同执行情况，对承包商进行综合评价与考核</td></tr>
<tr><td>对承包商进行 HSE 绩效年度及项目完成绩效评估，并将评估结果上报。评估内容主要包括：HSE 合同或协议及承诺履行、人员安全履职能力、设备设施本质安全性能、现场文明施工（现场标准化）、日常 HSE 管理、HSE 作业计划书执行、HSE 教育培训落实、HSE 费用使用、“三违”查处和事故隐患整改、事故（事件）管理、奖惩等情况</td></tr>
<tr><td>承担多个项目的承包商年度 HSE 绩效评估结果为其承包的所有项目 HSE 绩效得分的加权平均值；对同一专业领域内跨多个二级单位使用的承包商，由各企业依据二级单位上报的 HSE 绩效评估结果进行综合评估</td></tr>
<tr><td>对内部承包商可结合 HSE 管理体系审核的方式进行 HSE 绩效评估</td></tr>
<tr><td>根据承包商年度 HSE 绩效评估得分情况，将承包商分为优秀、合格、观察使用和不合格四个等级，并公开评估结果</td></tr>
<tr><td>将承包商 HSE 绩效评估结果及时上传中国石油集团承包商信息管理平台</td></tr>
<tr><td>严格承包商 HSE 绩效评估结果应用，对承包商实施末位淘汰制度。应将承包商 HSE 绩效评估结果作为选择使用承包商的依据：
①对“优秀”级承包商给予有效激励，连续三年被评为优秀级的承包商队伍，可作为长期战略合作伙伴，同等条件下优先选择。
②应加强“合格”级承包商管理，指导“合格”级承包商开展管理提升与改进，推动承包商提升 HSE 管理水平。
③对评级为“观察使用”的承包商应给予黄牌警示，外部承包商自黄牌警示公告日起一年内或在其整改合格后通过评估验收前不得允许其参与投标；内部承包商在整改合格并通过评估验收后方可参与企业项目投标。
④应严格执行承包商“黑名单”制度。对评级为“不合格”的承包商及其主要负责人、项目主要负责人纳入“黑名单”管理，自“黑名单”公告日起两年内或在其整改合格并通过评估验收前不得允许其重新申请准入</td></tr>
<tr><td>外部承包商存在下列情形之一的，由承包商主管部门按照有关规定予以清退，并纳入“黑名单”：
①近两年来，发生一般 A 级及以上工业生产安全责任事故的，或发生较大环境污染事件和生态破坏事件的。</td></tr>
</table>

续表

监督要点	监督内容
HSE 绩效评估监督管理	② 被政府负有监督管理职责的部门认定纳入“黑名单”的。 ③ 没有组织机构或者组织机构不健全，或者队伍配置不符合中国石油集团标准的。 ④ 设备装置配置及其安全性能不符合技术要求的。 ⑤ 关键作业和管理人员资质不符合国家有关要求，或者人员能力无法满足专业需求及安全生产需要的。 ⑥ 提供虚假安全资质材料和信息，骗取准入资格的。 ⑦ 现场管理混乱、隐患不及时治理，不能保证生产安全的。 ⑧ 违反国家有关法律、法规、规章、标准及中国石油集团有关规定，拒不服从管理的。 ⑨ 一年以内，收到政府部门两次及以上行政处罚的。 ⑩ 存在发生事故隐瞒不报、谎报，或者伪造、故意破坏事故现场的，或者转移、隐匿、伪造、毁灭有关证据的，或者主要负责人逃逸等行为的

附表 2-8　危险化学品基础管理监督检查表

序号	监督要点	监督内容
1	销售和采购	应从具有危险化学品经营许可证的经营单位采购危险化学品
		购买易制毒、剧毒化学品时，物资采购管理部门应向当地辖区公安局申请领取准购证
		销售、采购的危险化学品必须具有标识、标签并有可追溯性。供货方应提供化学品安全技术说明书和化学品安全标签，外文应翻译成中文
2	使用和储存	危险化学品单位应向周围单位和居民宣传有关危险化学品的防护知识和发生事故的急救办法
		使用、储存危险化学品的单位应分类建立危险化学品台账，账实相符。同时，应按其化学性质分类、分区存放，并有明显的标志
		使用危险化学品的单位应根据实际编制相应的操作规程，设置工艺控制卡并严格执行
		使用危险化学品的装置应有可靠的温度、压力、流量、液面等参数控制手段，参数在控制范围内
		使用危险化学品的装置应有可靠的供电、供气（汽）、供水等公用工程系统，特别危险场所应设置紧急停车系统（ESD）、双电源或备用电源，重要的仪表应设置不间断电源（UPS）
		生产装置正常排放和事故排放的可燃物或有毒物应经过回收、燃烧或中和处理，不应对大气、河流、地面直排
		使用危险化学品的场所，应配备相应的消防设施、防护器材和应急处理的工具、装备
		危险化学品的包装内应附化学品安全技术说明书，包装上有化学品安全标签。化学品安全技术说明书和化学品安全标签所载明的内容应当符合国家标准的要求

续表

序号	监督要点	监督内容
2	使用和储存	使用、储存危险化学品的单位，应当根据危险化学品的种类和危险特性，在作业场所设置相应的监测、监控、通风、防晒、调温、防火、灭火、防爆、泄压、防毒、中和、防潮、防雷、防静电、防腐、防泄漏，以及防护围堤或者隔离操作等安全设施、设备，并按照国家标准、行业标准或者国家有关规定对安全设施、设备进行经常性维护、保养，确保正常使用
		储存、使用、经营危险化学品的单位应当具备法律、行政法规规定和国家标准、行业标准要求的安全条件，建立、健全安全管理规章制度和岗位安全责任制度，对从业人员进行安全教育和岗位技术培训
		使用、储存危险化学品的单位，应当在其作业场所和安全设施、设备上设置明显的安全警示标志
		使用、储存危险化学品的单位，应当在其作业场所设置通信、报警装置，并保证处于适用状态
		危险化学品应当储存在专用仓库、专用场地或者专用储存室（以下统称专用仓库）内，并由专人负责管理；剧毒化学品及储存数量构成重大危险源的其他危险化学品，应当在专用仓库内单独存放，并实行双人收发、双人保管制度
		相互接触能引起燃烧、爆炸或灭火方法不同等问题的化学危险物品，不得同库储存，存储易爆品库房应有足够的泄压面积和良好的通风设施。对于禁止冻、晒的危险化学品，应有防冻、防晒设施；对储存温度要求较低的危险化学品，储存设施应有降温设施；对储存遇湿易溶解、燃烧、爆炸的物品，应有防潮、防雨措施
		严格执行危险化学品出入库管理制度，建立危化品出入库记录，设专人管理，定期对库存危险化学品进行检查，做好检查记录。严格核对、检验进出库物品的规格、质量、数量，并登记和做好记录。对无产地、无安全标签、无安全技术说明书和检验合格证的物品不得入库
		储存易燃和可燃化学品的仓库、露天堆垛附近，不准进行试验、分装、封焊、维修、动火等作业
		氧化剂或具有氧化性的酸类物质不能与易燃物品储存于同一仓库
		盛装性质相抵触气体的气瓶不可储存在同一仓库
		危险化学品与普通物品储存在同一仓库时，应保持一定距离
		易燃气体等危险化学品不可在低洼、潮湿仓库或露天场地堆放
		危险化学品的包装容器应当牢固、密封，发现破损、残缺、变形和物质变质、分解等情况时，应及时处理
		贮存易燃、易爆化学危险品的建筑，应安装避雷设备
		储存化学危险品的建筑应安装通风设备，通风管应采用非燃烧材料制作

续表

序号	监督要点	监督内容
2	使用和储存	储存化学危险品的建筑通排风系统应设有导除静电的接地装置
		遇火、遇热、遇潮能引起燃烧、爆炸或发生化学反应，产生有毒气体的危险化学品，不得在露天或在潮湿、积水的建筑物中储存
		易燃气体不得与助燃气体、剧毒气体同储，氧气不得与油脂混合储存
3	运输	危险化学品道路运输企业的驾驶人员、装卸管理人员、押运人员应经主管部门考核合格，取得从业资格，车上应安装 GPS
		禁止用叉车搬运易燃、易爆气体等危险化学品
4	处置	剧毒物品的包装废弃物，应由专人负责管理，统一销毁，销毁时应在安全、环保、公安等有关部门的监护下进行
		凡拆除的容器、设备和管道内有危险化学品时，应清理干净并检查合格后方可报废
		闲置不用的危险化学品应按规定处置。对失效过期，已经分解、理化性质改变的危险化学品，不得转移，应组织销毁
		不准将废弃危险化学品倾倒入下水井、地面和江河，危险废物应集中存放并做好标识；批量销毁危险化学品、危险废液时，应委托有资质的单位完成，双方签订协议，明确各自的责任、义务和完成时限，不能将危险化学品私自转移、变卖
5	应急管理	从事经营、储存、使用危险化学品的单位应建立应急体系，制订应急预案，配备应急处置救援人员和必要的应急救援器材、设备，并定期组织演练。应急预案要报所在地的安全生产监督管理部门备案
		各种危险化学品的应急、消防、急救等措施应与对应的化学品安全技术说明书一致
		针对可能存在的危险化学品应急知识，对周边居民进行宣传

附表 2-9　气瓶（含标气瓶）管理监督检查表

序号	监督要点	监督内容
1	资质	空气呼吸器充装人员应当经省、自治区、直辖市的特种设备安全监督管理部门许可，方可从事充装活动
2	出入库	气瓶使用单位对气瓶入库与发放实行登记（气瓶类别、编号、外观检查、入库和出库时间及领用单位、管理负责人等）
3	外观	气瓶外观无机械性损伤、严重腐蚀、变形、裂纹等严重缺陷；气瓶的附件（防震圈、瓶帽、瓶阀）是否齐全、完好；气瓶钢印完好，盛装气体一致，是否定期检验
4	漆色及标志	气瓶表面漆色、字样和色环标记符合规定，有气瓶警示标签；乙炔（白色瓶身，大红字体）、氢气（淡绿，大红字体）、氧气（淡蓝，黑色字体）、氮气（黑色，淡黄字体）、甲烷（棕色，白色字体）、氩气和氦气（银灰，深绿字体）、硫化氢（银灰，大红字体）、二氧化硫（银灰，黑色字体）

续表

序号	监督要点	监督内容
5	储存	仓库内不应有地沟、暗道，不应有明火和其他热源，仓库应通风、干燥、避免阳光直射，库房门口有醒目的安全标志
		盛装毒性气体或相互接触后能引起燃烧、爆炸及产生毒物的气瓶，要分库存放
		空瓶与实瓶应分开放置，并有明显标志；瓶内气体相互接触能引起燃烧、爆炸、产生毒物的气瓶，应分室存放，并在附近设置防毒用具或消防器材
		气瓶放置应整齐立放，佩戴好瓶帽，妥善固定，有可靠的防倾倒措施
		存放易燃易爆气体的气瓶仓库的照明、通风机插座、开关等一切电气装置应采用防爆型元器件，可燃、爆炸性气体气瓶的库房内电气开关、熔断器都应设置在库房外，同时应设避雷装置
		夏季应采取措施防止气瓶曝晒，不应敲击、碰撞气瓶
		氧气瓶周围不得有可燃物品、油渍及其他杂物
		乙炔气瓶与氧气瓶及易燃物品严禁同时存放
		储存毒性气体或可燃气体气瓶的室内储存场所，必须监测储存点空气中毒性气体或可燃性气体的浓度；如果浓度超标，应强制换气或通风
6	管理和使用	气瓶内气体不得用尽，应留有剩余压力和重量，永久气体气瓶的剩余压力应不小于 0.05MPa，液化气体气瓶应有不少于 0.5%～1.0% 规定充装量的剩余气体
		不得更改气瓶颜色标记和钢印
		气瓶应防止曝晒、雨淋、水浸，环境温度超过 40℃时，应采取遮阳等措施降温
		乙炔气瓶使用过程中，开关乙炔气瓶瓶阀的专用扳手应始终装在阀上。乙炔瓶严禁倒置
		气瓶软管连接处用管卡固定
		氧气瓶和乙炔瓶使用时分开放置，至少保持 5m 间距，且距明火 10m 以外
		气瓶在储存、使用等各环节，应有介质名称，“满瓶、空瓶、使用中”状态醒目标识

附表 2-10　硫磺仓储和营销管理监督检查表

序号	监督要点	监督内容
1	资质	危险化学品生产企业进行生产前，应当依照《安全生产许可证条例》（中华人民共和国国务院令 2014 年第 653 号）的规定，取得危险化学品安全生产许可证。生产列入国家实行生产许可证制度的工业产品目录的危险化学品的企业，应当依照《中华人民共和国工业产品生产许可证管理条例》（中华人民共和国国务院令 2023 年第 764 号）的规定，取得工业产品生产许可证
2	技术管理人员、岗位员工熟悉硫磺成型、堆码、储存、装车、销售等标准规范和管理制度情况	技术管理人员、岗位员工要接受硫磺成型、堆码、储存、装车、销售等标准规范和规章制度等相关培训，有培训记录
		相关人员要掌握标准规范、规章制度中的相关内容

续表

序号	监督要点	监督内容
3	技术管理人员、岗位员工掌握硫磺理化性质、主要风险、防控措施及应急处置等情况	技术管理人员、岗位员工要接受硫磺理化性质、主要风险、防控措施及应急处置等知识培训，有培训记录
		技术管理人员、岗位员工掌握硫磺理化性质、主要风险、防控措施及应急处置措施
4	岗位员工熟练掌握个人安全防护器材和安全防护设备设施的使用方法	岗位员工接受相关培训
		能正确使用岗位所需的个人安全防护器材和安全防护设备设施
5	承包商管理	承包商员工入场前接受安全教育，安全教育内容包括硫磺理化性质、主要风险、防控措施及应急处置措施，作业过程中存在的主要风险及防控措施
		承包商员工掌握硫磺理化性质、主要风险、防控措施及应急处置，作业过程中存在的主要风险及防控措施等
6	岗位员工对运输车辆、载具、驾驶员、押运员、装车管理人员资质查验流程及查验标准掌握情况	检查硫磺装车管理人员是否掌握车辆、载具、驾驶员、押运员、装车员相关证件资质的管理要求，并按要求填写相关记录表格。 人员要求： ① 从事道路危险货物运输的驾驶人员、装车管理人员、押运人员应当经所在地设区的市级人民政府交通运输主管部门考试合格，并取得相应的从业资格证。 ② 从业人员应了解所运货物的特性、包装容器的使用特性、防护要求和发生事故的应急处理措施，熟悉消防器材的使用方法。 车辆要求： ① 车辆应配置符合 GB 13392《道路运输危险货物车辆标志》的标志灯和标志牌，并清洁完好。 ② 车辆应配备运行状态记录仪。 ③ 运输易燃易爆危险货物车辆的排气管应安装隔热和熄灭火星装置；并配装导静电拖地带装置。 ④ 车辆应有切断总电源和隔离电火花装置，切断总电源装置应安装在驾驶室内。 ⑤ 车辆车厢底板应平整、完好，周围栏板应牢固。 ⑥ 车辆应配备消防器材并定期检查、保养。 注：液体硫磺作为危险货物运输进行管理；固体硫磺作为一般货物运输进行管理
7	硫磺储存和装车设备、设施管理	缝包挂带机、传送带、除尘系统等设备设施完好性
		叉车、吊车等要定期检验和维护保养，确保良好使用状态
		检查叉车、吊车作业人员资质
		检查叉车、吊车在使用过程中，是否严格遵守相关规定
		检查除尘设备运行、保养情况

续表

序号	监督要点	监督内容
8	配备的消防、安全防护器材及工器具管理	消防器材、安全防护器材按要求配置和维护保养
		检查洗眼器设置：硫磺仓库出口 15m 范围内应设置洗眼器；包装厂房内应设置洗眼器；距装车设施 15m 范围内应设置洗眼器
		岗位人员能正确使用岗位所需的消防、安全防护器材
9	硫磺装车风险管理	硫磺装车过程中，要采取有效措施消除或预防作业人员发生坠落的风险
10	应急物资储备、管理	应急物资储备的种类、数量满足现场应急需要
		应急物资定期进行检查和维护保养
11	储存、装车现场安全管理要求	硫磺储存区域： ① 避免阳光直射，远离火源、热源、电源，无产生火花的条件。 ② 注意通风、确保通风设施完好。 ③ 库房周围无杂草和可燃物，不得与禁配物品同库存放。 ④ 库房内无漏撒硫磺，保持地面与堆垛清洁。 ⑤ 查照明设施满足防爆要求，照度满足夜间巡检要求。 ⑥ 火灾报警系统、消防设施保持完好，定期检查。 ⑦ 硫磺入库按批号依次堆码，已检品和待检品应有明显标识，堆码整齐、稳固，垛高一般不超过 3m。 ⑧ 安全通道畅通，无堆积物。 ⑨ 定期对硫磺库巡检，并填写巡检记录。 ⑩ 块状、粒状硫磺可贮存于露天或仓库内；粉状、片状硫磺贮存于有顶盖的场所或仓库内。 ⑪ 硫磺不允许直接落地存放，应根据地势高低，一般应垫 15cm 以上。袋装硫磺要防止日晒、雨淋，露天存放要加盖防护帆布层和防水垫层。 装车现场： ① 必须有允许出库的相关单据。 ② 现场安排专人对装车过程进行监督。 ③ 装载数量不得超过车辆运输许可的范围。 ④ 装车人员正确穿戴劳保用品。 ⑤ 不得在装车现场吸烟、进食、饮水等
12	硫磺储存区域与外部敏感环境相关要求	安全防火距离满足相关要求
		向应急区域内相关方进行安全告知
13	检查各单位落实硫磺成型、堆码、储存、装车、销售等标准规范和管理制度落实情况，HSE 合同签订及对客户（或承包商）的监管情况	客户台账与销售合同一致。 检查销售合同签订过程中对用户资质的审查情况及符合情况。 检查 HSE 合同的签订情况。 检查属地单位对危险化学品运输单位、驾驶员、押运员、载具、装车人员的审查情况及符合情况。 检查运输、装车承包商培训情况、现场监督检查情况

续表

序号	监督要点	监督内容
14	硫磺成型、堆码、储存、装车、销售等环节管理职责划分情况	硫磺成型、堆码、储存、装车、销售等环节管理界面清晰，职责明确。 相关方按照管理职责的要求开展相关工作
15	落实操作规程、应急救援预案等情况	针对本单位或岗位应急预案，现场询问了解员工对应急处置、救援流程的熟知程度。 按照操作规程的要求制订相应操作卡。 作业中应使用操作卡，并按照操作卡的要求确认执行。 检查员工对操作规程和操作卡的熟知程度
16	相关方安全告知情况	编制危险化学品安全技术说明书（液体硫磺、固体硫磺），并向用户提供

附表 2-11　天然气净化厂预防硫化氢中毒安全管理监督检查表

监督要点	监督内容
基本管理要求	硫化氢浓度监测及相关要求： ① 未设置固定式硫化氢检测仪的场所，应当在巡检时使用有效的便携式硫化氢检测仪对现场可能发生硫化氢逸散的装置、设备、场所监测；设置固定式硫化氢检测仪的场所，应当实时监控监测数据。 ② 委托有资质的职业卫生监测机构定期开展工作场所硫化氢浓度检测与评价。 ③ 在生产波动，有异味产生，有不明原因的人员昏倒及特殊作业前（进入含有硫化氢的塔、容器、井、污水池内、下水道等作业）均应进行硫化氢浓度检测。 ④ 监测、检测结果应及时告知作业人员。 ⑤ 日常监测、检测中发现的硫化氢浓度超标情况应立即通知超标区域的作业人员撤离现场，查找原因，进行整改，并做动态监测。 ⑥ 班组硫化氢监测情况应当如实记录；职业卫生监测机构的记录应当在基层单位保存，并在生产作业场所公示
	可能发生硫化氢中毒的工作场所，在没有采取适当防护措施的情况下，任何单位和个人不得强令作业人员进行作业，作业人员有权拒绝该作业
	天然气净化厂将可能存在硫化氢危害的作业承包给承包商时，应遵守以下要求： ① 严格审查承包商的职业安全卫生作业条件，不得将硫化氢危害作业承包给不具备相应资质、不符合职业安全卫生条件的承包商。 ② 与承包商签订的安全作业合同应包括硫化氢防护责任的内容，明确双方在安全、环境保护、职业病防护中的职责。 ③ 告知承包商工作场所可能存在的硫化氢危害、分布及应采取的防护措施
	天然气净化厂应组织接触硫化氢作业人员进行上岗前、在岗期间、离岗前职业健康检查。检查项目、职业禁忌证、健康监护档案管理参照国家和中国石油集团有关规定执行
	天然气净化厂应在可能发生硫化氢大量泄漏的工作场所，设置应急撤离通道
	天然气净化厂应根据硫化氢职业接触识别及危害程度分析，组织基层单位对硫化氢作业每三年开展一次风险评估，确定硫化氢作业的风险水平，制订必要的防护措施以消除或降低危害

续表

监督要点	监督内容
基本管理要求	天然气净化厂应当根据本单位硫化氢的危害情况，编制应急预案，建立应急救援组织机构，配备应急救援人员。应急救援人员应经过专业培训，培训内容应包括基本的急救、心肺复苏术、呼吸防护器的使用
	天然气净化厂应当与就近具有应急救援能力的医疗机构签订事故医疗协议，建立联系，保证事故发生时医疗机构能够及时参与医疗救援
预防硫化氢中毒培训管理要求	在含硫化氢环境作业过程中可能出现硫化氢的大气浓度超过 15mg/m^3（10ppm）的情况时，作业人员上岗前都应接受培训，经考核合格后持证上岗
	负责硫化氢防护培训机构应当具备培训资质，发放硫化氢防护培训合格证
	含硫化氢环境中的作业人员首次培训时间不得少于 15h，每两年复训一次，复训时间不得少于 6h
	接触硫化氢的人员培训基本内容包含但不限于以下内容： ① 硫化氢和二氧化硫的理化性质、毒害、健康危害、中毒表现。 ② 硫化氢和二氧化硫危害防护知识。 ③ 硫化氢作业现场监护知识。 ④ 硫化氢和二氧化硫泄漏处置程序、中毒人员现场急救方法，心肺复苏术。 ⑤ 有关硫化氢和二氧化硫的防护管理规定。 ⑥ 工作场所硫化氢和二氧化硫可能泄漏的区域；硫化氢和二氧化硫检测系统及报警信号；风向指示位置及疏散线路。 ⑦ 工作场所防护设施、性能、使用方法及维护。 ⑧ 工作场所配备的个体防护用品的结构、性能、使用及维护方法。 ⑨ 各类涉及硫化氢作业的职业安全卫生操作规程。 ⑩ 硫化氢中毒事故典型案例；硫化氢中毒事故应急救援预案。 天然气净化厂应针对进入硫化氢场作业人员的不同性质，工作时间，开展针对性培训
硫化氢技术防护要求	存在硫化氢的装置、场所等总平面布局及其安全、环保及卫生防护距离应符合国家有关规定和标准要求
	存在硫化氢的生产工艺和设备，应尽可能采取自动化、机械化和密闭化，将硫化氢逸散浓度控制在国家有关标准和规范的范围内
	存在硫化氢的设备和管道应采取有效的密闭措施，密闭形式应根据现场工艺流程、设备特点、生产工艺、安全要求及便于操作、便于维修等因素确定
	存在硫化氢的设备、管道应当充分考虑硫化氢及其他组分的腐蚀，设计选用相应的耐腐蚀材质或采用合适的防腐蚀性措施
	硫化氢工作场所入口醒目位置应当设置硫化氢职业病危害告知卡；在可能泄漏硫化氢的位置设置“当心硫化氢中毒”的警示标识和红色警示线
	可能存在硫化氢的室内场所应设置全面通风或局部通风设施，可能发生硫化氢大量泄漏或逸散的室内工作场所，应设置事故通风装置及与事故排风系统联锁的泄漏报警装置，事故通风的通风量、控制开关设置、进风口和排风口应满足国家有关规定的要求
	对产生硫化氢的生产过程和设备，其含硫化氢的酸性水、酸性气体排放、含硫化氢的酸性水切换设施等，应设计为密闭系统，酸性水、酸性气体应有统一处理设施

续表

监督要点	监督内容
硫化氢技术防护要求	对产生硫化氢的生产过程和设备，其含硫化氢介质的物料采样系统应根据物料特点，设计适宜的密闭采样设施
	存在硫化氢的工作场所应在便于观察处设置醒目的风向标，风向标应采用高点和低点双点的设置方式，高点设置在场所最高处，低点应设置在硫化氢容易逸散区域或人员相对集中的区域
	存在硫化氢的工作场所应设置固定式硫化氢气体检测报警仪，检测报警仪的选用、设置位置、数量、报警阈值、管理与维护应参照国家、中国石油集团有关规定和规范要求执行
	天然气净化厂应设置带有长明灯的放空火炬系统。
作业过程防护要求	天然气净化厂应对本单位工作场所硫化氢分布及可能泄漏或逸出情况进行充分辨识分析，确定本单位硫化氢重点防护区域及重点防护作业环境
	天然气净化厂应严格执行设备维护保养的规定和要求，对涉及硫化氢的设备、管道、阀门、法兰、连接件、测量仪表及其他部件加强管理，及时消除发现的问题
	在使用、输送、生产和可能释放硫化氢的工作场所，禁止吸烟及使用其他可以产生静电、明火的设备
	某些使用酸与硫化物作业过程，或介质混合可能生成硫化氢的作业，应采取避免物质意外混合措施，防止生成硫化氢
	在可能发生硫化氢泄漏或逸散的室内工作场所作业，应开启通风设施
	储存被硫化氢污染或有压力的硫化氢储罐应适当处理，储存区域应保持通风良好、防火；与氧化性物质、腐蚀性液体和气体、明火，以及产生火花的设备分开存放，以避免对作业人员产生危害
	作业过程中可能接触大量硫化氢的，应严格执行操作规程，并根据具体作业特点强化过程管理。 ① 进入硫化氢危害作业场所进行正常巡检、工艺操作的应携带个人防护用品，天然气处理厂及含硫量大于或等于 30mg/m^3 的场站应当采取两人巡检，一人巡检，一人监护。 ② 采样作业应佩戴适用的个人防护用品，上风向作业，并有专人监护；采样过程开关阀门应缓慢，不得使用工具敲打阀门。 ③ 进入可能存在硫化氢聚集的低位罐区域、含硫污水区域进行检查、操作时，应佩戴适用的个人防护用品，有专人监护。 ④ 含硫化氢介质管线与设备打开作业时应执行作业许可规定，采取相应的防污染措施。 ⑤ 进入设备和管道等密闭空间作业前，必须切断一切物料，采取彻底冲洗、吹扫、置换、加好盲板，尽可能采取机械作业方式。无法采用机械作业的，应做好气体分析，现场设置警示标识，佩戴适用的呼吸防护器，系好安全带或安全绳，单人单次作业时间不宜超过 30min，作业全程必须有专人监护。 ⑥ 进入坑、池、下水井等有限空间作业时，应执行作业许可规定，现场设置警示标识，佩戴适用的呼吸防护器，携带好安全带（绳），做好气体分析。单人单次作业时间不宜超过 30min，作业全程必须有专人监护
	实验室内产生或释放硫化氢的实验分析过程应在通风橱内进行，操作过程中实验人员不得将头伸入通风橱中
	生产作业场所发生硫化氢泄漏，应迅速查明原因，第一时间控制硫化氢泄漏源，避免事态进一步扩大

续表

监督要点	监督内容
作业过程防护要求	生产作业场所发生人员中毒时，救援人员应佩戴正压式空气呼吸器立即将中毒人员转移至事故现场外上风向空气新鲜处实施应急抢救，严禁无防护救援
个人防护设备配备与使用要求	天然气净化厂应当依据国家法律法规的要求，结合工作场所日常监测、检测与评价结果，配备符合有关要求的、针对硫化氢的呼吸防护用品及眼面部防护用品，各单位配备的安全防护设备设施数量应满足公司安全设备配置有关规定
	天然气净化厂应当在硫化氢作业现场附近、逃生通道附近放置正压式空气呼吸器，便于人员取用
	天然气净化厂应当做好充气设备、个体防护用品的日常维护、定期检验，以及防毒过滤元件更换，正压式空气呼吸器压力及气密性检查等日常维护检查及使用前预检等工作，确保在应急状态下人员能够直接取用
	天然气净化厂应做好各类防护用品的经常性使用培训，确保作业人员能正确使用所配备的防护用品
	天然气净化厂应只允许健康状况适宜佩戴呼吸器具者佩戴呼吸器具进行检维修等特殊作业或进入事故现场处理及救护作业
	使用供气式呼吸防护用品，空气源应避免导入受污染空气，应避免污染或缠结空气管线
	使用正压式空气呼吸器，每次使用前应检查气瓶压力，预计可使用时间，低气量报警时应及时撤离现场
	空气呼吸器充气压缩机进行气瓶充气作业时，应选择空气不易受到污染的地点
	备用正压式空气呼吸器压力应保持在 25MPa 以上

附表 2-12 天然气净化厂应急管理监督检查表

监督要点	监督内容
应急组织机构和职责	建立天然气净化厂应急管理制度，制度依法合规、内容完整、流程清晰、职责明确
	建立满足需要的应急管理机构，明确相应工作职责；应急职责清晰、定位准确、有可操作性
	岗位人员熟知其应急职责，熟知第一时间组织、实施应急处置的责任并具备相应的能力
应急预案管理	应急预案编制程序涵盖成立应急预案编制工作组、资料收集、风险评估、应急资源调查、应急预案编制、桌面推演、应急预案评审和批准实施八个步骤。各步骤程序合理、内容完整
	成立应急预案编制工作组，由有关负责人任组长，单位相关部门人员参加，明确职责和任务分工，制订工作计划，组织开展应急预案编制工作。
	应急预案编制前，应按照 GB/T 29639《生产经营单位生产安全事故应急预案编制导则》的相关要求开展生产安全事故风险评估，撰写评估报告
	应急预案编制前，应按照 GB/T 29639《生产经营单位生产安全事故应急预案编制导则》的相关要求，在全面调查和客观分析本单位，以及周边单位和政府部门可请求援助的应急资源状况的基础上，撰写应急资源调查报告
	应急预案体系分为综合应急预案、专项应急预案和现场处置方案。各单位可根据有关法律法规和相关标准，结合本单位组织管理体系、生产规模和可能发生的事故特点，科学合理确定本单位应急预案体系，并注意与其他类别应急预案相衔接

续表

监督要点	监督内容
应急预案管理	综合应急预案、专项应急预案、现场处置方案结构完整、要素齐全、信息准确。应急预案中涉及的“应急程序和处置措施”与其应急能力相适应，“应急保障措施”满足应急工作要求
	应急响应涉及两个及以上基层单位的，涉及共同上一级管理单位的基层单位，由上级管理单位负责组织相关基层单位编制联合应急预案；涉及不同上一级管理单位的基层单位，应当由上一级管理单位协调，组成由相关基层单位参加的应急预案编制小组编制联合应急预案
	应针对重点岗位人员编制岗位应急处置卡，应急处置卡应简明、实用、便于携带，包括必要的安全提示，应急处置程序和措施，报警方式，避险条件与逃生路线等内容
	应急预案编制过程中，应按照应急预案明确的职责分工和应急响应程序，结合有关经验教训，相关部门及其人员可采取桌面演练的形式，模拟生产安全事故应对过程，逐步分析讨论并形成记录
	应急预案编制完成后，应按照法律法规有关规定组织评审。评审的内容和程序应满足 GB/T 29639《生产经营单位生产安全事故应急预案编制导则》的相关要求
	应急预案通过评审后，由生产经营单位主要负责人签发实施。应急预案发布后，应及时发放到本单位有关部门、岗位和相关应急救援队伍
	应急预案发布之日起 20 个工作日内，应按照属地政府应急预案管理的相关规定，向属地政府负有安全生产监督管理职责的部门备案，同时抄送同级应急管理部门
	应急预案中涉及组织与职责、应急处置程序、主要处置措施、应急响应分级等内容变更的，其应急预案修订工作应当参照应急预案编制工作程序进行，并按照备案程序重新备案。不涉及上述规定的应急预案修订条件的，更新完善应急预案信息工作可按相关文件信息变更程序执行，保证更新完善后的预案文本发布至相关人员
应急培训与演练	针对不同岗位需求，制订相应的应急培训计划，纳入年度员工培训计划并按计划实施
	主要负责人、应急管理人员、专兼职应急救援人员经过培训，考核合格；新上岗、转岗人员经过岗前应急培训并考核合格
	根据不同岗位需要，应急培训应包含应急预案、现场处置方案、应急处置卡、应急物资装备的使用、自救互救、避险逃生技能等培训内容
	制订年度演练计划，并按计划开展演练。每年至少组织一次综合应急预案演练或者专项应急预案演练，每半年至少组织一次现场处置方案演练
	天然气净化厂每季度至少开展一次应急演练；净化工段（生产技术办公室）每月至少开展一次应急演练，其他工段按照职责参加本单位组织的应急演练。净化生产班组每轮班至少开展一次应急演练；其他班组对本岗位涉及的应急处置卡进行演练，每年应将本岗位涉及的应急处置卡全部演练一遍，并按照职责参加本单位、工段（生产办）组织的演练。各级应急预案应在三年内全部演练一遍，作为应急预案的修订及持续改进的输入
	天然气净化厂级应急演练应提前编制应急演练方案，为演练的全过程进行认真策划，确保应急预案规定的各环节全部演练到位。应急演练方案内容主要包括：演练基本情况（演练目的、演练组织机构、计划实施时间、参与单位及人员、模拟的应急状况）、演练保障措施、演练应急措施

续表

监督要点	监督内容
应急培训与演练	天然气净化厂级演练要求厂领导现场指导；工段（生产办）级演练要求工段（生产办）领导现场指导，厂领导根据工作安排适时参与
	演练结束后，要组织参加演练人员、观察员等召开演练评价会议，依据应急演练过程记录，对照应急预案、岗位应急处置卡规定的应急处置步骤，对演练全过程进行认真分析和客观评价。主要从以下四个方面进行： ① 应急响应能力：演练中涉及各单位、各关键岗位是否按规定及时和准确进行了响应。 ② 人员应急技能：岗位员工的应急技能是否满足应急所需。 ③ 应急预案适用性：根据所模拟的状况，相应的应急预案、措施是否有效，相应的应急预案是否需要修改。 ④ 应急物资有效性和充分性：根据所模拟的状况，涉及的抢险、处置、救援器材和机具是否足够和可靠
	演练评价中发现的问题要描述具体，制订的整改措施要切实可行，并对整改措施完成情况进行跟踪，做到闭环管理
应急物资管理	天然气净化厂应急物资按照突发事件应急预案要求进行储备，在同级预案中，不同预案所需同一应急物资的，按照不低于单项预案所需的最大量配备
	储存的应急物资应有标签，标明品名、规格、数量、生产日期、入库时间等信息，有使用期限要求的物资应标明有效期，有检定频次要求的应急物资应按规定及时检定。应急物资应分类存放，码放整齐，留有通道，严禁接触酸、碱、油脂、氧化剂和有机溶剂等
	天然气净化厂应及时对新购置入库的应急物资数量和质量进行验收，建立健全应急物资台账
	应急物资只能在发生突发事件、应急演练的情况下专项使用
	应急物资入库、出库、保养及检测评价等应有完备的凭证手续及台账资料。对储备物资应定期清查、定期盘库，做到账实相符
	天然气净化厂要定期对应急物资进行检查维护，频次为半个月一次，各项物资检查维护内容应充分根据物资特点进行，并认真填写检查记录。发现问题要及时整改，确保完好备用
	天然气净化厂应建立健全各储备库房应急物资仓储管理制度、应急物资维保制度、操作规程等，并对相关制度、规定进行目视化展示
	岗位人员、专（兼）职应急救援人员掌握应急物资、装备与个体防护装备的用途，且会正确、熟练操作或使用

附表 2-13　天然气净化厂作业许可管理审核表

监督要点	监督内容
作业活动盘点	天然气净化厂生产、生活区域内或在已交付的在建装置区域内，开展风险作业均应纳入作业许可管理
	未列入风险作业管理目录的作业活动，生产技术部门组织进行风险识别评价，报上级单位审批后，根据实际风险进行分级管理

续表

监督要点	监督内容
作业许可培训管理	作业许可涉及的作业申请人、作业许可批准人、A类作业审查人、作业项目负责人、属地监督、气体检测员、安全监护、隔离执行人、作业许可审核员必须接受培训并考核合格
作业许可实施	每日收集本单位风险作业信息，按要求进行公示、上报
	涉及作业许可关键人员变更重新办理作业许可证，对风险作业计划、非关键人员和作业时间变化的严格履行变更审批程序，并及时对公示信息进行更新说明
	作业方案中技术措施、风险识别及管理措施与现场作业活动相符，具有可实施性
	工作前安全分析中作业步骤与现场实际作业活动相符，安全控制措施与作业步骤风险一一对应且有效
	隔离方案中清晰标注对应的有效工艺流程图，隔离点标注正确，与现场情况一致，隔离方案可靠、有效
	按隔离方案落实隔离措施，签字确认无误。检查隔离实施，确保隔离锁关（开）有效，编号对应，双锁锁定，钥匙交由作业人员保管
	关键人员（申请人、监护人、特种作业人员等）一致。特种作业人员持证上岗，且经过入场安全培训考核合格
	施工作业工器具验收合格并张贴合格标识
	气体检测点设置合理，检测仪功能正常，并按要求定期检测。首次开工时间距气体检测合格时间不超过30min。按要求开展连续气体监测，监测结果每2h记录一次
	个人防护用品、应急物资等配备到位，功能完好
	签发人对A类作业执行先现场安全条件确认后签发许可，现场参加A类作业首次交接
	首日开工，作业项目负责人组织安全技术交底；每班开工前，作业申请人在属地监督配合下，组织全体作业方人员进行现场安全技术交底
	作业过程中，工作前安全分析中的安全措施落实到位
	风险作业人员到场矩阵中要求的人员到场；申请人、安全监护按要求在现场履职
	作业活动超过一个班次，再开始作业前对现场安全条件确认合格后才进行续签
	隔离解除须由隔离执行人进行解除，解除前确认现场符合隔离解除条件
	升级管理： ① 元旦、春节、清明节、劳动节、端午节、中秋节、国庆节等国家法定节假日；周六、周日公休日，以及夜间。 ② 春节、国庆节前后一周以及其他法定节假日、公休日前一天。 ③ 国家、中国石油集团、公司有明确要求的特殊、重大活动及会议期间。包括但不限于全国“两会”、党代会等重大政治活动，重要国际会议、国家重大活动、全国“安全生产月”，中国石油集团、公司工作会期间。 ④ 国家、中国石油集团、公司要求进行升级管理的时段

续表

监督要点	监督内容
作业许可实施	按要求落实高危作业挂牌制要求
	审核记零分规定： ① 风险作业未公示，审核记零分。 ② 根据隔离原则判断方案是否能做到安全隔离。不满足，审核记零分。 ③ 作业申请人、作业批准人、A 类作业审查人、作业项目负责人、属地监督、安全监护、隔离执行人、气体检测员等关键人员未接受培训并取得授权的，审核记零分。 ④ 特种作业人员无证上岗，人证不符，资格无效，审核记零分。 ⑤ 不满足无监控不作业要求的，审核记零分。 ⑥ 现场未按照隔离方案执行，未双锁锁定，未隔离有效性确认（验电、验压和气体检测），未按程序擅自解除隔离，审核记零分。 ⑦ 气体检测不合格仍进行界面交接或作业，审核记零分。 ⑧ 作业批准人未到现场核查和批准作业票的，审核记零分。 ⑨ A 类作业审查人未在首次现场安全技术交底时对现场风险控制措施进行检查的，审核记零分。 ⑩ 首日开工，作业项目负责人未组织安全技术交底；每班开工前，作业申请人未在属地监督配合下，组织全体作业方人员进行现场安全技术交底，审核记零分。 ⑪ 关键风险控制措施未落实，立即停工，审核记零分。 ⑫ 违反风险作业“八不准”要求的，立即停工，审核记零分。 ⑬ 未按要求开展连续气体检测的，审核记零分。 ⑭ 发生事故事件后或现场工作内容、范围、环境等发生重大变化后，未暂停作业重新修订 JSA，重新构建现场安全条件，审核记零分。 ⑮ 风险作业人员到场矩阵中要求的人员未到场履职，审核记零分。 ⑯ 作业申请人、安全监护或属地监督等离开现场后作业未暂停，或从事与监护无关的事，审核记零分。 ⑰ 作业许可规定的限时作业超时，审核记零分。如特、一级动火作业超过 8h 等。 其他零分规定： ① 任何造假行为（违规受理、虚假签字及各个环节有证据证明作假的行为）。 ② 违规降低风险作业等级。 ③ 升级管理期间未执行特殊敏感时段安全环保升级管理要求。 ④ 违反“每张作业许可证只对单项作业活动有效，不允许一张作业许可证覆盖多个作业地点”的规定
作业许可时效性	在工艺条件、作业环境没有变化的前提下，原则上作业许可证确认的控制措施在 7 个工作日内有效；作业中断 24h，再次作业前作业项目负责人、作业申请人、作业批准人应到现场重新确认安全条件和设备状态。但动火作业、受限空间作业、管线打开（盲板抽堵）、吊装作业、射线作业的作业许可证时限应执行以下要求： ① 动火作业：特级、一级动火作业不超过 8h，二级动火作业不超过 72h。 ② 受限空间作业：不超过 24h。 ③ 管线打开（盲板抽堵）、吊装作业：不超过 24h；装置停工大检修情况下，不超过 72h。 ④ 射线作业：不超过 24h
作业许可资料存档、更新	生产技术部门应建立作业许可管理登记台账，对作业许可票证统一编号管理，规范存档至少 2 年
	定期对风险作业管理目录、风险作业人员到现场矩阵、工作前安全分析表库、能量隔离方案库等基础资料进行评审、修订、审批、发布

附表 2-14　天然气净化厂工艺与设备变更管理审核表

监督要点	监督内容
变更申请	规范填写变更申请，变更描述清晰明了
	变更原因描述充分
	收集现场信息，提供必要的变更技术支持文件（设计、规范、图纸或方案等）
变更审查	应从工艺参数类、工艺控制类和设备类三大方面进行辨识，风险识别完善，风险级别判断合适
	风险控制措施与风险识别内容相对应，并有针对性
	按要求编制工艺安全信息更新及培训清单
	影响范围和批准级别判断准确
变更批准	确认变更审查单位级别、涉及专业、审查方法正确
	相关部门及专业人员按规定参与变更风险分析审查
	确认变更（设计）审查质量满足变更风险审查的基本要求，主要危害得到识别
	紧急变更在申请后的 5 个工作日内完成变更申请文件的记录
变更实施	按照变更方案组织实施、监督防控措施落实
	修订、更新 PID 图、操作规程、MSDS、设备装置信息等关键工艺安全信息
	组织对相关人员进行变更信息培训
变更投用	确认投用条件，填写变更投用条件确认表
	签字确认具备安全投用条件
变更关闭	归档变更资料和记录
	临时变更已恢复到原来的状态；仅能延期一次，总有效期最长不超过 180d
	变更在投用后 30d 内关闭
资料存档	按要求对变更申请审批表、风险评估记录、变更登记表，以及工艺和设备变更结项报告等资料存档

附表 2-15　天然气净化厂事故事件管理审核表

监督要点	监督内容
事件报告	各类质量、安全、生产、环保事件正确、及时上报，无遗漏
	5 个工作日内录入中国石油集团 HSE 信息系统
报告的处理	及时通报事件上报情况，分析并制订整改措施、责任人、完成时间
事件调查	按业务主导开展事件调查，调查组成员构成合理
	人证、物证、书面文档证据，以及位置证据等收集齐全
	按照中国石油集团事故事件致因分析大表开展事件调查
	在规定时限内完成事件调查。简要调查在 15d 内完成，全面调查在 30d 内完成

续表

监督要点	监督内容
纠正预防及追踪	按照事件调查分析结果，从技术、管理两个方面制订纠正预防措施，措施具有针对性、可操作性
	措施应在限期内实施完毕
分析与分享	本单位 3C 以上典型案例制作分享材料，全员分享

附录三　第三章监督检查表

附表 3-1　天然气净化厂装置检维修作业管理监督检查表

监督要点		监督内容
停产阶段	通用部分	设备管线仪表报警仪等进行有效保护
		按照检修作业指导书停产步骤进行停产
		按照检修作业指导书要求，制作安装检修现场公示牌
		承包商入场准入评估、HSE 培训、准入证办理、HSE 管理方案、机具验收、特种（设备）作业资质及其他入场资料等
		停产阶段风险作业项目风险管控执行到位，如脚手架搭设、盲板倒换、能量隔离等
		按照检修作业指导书要求，大修停产阀门锁定执行到位
		按照检修作业指导书要求，大修停产盲板倒换执行到位
		按照检修作业指导书要求，大修电气隔离执行到位
		装置水洗废水收集到污水池
		固定废物分类收集箱（桶）准备到位
		污水处理装置正常运行
		检修医疗救护协议签订、医疗救护点设置到位
		成立现场联合监督机构，职责分工、风险分析、控制措施制订及联合监督检查要求明确
		组织开展受限空间作业等高风险作业应急预案演练
	溶液储罐、溶液低位罐、污水池清洗	进入受限空间作业前，应编制审核受限空间作业应急预案，并组织监护人员、属地监督人员、作业人员等相关人员开展应急演练，所有相关人员都应熟悉应急预案，外部救援人员若参与救援活动，应具有相应的资质，并应参加应急演练
		进入受限空间作业前，应编制审核作业方案
		进入受限空间需要进行系统隔离的，应先编制审核隔离方案，隔离相关能源和物料的外部来源
		隔离方案执行及隔离有效性测试（验电、验压和气体检测）
		作业许可办理情况（申请、签发、界面交接、安全技术交底、安全条件确认）

续表

监督要点		监督内容
停产阶段	溶液储罐、溶液低位罐、污水池清洗	凡进入受限空间作业前，都必须用仪器进行气体检测，注明检测时间和结果。初始气体检测结果 30min 内有效。连续气体监测中断 30min 以上应由授权气体检测员重新检测
		检测人员按照气体检测要求确认检测合格，受限空间内应采用四合一检测仪连续监测
		现场监护、属地监督人员是否到位，受限空间内外人员联络方式可靠、有效
		确认与溶液储罐、溶液低位罐相连的管线已隔断、阀门已锁定
		吹扫置换彻底，气体检测合格后，携带 H_2S 报警仪方可进入
		严格执行受限空间作业安全管理规定
		正确穿戴个人劳动防护用品，高处作业时应正确使用安全带
		工完料尽场地清
	放空系统积液排放	现场作业时应佩戴 H_2S 报警仪、正压式空气呼吸器，并注意观察风向，站在上风向操作，设置专人监护
		排放污水时应密闭排放并收集
		储罐应最低保持 5% 的液位，防止空气进入系统
	停气作业	确认上、下游通信畅通，沟通有效
		原料气和产品气流量降为零，参考原料气进厂和产品气出厂压力参数，确认上游原料气已停止供给，再关闭原料气和产品气界区阀，并严格执行上锁挂牌安全管理规定，上锁挂牌
		检查确认放空系统处于正常状态，确保超压时系统能紧急放空
	脱硫溶液热、冷循环	检查确认再生塔压力控制处于自动状态，放空压力设定值处于正常操作范围，加强再生塔压力监控
		检查确认到再生塔的氮气管线畅通，发现压力降低、超出允许范围时，应立即向再生塔补充氮气，保证再生塔操作压力正常
		监视溶液循环量，发现流量下降时，应立即调节溶液循环量或停运溶液循环泵
	脱硫、脱水单元停止溶液循环	停止溶液循环后，应检查确认相关调节阀和隔断阀处于关闭状态
		停止溶液循环后，应关闭高、中、低压系统间的联锁阀
		加强中控室各设备液位和压力变化趋势的监控
		检查确认放空设施处于正常状态，确保超压时系统能紧急放空
	脱硫溶液回收	脱硫溶液热循环，应控制 H_2S 含量在允许范围内
		应在冷循环过程中疏通低位回收点

续表

监督要点		监督内容
停产阶段	脱硫溶液回收	回收溶液前，应关闭至硫磺回收单元的酸气阀，同时将再生系统泄压至零，防止酸气逸出
		检查确认 H_2S 报警系统完好有效，中控室应密切关注、及时处置报警信号
		现场作业应携带 H_2S 报警仪、佩戴护目镜，准备空气呼吸器备用；并观察风向、站在上风向操作，设置专人监护
		冷循环结束后，将系统泄压至零，再回收溶液
		回收溶液前，应确认溶液储罐和低位罐排污阀门处于关闭状态。回收溶液时，应控制溶液回收速度，避免溶液溢出
		溶液低位回收点打开数量不宜太多，每个回收点应有人监视
		中控室和现场应同时监视低位罐液位，根据液位情况及时启停溶液提升泵或及时调节溶液回收阀门开度
	脱水溶液回收	冷循环结束后，将系统泄压至零，再回收溶液
		现场作业应佩戴护目镜
		回收溶液前，应检查确认溶液储罐和低位罐排污阀门处于关闭状态；回收溶液时，控制回收速度，避免溶液溢出
		溶液低位回收点打开数量不宜太多，每个回收点应有人监视
		中控室和现场应同时监视低位罐液位，根据液位情况及时启停溶液提升泵或及时调节溶液回收阀门开度
	脱硫、脱水单元水洗	建压前应确保高、中、低压阀门隔断，建压过程中应控制升压速度和压力在规定范围之内
		在水洗过程中，应确认脱硫再生塔或脱水缓冲罐液位，避免溶液循环泵抽空
		在水洗过程中，应确认吸收塔、闪蒸罐液位，防止发生窜气事故
		应控制液相调节阀开度，避免开度过大或突然开启发生窜气事故
		应确保 H_2S 报警系统完好有效，中控室要随时关注和处置报警信号
		现场作业必须按规定携带 H_2S 报警仪，准备好空气呼吸器备用；并随时观察风向，应站在上风向，一人操作一人监护
		每一个排水点应有人看守，当排完污水之后，及时关闭排水阀，防止 H_2S 逸出
		在排水操作过程中，必须按规定佩戴护目镜
	脱硫、脱水单元泄压放空	停气前，排尽放空管网中的积液
		逐渐打开放空阀，控制放空流速
		应遵循高、中、低压顺序进行放空，避免系统压力相互影响

续表

监督要点		监督内容
停产阶段	脱硫、脱水单元、燃料气系统氮气置换	氮气置换前，分析氮气中氧含量，氧含量应在规定范围之内
		置换过程中，应定期对氮气中氧含量进行分析
	脱硫、脱水单元、燃料气系统空气吹扫	空气吹扫前，确认到火炬系统的所有阀门都已经关闭
		空气吹扫前，必须熄灭火炬
		空气吹扫前，加工业水对分离设备的内壁进行浸泡或润湿
		控制空气流速，空气流动摩擦产生的热量不足以达到 FeS 的自燃点
		吹扫过程中，现场监控设备及管线外表面温度，并观察空气吹扫气排放口是否有烟尘排出
	脱硫、脱水单元加装、倒换盲板	根据作业分级办理相应作业许可
		倒换原料气界区盲板时，应佩戴空气呼吸器；设专人监护
		编制盲板加装和倒换清单、绘制示意图、说明盲断 / 倒通状态并现场公示
		盲板加装、倒换工作完成后，施工人员、技术管理人员和生产单位领导三级确认，签认盲板加装、倒换工作单
		对盲板位置挂牌标识
	硫磺回收单元酸水压送	现场作业须带 H_2S 报警仪，佩戴正压空气呼吸器，应站在上风向，设置专人监护
		酸水压送完成之后，应将压送罐内的气体放空泄压到火炬
	硫磺回收单元除硫	停产之前，调校硫磺回收单元燃料气和空气流量
		停产之前，检查确认加入反应器的灭火蒸汽或氮气流程畅通，如果反应器床层超温时，应加入灭火蒸汽或氮气
		设置专人负责回收除硫操作，严格配风，监视反应器床层各点温度，确保在正常操作范围之内
	硫磺回收单元系统除硫后降温操作	反应器除硫应彻底
		降温时，空气量应逐步缓慢增加，并监视反应器床层各点温度
		在硫磺回收单元至灼烧炉的过程气管线上，定点检测管道外壁温度，监视温度变化情况
检修阶段	通用部分	检修医疗救护人员、救护车辆、医疗药品到位
		现场盲板倒换、阀门上锁挂牌、电气隔离等能量隔离执行到位
		重点施工作业项目过程监督检查
		检修现场环保风险管控措施执行到位
		风险作业监督及作业许可现场审核

续表

监督要点		监督内容
检修阶段	受限空间作业	进入受限空间作业前，应编制审核受限空间作业应急预案，并组织监护人员、属地监督人员、作业人员等相关人员开展应急演练，所有相关人员都应熟悉应急预案，外部救援人员若参与救援活动，应具有相应的资质，并应参加应急演练
		进入受限空间作业前，应编制、审核受限空间作业方案
		进入受限空间需要进行系统隔离的，应先编制审核隔离方案，隔离相关能源和物料的外部来源
		隔离方案执行及隔离有效性测试（验电、验压和气体检测）
		作业许可办理情况（申请、签发、界面交接、安全技术交底、安全条件确认）
		凡进入受限空间作业前，都必须用仪器进行气体检测，注明检测时间和结果。初始气体检测结果 30min 内有效。连续气体监测中断 30min 以上应由授权气体检测员重新检测
		检测人员按照气体检测要求确认检测合格，受限空间内应采用四合一检测仪连续监测
		监护、监督人员是否到位，受限空间内外人员联络方式可靠、有效
		受限空间的出入口内外不得有障碍物，应保证其畅通无阻，便于人员出入和抢救疏散
		进入受限空间作业人员，应佩戴正压式空气呼吸器或长管空气呼吸器、硫化氢报警仪、防爆头灯、安全绳等防护用品。佩戴长管呼吸器时，应仔细检查气密性，并防止通气长管被挤压；吸气口应置于新鲜空气的上风口，并有专人监护
		采取强制连续通风，严禁向受限空间通纯氧，且进入期间的通风不能代替进入之前的吹扫工作
		对受限空间内阻碍人员移动、对作业人员造成危害，影响救援的设备（如搅拌器），应采取固定措施，必要时应移出受限空间
		进入带有转动部件的受限空间内作业，其电源线路与开关之间必须有明显的断开点并加警示牌，同时在开关上挂“有人检修、禁止合闸”等内容的警示牌，并设专人监护
		进入受限空间作业，应有足够的照明。照明灯具应符合防爆要求，使用手持电动工具应有漏电保护装置，对于防爆区域应采用防爆工器具
		受限空间内可能会出现坠落或滑跌，应特别注意受限空间中的工作面（包括残留物、工作物料或设备）和到达工作面的路径，并制订预防坠落或滑跌的安全措施
		应对进出受限空间的作业人员、工具、材料进行登记，作业结束后应清点，以防遗留在作业现场
		现场监护人定期与作业人员保持有效联络，确保人员安全；进入受限空间内的作业人员，每次工作时间不宜过长，应安排轮换作业或休息
		气体检测人员开展受限空间内连续气体检测，每两小时记录一次检测结果

续表

监督要点		监督内容
检修阶段	受限空间作业	作业过程中若安全状况发生变化，应立即停止作业并撤离受限空间，待处理达到作业安全条件后，方可再进入受限空间作业
		为防止无关人员进入受限空间作业场所，在受限空间外敞面醒目处，要设置警戒线或警戒标志。未经许可，与本作业无关人员不得进入受限空间
		作业中途停止时，应对所有入口进行有效封闭及警示标识，防止人员误入
		如中途停止再进入之前，应重新进行气体检测，检测合格后方可进入作业
	高处作业	高处作业前，应编制、审核施工方案、应急预案；对特殊高处作业应制订相应脚手架搭设方案及防坠落保护计划
		高处作业人员应身体检验合格且熟悉并掌握高处作业的操作技能，并经过培训合格，持证上岗
		作业许可办理情况（申请、签发、界面交接、安全技术交底、安全条件确认）
		脚手架必须经过脚手架专业技术人员检查，作业平台是否坚固、牢靠，安全措施是否落实，验收合格并悬挂绿色准用牌后，方可投入使用
		尽量避免临边作业，如进行临边作业，必须采取可靠的防护措施，如设置生命线等
		禁止在不牢固的结构物（如石棉瓦、木板条等）上进行作业，禁止在平台、孔洞边缘、通道或安全网内休息。楼板上的孔洞应设盖板或围栏。禁止在屋架、桁架的上弦、支撑、檩条、挑架、挑梁、砌体、不固定的构件上行走或作业
		梯子使用前应检查结构是否牢固。踏步间距不得大于300mm；人字梯应有坚固的铰链和限制跨度的拉链。梯子最上两级严禁站人，并应有明显警示标识。用靠梯时，脚距梯子顶端不得少于四步，用人字梯时不得少于两步。靠梯的高度如超过6m，应在中间设支撑加固。一个梯子上只允许一人站立，严禁带人移动梯子。在梯子上工作时，应避免过度用力、背对梯子工作、身体重心偏离等，以防止身体失去平衡而发生坠落
		在平滑面上使用的梯子，应采取端部套、绑防滑胶皮等措施。直梯应放置稳定，与地面夹角以60°～70°为宜。在容易滑偏的构件上靠梯时，梯子上端应用绳绑在上方牢固构件上。禁止在吊架上架设梯子。在电路控制箱、高压动力线、电力焊接等有任何漏电危险的场所应使用专用绝缘梯，禁止使用金属梯子
		若不能完全消除和预防坠落危害，应评估工作场所和作业过程的坠落危害，选择安装使用坠落保护设备，如安全带、安全绳、缓冲器、抓绳器、吊绳、锚固点、安全网等
		高处作业人员必须系好全身式双钩安全带，安全带使用原则“高挂低用”；戴好安全帽，衣着灵便，禁止穿硬底和带钉易滑的鞋，安全带的各种部件不得任意拆除，有损坏的不得使用。安全带和安全帽应符合相关标准要求
		高处作业应与架空电线保持安全距离。夜间应尽量避免高处作业，确需作业应有充足的照明

续表

监督要点		监督内容
检修阶段	高处作业	高处作业禁止投掷工具、材料和杂物等，工具应有防掉绳，并放入工具袋。所用材料应堆放平稳，作业点下方应设安全警戒区，应有明显警戒标志，并设专人监护
		禁止上下垂直进行高处作业，如果需要垂直作业时，应采取可靠的隔离措施
		30m 以上的高处作业与地面现场监护人保持有效联络，使用对讲机等通信设备
		夏季做好防暑降温，冬季做好防冻、防寒、防滑工作
	动火作业	动火作业前，应编制、审核施工方案、应急预案
		在具有火灾爆炸危险性的生产或施工作业区域内动火，应先编制审核隔离方案，隔离相关能源和物料的外部来源
		动火作业人员熟悉掌握动火作业操作技能，并经过培训合格，持证上岗
		隔离方案执行及隔离有效性测试（验压和气体检测）
		作业许可办理情况（申请、签发、界面交接、安全技术交底、安全条件确认）
		需要动火的塔、罐、容器、槽车等设备和管线，清洗、置换和通风后，要检测可燃气体、有毒有害气体、氧气浓度，达到作业许可安全浓度才能进行作业
		对装置系统内的气体检测应在吹扫置换停止 20min 后开始检测。气体检测点应有代表性（根据介质与空气相对密度的大小确定检测点）。首次气体检测合格后（30min 内有效）应在受限空间内特定位置悬挂气体检测仪进行连续监测，监测中一旦出现异常，应立即停止作业，人员撤离
		动火所有的设备设施应定期检修、检查，保持良好的技术性能，并进行目视化标识，不能带病运转和超负荷使用，使用前验收合格，贴检验合格标识
		设备上的安全防护装置应完好、可靠，电气设备应有良好的接地装置，并安装漏电保护装置
		采用电焊进行动火施工的储罐、容器及管道等应在焊点附近安装接地线，其接地电阻应小于 10Ω
		各种施工机械、工具、材料及消防器材应摆放在动火安全措施确定的区域内
		现场使用的气瓶应经验收合格
		气瓶使用时，放置地点不得靠近热源，气瓶应采取防曝晒、雨淋、水浸措施。环境温度超过 40℃时，应采取遮阳或水喷淋等措施降温；气瓶应立放使用，严禁卧放，特别是乙炔气瓶，并应采取防止倾倒的措施
		乙炔气瓶使用前，必须先直立 20min 后，然后连接减压阀使用；气瓶及附件应保持清洁、干燥，防止沾染油脂、腐蚀性介质、灰尘等
		氧气瓶阀不得沾有油脂，不得用沾有油脂的工具、手套或油污工作服去接触氧气瓶阀、减压器等
		氧气、乙炔压力表检定合格，贴合格标识；气管无鼓包、破损、漏气情况

续表

监督要点		监督内容
检修阶段	动火作业	用气焊（割）动火作业时，氧气瓶与乙炔气瓶的间隔不小于 5m，二者与动火作业地点距离不得小于 10m。在封闭空间内实施焊割作业时，气瓶应放置在密闭空间外面
		动火施工区域应设置警戒，严禁与动火作业无关人员或车辆进入动火区域
		高处动火，避免交叉作业，同时应有防火花飞溅措施，如防火毯
		动火作业人员在动火点的上风作业，应位于避开油气流可能喷射和封堵物射出的方位
		动火作业完工后，应熄灭余火
	临时用电作业	临时用电作业前，应编制审核施工方案、应急预案、电气隔离方案
		临时用电设备在 5 台以上（含 5 台）或设备总容量在 50kW 以上（含 50kW）的，应专门进行临时用电施工组织设计
		办理临时用电申请
		临时用电作业人员熟悉掌握电工作业操作技能，并经过培训合格，持证上岗
		隔离方案执行及隔离有效性测试（验压和气体检测）
		作业许可办理情况（申请、签发、界面交接、安全技术交底、安全条件确认）
		临时用电应设置保护开关，使用前应检查电气装置和保护设施。所有的临时用电都应设置接地保护，接地电阻值应满足 JGJ 46—2005《施工现场临时用电安全技术规范》的要求，接地线和接零线应分开设置
		临时用电必须使用耐压等级不低于 500V 的绝缘电缆，且绝缘良好无损。接头包扎牢固，保持绝缘强度，不得承受张力。临时用电线路经过有高温、振动、腐蚀、积水及机械损伤等危害的部位，不得有接头，并应采取相应的保护措施
		临时用电中的动力线路和照明线路应分路设置
		室外的临时用电配电盘、箱及开关、插座要有防雨、防潮措施
		临时电源盘、配电箱验收合格，贴检验合格标识；配电箱上贴有专业电工联系电话
		安装、维修、拆除临时用电线路的作业，应由临时用电作业人员进行，作业时必须按规定佩戴个人防护装备
		移动工具、手持工具等用电设备应有各自的电源开关，必须实行“一机一闸”制，严禁用同一开关电器直接控制两台或两台以上用电设备（含插座）
		手持电动工具，设备外观完好，标牌清晰，各种保护罩（板）齐全；检验合格，贴合格标识；漏电保护、防爆等级符合施工场所要求
		现场临时照明设施应满足所在区域安全作业亮度、防爆、防水等要求
		使用周期在一个月以上的临时用电线路，应采用架空方式安装： ① 架空线路应架设在专用电杆或支架上，严禁架设在树木、脚手架及临时设施上。架空电杆和支架应固定牢固，防止受风或者其他原因倾覆造成事故。

续表

监督要点		监督内容
检修阶段	临时用电作业	② 在架空线路上不得进行接头连接，如果必须接头，则需进行结构支撑，确保接头不承受拉、张力。 ③ 临时架空线最大弧垂与地面距离，在施工现场不低于 2.5m，穿越机动车道不低于 5m。 ④ 在起重机等大型设备进出的区域内不允许使用架空线路
		使用周期在一个月以下的临时用电线路，可采用架空或地面走线方式，地面走线应满足以下要求： ① 所有的地面走线应避免机械损伤且不得阻碍人员、车辆通行，并在醒目位置设置走向标识和安全标识。 ② 需要横跨道路或在有重物挤压危险的部位，应加设防护套管，套管应固定；当位于交通繁忙区域或有重型设备经过的区域时，应用混凝土预制件对其进行保护，并设置安全警示标识。 ③ 要避免敷设在可能施工的区域内。 ④ 电线埋地深度不应小于 0.7m
		临时用电线路经过有高温、振动、腐蚀、积水及机械损伤等危害的部位，不得有接头，并应采取相应的保护措施
		对于夜间车辆通行的施工场所，必须安装设置醒目的红色信号灯，其电源应设在施工现场电源总开关的前侧
		临时用电应贴有目视化标签，注明供电回路和临时用电设备、用电负荷、用电单位
	移动式起重吊装作业	吊装作业前，应编制审核施工方案、应急预案，涉及关键性吊装，应编制审核吊装方案
		吊装作业人员（司机、指挥与司索）熟悉掌握吊装作业相应操作技能，并经过培训合格，持证上岗
		作业许可办理情况（申请、签发、界面交接、安全技术交底、安全条件确认）
		吊装前，司机按照液压移动式起重机外观检查表、机械移动式起重机外观检查表对起重机进行检查
		进入作业区域之前，应对基础地面及地下土层承载力、作业环境等进行评估。较复杂的吊装作业还应编制吊装作业计划
		在进行吊装作业时，必须明确指挥人
		起重机吊臂回转范围内应采用警戒带或其他方式隔离，无关人员不得进入该区域内
		在正式开始吊装作业前，司机应巡视工作场所，确认支腿是否垫枕木，发现问题应及时整改
		起重机吊钩的防脱钩设施应处于良好状态
		在可能产生易燃易爆、有毒有害气体的空间或环境中工作时，应进行气体检测
		任何人员不得在悬挂的货物下工作、站立、行走，不得随同货物或起重机械升降

续表

<table>
<tr><th colspan="2">监督要点</th><th>监督内容</th></tr>
<tr><td rowspan="15">检修阶段</td><td rowspan="15">移动式起重吊装作业</td><td>任何情况下，严禁起重机带载行走</td></tr>
<tr><td>起重机械司机在吊装作业过程中持续作业一般不超过 2h，否则应中途休息或配备双司机轮流作业</td></tr>
<tr><td>关键性吊装作业，生产单位必须指派专人到作业现场实施全过程监督管理，普通吊装作业可采取区域巡检的形式，对吊装作业现场进行管理</td></tr>
<tr><td>起重机操作室和驾驶室中应配置灭火器</td></tr>
<tr><td>起重机随机备有安全警示牌、使用手册、载荷能力铭牌并根据现场情况设置</td></tr>
<tr><td>指挥信号明确并符合规定。对紧急停车信号，不论何人发出都应立即执行</td></tr>
<tr><td>起重机司机应与指挥人员保持可靠的沟通，沟通方式的优先顺序如下：
① 视觉联系。
② 有线对讲装置。
③ 双向对讲机。
当联络中断时，起重机司机应停止所有操作，直到重新恢复联系</td></tr>
<tr><td>密切注意货物摆动、提升、下降对起重机稳定性的影响</td></tr>
<tr><td>严禁起吊超载、重量不清的物货和埋置物件；严禁斜拉斜吊。在大雪、暴雨、大雾等恶劣天气及风力达到六级时应停止起吊作业，并卸下货物，收回吊臂</td></tr>
<tr><td>操作中起重机应处于水平状态。在操作过程中可通过引绳来控制货物的摆动，禁止将引绳缠绕在身体的任何部位</td></tr>
<tr><td>在下列情况下，司机不得离开操作室：
① 货物处于悬吊状态。
② 操作手柄未复位。
③ 手刹未处于制动状态。
④ 起重机未熄火关闭。
⑤ 门锁未锁好</td></tr>
<tr><td>遵循制造厂家规定的最大负荷能力，以及最大吊臂长度限定要求</td></tr>
<tr><td>在吊装作业中，有下列情况之一者不准吊装：
① 指挥信号不明、错误或乱指挥不吊。
② 重量不明，埋入地下或超负荷不吊。
③ 工件捆绑不牢、棱角未包未垫、捆绑方法错误和吊挂重物直接进行加工或焊接时不吊。
④ 吊索具不合格或报废时不吊。
⑤ 吊物上有人，用人作配重或吊物上有散浮件时不吊。
⑥ 光线不良，照明不良不吊。
⑦ 歪接斜吊（大于 5%）不吊。
⑧ 六级以上强风不吊。
⑨ 起重机电铃、吊钩限位器缺陷时不吊。
⑩ 制动器等部件不可靠时不吊</td></tr>
</table>

续表

监督要点		监督内容
检修阶段	挖掘作业	挖掘作业前，应编制审核施工方案、应急预案
		作业人员应接受挖掘作业培训，执行挖掘作业管理程序
		挖掘工作开始前，应保证现场相关人员拥有最新的地下设施布置图，明确标注地下设施的位置、走向及可能存在的危害，必要时可采用探测设备进行探测。挖掘范围涉及铁道等第三方设施的，需经其管理部门审核同意
		对地下情况复杂、危险性较大的挖掘项目，施工区域主管部门根据情况，组织技术、设备、运行、安全等部门和相关单位联合进行现场地下设施交底，根据施工区域地质、水文、地下管道、埋地电力电缆、永久性标桩、地质和地震部门设置的长期观测孔等情况，向作业单位提出具体要求
		作业许可办理情况（申请、签发、界面交接、安全技术交底、安全条件确认）
		在坑、井、沟槽内作业应正确穿戴安全帽、防护鞋、手套等个人防护装备
		不应在坑、沟槽内休息，不得在动土设备下或坑、沟槽上端边沿站立、走动
		人工开挖基坑时，操作人员之间要保持安全距离，一般大于 2.5m
		采用机械设备开挖时，应确认活动范围内没有障碍物（如架空线路、管架等）。机械挖掘，多台阶同时开挖土方时，应验算边坡的稳定，确定挖土机离边坡的安全距离；多台机械开挖，挖土机间距离应大于 10m
		挖土要自上而下，逐层进行，不应进行先挖坡脚的危险作业
		挖出物应及时运出，如需要临时堆土，或留作回填土，挖出物或其他物料至少应距坑、井、沟槽边沿 1m，堆积高度不得超过 1.5m，坡度不大于 45°，不得堵塞下水道、窨井，以及作业现场的逃生通道和消防通道
		挖掘深度超过 1.2m 时，应在合适的距离内提供梯子、台阶或坡道等，用于安全进出
		对于挖掘深度 6m 以内的作业，为防止作业面发生坍塌，应根据土质的类别设置斜坡和台阶、支撑和挡板等保护系统。对于挖掘深度超过 6m 所采取的保护系统，应由有资质的人员设计
		在坑、井、沟槽的上方、附近放置物料和其他重物或操作挖掘机械、起重机、卡车时，应在边沿安装板桩并加以支撑和固定，设置警示标志或障碍物
		挖掘作业现场应设置护栏、盖板和明显的警示标志。在人员密集场所或区域施工时，夜间应悬挂红灯警示
		开挖作业临近地下隐蔽工程时，应采用人工方式，禁止使用铁钎、铁镐等工具和施工机械进行作业
		作业场所不具备设置进出口条件，应设置逃生梯、救生索及机械升降装置等，并安排专人监护作业，始终保持有效的沟通

续表

监督要点		监督内容
检修阶段	挖掘作业	雷雨天气应停止挖掘作业，雨后复工时，应检查受雨水影响的挖掘现场，监督排水设备的正确使用，检查土壁稳定和支撑牢固情况。发现问题，要及时采取措施，防止骤然崩坍
		对深度超过 1.2m，可能存在危险性气体的挖掘现场，应按要求进行气体检测
		在填埋区域、危险化学品生产、储存区域等可能产生危险性气体的施工区域挖掘时，应对作业环境进行气体检测，并采取相关措施，如使用呼吸器、通风设备和防爆工具等
		在作业过程中暴露出的线缆、管线或其他不能确认的物品时，应立即停止作业，妥善加以保护，并报告施工区域所在单位，待现场确认，并采取相应的安全保护措施后，方可继续作业
	管线与设备打开作业	设备与管线打开作业前，应编制审核施工方案、应急预案、隔离方案
		隔离方案执行及隔离有效性测试（验压和气体检测）
		作业许可办理情况（申请、签发、界面交接、安全技术交底、安全条件确认）
		管线与设备打开作业时，应明确打开管线与设备的位置。应在受管线与设备打开作业影响的区域设置区域隔离或警戒线，禁止无关人员进入
		需要打开的管线或设备必须与系统隔离，其中的物料应采用排尽、冲洗、置换、吹扫等方法除尽
		管线与设备打开作业时应选择和使用合适的个人防护装备，作业人员作业前现场检查合格后方可使用
		作业中做好气体连续监测
		对含有剧毒物料等可能立刻对生命和健康产生危害的管线与设备打开作业时应遵守以下要求：所有进入受管线与设备打开影响区域内的人员，应穿戴个人防护装备；对于受管线与设备打开影响区域外（位于路障或警戒线之外但能够看见工作区域）的人员，应确保能及时获取个人防护装备
		如果不能确保管线与设备清理合格，如残存压力或介质在死角截留、未隔离所有压力或介质的来源、未在低点排凝和高点排空等，应停止工作
	换热器清洗作业	换热器清洗作业前，应编制审核施工方案、应急预案、隔离方案
		隔离方案执行及隔离有效性测试（验压和气体检测）
		作业许可办理情况（申请、签发、界面交接、安全技术交底、安全条件确认）
		按照气体检测要求确认检测合格才可打开设备
		高压清洗设备设施检查合格，贴检验合格标识
		作业人员正确穿戴劳保用品，正确使用工器具
		若需使用脚手架，脚手架经专业人员检查验收，挂准用牌

续表

监督要点		监督内容
检修阶段	换热器清洗作业	现场设置警戒区域，并悬挂安全警示牌，防止无关人员进入
		清洗时佩戴防护面罩，高处作业时应正确系挂安全带
		冲洗过程中设置防冲板
		采用固液分离，污液排入污水处理装置集中处理；固体废物统一收集，集中处理
		工完料尽场地清
	炉类设备检修作业	炉类设备检修作业前，应编制审核施工方案、应急预案、隔离方案
		隔离方案执行及隔离有效性测试（验压和气体检测）
		作业许可办理情况（申请、签发、界面交接、安全技术交底、安全条件确认）
		按照受限空间作业安全管理要求，气体检测要求确认检测合格后，方可打开设备
		强制通风，炉温降到常温后方可作业
		按照受限空间作业安全管理要求，作业人员正确穿戴劳保用品，如安全帽、报警仪、防爆头灯、安全绳等
		若需使用脚手架，脚手架经专业人员检查验收，挂准用牌
		进入人员、工器具登记
		衬里按照规定要求进行制作更换
		对拆下的封头和打开的人孔采取防雨措施
		对打开的封头、人孔，未封闭之前，当无人作业时，应采取有效隔离措施及安全警示标识，防止无关人员进入
		工完料尽场地清
	安全阀校验、更换作业	检修作业前，应编制审核施工方案、应急预案、隔离方案
		隔离方案执行及隔离有效性测试（验压和气体检测）
		作业许可办理情况（申请、签发、界面交接、安全技术交底、安全条件确认）
		若需使用脚手架，脚手架经专业人员检查验收，挂准用牌
		作业人员正确穿戴劳保用品，作业工器具完好性确认，搬动工具时防止滑落
		高处作业时，正确佩戴全身式双钩安全带，使用时“高挂低用”，所用的工具、材料必须堆放稳定，所用的工具应随时装入工具袋内，防止坠落伤人
		确认各特种作业人员资质，杜绝无证人员作业
		安全阀拆装涉及吊装作业时，应按吊装作业安全管理要求执行
		安全阀拆装、校验时，现场设置警戒区域、安全警示标识，防止无关人员进入

续表

监督要点		监督内容
检修阶段	安全阀校验、更换作业	若需在用设备安全阀校验，拆除安全阀后，要安排专人监控设备压力，并做好监控记录
		应按照安全阀校验规程进行校验，并做好记录
		工完料尽场地清
	液硫池检修作业	液硫池检修作业前，应编制审核施工方案、应急预案、隔离方案
		隔离方案执行及隔离有效性测试（验压和气体检测）
		作业许可办理情况（申请、签发、界面交接、安全技术交底、安全条件确认）
		按照受限空间作业安全管理要求，强制连续通风，气体检测要求确认检测合格，液硫池温度降到常温后方可作业
		作业人员正确穿戴劳保用品，作业工器具完好性确认，搬动工具时防止滑落
		按照受限空间作业安全管理要求，作业人员正确穿戴劳保用品，如安全帽、报警仪、防爆头灯，安全绳等
		进入人员、工器具登记管理
		现场监护人、属地监督到现场履职，气体检测人员连续气体检测，每隔 2h 记录检测结果
		硫磺是否清理打扫干净，防止动火作业导致硫磺燃烧，做好防自燃措施
		现场设置警戒带，做好防坠落措施
		作业过程中，作业人员应佩戴正压式空气呼吸器或长管空气呼吸器
		液硫池人孔未封闭之前，当无人作业时，应采取有效隔离措施及安全警示标识，防止无关人员进入
		工完料尽场地清
	冷却风机类检修作业	风机检修作业前，应编制审核施工方案、应急预案、隔离方案
		隔离方案执行及隔离有效性测试（验电和验压）
		作业许可办理情况（申请、签发、界面交接、安全技术交底、安全条件确认）
		作业人员正确穿戴劳保用品
		若需使用脚手架，脚手架经专业人员检查验收，挂准用牌
		高处作业时，正确佩戴全身式双钩安全带，使用时“高挂低用”，所用的工具、材料必须堆放稳定，所用的工具应随时装入工具袋内，防止坠落伤人
		拆卸的螺栓等配件规范堆放，采取防坠落措施，禁止交叉作业
		高处作业时，严禁高空抛物

续表

监督要点		监督内容
检修阶段	冷却风机类检修作业	现场设置警戒区域和安全警示标识，防止无关人员进入
		工完料尽场地清
	脚手架搭设作业	脚手架搭设作业前，应编制审核施工方案、应急预案
		作业许可办理情况（申请、签发、界面交接、安全技术交底、安全条件确认）
		搭设人员健康体检报告，身体符合要求，并持有效操作证上岗
		搭设人员应正确佩戴安全帽、防滑鞋、工具袋等装备
		高处作业时，正确佩戴全身式双钩安全带，使用时“高挂低用”，材料必须堆放稳定，工具应采取防止坠落措施，如防掉绳等
		现场监护人到现场履职
		搭设过程中，应设置警戒线，严禁高空抛物，所有物品应使用绳索或其他传送设施传递
		脚手架应按照规范要求搭设，支撑可靠牢固
		脚手架搭设过程中及未验收前，应挂红色禁用标识牌
		脚手架使用前须按照验收规范进行验收，验收合格后应悬挂绿色准用标识牌；脚手架使用过程中，脚手架验收人员要定期检查签字确认
		脚手架拆卸时，严禁上下同时进行
		工完料尽场地清
	特种设备探伤作业	探伤作业前，应编制审核施工方案、应急预案
		作业许可办理情况（申请、签发、界面交接、安全技术交底、安全条件确认）
		无损检测人员应持有效操作证上岗
		检测机具经过验收合格，贴合格标识
		作业人员正确穿戴劳保用品
		作业前，应对无损检测影响范围告知相关单位，同时对影响范围人员进行再次清理、撤离确认
		影响设置警戒线、警示标识，防止人员误入
		专人对放射源进行管理
		取接地线时必须穿戴全身式双钩安全带，平稳操作
		工完料尽场地清
	装置设备防腐保温作业	防腐保温作业前，应编制审核施工方案、HSE 管理方案
		作业许可办理情况（申请、签发、界面交接、安全技术交底、安全条件确认）

续表

监督要点		监督内容
检修阶段	装置设备防腐保温作业	工器具检查验收合格，贴检验合格标识
		作业人员正确穿戴劳保用品，作业工器具完好性确认，搬动工具时防止滑落
		高处作业时，正确佩戴全身式双钩安全带，使用时“高挂低用”，材料必须堆放稳定，工具应采取防止坠落措施，如防掉绳等
		现场监护人到现场履职
		临时用电时，严格执行临时用电安全管理规范要求
		作业区域，设置警戒线、安全警示标识
		超过 30m 以上作业，作业人员健康体检合格，并注意作业时天气状态，若出现恶劣天气需立即停止作业；配备与地面联系的对讲机
		严禁对有可燃介质的管线进行打磨除锈
		打磨、喷漆作业时，作业人员应佩戴护目镜、防尘口罩
		防腐材料经验收合格
		对防腐区域进行气体检测，并佩戴报警仪
		对废旧保温材料、油漆桶等危险废物，以及含有棉纱、铁屑等一般固废按照合同中环境保护约定执行
		工完料尽场地清
	各类变送器、压力表、液位计等仪器检修	检修作业前，应编制审核施工方案、应急预案、隔离方案
		隔离方案执行及隔离有效性测试（验压、验电和气体检测）
		作业许可办理情况（申请、签发、界面交接、安全技术交底、安全条件确认）
		确认设备已停或设备联锁、报警不会对设备造成影响
		作业人员正确穿戴劳保用品，作业工器具完好性确认，搬动工具时防止滑落
		在拆除压力表、液位计时，确认一次阀关闭，人员不能正对泄压孔
		若需使用脚手架，脚手架经专业人员检查验收，挂准用牌
		高处作业时，正确佩戴全身式双钩安全带，使用时“高挂低用”，所用的工具、材料必须堆放稳定，所用的工具应随时装入工具袋内，防止坠落伤人
		工完料尽场地清
	电动机检修作业	检修作业前，应编制审核施工方案、应急预案、隔离方案
		隔离方案执行及隔离有效性测试（验电）
		作业许可办理情况（申请、签发、界面交接、安全技术交底、安全条件确认）
		作业人员持有效资格证作业

续表

<table>
<tr><th colspan="2">监督要点</th><th>监督内容</th></tr>
<tr><td rowspan="24">检修阶段</td><td rowspan="6">电动机检修作业</td><td>作业人员正确穿戴劳保用品，作业工器具完好性确认</td></tr>
<tr><td>严格执行上锁挂牌管理规定，作业人员保管好上锁钥匙</td></tr>
<tr><td>作业人员严格按照电机检维修规程</td></tr>
<tr><td>含有棉纱、手套等固废收集到指定回收箱</td></tr>
<tr><td>设备打开后无作业时，对打开部位进行塑料薄膜包裹保护</td></tr>
<tr><td>工完料尽场地清</td></tr>
<tr><td rowspan="10">架空线路检修</td><td>检修作业前，应编制审核施工方案、应急预案、隔离方案</td></tr>
<tr><td>隔离方案执行及隔离有效性测试（验电）</td></tr>
<tr><td>作业许可办理情况（申请、签发、界面交接、安全技术交底、安全条件确认）</td></tr>
<tr><td>作业人员持有效资格证作业</td></tr>
<tr><td>作业人员正确穿戴劳保用品，作业工器具完好性确认，搬动工具时防止滑落</td></tr>
<tr><td>设置警戒区域、安全警示标识，严禁无关人员进入</td></tr>
<tr><td>现场监护人、属地监督到场履职</td></tr>
<tr><td>严禁高空坠物</td></tr>
<tr><td>严格按照高空作业安全管理规定进行作业</td></tr>
<tr><td>工完料尽场地清</td></tr>
<tr><td rowspan="9">交叉作业</td><td>检修作业前，涉及交叉作业时，应编制审核交叉作业方案，明确相关方责任，采取有效控制措施；同时各相关方应编制审核各自作业项目的施工方案、应急预案、隔离方案</td></tr>
<tr><td>隔离方案执行及隔离有效性测试（验压、验电和气体检测）</td></tr>
<tr><td>作业许可办理情况（申请、签发、界面交接、安全技术交底、安全条件确认）</td></tr>
<tr><td>作业区域设置醒目的交叉作业目视化标识，如高危作业区长挂牌</td></tr>
<tr><td>涉及高处动火作业，应落实防火花飞溅措施，设置防火毯等隔离措施</td></tr>
<tr><td>涉及有限空间动火作业，应做好气体连续监测</td></tr>
<tr><td>现场监护人、属地监督到现场履职</td></tr>
<tr><td>多个作业项目，尽可能避免同时交叉作业</td></tr>
<tr><td>工完料尽场地清</td></tr>
<tr><td></td><td rowspan="2">带压堵漏作业</td><td>检修作业前，应编制审核施工方案、应急预案、隔离方案</td></tr>
<tr><td></td><td>隔离方案执行及隔离有效性测试（验压、气体检测）</td></tr>
</table>

续表

监督要点		监督内容
检修阶段	带压堵漏作业	作业许可办理情况（申请、签发、界面交接、安全技术交底、安全条件确认）
		带压堵漏作业人员应持证上岗
		根据介质特点，作业人员应选择佩戴适宜的安全防护器材，如空气呼吸器、护目镜、便携式硫化氢报警仪、防护服、防护手套等
		现场监护人、属地监督到现场履职
		堵漏过程中发生意外情况，如堵漏失效，立即安全撤离现场
		现场监护人、属地监督到现场履职
	盲板切换、拆除作业	根据作业分级办理相应作业许可。 倒换原料气界区盲板时，应佩戴空气呼吸器；设专人监护。 编制盲板加装和倒换清单、绘制示意图、说明盲断 / 倒通状态并现场公示。 盲板加装、倒换工作完成后，施工人员、技术管理人员和生产单位领导三级确认，签认盲板加装、倒换工作单。 对盲板位置挂牌标识
开产阶段	脱硫、脱水单元、燃料气系统氮气置换	氮气置换前，确认到放空系统的所有阀门已关闭
		氮气置换前，分析氮气中氧含量，氧含量应在规定范围之内
		置换过程中，应定期对氮气中氧含量进行分析
	火炬点火	放空系统氮气置换应充分，点火炬应分析放空系统氧含量合格
	脱硫、脱水单元进气检漏	检查确认所有阀门处于正确开关状态，调节阀、联锁阀动作符合要求
		中控室监控系统各压力变化情况，放空设施处于正常状态，确保系统超压时能紧急放空
		升压速度应缓慢，每分钟宜小于 0.3MPa
		高压系统检漏应按低压到高压逐级进行，若发现漏点应立即泄压整改，低压检漏合格后方能进入下一压力等级检漏
		现场作业应携带 H_2S 报警仪，佩戴正压空气呼吸器，观察风向，站在上风向操作，并设置监护人
		作业现场按正常生产安全管理要求进行管理
	脱硫、脱水单元水洗	建压前应确保高、中、低压阀门隔断，建压过程中应控制升压速度和压力在规定范围之内。 在水洗过程中，应确认脱硫再生塔或脱水缓冲罐液位，避免溶液循环泵抽空。 每一个排水点应有人看守，当排完污水之后，及时关闭排水阀。 在排水操作过程中，必须按规定佩戴护目镜

续表

监督要点		监督内容
开产阶段	脱硫、脱水单元补充溶液及冷热循环	补充溶液过程中，应确认脱硫再生塔、脱水缓冲罐液位，避免溶液循环泵抽空
		补充溶液过程中，应确认吸收塔、闪蒸罐液位，防止窜气事故
		应控制液相调节阀开度，避免开度过大或突然开启发生窜气事故
		现场作业应佩戴护目镜，注意观察风向，站在上风向操作，设置专人监护
		再生塔重沸器进蒸汽操作前，应进行暖管并将重沸器及凝结水管道积水排尽，防止水击
	炉类点火	严格执行炉类设备点火操作步骤，确保吹扫彻底
		严禁连续点火，如点火不成功，应分析和查找原因，待问题解决后再进行点火操作程序
	蒸汽及凝结水系统暖管	暖管前，应先将蒸汽及凝结水管道中的积水排尽
		暖管操作应缓慢进行，蒸汽及凝结水管道升温速度按操作规程执行，不宜过快
		现场操作应穿戴劳动防护用品，设置监护人
		暖管时，操作人员应远离排放点，防止高温介质飞溅烫伤
	进气生产	确认上、下游通信畅通，沟通有效
		缓慢开启原料气和产品气界区进出阀门，与中控室联系，关注原料气处理量；中控室关注产品气合格及装置运行情况
		检查确认放空系统处于正常状态，确保超压时系统能紧急放空

附表 3-2　天然气净化厂基建工程项目管理监督检查表

监督要点		监督内容
建设阶段管理	施工图设计管理	施工图设计未经会审和未按会审意见修改完善的，不得用于施工作业
		施工图设计应遵循初步设计批准的原则和范围，并对初步设计进行优化、细化和完善
		承担施工图勘察、设计任务的勘察、设计单位应具有有效的资质证书和满足要求的业务范围
		项目管理机构应严格按施工图设计会审纪要要求，跟踪、监督和检查施工图勘察、设计单位对施工图设计会审意见的响应回复和修改完善等工作执行情况
		经审定的施工图设计不得随意修改。确需修改的，修改内容须报施工图设计原审批单位（部门）批准后才能修改
	物资供应管理	项目管理机构主要工作： ① 明确甲、乙供料采购界面，编制并提交工程物资需求计划。做好采购物资的动态跟踪，督促采购物资按合同要求保证质量、按期交货。 ② 在工程项目概算分解的物资采购控制价范围内进行采购。工程项目采购超单项控制价、主要设备材料采购超概算批复的均应按规定报批。

续表

监督要点		监督内容
建设阶段管理	物资供应管理	③ 建立工程物资动态管理台账，根据工程进度及时清理物资情况。 ④ 建立工程余料管理台账，做好施工现场工程余料管理，协助物资管理部门做好余料回收入库。 ⑤ 组织设备现场调试和服务工作
		基建项目应采用技术先进、成熟、可靠的产品。禁止采用国家、中国石油集团明令淘汰的耗能用水工艺、技术、材料、产品或设备
		采购物资入场前应保证资料齐全，即物资材料两证齐全（合格证、质量证明书），压力容器三证一牌齐全（产品合格证、产品质量证明文件、特种设备制造监督检验证书和产品铭牌的拓印件或复印件），机电设备三证齐全（合格证、质量证明书、安装操作说明书），管件两证齐全（合格证、质量证明书）等。入场验收不合格、资料不齐全的物资，不得进行安装使用
		施工单位应建立和完善工程设备、材料入场检查验收制度。所有工程设备、材料在安装使用前应进行入场前的检查验收，并做好记录。对不合格的设备、材料应分类存放、明确标识，并及时向项目监理机构和项目管理机构汇报
		物资报验：承包商将检验合格的物资（包括质证资料，复检报告等），向监理项目部进行报验。专业监理工程师及时审签承包商报验物资，对不合格物资提出审查意见。所有物资合格后才能使用，并登记台账
		物资平行检验：专业监理根据平行检验方案对进场工程物资开展平行检验。平行检验包括量测外观几何尺寸，检查外观缺陷，检查材质理化试验报告、无损检测报告等质证资料，并填写材料设备平行检验记录。平行检验应符合石油天然气建设工程监理平行检验技术规定
		物资现场仓储管理： ① 施工现场应合理划分物资仓储场地，按照“地面隔离、架空堆放、有效覆盖、防雨防潮、防火防晒、安全隔离”的原则做好各项仓储措施。 ② 现场物资应分类管理，有序存放，标识清楚。 ③ 管材、弯管、阀门等按照同材质、同规格分类存放；对于体积小、重量轻的电气仪表、法兰、螺栓等物资应采用货架堆放。 ④ 钢筋应按照不同牌号和规格分类、分开、架空堆放；袋装水泥应按照品种、标号分类架空堆放；砂、石应围挡堆放。 ⑤ 油漆、油品、防腐材料、气瓶等储存危险化学品的工棚应通风良好，在工棚入口处设置“禁止烟火”“禁止带火种”等安全警示标识。 ⑥ 对于高压氧气瓶、乙炔瓶、氮气瓶等气瓶，必须分类、分开堆放，气瓶间安全距离符合相关规范要求。 ——氧气瓶、乙炔瓶存放点应进行有效物理隔离。 ——所有气瓶要求减振环、气瓶罩等安全附件配置齐全。 ——乙炔气瓶应采取防倾倒措施。 ——气瓶采用“挂签”标识。 ——气瓶存放点应严禁材料值守人员住宿。 ——气瓶存放点应设置“禁止烟火”“当心爆炸”等安全警示标识。

续表

监督要点		监督内容
建设阶段管理	物资供应管理	⑦ 对于油品、油漆等易燃易爆材料，必须分类、分开堆放，远离人群，专人保管。 ——油品、油漆等易燃物品存放点应通风设置，并应与其他工程材料有效隔离。 ——存放点配置满足要求的消防安全器材。 ——存放点严禁材料值守人员住宿。 ——存放点应设置“禁止烟火”“禁带火种”等安全警示标识。 ⑧ 无法及时退场的不合格品，应单独设置堆放区域，设置标识牌，说明不合格材料名称、数量、拟处理方式、属地管理责任人等信息。
		物资现场使用管理： ① 承包商建立物资领用、发放、使用及回收台账，落实专人负责现场物资仓储及发放管理。 ② 领用的物资在使用前，施工班组应对物资外观、材质、规格型号、安装位置等关键环节进行核对确认。 ③ 随物资一同移交的备品备件、使用说明书、技术资料等由承包商妥善保管，完工交接时统一移交
		余料管理： ① 承包商负责现场物资余料及其质证资料的收集、保管。 ② 承包商应严格按照合同约定物资材料损耗率控制物资使用，减少物资余料。超出损耗率部分费用由承包商承担。 ③ 工程完工交接后，承包商应编制余料清单报建设项目部审查，将余料和质证资料同步移交物资采购实施单位并配合办理退库手续
		不合格物资管理： ① 现场发现的不合格物资应停止使用，及时上报；不能及时退场的应隔离存放，明确标识。 ② 甲供不合格物资由承包商编制不合格物资台账，经建设项目部、监理单位审查后退还物资采购实施单位；乙供料由承包商清退出场，并将具体情况书面汇报建设项目部和监理单位。 ③ 有争议时，建设项目部组织协调处理
	合同管理	工程勘察、设计、施工、监理与检测合同签订时，应签订工程建设 HSE 合同，明确责任。未签订 HSE 合同的，不得开展有关工作
		合同中应重点突出建设工程质量、安全、投资、工期、健康和环境保护控制指标
		合同条款齐全、清晰、准确，不可有模棱两可的言辞和不合理的附加条件。在合同中，要明确规定合同签约双方的违约责任；要清晰、明确和详尽约定合同价款调整范围（事项）及具体调整方法
		合同签订应及时，杜绝事后合同，避免无依据或依据不充分的事后变更行为发生
	总体部署 / 实施计划	总体部署 / 实施计划应根据基建项目实际情况进行编制，应具有针对性和可操作性
		中国石油集团一类、二类项目，按以下要求执行： ① 项目管理机构应在收到初步设计批复后 20 个工作日内完成总体部署的编制、预审和上报。

续表

<table>
<tr><th colspan="2">监督要点</th><th>监督内容</th></tr>
<tr><td rowspan="8">建设阶段管理</td><td rowspan="2">总体部署 / 实施计划</td><td>② 中国石油集团一类项目总体部署经地区公司基建管理部门预审后报勘探与生产分公司审批。
③ 中国石油集团二类项目总体部署由地区公司基建管理部门审批</td></tr>
<tr><td>中国石油集团三、四类项目，按以下要求执行：
① 项目管理机构应在收到初步设计批复后 20 个工作日内完成实施计划编制、预审和上报。
② 公司限上项目实施计划报地区公司基建管理部门审批，地区公司限下项目实施计划报所属单位基建工程管理部门审批</td></tr>
<tr><td rowspan="2">开工报告管理</td><td>天然气净化厂基建项目应在开工报告审批后，才能开工建设，开工报告由项目管理机构填报。开工报告未经审批同意，基建项目不得开工建设</td></tr>
<tr><td>开工报告申报应具备以下条件：
① 初步设计及概算已批复，投资计划已下达；项目管理机构已经批复，人员已经到位。
② 总体部署 / 实施计划、施工组织设计、监理规划等已经获得批准。
③ 已取得工程征（用）地、管道路由规划、供电、供水等相关书面意见，已办理消防建审手续，需单独向地方报建的建筑工程已取得建设工程施工许可证。
④ 开工需要的施工图设计已完成会审，且已提交相应的 0 版施工图设计文件及图纸。
⑤ 已完成施工、监理、检测等参建单位的招标工作，并签订施工合同和 HSE 合同。
⑥ 已完成质量监督注册手续；已按规定办理开工前审计手续。
⑦ 工程参建单位已进驻现场，施工机具运抵现场，项目主体工程施工准备工作已完成，具备连续施工的条件。
⑧ 建设项目需要的主要设备、材料已经订货，开工所需建筑材料已落实，能满足现场连续施工要求。
⑨ 法律、法规规定的其他条件</td></tr>
<tr><td rowspan="3">质量管理</td><td>严格执行《建设工程质量管理条例》(中华人民共和国国务院令 2019 年第 714 号)，实行工程建设监理、质量监督和第三方质量检测制度。</td></tr>
<tr><td>严格执行基本建设程序，坚持先勘察、后设计、再施工的原则</td></tr>
<tr><td>项目管理机构主要工作：
① 对勘察、设计、监理、施工、检测、预制、运输等参建单位质量工作提出具体要求，并在合同中应给予明确。
② 向勘察、设计、施工、监理等单位提供与工程建设有关的原始资料，原始资料应真实、准确、齐全。
③ 严格按合同约定和公司质量管理相关规定对质量问题责任单位进行违约责任追究。
④ 对工程建设质量进行跟踪管理，对施工、监理、检测单位现场质量控制工作进行监督检查，形成记录。工程完工后组织各参建单位对工程质量进行分析、总结并提出改进措施。
⑤ 按公司有关规定及时上报建设工程质量事故，组织各参建单位认真开展质量事故的原因分析、制订整改措施、督促整改及验收，形成闭环管理；参与质量事故的调查与责任追究</td></tr>
</table>

续表

监督要点		监督内容
建设阶段管理	质量管理	勘察、设计单位的质量责任和义务： ① 依照工程建设有关法律法规、标准规范进行勘察、设计，并对其勘察、设计的质量负责。勘察单位提供的岩土工程、水文地质勘察和工程测量等勘察成果应真实、准确、详尽。 ② 勘察、设计单位应当就审查合格的施工图设计文件向监理、施工、检测等单位进行现场设计技术交底，并对影响工程质量的因素和环节进行重点说明。 ③ 勘察、设计单位应当参与建设工程质量事故分析。对因工程勘察、设计造成的质量事故，提出相应的技术处理方案。对工程质量承担勘察、设计责任。 ④ 勘察、设计单位应根据不同施工阶段，及时派驻相关专业人员，解决施工过程中存在的质量问题。 ⑤ 勘察、设计单位应及时参加基础坑池验槽、隐蔽工程验收等工作
		施工单位的质量责任和义务： ① 施工单位对基建项目的施工质量负责，严禁转包或违法分包工程。 ② 总承包单位应对分包单位进行全面质量管理。分包单位应当按照分包合同的约定对其分包工程的质量向总承包单位负责，总承包单位对分包工程的质量和安全承担连带责任。 ③ 根据工程施工承包合同和工程质量管理目标要求，结合工程建设的实际情况，建立完善质量管理体系与质量责任制，认真落实工程质量责任，制订有针对性的施工方案和质量保证措施，并严格执行。 ④ 建立健全施工质量检验制度，严格执行工程质量“三检”制，做好隐蔽工程的质量检查和记录。 ⑤ 施工单位应严格按设计文件和有关标准规范进行施工，不得偷工减料，降低质量标准。 ⑥ 施工单位对乙供料质量负责。 ⑦ 工程施工、试运行及质保期内出现的施工质量问题，施工单位应负责整改
		监理单位的质量责任和义务： ① 依照法律法规、有关技术标准、设计文件和工程监理合同，受建设单位委托，代表建设单位对工程质量实施监理，并对工程质量承担监理责任。 ② 监理单位应组织建筑材料、建筑构配件、设备、材料和施工机器具的入场检验。未经监理工程师签字同意，不得使用或者安装。 ③ 按照监理规范的要求，采取旁站、巡视和平行检验等形式，对工程质量实施监理。 ④ 组织隐蔽工程隐蔽前验收。 ⑤ 组织施工质量分析，组织制订质量纠偏措施。参与质量问题调查处理
		检测单位的质量责任和义务： ①检测单位对建设项目检测工作质量负责，严禁转包或违法分包检测业务。 ② 严格按照设计文件、有关技术标准、施工技术要求和监理指令开展检测工作。 ③ 定期开展检测机具校验，检测质量结果复查和质量问题原因分析
	HSE 管理	各参建单位应建立健全 HSE 管理体系，设置 HSE 管理机构和专职 HSE 管理人员，责任落实到人。编制 HSE“两书一表”，制订 HSE 管理措施和培训计划，严格开展现场 HSE 管理、培训和检查工作，并形成记录

续表

监督要点		监督内容
建设阶段管理	HSE 管理	勘察、设计单位 HSE 管理责任： ① 勘察、设计单位应在资质等级和准入范围内承揽业务。 ② 勘察单位应当依照法律法规和工程建设强制性标准进行勘察，提供的勘察资料应当真实、准确、详尽，满足工程设计和安全生产需要。勘察单位在勘察作业时，应当严格执行操作规程，采取措施保证各类管线、设施和周边建筑物、构筑物的安全。 ③ 采用新工艺、新技术、新设备、新材料的工程，设计文件中应提出相应的安全、环保措施及建议。 ④ 设计单位应采用安全预评价、环境影响评价、消防审查、职业病危害预评价和危险与可操作性分析技术（HAZOP）等成果，防止因设计不合理导致 HSE 事故的发生。 ⑤ 设计单位应当考虑施工安全操作和防护的需要，对涉及施工安全的重点部位和关键环节在设计文件中注明，并对防范生产安全事故提出指导意见
		监理单位 HSE 管理责任： ① 监理单位应对现场监理人员开展开工前 HSE 培训并做好记录。培训不合格的监理人员不能入场开展监理业务。 ② 监理机构应设置专职 HSE 管理人员，组织开展施工现场 HSE 专项监理。 ③ 监理机构应当审查施工组织设计中的 HSE 专篇、专项施工方案、应急预案、HSE“两书一表”是否符合工程建设强制性条款。监督检查施工作业单位的 HSE 管理措施是否到位。 ④ 现场监理机构应当按照法律法规、标准规范和设计文件实施监理，并对建设工程 HSE 管理承担监理责任。 ⑤ 监理人员在实施监理过程中，发现存在安全、环保等事故隐患的，应当要求责任单位整改；情况严重的，应当立即要求停止作业，并及时报告项目管理机构。 ⑥ 现场监理机构应对风险作业许可进行监督检查，并检查各项 HSE 管理措施的落实情况。 ⑦ 现场监理机构应制订 HSE 监督检查计划，定期对施工现场开展 HSE 专项检查，并做好记录。 ⑧ 在监理例会中应专题分析施工现场 HSE 管理存在的问题，落实改进措施，并监督执行
		施工、检测单位的 HSE 管理责任： ① 施工、检测单位主要负责人依法对本单位的 HSE 工作全面负责，并建立健全 HSE 管理责任制度和教育培训制度，组织编制风险防控措施，消除事故隐患，及时、如实报告各类事故。 ② HSE 措施费应专项使用，不得挪作他用。建立施工现场 HSE 管理机构，配备专职 HSE 管理人员，明确管理人员职责。 ③ 施工组织设计应当编制 HSE 专篇。对于穿（跨）越、不良地质地段、高坡陡坎、林区施工、爆破作业、大型设备吊装、施工现场临时用电、放射源管理等应编制专项施工方案和应急预案。 ④ 识别、评价施工过程中 HSE 风险，制订风险控制措施，编制 HSE 作业计划书、HSE 作业指导书和 HSE 检查表。 ⑤ 根据工程建设特点，制订有针对性的事故应急预案，组织应急预案演练并做好演练记录。

续表

<table>
<tr><th colspan="2">监督要点</th><th>监督内容</th></tr>
<tr><td rowspan="10">建设阶段管理</td><td rowspan="2">HSE 管理</td><td>⑥ 遵守有关环境保护法律、法规的规定，在施工现场采取防护措施，防止或减少粉尘、废气、废水、固体废物、噪声、振动、施工照明等对人和环境的危害和污染。坚持文明施工，做到工完、料尽、场地清。
⑦ 向作业人员提供安全防护用具和安全防护服装，并书面告知危险岗位的操作规程。
⑧ 在公司所辖生产、生活、施工区域内的进入受限空间作业、动土作业、高处作业、移动式起重作业、临时用电作业、动火作业、管线与设备打开等 A 类和 B 类风险作业，作业前应按相关要求办理相应作业许可证。入场作业前应进行工作前安全分析（JSA）、安全培训，并做好记录。应服从属地管理，接受生产管理单位的 HSE 教育和事故应急演练。
⑨ 施工现场应按要求，做好人员、工器具、设备设施、生产、生活区域目视化管理。
⑩ 应制订 HSE 检查计划，定期开展 HSE 自查自检工作，整改问题并做好记录</td></tr>
<tr><td>承包商 HSE 管理详见第二章第七节</td></tr>
<tr><td rowspan="8">施工管理</td><td>项目管理机构应在开工前组织施工图设计现场交底、合同交底和施工现场交底工作，并形成书面交底记录</td></tr>
<tr><td>项目管理机构应在开工前组织第一次工地会议，主要内容应符合 GB/T 50319《建设工程监理规范》要求。第一次工地会议纪要应由监理机构负责起草，并经与会各方代表会签</td></tr>
<tr><td>施工单位应根据总体部署或实施计划、施工图设计和已签订的合同等文件要求编制施工组织设计，内容涉及施工方案、施工进度计划、施工人员及机具设备安排、风险识别及风险削减措施、HSE 管理、吹扫试压方案、安全技术措施等</td></tr>
<tr><td>施工组织设计由施工项目经理组织工程相关专业施工技术人员编制，施工单位技术负责人审查合格后由监理单位组织审查，审查合格后由总监理工程师签认，并报项目管理机构审批。施工组织设计的编制及审批应在项目开工前完成</td></tr>
<tr><td>施工单位和分包单位不得擅自更改设计文件、偷工减料、降低工程质量标准</td></tr>
<tr><td>施工单位应严格工序管理，做好隐蔽工程和检验批的质量检查与验收工作，并做好记录。隐蔽工程在隐蔽前，施工单位应提前三天通知项目监理机构</td></tr>
<tr><td>特种设备在安装前，从事特种设备安装的单位应按规定向当地质量技术监督管理部门进行申报</td></tr>
<tr><td>施工单位应严格执行以下要求：
① 施工现场应设置施工项目管理部，配备必要办公、通信设备，建立各项管理制度。
② 编制临时用电方案，做好临时用电管理。
③ 加强对现场人员的管理和教育工作，现场人员进场施工前，应进行各项管理制度和安全教育，并做好记录。
④ 在施工现场入口、堆管场、高坡陡坎、大（中）型穿（跨）越、山体隧道、易滑坡地带、穿越林区、爆破物及有害气体和液体存放处等危险部位，以及安全出口与逃生通道，应设置明显的安全警示标志。安全警示标志应醒目并符合国家标准、行业标准和公司各项管理规定</td></tr>
</table>

续表

监督要点		监督内容
建设阶段管理	施工管理	施工单位应严格按照技术标准、设计文件和天然气净化厂油气田基建工程（项目）竣工验收有关要求收集整理各种质保资料、隐蔽工程资料，绘制竣工图，编制好竣工资料。竣工资料应与工程建设实际进度同步，并与工程建设实际情况相符，及时、真实、准确、详尽地反映工程建设情况，并在合同规定的时间内提交项目管理机构
		工程实施期间，设计单位应派相关专业人员驻现场配合施工，及时解决现场设计上出现的各类问题，及时处理工程变更
	监理管理	监理单位不得转让监理业务
		项目监理人员包括总监理工程师、专业监理工程师和监理员，必要时可设置总监理工程师代表。监理人员必须持证上岗并按证书许可范围执业。持证监理人员应按照有关规定参加继续教育培训
		监理单位应做好上岗人员的岗前业务培训，现场监理人员应熟悉相关法律、法规、标准规范、管理规定、监理规划、监理实施细则等
		监理单位应于委托监理合同签订后 10d 内将项目监理机构的组织形式、人员构成及对总监理工程师的任命书，报项目管理机构备案
		项目监理机构应根据建设项目规模、特点制订详细具体、具有针对性的监理规划。监理规划应由总监理工程师组织编制，总监理工程师签字后由监理单位技术负责人审核批准，并在第一次工地例会前报送建设项目管理机构审批。监理规划编制内容应符合 GB/T 50319《建设工程监理规范》的要求
		对于专业性较强、危险性较大的分部分项工程，项目监理机构应编制监理实施细则。监理实施细则应在相应工程施工开始前由专业监理工程师编制，并报总监理工程师审批。对于工程规模小、技术简单且有成熟管理经验和措施的，可不必编制监理实施细则
		总监理工程师应组织施工组织设计审查，应当认真审查施工组织设计中安全技术措施和专项施工方案是否符合工程建设强制性标准和工程实际情况。提出明确审查意见，并经总监理工程师签认后报项目管理机构审批。项目监理机构应要求施工单位按照已批准的施工组织设计组织施工。施工组织设计需要调整时，项目监理机构应按程序重新审查，并经项目管理机构重新审批
		总监理工程师应组织各专业人员熟悉施工图设计文件，项目监理人员应参加由项目管理机构组织的施工图设计交底
		项目监理机构在工程开工后，应每周组织召开工地例会，并按时向项目管理机构上报监理周报。周报内容应准确、详细，能充分反映工程当前建设情况，重点要突出监理在现场开展的主要监理工作和现场存在的问题、针对存在问题采取的措施及下一步工作计划和安排
		项目监理机构发现施工存在 HSE 问题的，应及时签发监理通知单，要求施工单位整改。整改完毕后，项目监理机构应根据施工单位报送的监理通知回复单对整改情况进行复查，提出复查意见

续表

<table>
<tr><th colspan="2">监督要点</th><th>监督内容</th></tr>
<tr><td rowspan="9">建设阶段管理</td><td rowspan="5">监理管理</td><td>项目监理机构发现下列情况之一时，总监理工程师应及时签发工程暂停令：
① 建设单位要求暂停施工且工程需要暂停施工的。
② 施工单位未经批准擅自施工或拒绝项目监理机构管理的。
③ 施工单位未按审查通过的工程设计文件施工的。
④ 施工单位违反工程建设强制性标准的。
⑤ 施工存在重大隐患或发生事故的。
总监理工程师签发工程暂停令应事先征得建设单位同意。当施工单位提出复工申请后，总监理工程师应组织审查施工单位报审资料，符合要求后由总监理工程师签署审查意见并报建设单位批准后签发工程复工令</td></tr>
<tr><td>现场监理人员应认真填写监理日志。监理日志应真实反映工程建设情况和监理工作的开展情况。总监理工程师要定期对监理人员的监理日志进行检查、签认</td></tr>
<tr><td>隐蔽工程隐蔽前，项目监理机构应提前三天通知项目管理机构、勘察、设计、施工、质量监督等有关单位，现场组织开展检查、验收和签证工作。隐蔽工程达到相关标准、规范和设计要求后，才能进入下一道工序</td></tr>
<tr><td>项目监理机构应协助项目管理机构建立工程余料台账，做好工程余料的清理和回收管理工作。应及时督促施工单位清理工程余料及其产品合格与质量证明文件等资料，监督施工单位按规定或合同约定将工程余料和相关资料交付项目管理机构指定地点，并协助办理移交手续</td></tr>
<tr><td>项目监理机构应当协助项目管理机构做好工程建设竣工资料的收集、整理、完善和归档工作</td></tr>
<tr><td rowspan="4">变更管理</td><td>建设单位在工程实施中不得擅自授意设计、施工等单位对工程量进行修改、增减，不得擅自提高或降低工程建设的水平。如确需对工程建设水平、范围进行调整，建设单位应以书面形式及时上报公司审批，未经审批，不能实施</td></tr>
<tr><td>在施工图设计阶段中因实际情况变化超出初步设计批复范围的重大变更［设计规模、工艺流程、线路路由、主要设备材料、重要穿（跨）越、总平面布置、建筑水平等方面］，所属单位基建工程管理部门应以书面形式详细说明变更的理由、内容和由此造成工程费用变化等情况，经公司审查批准后，才能在施工图设计中调整</td></tr>
<tr><td>施工单位应严格按施工图设计文件及批准的施工组织设计等经过审批的方案施工，不得擅自修改工程设计，应按照合同要求保证工程质量和施工进度。施工单位应按照投标文件或批准的施工组织设计中承诺的施工管理人员、特殊作业人员的资格和数量，以及设备机具配备到位，若发生变化应报建设项目管理机构批准后方能实施</td></tr>
<tr><td>建设项目管理机构、施工单位、设计单位、监理单位和检测单位人员变更应按下列规定执行：
① 在项目管理机构有效期内，项目管理机构的项目经理、副经理或技术负责人发生变动的，应上报原审批单位批准。
② 总监理工程师、总监理工程师代表、专业监理工程师等发生人员变更前，应报项目管理机构批准。其他监理人员变更应及时书面告知项目管理机构和参建单位，人员变更后现场监理人员的专业和数量应满足工程建设需要。</td></tr>
</table>

续表

监督要点		监督内容
建设阶段管理	变更管理	③ 设计单位、施工单位、检测单位项目经理（副）经理、安全总监、技术负责人等发生人员变更前，应报项目管理机构批准。新进场人员资格应经项目监理机构审核备案
		在工程建设过程中，因设计原因造成的变更不得以施工联络单的形式进行修改
		对施工过程中确需发生的工程变更，应按下列规定执行： ① 提出变更的单位（项目管理机构、设计单位、监理单位、施工单位）应向建设单位提交变更申请，由建设单位组织项目管理机构、勘察单位、设计单位、监理单位、施工单位的技术、造价等相关人员对变更申请进行审查，并签署明确审查意见。由项目管理机构、设计单位、监理单位提出的变更，应采用设计变更申请单；由施工单位提出的变更，可采用设计变更申请单或施工联络单。工程变更申请单位应明确变更的原因、工作量和费用，并就变更可能引起的风险进行识别、分析，提出明确风险控制措施。 ② 变更申请通过后，由建设单位向设计单位下达设计变更任务书。如涉及需补充勘察的设计变更，建设单位还应同时向勘察单位下达补充勘察任务书。 ③ 设计单位按照设计变更任务书及时完成设计变更，出具设计变更文件。设计变更文件应对变更后的风险进行分析评价，并提出风险控制措施
		基建项目工程变更管理应坚持“先审批，后实施”的原则。基建项目工程变更分类及审批流程规定如下： ① 工程变更一般分为设计变更、设备材料变更和施工变更三类。 ② 各类工程变更的申请（提出）、报审和批准的权限及流程按天然气净化厂有关规定执行
		经审查批准后的工程变更，在总监理工程师签发工程变更单之前，施工单位不得实施工程变更；未经总监理工程师签发同意的工程变更，项目管理机构和项目监理机构不得予以计算工程量
建设项目三同时管理	项目可研阶段	新、改、扩建项目，在项目立项阶段，建设单位必须并向 HSE 管理部门提出安全预评价申请，待上级主管部门批复后实施
	设计阶段	新、改、扩建项目，初步设计阶段应同步委托、分别编制安全、消防设施设计专篇，报上级 HSE 主管部门预审后，分别报地方政府相关管理部门审批。施工图设计前应取得相应的审查批复手续
	施工阶段	① 严格审查建设项目施工组织方案，确认安全措施、安全预案有效。 ② 现场监督安全措施的落实情况，防止施工期间发生安全事故、事件。 ③ 施工、监理和设备材料供应等单位，应严格依据设计文件进行施工、监理和设备材料供应，确保安全设施设计方案的有效实施。 ④ 监督工程配套建设的安全设施与主体工程同时施工
	竣工验收阶段	① 建设项目竣工后，根据建设项目需要进行试运行。 ② 竣工或试运行完成后，生产单位应委托有资质的安全评价机构对安全设施进行验收评价，并编制安全验收评价报告。 ③ 建设项目竣工投入生产或者使用前，生产经营单位应向安全生产监督管理部门申请安全设施验收